V 854

6396.

LES OEUVRES
DE
MONSIEUR DE MAUPERTUIS.

LES OEUVRES

DE

Mr. DE MAUPERTUIS.

A DRESDE,

CHEZ GEORGE CONRAD WALTHER,

LIBRAIRE DU ROY.

1752.

A MONSIEUR
DUVELAER
DIRECTEUR
DE LA COMPAGNIE DES INDES
A PARIS.

On dedie fes Livres à des Princes pour augmenter fa fortune; on les dedie à des Sçavants pour étendre fa reputation: Je vous dedie celui-cy pour fatisfaire les fentiments de mon Coeur. Ce n'eft pas que vous ne puiffiez rendre d'auffi grands Services que les Princes, ni que le jugement que vous portez d'un ouvrage, ne puiffe affurer la reputation d'un Auteur peut-être

EPITRE.

être mieux que le jugement qu'en portent les Sçavants de Profeſſion: mais c'eſt que graces à Dieu je ne ſuis aſſujetti à aucun de ces deux motifs; Et qu' avec vous je puis avoir un motif plus pur. C'eſt de me retracer l'hiſtoire de cette Amitié qui dure entre nous depuis ſi longtems; & de comparer enſemble deux vies auſſi différentes que les nôtres, malgré ce que j'ai à perdre dans cette comparaiſon.

J'ai encor préſent à l'Esprit le moment où, après une Education qui avoit été la même dans cette Ville où nous nous faiſons tant d'honneur d'être nés, nous nous feparames. Vous vous deſtinates au commer-

EPITRE.

merce, je refolus de m'appliquer aux fciences.

Dix ans après nous nous retrouvames. La fortune avoit fecondé la fageffe de toutes vos entreprifes : Et dans la partie même que j'avois embraffée, vous n'aviez pas fait de moindres progrès. Quoique les connoiffances étrangeres à votre object principal n'euffent été qu'un amufement pour vous, le talent vous avoit auffi bien fervi qu'auroit fait l'Etude la plus affidue. Je n'avois pas eu le même avantage : avec beaucoup d'application je n'avois que peu avancé dans la carriere des fciences ; Et rien n'avoit fuppléé au peu de foin que j'avois pris de ma fortune.

Tel-

E P I T R E.

Telle étoit la Situation où nous nous trouvions par rapport à nous mêmes; celle où nous étions par rapport à la societé étoit encor plus différente.

Après avoir porté jufqu'aux Extremités de l'Afie l'Esprit & les vertus de notre Nation, & avoir menagé fes intérets chez le Peuple le plus habile de l'Univers, vous raportiez dans votre Patrie le Citoyen le plus utile; Je ne fuis pas affez vain pour croire que mes travaux foyent jamais d'une grande utilité. Quand même ils auroient eu tout le fuccès qu'ils pouvoient avoir, ils n'étoient guères du genre de ceux qui peuvent accroître le bonheur d'un Etât.

Les

EPITRE.

Les sciences auxquelles je me suis le plus longtems appliqué, nous présentent le superflu, & nous refusent le necessaire: elles nous decouvrent quelques verités peu intéressantes, & laissent dans les tenebres celles qui nous intéressent le plus. Je parle ici des bornes que la nature des choses met à notre connoissance ; il en est d'autres bien plus etroites que ma propre foiblesse m'a prescrites.

Vous jugerez auxquelles des deux il faut attribuer ce qui manque à mes ouvrages : Il seroit inutile de vous demander les complaisances de l'Amitié. Vous me lirez avec cette justesse d'Esprit que vous portez en tout : Et je serai content : parce que

EPITRE.

vous me lirez dans cette difpofition fi rare chez les Lecteurs ordinaires, que lorfque vous trouverez quelque défaut dans mon Livre vous fouhaiteriez qu'il n'y fût pas.

Je vous demande cependant grace fur la trop grande varieté des Ouvrages qui forment ce Receuil; Et j'efpere que vous la pardonnerez à la différence des tems où ils ont été écrits. L'Editeur les vouloit donner tous: J'ai fupprimé ceux qui étoient purement mathematiques, pour lesquels il faut une langue à part; Et ceux que j'avois faits dans des tems polemiques qui pourroient deplaire à des perfonnes dont aujourd'huy je veux conferver l'amitié.

TABLE

TABLE
DES OUVRAGES CONTENUS
DANS CE VOLUME.

Eſſay de Cosmologie - - - pag. 3

Diſcours ſur les différentes figures des Aſtres   55

Meſure de la Terre au Cercle Polaire - 95

Elements de Géographie. - - 143

Lettre ſur la Comete qui paroiſſoit en 1742 - 183

Venus Phyſique - - - 207

Harangue de Mr. de Maupertuis prononcée dans l'Academie Françoiſe - - - - 271

Diſcours prononcé dans l'Academie des Sciences le jour de la naiſſance du Roy - - - 277

Des devoirs de l'Academicien - - - 283

TABLE.

Eloge de M. de Keyferlingk - - 293

Eloge de M. de Borck - - - 296

Eloge de M. Le Marechal de Schmettau - 299

Relation d'un Voyage fait dans la Lapponie septentrionale pour trouver un ancien monument 311

Lettre fur le progrès des Sciences - - 327

Reflexions Philofophiques fur l'origine des Langues - - - - - 353

Effay de Philofophie Morale - - - 369

ESSAY

ESSAY
DE
COSMOLOGIE.

Mens agitat Molem.
Virgil. Æneid. Lib. VI.

PREFACE
DE L'ESSAY DE COSMOLOGIE.

Dans tous les tems il s'est trouvé des Philosophes qui ont entrepris d'expliquer le Systeme du Monde ; Mais sans parler des Philosophes de l'Antiquité qui l'ont tenté, si un Descartes y a si peu réussi, si un Newton y a laissé tant de choses à desirer, quel sera l'homme qui osera l'entreprendre ? Ces voyes si simples, qu'a suivies dans ses productions le Créateur, deviennent pour nous des Labyrinthes dès que nous y voulons porter nos pas. Il nous a accordé une lumiére suffisante pour tout ce qui nous étoit utile, mais il semble qu'il ne nous ait permis de voir que dans l'obscurité le reste de son plan.

Ce n'est pas qu'on ne soit parvenu à lier ensemble plusieurs Phenomenes, à les deduire de quelque Phenomene

PREFACE.

ne antérieur, & à les soumettre au Calcul: sans doute même les tems & l'expérience formeront dans ce genre quelque chose de plus parfait que tout ce que nous avons. Mais un Systeme complet, je ne crois pas qu'il soit permis de l'esperer: Jamais on ne parviendra à suivre l'ordre & la dependance de toutes les parties de l'Univers. Ce que je me suis proposé ici est fort différent; je ne me suis attaché qu'aux premiers principes de la Nature, qu'à ces Loix que nous voyons si constamment observées dans tous les Phenomènes, & que nous ne pouvons pas douter qui ne soyent celles que l'Etre supreme s'est proposées dans la formation de l'Univers. Ce sont ces Loix que je m'applique à découvrir, & à puiser dans la source infinie de sagesse d'où elles sont emanées: je serois plus flatté d'y avoir réussi, que si j'étois parvenu par les calculs les plus difficiles à en suivre les effets dans tous les détails.

Cet ouvrage a essuyé deux sortes de Critiques. Les uns ont semblé vouloir persuader, que j'avois cherché à detruire les preuves de l'existence de Dieu que la Nature offre aux yeux de tous les hommes, pour leur en substituer une qui n'étoit à la portée que d'un petit nombre: Les autres ont parlé du principe Metaphisico-Dynamique

que

PREFACE.

que j'ai decouvert, comme si ce principe avoit été déja emploié ou connu. La gravité du premier reproche quelque mal fondé qu'il soit, ne me permet pas de demeurer dans le silence : l'ignorance ou l'injustice du second meritent qu'on les releve.

S'il étoit question ici d'examiner si pour établir une opinion fausse qu'on croiroit utile, il seroit permis d'employer des Argumens specieux ; on auroit bientôt répondu, en disant qu'il est impossible que le faux soit jamais utile. Outre que l'admission du faux renversant l'ordre & la sureté de nos connoissances nous rendroit des Etres deraisonnables, s'il est question de porter les hommes à quelque chose qui soit veritablement utile ; la verité prêtera toujours de bons argumens sans qu'on soit obligé d'avoir recours au mensonge.

Mais nous sommes bien eloignés d'être ici dans ce cas : L'Existence de Dieu est de toutes les verités la plus seure : ce qu'il faut examiner, c'est si pour demontrer une telle verité, il est permis d'employer de faux argumens, ou de donner à des argumens foibles une force qu'ils n'ont pas ? Or cette question sera aussi d'abord resolue par le principe que nous avons posé : Le faux ne

pou-

PREFACE.

pouvant jamais être utile, on ne doit jamais l'employer ; & donner à des preuves plus de force qu'elles n'ont, étant un espece de faux, l'on ne doit pas plus se le permettre.

Non seulement des principes contraires degraderoient la lumiére naturelle ; ils feroient tort aux veritès mêmes qu'on veut prouver : On rend suspecte la verité la plus sure lorsqu'on n'en présente pas les preuves avec assez de bonne foy ou avec assez de justesse ; C'est cela que j'ai attaqué dans mon avant-propos ; C'est uniquement cela.

J'ai d'abord averti, que l'examen que je faisois des preuves de l'existence de Dieu ne portoit sur aucune de celles que la Metaphysique fournit. Quant à celles que la Nature nous offre, je les trouve en si grand nombre, & de degrés d'evidence si differens, que je dis qu'il seroit peut-être plus à propos de les faire passer par un examen judicieux, que de les multiplier par un Zele mal entendu : qu'il faut plutôt leur assigner leur veritable degré de force, que leur donner une force imaginaire : Qu'il faut enfin ne pas laisser glisser parmi ces preuves des preuves contraires. Voila ce que j'ai dit.

Le

PREFACE.

Le Systeme entier de la Nature suffit pour nous convaincre qu'un Etre infiniment puissant & infiniment sage en est l'Auteur & y préside: mais si, comme ont fait plusieurs Philosophes, on s'attache seulement à quelques parties, nous serons forcés d'avouer que les Argumens qu'ils en tirent, n'ont pas toute la force qu'ils pensent. Il y a assez de Bon et assez de Beau dans l'Univers pour qu'on ne puisse y méconnoitre la main de Dieu; mais chaque chose prise à part n'est pas toûjours assez bonne ni assez belle pour nous la faire reconnoitre.

Je n'ai pû m'empecher de relever quelques raisonnemens de ces pieux Contemplateurs de la Nature, dont l'Athée se pourroit servir aussi bien qu'Eux. J'ai dit que ce n'étoit point par ces petits détails de la construction d'une plante ou d'un insecte, par ce parties detachées dont nous ne voyons point assez le raport avec le Tout, qu'il falloit prouver la puissance & la sagesse du Créateur: que c'étoit par des Phénomenes dont la simplicité & l'Universalité ne souffrent aucune exception.

Pendant que par ce discours je blessois des oreilles superstitieuses, & qu'on craignoit que je voulusse anéantir toutes les preuves de l'existence de Dieu: D'autres pre-

PREFACE.

noient pour une demonstration Géométrique, celle que je tirois de mon principe. Je tomberois moi même en quelque sorte dans ce que je reprens, si je donnois à cette preuve un genre de force qu'elle ne peut avoir.

Les Demonstrations Géométriques tout evidentes qu'elles sont, ne sont point le plus propres à convaincre tous les Esprits. La plupart seront mieux persuadés par un grand nombre de probabilités que par une seule preuve Géométrique, dont la force depend d'une certaine précision. Aussi la Providence n-a t-elle soumis à ce genre de preuves que des verités qui nous étoient en quelque sorte indifférentes, pendant qu'elle nous a donné les probabilités pour nous faire connoître celles qui nous étoient utiles. Et il ne faut pas croire que la sureté qu'on acquert par ce dernier moyen soit inférieure à celle qu'on acquert par l'autre. Un nombre infini de probabilités est une demonstration complete, & pour l'Esprit humain la plus forte de toutes les Demonstrations.

La Nature fournit abondament ce genre de preuves, & les fournit par gradation selon les différences des Esprits. Toutes ces preuves n'ont pas la même force, mais toutes prises ensemble sont plus que suffisantes pour

nous

PREFACE.

nous convaincre: veut-on en faire un choix, on juge mieux du degré de clarté qui appartient à celles qui restent: pousse-t-on la severité plus loin, le nombre des preuves diminue encor, & leur lumiére devient plus pure. C'est ainsi que malgré quelques parties de l'Univers dans lesquelles on n'apperçoit pas bien l'ordre & la convenance, le Tout en présente assez, pour qu'on ne puisse douter de l'Existence d'un Créateur tout puissant & tout sage: C'est ainsi que pour ceux qui voudront retrancher des preuves celles qui peuvent paroître équivoques, ce qui reste est plus que suffisant pour les convaincre de cette verité: C'est ainsi enfin que le Philosophe qui la cherche dans les Loix universelles de la Nature, la voit encor plus distinctement.

Voila ce que j'avois à dire sur les preuves de l'Existence de Dieu que nous offre la contemplation de l'Univers : & pensant sur cette importante verité comme je pense, je serois bien malheureux si je m'étois exprimé de maniére à faire naître quelque doute.

Je passe au second point: j'ai decouvert un principe Metaphisique sur lequel toutes les Loix du mouvement & du repos sont fondées. J'ai fait voir la conformité

PREFACE.

de ce principe avec la puissance & la sagesse du Créateur & de l'Ordonnateur des choses.

Ce principe est que dans toutes les Distributions de mouvement qui se font dans la Nature, la Quantité d'Action (qui est la somme des produits des Masses par les Espaces qu'elles parcourent & par les vitesses avec lesquelles elles les parcourent) étoit toûjours la plus petite qu'il fut possible: Que dans le Repos, les corps qui se tenoient en équilibre devoient être placés de maniére que s'il y arrivoit quelque petit mouvement, la Quantité d'Action fut la moindre.

Je donnai ce principe dans un Memoire lû le 15 d'Avril 1744. dans l'assemblée publique de l'Academie Royale des Sciences de Paris, comme les Actes de cette Academie en font foy.

M. le Professeur Euler donna ensuite à la fin de la même année son excellent Livre: Methodus inveniendi lineas curvas maximi minimive proprietate gaudentes. *Dans le Suplement qui y avoit été ajouté, cet illustre Géométre demontre; Que dans les Trajectoires, que des Corps decrivent par des forces Centrales, la vitesse multipliée par l'Element de la Courbe, fait toûjours un*

Mini-

PREFACE.

Minimum. Et cette remarque me fit d'autant plus de plaisir, qu'elle est une belle application de mon principe au mouvement des Planetes; dont en effet il est la Regle.

Cependant, ceux qui ne sont pas assez instruits dans ces matiéres, ont crû que je ne faisois ici que rebattre l'ancien Axiome qui porte, que la Nature agit toûjours par les voyes les plus simples. Mais cet Axiome, qui n'en est un qu'autant que l'Existence de Dieu est déja prouvée, est si vague que personne n'a encor sçû dire en quoi il consiste.

Il s'agissoit de tirer toutes les Loix du Mouvement & du repos d'un seul principe Metaphisique; ou seulement de trouver un principe unique avec lequel toutes ces Loix s'accordassent: Et les plus grands Philosophes l'avoient entrepris.

Descartes s'y trompa; c'est assez dire que la chose étoit difficile : il crut que dans la Nature la même quantité de mouvement se conservoit toûjours ; Qu'à la rencontre des différentes parties de la Matiere, la Modification du mouvement étoit telle, que les Masses multipliées chacune par sa vitesse, formoient toûjours une même somme. Il deduisit de là ses Loix du Mouvement : L'Expérience les dementit, parce que le principe n'est pas vray.

Leyb-

PREFACE.

Leybnitz en prit un autre: C'est que dans la Nature la force vive se conservoit toûjours la même. C'est à dire, que dans le choc des Corps la modification du mouvement étoit telle, que la somme des Masses multipliées chacune par le quarré de sa vitesse formoit toûjours une même Quantité. Ce Théoreme étoit plutôt une suite de quelques Loix du mouvement qu'un veritable principe: Et Leybnitz qui avoit toûjours promis de l'établir à priori, ne l'a jamais fait. Cette conservation a lieu dans le choc des Corps Elastiques; mais comme elle ne l'a plus dans le choc des Corps Durs; & que non seulement on n'en sauroit deduire les Loix de ces Corps, mais que les Loix qu'ils suivent dementent cette Conservation, les Leybnitziens ont été reduits à dire qu'il n'y avoit point de Corps Durs dans la Nature: C'est à dire à en exclure les seuls Corps peut-être qui y soyent.

Prendra-t-on cette prétendue conservation pour un principe? et pour un principe universel?

En vain donc jusqu'ici les Philosophes ont-ils cherché un principe général des Loix du Mouvement dans une Force inalterable, dans une Quantité qui se conservât la même dans toutes les Collisions des Corps: il n'en est

PREFACE.

est aucune qui soit telle. Mais il en est une qui quoique produite de nouveau, et créée pour ainsi dire à chaque instant, est toûjours la plus petite qu'il soit possible.

Newton sentit que cette Force inalterable ne se trouvant point dans la Nature ; qu'y ayant plus de cas où la Quantité de mouvement diminuoit qu'il n'y en a où elle augmente, tout le mouvement seroit à la fin detruit ; toute la machine de l'Univers reduite au Repos, si son Auteur de tems en tems ne la remontoit, et ne lui imprimoit des forces nouvelles.

Leybnitz et ses sectateurs crurent par leur Force vive *mettre les choses à l'abri de ce peril : cette force qui se conserve inalterable dans le choc des Corps Elastiques, leur parut propre à être cet Agent éternel et immuable, dont, ne voulant point recourir à chaque instant à la puissance du Créateur, ils avoient besoin : Mais cette force devant être diminuée ou detruite dans le choc des Corps Durs, ils furent reduits à dire,* Qu'il n'y avoit point de Corps Durs dans la Nature. *Paradoxe le plus etrange auquel l'amour d'un systeme ait jamais pû conduire. Car les Corps primitifs, les Corps qui sont les Elemens de tous les autres, peuvent-ils être autre chose que des Corps Durs ?*

C'étoit

PREFACE.

C'étoit donc en vain que Descartes avoit imaginé un Monde qui pût se passer de la main du Créateur : ce fut en vain aussi que Leybnitz sur un autre principe, forma le même projet. Aucune Force, aucune Quantité qu'on puisse regarder comme cause dans la distribution du Mouvement, ne se conserve inalterable. Tout dans l'Univers fait sentir la dependance & le besoin où il est de la présence de son Auteur.

Mais ce n'est pas tout : on voit que cet Auteur est un Etre non seulement infiniment puissant, mais encor infiniment sage. Les Forces qu'il introduit de nouveau dans la Nature, sont toûjours dispensées avec la plus grande œconomie, l'Action par laquelle tous les Mouvemens se produisent & se distribuent, est toûjours la plus petite qu'il soit possible. Voila l'Univers dans la dependance : le voila soumis à l'Etre suprème, qui à tous moments y fait éclater sa sagesse & sa puissance.

Je ne parle ici qu'à regret d'un evenement auquel cet ouvrage a donné lieu ; mais il a fait trop de bruit pour que je puisse me dispenser d'en parler. M. Kœnig fit paroître l'Année dernière dans les Actes de Leypzig une dissertation dans laquelle il attaquoit plusieurs articles de cet ouvrage,

PREFACE.

vrage, & vouloit en attribuer d'autres, auſſi bien que quelques Decouvertes de M. Euler, à M. de Leybnitz dont il citoit le fragment d'une Lettre.

M. Kœnig Membre de l'Academie attribuant à M. de Leybnitz des choſes que d'autres Academiciens avoient données comme d'eux dans des ouvrages leus dans ſes Aſſemblées, & inſerés dans ſes Memoires, l'Academie ſe trouva intereſſée à verifier le Fait, & à conſtater ce qui appartenoit à chacun.

Elle ſomma M. K. de produire la Lettre originale dont il avoit cité le fragment : Et le Roy comme Protecteur de l'Academie écrivit lui même à M. M. les Magiſtrats de Berne pour les prier de faire la recherche de cette Lettre dans les ſources que M. K. avoit indiquées. Après les perquiſitions les plus exactes Meſſieurs de Berne aſſurérent Sa Majeſté par le Certificat le plus authentique, qu'il ne s'étoit trouvé aucun veſtige de Lettres de M. de Leybnitz. L'Academie en donna avis à M. K. Elle lui repeta pluſieurs fois ſon inſtance : & n'ayant reçû de lui que quelques Lettres, d'abord pour decliner l'obligation où il étoit de produire l'original qu'on lui demandoit, enſuite pour alleguer la difficulté de le trouver ; Après un delai

ſix

PREFACE.

six fois plus long que le Terme qu'Elle lui avoit donné: Elle porta enfin son jugement*.

Si la Lettre de M. de Leybnitz eut en effet existé; je me serois felicité de m'étre rencontré avec un si grand Homme. Je me feliciterois encor d'avantage d'avoir été le premier qui ait fait voir qu'il y avoit dans la Nature une Loi générale pour determiner le mouvement des Corps Durs, des Corps Elastiques, enfin de toutes les Substances Corporelles: Et d'avoir par là delivré la Philosophie de cette étrange proposition; Qu'il n'y avoit point de Corps Durs dans la Nature: à laquelle faute de cette Loi une fameuse Secte vouloit la reduire.

Ceux qui connoissent le culte que M. K. rend au nom de M. de Leybnitz, trouveront qu'il ne pouvoit pas nous faire plus d'honneur que de lui attribuer une partie de notre ouvrage: Quant aux objections qu'il a faites contre le reste, les Philosophes & les Géométres jugeront de leur valeur. Mon intention n'est pas d'y répondre.

* Voyez *Jugement de l'Academie Royale des Sciences & Belles Lettres sur une Lettre prétendue de M. de Leybnitz.* Ou *Memoires de l'Academie Royale des Sciences & Belles Lettres de Prusse.* Tom. VI.

ESSAY

ESSAY
DE
COSMOLOGIE.

AVANT-PROPOS.

*Où l'on examine les preuves de l'existence de Dieu,
tirées des Merveilles de la Nature.*

Soit que nous demeurions renfermés en nous mêmes, soit que nous en sortions pour parcourir les merveilles de l'Univers, nous trouvons tant de preuves de l'existence d'un Etre tout puissant & tout sage, qu'il est en quelque sorte plus nécessaire d'en diminuer le nombre que de chercher à l'augmenter: qu'il faut du moins faire un choix entre ces preuves, examiner leur force ou leur foiblesse, & ne donner à chacune que le poids qu'elle doit avoir: car on ne peut faire plus de tort à la vérité, qu'en voulant l'appuyer sur de faux raisonnemens.

Je n'examine point ici l'argument qu'on trouve dans l'idée d'un Etre infini; dans cette idée trop grande pour que nous la puissions tirer de nôtre propre fond, ou d'aucun autre fond fini, & qui paroit prouver qu'un Etre infiniment parfait existe.

Je ne citerai point ce consentement de tous les hommes sur l'existence d'un Dieu, qui a paru une preuve si forte au Philosophe de l'ancienne Rome (*). Je ne discute point, s'il est vrai qu'il y ait quelque peuple qui s'écarte des autres sur cela; si une poignée d'hommes, qui penseroient autrement que tous les autres habitans de la terre, pourroient faire une exception; ni si la diversité, qui peut se trouver dans les idées, qu'ont de Dieu tous ceux qui admettent son existence, empêcheroit de tirer grand avantage de ce consentement.

(*) Cicer. Tuscul. L. 3.

AVANT-PROPOS.

Enfin je n'infisterai point sur ce qu'on peut conclure de l'intelligence que nous trouvons en nous mêmes, de ces étincelles de sagesse & de puissance que nous voyons répandues dans les Etres finis; & qui supposent une source immense & éternelle d'où elles tirent leur origine.

Tous ces argumens sont très forts: mais ce ne sont pas ceux de cette espèce que j'examine.

De tout tems ceux qui se sont appliqués à la contemplation de l'Univers, y ont trouvé des marques de la sagesse & de la puissance de celui qui le gouverne. Plus l'étude de la Physique a fait de progrès, plus ces preuves se sont multipliées. Les uns frappés confusément des charactères de Divinité qu'on trouve à tous momens dans la Nature; les autres, par un zèle mal à propos religieux, ont donné à quelques preuves plus de force qu'elles n'en devoient avoir; & quelquefois ont pris pour des preuves ce qui n'en étoit pas.

Peut-être seroit-il permis de se relacher sur la rigueur des argumens, si l'on manquoit de raisons pour établir un Principe utile: mais ici les argumens sont assez forts; & le nombre en est assez grand pour qu'on puisse en faire l'examen le plus rigide & le choix le plus scrupuleux.

Je ne m'arrêterai point aux preuves de l'existence de l'Etre suprême, que les Anciens ont tirée de la beauté, de l'ordre, & de l'arrangement de l'Univers. On peut voir celles que Ciceron rapporte (*), & celles qu'il cite d'après Aristote (**). Je m'attache à un Philosophe, qui par ses grandes découvertes étoit bien plus qu'eux à portée de juger de ces merveilles, & dont les raisonnemens sont bien plus précis que tous les leurs.

Newton paroit avoir été plus touché des preuves qu'on trouve dans la contemplation de l'Univers, que de toutes les autres qu'il auroit pu tirer de la profondeur de son esprit.

Ce grand homme a cru (†), que les mouvemens des corps célestes démontroient assez l'existence de celui qui les gouverne. Six Planètes, *Mercure*, *Vénus*, *la Terre*, *Mars*, *Jupiter*, *&*
Saturne,

(*) Tuscul. L. 28. & 29.
(**) De Nat. Deor. II. 37. 38.

(†) Newt. Opticks III. Book. Query 31.

AVANT-PROPOS.

Saturne, tournent autour du Soleil. Toutes se meuvent dans le même sens, & décrivent des orbes à peu près concentriques : pendant qu'une autre espèce d'Astres, *les Comètes*, décrivent des orbes fort différens, se meuvent dans toutes sortes de directions, & parcourent toutes les régions du Ciel. Newton a cru qu'une telle uniformité ne pouvoit être que l'effet de la volonté d'un Etre suprême. Des objets moins élevés ne lui ont pas paru fournir des argumens moins forts. L'Uniformité observée dans la construction des Animaux, leur organisation merveilleuse & remplie d'utilités, étoient pour lui des preuves convainquantes de l'existence d'un Créateur tout puissant & tout sage.

Une foule de Physiciens, après Newton, ont trouvé Dieu dans les Astres, dans les Insectes, dans les Plantes, dans l'Eau (*).

Ne dissimulons point la foiblesse de quelques-uns de leurs raisonnemens: & pour mieux faire connoître l'abus qu'on a fait des preuves de l'existence de Dieu, examinons celles même qui ont paru si fortes à Newton.

L'Uniformité, dit-il, du mouvement des Planètes prouve nécessairement un choix. Il n'étoit pas possible qu'un destin aveugle les fît toutes mouvoir dans le même sens, & dans des orbes à peu près concentriques.

Newton pouvoit ajouter à cette uniformité du mouvement des Planètes, qu'elles se meuvent toutes presque dans le même plan. La Zone, dans laquelle tous les orbes sont renfermés, ne fait qu'à peu près la 17me. partie de la surface de la Sphère. Si l'on prend donc l'orbe de la Terre pour le plan auquel on rapporte les autres, & qu'on regarde leur position comme l'effet du hazard, la probabilité, que les cinq autres orbes ne doivent pas être renfermés dans cette Zone, est de 17^{5}—1. à 1.; c'est-à-dire, de 1419856. à 1.

Si l'on conçoit comme Newton, que tous les corps célestes, attirés vers le Soleil, se meuvent dans le vuide; il est vrai qu'il n'étoit guères probable que le hazard les eût fait mouvoir comme

ils

(*) Theol. Astron. de Derham. Theol. Physiq. du même. Theol. des Insectes, Theol. des Coquilles, de Lesser. Theol. de l'Eau de Fabricius.

ils se meuvent: Il y restoit cependant quelque probabilité, & dès lors on ne peut pas dire que cette uniformité soit l'effet nécessaire d'un choix.

Mais il y a plus: l'alternative d'un choix ou d'un hazard extrème, n'est fondée que sur l'impuissance, où étoit Newton, de donner une cause physique de cette uniformité. Pour d'autres Philosophes qui font mouvoir les Planètes dans uns Fluide qui les emporte, ou qui seulement modère leur mouvement, l'uniformité de leur cours ne paroit point inexplicable: elle ne suppose plus ce singulier coup du hazard, ou ce choix, & ne prouve pas plus l'existence de Dieu, que ne feroit tout autre mouvement imprimé à la Matière (*).

Je ne sai si l'argument, que Newton tire de la construction des Animaux, est beaucoup plus fort. Si l'uniformité, qu'on observe dans plusieurs, étoit une preuve, cette preuve ne seroit-elle pas démentie par la variété infinie qu'on observe dans plusieurs autres? Sans sortir des mêmes Elémens, que l'on compare un aigle avec une mouche, un cerf avec un limaçon, une baleine avec une huître; & qu'on juge de cette uniformité. En effet d'autres Philosophes veulent trouver une preuve de l'existence de Dieu dans la variété des formes, & je ne sai lesquels sont les mieux fondés.

L'Argument tiré de la convenance des différentes parties des Animaux avec leurs besoins paroit plus solide. Leurs piés ne sont-ils pas faits pour marcher, leurs ailes pour voler, leurs yeux pour voir, leur bouche pour manger, d'autres parties pour reproduire leurs semblables? Tout cela ne marque-t-il pas une intelligence & un dessein qui ont présidé à leur construction? Cet argument avoit frappé les Anciens comme il a frappé Newton: & c'est en vain que le plus grand ennemi de la Providence y répond, que l'usage n'a point été le but, qu'il a été la suite de la construction des parties des Animaux: que le hazard aïant formé les yeux, les oreilles, la langue, on s'en est servi pour entendre, pour parler (**).

Mais

(*) Voyez la Pièce de M. Dan. Bernoulli sur l'inclinaison des plans des orbites des Planètes, qui remporta le prix de l'Acad. des Sc. de France 1734.

Mais ne pourroit-on pas dire, que dans la combinaison fortuite des productions de la Nature, comme il n'y avoit que celles où se trouvoient certains rapports de convenance, qui pussent subsister, il n'est pas merveilleux que cette convenance se trouve dans toutes les espèces qui actuellement existent? Le hazard, diroit-on, avoit produit une multitude innombrable d'Individus; un petit nombre se trouvoit construit de manière que les parties de l'Animal pouvoient satisfaire à ses besoins; dans un autre infiniment plus grand, il n'y avoit ni convenance, ni ordre: tous ces derniers ont péri: des Animaux sans bouche ne pouvoient pas vivre, d'autres qui manquoient d'organes pour la génération ne pouvoient pas se perpétuer: les seuls qui soient restés sont ceux où se trouvoient l'ordre & la convenance: & ces espèces, que nous voyons aujourd'hui, ne sont que la plus petite partie de ce qu'un destin aveugle avoit produit.

Presque tous les Auteurs modernes, qui ont traité de la Physique ou de l'Histoire naturelle, n'ont fait qu'étendre les preuves qu'on tire de l'organisation des Animaux & des Plantes; & les pousser jusques dans les plus petits détails de la Nature. Pour ne pas citer des exemples trop indécens, qui ne seroient que trop communs, je ne parlerai que de celui (†) qui trouve Dieu dans les plis de la peau d'un rhinoceros; parce que cet Animal étant couvert d'une peau très-dure n'auroit pas pu se remuër sans ces plis. N'est-ce pas faire tort à la plus grande des vérités, que de la vouloir prouver par de tels argumens? Que diroit-on de celui qui nieroit la Providence, parce que l'écaille de la tortue n'a ni plis, ni jointures? Le raisonnement de celui qui la prouve par la peau du rhinoceros est de la même force: laissons ces bagatelles à ceux qui n'en sentent pas la frivolité.

Une autre espèce de Philosophes tombe dans l'extrémité opposée. Trop peu touchés des marques d'Intelligence & de Dessein qu'on trouve dans la Nature, ils en voudroient bannir toutes les causes finales. Les uns voient la suprême Intelligence par tout;
les

(**) Lucret. L. IV.   (†) Philos. Transact. No. 470.

les autres ne la voient nulle-part: ils croient qu'une Méchanique aveugle a pu former des corps les plus organifés des Plantes & des Animaux, & opérer toutes les merveilles que nous voyons dans l'Univers (*).

On voit par tout ce que nous venons de dire, que le grand argument de Descartes, tiré de l'idée que nous avons d'un Etre parfait, ni peut-être aucun des argumens métaphyfiques dont nous avons parlé, n'avoit pas fait grande impreffion fur Newton; & que toutes les preuves que Newton tire de l'uniformité & de la convenance des différentes parties de l'Univers, n'auroient pas paru des preuves à Descartes.

Il faut avouer qu'on abufe de ces preuves: les uns en leur donnant plus de force qu'elles n'en ont; les autres en les multipliant trop. Les corps des Animaux & des Plantes font des machines trop compliquées, dont les dernières parties échappent trop à nos fens, & dont nous ignorons trop l'ufage & la fin, pour que nous puiffions juger de la fageffe & de la puiffance qu'il a fallu pour les conftruire: Si quelques-unes de ces Machines paroiffent pouffées à un haut dégré de perfection, d'autres ne femblent qu'ébauchées. Plufieurs pourroient paroitre inutiles ou nuifibles, fi nous en jugions par nos feules connoiffances; & fi nous ne fuppofions pas déja que c'eft un Etre tout fage & tout puiffant qui les a mifes dans l'Univers.

Que fert-il, dans la conftruction de quelque Animal, de trouver des apparences d'ordre & de convenance, lorfqu'après nous fommes arrêtés tout à coup par quelque concluíion fâcheufe? Le ferpent, qui ne marche ni ne vole, n'auroit pu fe dérober à la pourfuite des autres Animaux, fi un nombre prodigieux de vertèbres ne donnoit à fon corps tant de flexibilité, qu'il rampe plus vite que plufieurs Animaux ne marchent: il feroit mort de froid pendant l'hyver, fi fa forme longue & pointue ne le rendoit propre à s'enfoncer dans la Terre; il fe feroit bleffé en rampant continuellement, ou déchiré en paffant par les trous où il fe cache, fi fon corps n'eût été couvert d'une peau lubrique & écailleufe: tout cela n'eft-il pas admirable? Mais à quoi tout cela fert-il? à la confervation

d'un

(*) Descartes Princip. L'Homme de Descartes.

d'un Animal dont la dent tue l'homme. Oh! replique-t-on, vous ne connoiffez pas l'utilité des Serpens: ils étoient apparemment néceffaires dans l'Univers: ils conttendront des remèdes excellents qui vous font inconnus. Taifons-nous donc: ou du moins n'admirons pas un fi grand appareil dans un Animal que nous ne connoiffons que comme nuifible.

Tout eft rempli de femblables raifonnemens dans les Ecrits des Naturaliftes. Suivez la production d'une Mouche, ou d'une Fourmi: ils vous font admirer les foins de la Providence pour les oeufs de l'infecte; pour la nourriture des petits; pour l'Animal renfermé dans les langes de la Chryfalide; pour le développement de fes parties dans fa métamorphofe: tout cela aboutit à produire un infecte incommode aux hommes, que le premier oifeau devore, ou qui tombe dans les filets d'une Araignée.

Pendant que l'un trouve ici des preuves de la fageffe & de la puiffance du Créateur, ne feroit-il pas à craindre que l'autre n'y trouvât de quoi s'affermir dans fon incrédulité?

De très-grands Efprits, auffi refpectables par leur piété que par leurs lumières (*), n'ont pu s'empêcher d'avouer, que la convenance & l'ordre ne paroiffent pas fi exactement obfervés dans l'Univers, qu'on ne fût embarraffé pour comprendre comment ce pouvoit être l'Ouvrage d'un Etre tout fage & tout puiffant. Le mal de toutes les efpèces, le desordre, le crime, la douleur, leur ont paru difficiles à concilier avec l'Empire d'un tel Maître.

Regardez, ont-ils-dit, cette Terre; les mers en couvrent la moitié; dans le refte, vous verrez des rochers efcarpés, des régions glacées, des fables brulans. Examinez les mœurs de ceux qui l'habitent; vous trouverez le menfonge, le vol, le meurtre, & par tout les vices plus communs que la vertu. Parmi ces Etres infortunés, vous en trouverez plufieurs desefpérés dans les tourmens de la goutte & de la pierre, plufieurs languiffans dans d'autres infirmités que leur durée rend infupportables; presque tous accablés de foucis & de chagrins.

Quel-

(*) Médit. Chrét. & Métaph. du P. Malebranche Medit. VII.

AVANT-PROPOS.

Quelques Philosophes paroissent avoir été tellement frappés de cette vuë, qu'oubliant toutes les beautés de l'Univers, ils n'ont cherché qu'à justifier Dieu d'avoir créé des choses si imparfaites. Les uns, pour conserver sa Sagesse, semblent avoir diminué sa puissance; disant *qu'il a fait tout ce qu'il pouvoit faire de mieux* (*): qu'entre tous les Mondes possibles, celui-ci, malgré ses défauts, étoit encore le meilleur. Les autres, pour conserver sa puissance, semblent faire tort à sa sagesse. *Dieu, selon eux, pouvoit bien faire un Monde plus parfait que celui que nous habitons: mais il auroit fallu qu'il y employât des moïens trop compliqués; & il a eu plus en vuë la manière dont il opéroit, que la perfection de l'Ouvrage* (**). Ceux-ci se servent de l'Exemple du Peintre, qui crut qu'un Cercle tracé sans compas prouveroit mieux son habilité, que n'auroient fait les figures les plus composées & les plus régulières, décrites avec des instrumens.

Je ne sai si aucune de ces réponses est satisfaisante: mais je ne crois pas l'objection invincible. Le vrai Philosophe ne doit, ni se laisser éblouïr par les parties de l'Univers où brillent l'ordre & la convenance, ni se laisser ébranler par celles où il ne les découvre pas. Malgré tous les desordres qu'il remarque dans la nature, il y trouvera assez de caractères de la sagesse & de la puissance de son Auteur, pour qu'il ne puisse le méconnoître.

Je ne parle point d'une autre espèce de Philosophie, qui soutient qu'il n'y a point de mal dans la Nature: *Que tout ce qui est, est bien* (***).

Si l'on examine cette proposition, sans supposer auparavant l'existence d'un Etre tout puissant & tout sage, elle n'est pas soutenable: si on la tire de la supposition d'un Etre tout sage & tout puissant, elle n'est plus qu'un acte de foi. Elle paroit d'abord faire honneur à la suprême Intelligence; mais elle ne tend au fond qu'à soumettre tout à la nécessité. C'est plûtôt une consolation dans nos misères, qu'une louange de notre bonheur.

Je

(*) Leibnitz. Theod. II. part. N. 224. 225.   (**) Malebranche Médit. Chrét. & Métaph. VII.   (***) Pope. Essai sur l'homme.

Je reviens aux preuves qu'on tire de la contemplation de la Nature: & j'ajoute encore une réflexion: c'est que ceux qui ont le plus rassemblé de ces preuves, n'ont point assez examiné leur force ni leur étendue. Que cet Univers dans mille occasions nous présente des suites d'effets concourans à quelque but, cela ne prouve que de l'Intelligence & des desseins: c'est dans le but de ces desseins qu'il faut chercher la sagesse. L'habilité dans l'exécution ne suffit pas; il faut que le motif soit raisonnable. On n'admireroit point, on blâmeroit l'Ouvrier; & il seroit d'autant plus blâmable, qu'il auroit employé plus d'adresse à construire une machine qui ne seroit d'aucune utilité, ou dont les effets seroient dangereux.

Que sert-il d'admirer cette régularité des Planetes, à se mouvoir toutes dans le même sens, presque dans le même plan, & dans des orbites à peu près semblables? si nous ne voyons point qu'il fût mieux de les faire mouvoir ainsi qu'autrement. Tant de Plantes vénimeuses & d'Animaux nuisibles, produits & conservés soigneusement dans la Nature, sont-ils propres à nous faire connoître la sagesse & la bonté de celui qui les créa? si l'on ne découvroit dans l'Univers que de pareilles choses, il pourroit n'être que l'Ouvrage des Démons.

Il est vrai que notre vuë étant aussi bornée qu'elle l'est, on ne peut pas exiger qu'elle poursuive assez loin l'ordre & l'enchainement des choses. Si elle le pouvoit, sans doute qu'elle seroit autant frappée de la sagesse des motifs, que de l'Intelligence de l'exécution: mais dans cette impuissance où nous sommes, ne confondons pas ces différens attributs. Car quoiqu'une Intelligence infinie suppose nécessairement la sagesse, une Intelligence bornée pourroit en manquer: & il vaudroit autant que l'Univers dût son origine à un destin aveugle, que s'il étoit l'Ouvrage d'une telle Intelligence.

Ce n'est donc point dans le petits détails, dans ces parties de l'Univers, dont nous connoissons trop peu les rapports, qu'il faut chercher l'Etre suprême: c'est dans les Phénomènes dont l'universalité ne souffre aucune exception, & que leur simplicité expose entièrement à notre vuë.

Il est vrai que cette recherche sera plus difficile que celle qui ne consiste que dans l'examen d'un insecte, d'une fleur, ou de quelque autre chose de cette espèce, que la Nature offre à tous momens à nos yeux. Mais nous pouvons emprunter les secours d'un guide assuré dans sa marche, quoiqu'il n'ait pas encore porté ses pas où nous voulons aller.

Jusqu'ici la Mathématique n'a guères eu pour but que des besoins grossiers du Corps, ou des spéculations inutiles de l'Esprit. On n'a guères pensé à en faire usage pour démontrer ou découvrir d'autres vérités que celles qui regardent l'Etenduë & les Nombres. Car il ne faut pas s'y tromper dans quelques Ouvrages, qui n'ont de Mathématique que l'air & la forme, & qui au fond ne sont que de la Métaphysique la plus incertaine & la plus ténébreuse. L'Exemple de quelques Philosophes doit avoir appris que les mots de *Lemme*, de *Théorème*, & de *Corollaire*, ne portent pas par-tout la certitude mathématique; que cette certitude ne dépend, ni de ces grands mots, ni même de la méthode que suivent les Géomètres, mais de la simplicité des objets qu'ils considèrent.

Voyons si nous pourrons faire un usage plus heureux de cette science: les preuves de l'Existence de Dieu qu'elle fournira auront sur toutes les autres l'avantage de l'évidence, qui caractérise les vérités mathématiques. Ceux qui n'ont pas assez de confiance dans les raisonnemens métaphysiques, trouveront plus de sûreté dans ce genre de preuves: & ceux qui ne font pas assez de cas des preuves populaires, trouveront dans celles-ci plus d'élévation & d'exactitude.

Ne nous arrêtons donc pas à la simple spéculation des objets les plus merveilleux. L'organisation des Animaux, la multitude & la petitesse des parties des Insectes, l'immensité des corps célestes, leurs distances, & leurs revolutions, sont plus propres à étonner notre esprit qu'à l'éclairer. L'Etre suprême est par-tout; mais il n'est pas par-tout également visible. Nous le verrons mieux dans les objets les plus simples: cherchons le dans les prémières loix qu'il a imposées à la Nature; dans ces règles universelles, selon lesquelles le mouvement se conserve, se distribue, ou se détruit, & non pas dans des Phénomènes qui ne sont que des suites trop compliquées de ces loix.

J'aurois

J'aurois pu partir de ces loix, telles que les Mathématiciens les donnent, & telles que l'expérience les confirme; & y chercher les caractères de la sagesse & de la puissance de l'Etre suprême. Cependant, comme ceux qui les ont découvertes, se sont appuyés sur des hypothéses qui n'étoient pas purement géomètriques; & que par-là leur certitude ne paroit pas fondée sur des démonstrations rigoureuses; j'ai cru plus sûr & plus utile de déduire ces loix des attributs d'un Etre tout puissant & tout sage. Si celles que je trouve par cette voie, sont les mêmes qui sont en effet observées dans l'Univers, n'est-ce pas la preuve la plus forte que cet Etre existe, & qu'il est l'auteur de ces loix?

Mais, pourroit-on dire, quoique les règles du mouvement & du repos n'ayent été jusqu'ici démontrées que par des hypothèses & des expériences, elles sont peut-être des suites nécessaires de la nature des corps; & n'y ayant rien eu d'arbitraire dans leur établissement, vous attribuez à une Providence ce qui n'est l'effet que de la Nécessité.

S'il est vrai que les loix du mouvement & du repos soient des suites indispensables de la nature des corps, cela même prouve encore la perfection de l'Etre suprême: c'est que toutes choses soient tellement ordonnées, qu'une Mathématique aveugle & nécessaire exécute ce que l'Intelligence la plus éclairée & la plus libre prescrivoit.

ESSAY
DE
COSMOLOGIE.

LES
LOIX DU MOUVEMENT ET DU REPOS
DEDUITES
DES ATTRIBUTS DE LA SUPREME
INTELLIGENCE.

Le plus grand Phénomène de la Nature, le plus merveilleux, eſt le Mouvement: ſans lui tout ſeroit plongé dans une mort éternelle, ou dans une uniformité pire encore que le Cahos: c'eſt lui qui porte par-tout l'action & la vie. Mais ce Phénomène, qui eſt ſans ceſſe expoſé à nos yeux, lorſque nous le voulons expliquer, paroit incompréhenſible. Quelques Philoſophes de l'antiquité ſoutinrent *Qu'il n'y avoit point de mouvement.* Un uſage trop ſubtil de leur Eſprit démentoit ce que leurs Sens appercevoient: les difficultés, qu'ils trouvoient à concevoir comment les corps ſe meuvent, leur firent nier qu'ils ſe meuſſent, ni qu'ils puſſent ſe mouvoir. Nous ne rapporterons point les argumens ſur leſquels ils tâchèrent de fonder leur opinion: mais nous remarquerons qu'on ne ſauroit nier le mouvement que par des raiſons qui détruiroient, ou rendroient douteuſe l'Exiſtence de tous les objets hors de nous; qui reduiroient l'Univers à notre propre Etre, & tous les Phénomènes à nos perceptions.

Des Philoſophes plus équitables, qui admîrent le mouvement, ne furent pas plus heureux, lorſqu'ils entreprirent de l'expliquer. Les uns le regardèrent comme eſſentiel à la matière: dirent que

tous

tous les corps par leur nature devoient se mouvoir; que le repos apparent de quelques-uns n'étoit qu'un mouvement qui se dèroboit à nos yeux, ou un état forcé: les autres à la tête desquels est Aristote cherchèrent la cause du mouvement dans un *prémier Moteur* immobile & immatériel.

Si la prémière cause du mouvement reste pour nous dans une telle obscurité, il sembleroit du moins que nous puissions espérer quelque lumière sur les Phénomènes qui en dépendent: Mais ces Phénomènes paroissent enveloppés dans les mêmes ténèbres. Un Philosophe moderne très-subtil, qui regarde Dieu comme l'Auteur du prémier mouvement imprimé à la Matière, croit encore l'action de Dieu continuellement nécessaire pour toutes les distributions & les modifications du mouvement. Ne pouvant comprendre comment la puissance de mouvoir appartiendroit au corps, il s'est cru fondé à nier qu'elle lui appartint: & à conclure que lorsqu'un corps choque ou presse un autre corps, c'est Dieu seul qui le meut: l'impulsion n'est que l'occasion qui détermine Dieu à le mouvoir (*).

D'autres ont cru avancer beaucoup, en adoptant un mot qui ne sert qu'à cacher notre ignorance. Ils ont attribué aux corps une certaine *Force* pour communiquer leur mouvement aux autres. Il n'y a dans la Philosophie moderne aucun mot repété plus souvent que celui-ci; aucun qui soit si peu exactement défini. Son obscurité l'a rendu si commode qu'on n'en a pas borné l'usage aux corps que nous connoissons; une école entière de Philosophes attribuë aujourd'hui à des Etres qu'elle n'a jamais vus une force qui ne se manifeste par aucun Phénomène.

Nous ne nous arrêterons point ici à ce que la *Force représentative* qu'on suppose dans les Elémens de la matière peut signifier: je me restrains à la seule notion de la *Force motrice*, de la force en tant qu'elle s'applique à la production, à la modification, ou à la destruction du mouvement.

Le mot de *force* dans son sens propre exprime un certain sentiment que nous éprouvons, lorsque nous voulons remuër un corps qui

(*) *Malebranche.*

qui étoit en repos, ou changer, ou arrêter le mouvement d'un corps qui se mouvoit. La perception que nous éprouvons alors est si constamment accompagnée d'un changement dans le repos ou le mouvement du corps, que nous ne saurions nous empêcher de croire qu'elle en est la cause.

Lors donc que nous voyons quelque changement arriver dans le repos ou le mouvement d'un corps, nous ne manquons pas de dire que c'est l'effet de quelque Force. Et si nous n'avons le sentiment d'aucun effort que nous ayons fait pour y contribuer, & que nous ne voyions que quelques autres corps auxquels nous puissions attribuer ce Phénomène, nous plaçons en eux la *force*, comme leur appartenant.

On voit par-là, combien est obscure l'idée que nous voulons nous faire de la force des corps, si même on peut appeller idée ce qui dans son origine n'est qu'un sentiment confus. Et l'on peut juger combien ce mot qui n'exprimoit d'abord qu'un sentiment de notre ame est éloigné de pouvoir dans ce sens appartenir aux corps. Cependant comme nous ne pouvons pas dépouiller entièrement les corps d'une espéce d'influence les uns sur les autres, de quelque nature qu'elle puisse être, nous conserverons si l'on veut le nom de *force*: mais nous ne la mesurerons que par ses effets apparens; & nous nous souviendrons toujours que la *Force motrice*, la puissance qu'a un corps en mouvement d'en mouvoir d'autres, n'est qu'un mot inventé pour suppléer à nos connoissances, & qui ne signifie qu'un résultat des Phénomènes.

Si quelqu'un qui n'eût jamais touché de corps, & qui n'en eût jamais vu se choquer, mais qui eût l'expérience de ce qui arrive lorsqu'on méle ensemble différentes couleurs, voyoit un corps bleu se mouvoir vers un corps jaune, & qu'il fût interrogé sur ce qui arrivera lorsque les deux corps se rencontreront? Peut-être que ce qu'il pourroit dire de plus vraisemblable seroit que le corps bleu deviendra verd dès qu'il aura atteint le corps jaune. Mais qu'il prévît, ou que les deux corps s'uniroient pour se mouvoir d'une vîtesse commune; ou que l'un communiqueroit à l'autre une partie de sa vîtesse pour se mouvoir dans le même sens avec une vîtesse différente; ou qu'il se reflêchiroit en sens contraire; je ne crois pas cela possible.

Cependant, dès qu'on a touché des corps; dès qu'on sait qu'ils sont impénétrables; dès qu'on a éprouvé qu'il faut un certain effort pour changer l'état de repos ou de mouvement dans lequel ils sont: on voit que lorsqu'un corps se meut vers un autre, s'il l'atteint, il faut, ou qu'il se reflèchisse, ou qu'il s'arrête, ou qu'il diminuë sa vîtesse: qu'il déplace celui qu'il rencontre, s'il est en repos, ou qu'il change son mouvement, s'il se meut. Mais comment ces changemens se font-ils? Quelle est cette puissance, que semblent avoir les corps pour agir les uns sur les autres?

Nous voyons des parties de la matière en mouvement; nous en voyons d'autres en repos: le mouvement n'est donc pas une propriété essentielle de la matière: c'est un état dans lequel elle peut se trouver, ou ne pas se trouver: & que nous ne voyons pas qu'elle puisse se procurer d'elle-même. Les parties de la matière qui se meuvent, ont donc reçu leur mouvement de quelque cause étrangère qui jusqu'ici m'est inconnuë. Et comme elles sont d'elles-mêmes indifférentes au mouvement ou au repos, celles qui sont en repos y restent; & celles qui se meuvent une fois, continuent de se mouvoir, jusqu'à ce que quelque cause change leur état.

Lorsqu'une partie de la matière en mouvement en rencontre une autre en repos, elle lui communique une partie de son mouvement, ou tout son mouvement même. Et comme la rencontre de deux parties de la matière, dont l'une est en repos & l'autre en mouvement, ou qui sont en mouvement l'une & l'autre, est toujours suivie de quelque changement dans l'état des deux: le choc paroit la cause de ce changement: quoiqu'il fût absurde de dire qu'une partie de la matière qui ne peut se mouvoir d'elle-même en pût mouvoir une autre.

Sans doute la connoissance parfaite de ce Phénomène ne nous a pas été accordée; elle surpasse vraisemblablement la portée de notre intelligence. Je renonce donc ici à l'entreprise d'expliquer les moyens par lesquels le mouvement d'un corps passe dans un autre à

Oeuv. de Maupert.

leur rencontre mutuelle: je ne cherche pas même à suivre le physique de ce Phénomène aussi loin que le pourroient permettre les foibles lumières de mon Esprit & les connoissances dans la Méchanique qu'on a acquises de nos jours: je m'attache à un principe plus intéressant dans cette recherche.

Les Philosophes, qui ont mis la cause du mouvement en Dieu, n'y ont été reduits que parce qu'ils ne savoient où la mettre. Ne pouvant concevoir que la matière eût aucune efficace pour produire, distribuër, & détruire le mouvement, ils ont eu recours à un *Etre immatériel.* Mais lorsqu'on saura que toutes les loix du mouvement & du repos sont fondées sur le Principe du *Mieux*, on ne pourra plus douter qu'elles ne doivent leur établissement à un *Etre tout puissant & tout sage.* Soit que cet Etre agisse immédiatement, soit qu'il ait donné aux corps le pouvoir d'agir les uns sur les autres; soit qu'il ait employé quelque autre moyen qui nous soit encore moins connu.

Ce n'est donc point dans la Méchanique que je vais chercher ces loix; c'est dans la sagesse de l'Etre suprême.

La plus simple des loix de la Nature, celle du repos ou de l'équilibre, est connue depuis un grand nombre de siècles: mais elle n'a paru jusqu'ici avoir aucune connexion avec les loix du mouvement, qui étoient beaucoup plus difficiles à découvrir.

Ces recherches étoient si peu du gout, ou si peu à la portée des Anciens, qu'on peut dire qu'elles font encore aujourd'hui une Science toute nouvelle. Comment en effet les Anciens auroient-ils découvert les loix du mouvement, pendant que les uns reduisoient toutes leurs spéculations sur le mouvement à des disputes sophistiques; & que les autres nioient le mouvement même.

Des Philosophes plus laborieux ou plus sensés ne jugèrent pas que des difficultés, attachées aux prémiers principes des choses, fussent des raisons pour desespérer d'en rien connoitre, ni des excuses pour se dispenser de toute recherche.

Dès que la vraie manière de philosopher fut introduite, on ne se contenta plus de ces vaines disputes sur la nature du mouvement:
on

on voulut favoir felon quelles loix il fe diftribuë, fe conferve, & fe détruit: on fentit que ces loix étoient le fondement de toute la Philofophie naturelle.

Le grand Descartes, le plus audacieux des Philofophes, chercha ces loix, & fe trompa. Mais comme fi les tems avoient enfin conduit cette matière à une efpèce de maturité, l'on vit tout à coup paroitre de toutes parts les loix du mouvement inconnuës pendant tant de fiècles: Huygens, Wallis & Wren, les trouvèrent en même tems. Plufieurs Mathématiciens après eux, qui les ont cherchées par des routes différentes, les ont confirmées.

Cependant, tous les Mathématiciens étant aujourd'hui d'accord dans le cas le plus compliqué ne s'accordent pas dans le cas le plus fimple. Tous conviennent des mêmes diftributions de mouvement dans le choc des *Corps élaftiques*; mais ils ne s'accordent pas fur les loix des *Corps durs*: & quelques-uns prétendent, qu'on ne fauroit déterminer les diftributions du mouvement dans le choc de ces corps. Les embarras qu'ils y ont trouvés leur ont fait prendre le parti de nier l'exiftence, & même la poffibilité des corps durs. Ils prétendent que les corps, qu'on prend pour tels, ne font que des corps élaftiques dont la roideur très-grande rend la flexion de leurs parties imperceptible.

Ils allèguent des expériences faites fur des corps qu'on appelle vulgairement *durs*, qui prouvent que ces corps ne font qu'élaftiques. Lorsque deux Globes d'yvoire, d'acier, ou de verre, fe choquent; on leur retrouve peut-être après le choc leur première figure; mais il eft certain qu'ils ne l'ont pas toujours confervée: On s'en affûre par fes yeux, fi l'on teint l'un des Globes de quelque couleur qui puiffe s'effacer & tacher l'autre: on voit par la grandeur de la tache, que ces Globes pendant le choc fe font applatis, quoiqu'après il ne foit refté aucun changement fenfible à leur figure.

On ajoute à ces expériences des raifonnemens métaphyfiques: on prétend que la dureté, prife dans le fens rigoureux, exigeroit dans la nature des effets incompatibles avec une certaine *Loi de Continuité*.

Il faudroit, dit-on, lorsqu'un corps dur rencontreroit un obftacle inébranlable, qu'il perdît tout à coup fa vîteffe, fans qu'elle paſſât par aucun dégré de diminution; ou qu'il la convertît en une vîteſſe contraire, & qu'une vîteſſe poſitive devint négative, ſans avoir paſſé par le repos (*).

Mais j'avoue que je ne ſens pas la force de ce raiſonnement. Je ne ſai ſi l'on connoit aſſez la manière dont le mouvement ſe produit ou s'éteint, pour pouvoir dire que la loi de continuité fût ici violée: je ne ſai pas trop même ce que c'eſt que cette loi. Quand on ſuppoſeroit que la vîteſſe augmentât ou diminuât par dégrés, n'y auroit-il pas toujours des paſſages d'un dégré à l'autre? & le paſſage le plus inperceptible ne viole-t-il pas autant la continuité, que feroit la deſtruction ſubite de l'Univers?

Quant aux expériences, dont nous venons de parler, elles font voir qu'on a pu confondre la *dureté* avec *l'élaſticité;* mais elles ne prouvent pas que l'une ne ſoit que l'autre. Au contraire, dès qu'on a refléchi ſur l'*impénétrabilité* des corps, il ſemble qu'elle ne ſoit pas différente de leur *dureté;* ou du moins il ſemble que la dureté en eſt une ſuite néceſſaire. Si dans le choc de la plûpart des corps, les parties dont ils ſont compoſés ſe ſéparent ou ſe plient, cela n'arrive que parce que ces corps ſont des amas d'autres: les corps primitifs, les corps ſimples, qui ſont les élémens de tous les autres, doivent être durs, inflexibles, inaltérables.

Plus on examine l'élaſticité, plus il paroit que cette propriété ne dépend que d'une ſtructure particulière, qui laiſſe entre les parties des corps des intervalles dans leſquels elles peuvent ſe plier.

Il ſemble donc qu'on feroit mieux fondé à dire, que tous les corps ſont durs, qu'on ne l'eſt à ſoutenir qu'il n'y a point de corps durs dans la nature. Mais je ne ſai ſi la manière dont nous connoiſſons les corps nous permet ni l'une ni l'autre aſſertion. Si l'on veut l'avouer, on conviendra que la plus forte raiſon qu'on ait eüe pour n'admettre que des corps élaſtiques, a été l'impuiſſance où l'on étoit de trouver les loix de la communication du mouvement des corps durs.

Descartes admit ces corps; & crut avoir trouvé les loix de leur mouvement. Il étoit parti d'un principe aſſez vraiſemblable:

Que

(*) Diſcours ſur les loix de la communication du mouvement par M. Jean Bernouilli.

Que la quantité du mouvement se conservoit toujours la même dans la nature. Il en déduisit des loix fausses; parce que le principe n'est pas vrai.

Les Philosophes, qui sont venus après lui, ont été frappés d'une autre *conservation:* c'est celle de ce qu'ils appellent *la force vive, qui est le produit de chaque masse par le quarré de sa vîtesse.* Ceux-ci n'ont pas fondé leurs loix du mouvement sur cette conservation, ils ont déduit cette conservation des loix du mouvement, dont ils ont vu qu'elle étoit une suite. Cependant, comme la conservation de la force vive n'avoit lieu que dans le choc des corps élastiques, on s'est affermi dans l'opinion qu'il n'y avoit point d'autres corps que ceux-là dans la nature.

Mais *La conservation de la quantité du mouvement n'est vraie que dans certains cas. La conservation de la force vive n'a lieu que pour certains corps.* Ni l'une ni l'autre ne peut donc passer pour un principe universel, ni même pour un résultat général des loix du mouvement.

Si l'on examine les principes sur lesquels se sont fondés les Auteurs qui nous ont donné ces loix, & les routes qu'ils ont suivies, on s'étonnera de voir qu'ils y soient si heureusement parvenus; & l'on ne pourra s'empêcher de croire qu'ils comptoient moins sur ces principes, que sur l'expérience. Ceux qui ont raisonné le plus juste ont reconnu que le principe, dont ils se servoient pour expliquer la communication du mouvement des corps élastiques, ne pouvoit s'appliquer à la communication du mouvement des corps *durs.* Enfin aucun des principes qu'on a jusqu'ici employés, soit pour les loix du mouvement des corps durs, soit pour les loix du mouvement des corps élastiques, ne s'étend aux loix du repos.

Après tant de grands Hommes qui ont travaillé sur cette matière, je n'ose presque dire que j'ai découvert le principe universel sur lequel toutes ces loix sont fondées; qui s'étend également *aux corps durs* & *aux corps élastiques;* d'où depend le mouvement & le repos de toutes les substances corporelles.

C'est le principe que j'appelle *De la moindre quantité d'action:* principe si sage, si digne de l'Etre suprême, & auquel la nature paroît si constamment soumise, qu'elle l'observe non seulement dans tous ses changemens, mais que dans sa permanence, elle tend encore à l'observer. *Dans le choc des corps, le mouvement se distribue de manière, que la quantité d'action, que suppose le changement arrivé, est la plus petite qu'il soit possible. Dans le repos, les corps, qui se tiennent en équilibre, doivent être tellement situés, que s'il leur arrivoit quelque petit mouvement, la quantité d'action seroit la moindre* (*).

Non seulement ce principe répond à l'idée que nous avons de l'Etre suprême entant qu'il doit toujours agir de la manière la plus sage; mais encore entant qu'il doit toujours tenir tout sous sa dépendance.

Le principe de Descartes sembloit soustraire le Monde à l'empire de la Divinité: il établissoit que quelques changemens qui arrivassent dans la nature, *la même quantité de mouvement* s'y conservoit toujours: Les expériences & des raisonnemens plus forts que les siens firent voir le contraire. Le principe de la conservation de la *force vive* sembleroit encore mettre le monde dans une espèce d'indépendance: quelques changemens qui arrivassent dans la Nature, la quantité absolue de cette force se conserveroit toujours & pourroit toujours reproduire les mêmes effets. Mais pour cela il faudroit qu'il n'y eût dans la Nature que des corps élastiques: il faudroit en exclure les corps durs; c'est-à-dire, en exclure les seuls peut-être qui y soient.

Notre principe, plus conforme aux idées que nous devons avoir des choses, laisse le monde dans le besoin continuel de la puissance du Créateur; & est une suite nécessaire de l'emploi le plus sage de cette puissance.

Les loix du mouvement & du repos, ainsi déduites, se trouvant précisément les mêmes qui sont observées dans la nature, nous pouvons en admirer l'application dans tous les Phénomènes, dans le mouvement des Animaux, dans la végétation des Plantes, dans la Revolution des Astres; & le spectacle de l'Univers devient bien plus

(*) NB. On a renvoyé la Recherche mathématique des loix du mouvement & du repos à la fin de cet ouvrage, afin de n'en pas interrompre la lecture.

ESSAY DE COSMOLOGIE.

plus grand, bien plus beau, bien plus digne de son Auteur. C'est alors qu'on peut avoir une juste idée de la puissance & de la sagesse de l'Etre suprême; & non pas lorsqu'on en juge par quelque petite partie dont nous ne connoissons ni la construction, ni l'usage, ni la connexion qu'elle a avec les autres. Quelle satisfaction pour l'Esprit humain en contemplant ces loix, qui sont le principe du mouvement & du repos de tous les corps de l'Univers, d'y trouver la preuve de l'existence de celui qui le gouverne!

Ces loix si belles & si simples sont peut-être les seules que le Créateur & l'Ordonnateur des choses a établies dans la matière pour y opérer tous les Phénomènes de ce Monde visible. Quelques Philosophes ont été assez téméraires pour entreprendre d'en expliquer par ces seules loix toute la Méchanique, & même la prémière formation: donnez-nous, ont-ils dit, de la matière & du mouvement, & nous allons former un Monde tel que celui-ci. Entreprise véritablement extravagante!

D'autres au contraire, ne trouvant pas tous les Phénomènes de la Nature assez faciles à expliquer par ces seuls moyens, ont cru nécessaire d'en admettre d'autres. Un de ceux que le besoin leur a présenté, est l'*Attraction*, ce monstre métaphysique si cher à une partie des Philosophes modernes, si odieux à l'autre: une force par laquelle tous les corps de l'Univers s'attirent.

Si l'Attraction demeuroit dans le vague de cette prémière définition, & qu'on ne demandât aussi que des explications vagues, elle suffiroit pour tout expliquer: elle seroit la cause de tous les Phénomènes: quelques corps attireroient toujours ceux qui se meuvent.

Mais il faut avouer que les Philosophes, qui ont introduit cette force, n'en ont pas fait un usage aussi ridicule. Ils ont senti, que pour donner quelque explication raisonnable des Phénomènes, il falloit par quelques Phénomènes particuliers remonter à un Phénomène principal, d'où l'on pût ensuite déduire tous les autres Phénomènes particuliers du même genre. C'est ainsi que par quelques symptomes des mouvemens célestes, & par des observations sur la chûte des corps vers la Terre, ils ont été conduits à admettre dans la Matière une force, par laquelle toutes ses parties s'attirent suivant

une

une certaine proportion de leurs distances; & il faut avouer, que dans l'explication de plusieurs Phénomènes, ils ont fait un usage merveilleux de ce principe.

 Je n'examine point ici la différence qui peut se trouver dans la Nature de *la Force impulsive* & de la *Force attractive:* si nous concevons mieux une force qui ne s'exerce que dans le contact, qu'une autre qui s'exerce dans l'éloignement: mais la Matière & le Mouvement une fois admis dans l'Univers, nous avons vu que l'établissement de quelques loix d'impulsion étoit nécessaire: Nous avons vu que, dans le choix de ces loix, l'Etre suprême avoit suivi le principe le plus sage: il seroit à souhaiter pour ceux qui admettent l'Attraction, qu'ils lui pussent trouver les mêmes avantages.

 Si les Phénomènes du mouvement de ces corps immenses, qui roulent dans l'Univers, ont porté les Astronomes à admettre cette Attraction, d'autres Phénomènes du mouvement des plus petites parties des corps on fait croire aux Chimistes qu'il y avoit encore d'autres Attractions: enfin on est venu jusqu'à admettre des Forces répulsives.

 Mais toutes ces forces seront-elles des loix primitives de la Nature, ou ne seront-elles point des suites des Loix de l'impulsion? Ce dernier n'est-il point vraisemblable, si l'on considère, que dans la Méchanique ordinaire, tous les mouvemens, qui semblent s'exécuter par *Traction,* ne sont cependant produits que par une véritable *Pulsion?* Enfin le grand homme, qui a introduit les Attractions, n'a pas osé les regarder comme des loix primitives, ni les soustraire à l'empire de l'impulsion. Il a au contraire insinué dans plus d'un endroit de son merveilleux ouvrage, que l'Attraction pouvoit bien n'être qu'un Phénomène dont l'Impulsion étoit la véritable cause (*): Phénomène principal dont dépendoient plusieurs Phénomènes particuliers, mais soûmis comme eux aux loix d'un principe antérieur.

 Plusieurs Philosophes ont tenté de découvrir cette dépendance: mais, si leurs efforts jusqu'ici n'ont pas eu un plein succès, ils peuvent du moins faire croire la chose possible. Il y aura toujours bien des vuides, bien des interruptions entre les parties de nos systémes

---

(*) Newton Phil. Nat. pag. 6. 160. 188. 530. Edit. Londin. 1746.

fyftèmes les mieux liés: & fi nous réfléchiffons fur l'imperfection de l'Inftrument avec lequel nous les formons, fur la foibleffe de notre efprit, nous pourrons plutôt nous étonner de ce que nous avons découvert, que de ce qui nous refte caché.

Ouvrons les yeux; parcourons l'Univers; livrons-nous hardiment à toute l'admiration que ce fpectacle nous caufe: tel Phénomène qui, pendant qu'on ignoroit la fageffe des loix à qui il doit fon origine, n'étoit qu'une preuve obfcure & confufe de l'exiftence de celui qui gouverne le Monde, devient une démonftration: & ce qui auroit pu caufer du fcandale ne fera plus qu'une fuite néceffaire des loix qu'il falloit établir. Noux verrons, fans en être ébranlés, naître des *Monftres*, commettre des *Crimes*, & nous fouffrirons avec patience la *Douleur*. Ces maux ne porteront point atteinte à une vérité bien reconnue: quoique ce ne foit pas eux qui la fiffent connoitre, ni rien de ce qui renferme quelque mélange de mal ou d'inutilité. Tout eft lié dans la Nature: l'Univers tient au fil de l'araignée, comme à cette force qui pouffe ou qui tire les planètes vers le Soleil: mais ce n'eft pas dans le fil de l'araignée qu'il faut chercher les preuves de la fageffe de fon Auteur.

Qui pourroit parcourir toutes les merveilles que cette fageffe opère! Qui pourroit la fuivre dans l'immenfité des Cieux, dans la profondeur des Mers, dans les Abîmes de la Terre! Il n'eft peut-être pas encore tems d'entreprendre d'expliquer le Syftème du Monde: il eft toujours tems d'en admirer le fpectacle.

ABRÉGÉ
DU
SYSTÈME DU MONDE.

Le Soleil est un Globe lumineux, gros environ un million de fois comme la Terre. La matière dont il est formé n'est pas homogène, il y paroit souvent des inégalités; & quoique plusieurs de ces taches disparoissent avant que d'avoir parcouru tout son disque, le mouvement réglé de quelques-unes, & le retour au même lieu du disque, après un certain tems, ont fait voir que le Soleil immobile, ou presque immobile dans le lieu des Cieux, où il est placé, avoit un mouvement de revolution sur son Axe, & que le tems de cette revolution étoit d'environ 25. jours.

Six Globes qu'il échauffe & qu'il éclaire se meuvent autour de lui. Leurs grosseurs, leurs distances, & leurs revolutions sont différentes: mais tous se meuvent dans le même sens, à peu près dans le même plan, & par des routes presque circulaires.

Le plus voisin du Soleil, & le plus petit, est *Mercure:* sa plus grande distance du Soleil n'est que de 5137. diamètres de la Terre, sa plus petite de 3377. son diamètre n'est qu'environ la 300me. partie de celui du Soleil. On n'a point encore découvert s'il a quelque revolution sur lui-même; mais il tourne autour du Soleil dans l'espace de 3. mois.

Vénus est la seconde Planète: sa plus grande distance du Soleil est de 8008. diamètres de la Terre, sa plus petite de 7898: son diamètre est la 100me. partie de celui du Soleil: elle tourne sur elle-même; mais les Astronomes ne sont pas encore d'accord sur le tems de cette revolution. M. Cassini par l'observation de quelques taches la faisoit de 23. heures; M. Bianchini, par d'autres observations, la fait de 24. jours. Sa revolution autour du Soleil est de 8. mois.

Le troisième Globe est la *Terre* que nous habitons; qu'on ne peut se dispenser de ranger au nombre des Planètes. Sa plus grande distance du Soleil est de 11187. de ses diamètres; sa plus petite de 10813. Elle tourne sur son Axe dans l'espace de 24. heures, & employe un an à faire sa revolution autour du Soleil dans un orbe qu'on appelle l'Ecliptique. L'Axe de la Terre, l'Axe autour duquel Elle fait sa revolution diurne, n'est pas perpendiculaire au plan de cet orbe: il fait avec lui un angle de $66\frac{1}{2}$ dégrés. Pendant les revolutions de la Terre, autour du Soleil, cet Axe demeure presque parallèle à lui-même. Cependant ce Parallélisme n'est pas parfait; l'Axe de la Terre coupant toujours le plan de l'Ecliptique sous le même angle, tourne sur lui-même d'un mouvement conique dont la Période est de 25000. ans; & que les observations d'Hipparque comparées aux nôtres nous ont fait connoitre. On doute encore si l'angle sous lequel l'Axe de la Terre coupe le plan de l'Ecliptique est toujours le même: quelques observations ont fait penser qu'il augmente, & qu'un jour les plans de l'Ecliptique & de l'Equateur viendroient à se confondre. Il faudra peut-être des milliers de siècles pour nous l'apprendre. Cette Planète, qui est celle que nous connoissons le mieux, nous peut faire croire que toutes les autres, qui paroissent de la même nature qu'elle, ne sont pas des Globes déserts suspendus dans les Cieux, mais qu'Elles sont habitées comme elle par quelques Etres vivants. Quelques Auteurs ont hazardé sur ces habitans des conjectures qui ne sauroient être ni prouvées, ni démenties: mais tout est dit; du moins tout ce qui peut-être dit avec probabilité, lorsqu'on a fait remarquer, que ces vastes corps des Planètes, ayant déja tant de choses communes avec la Terre, peuvent encore avoir de commun avec elle, d'être habitées. Quant à la nature de leurs habitans, il seroit bien téméraire d'entreprendre de la deviner. Si l'on observe déja de si grandes variétés entre ceux, qui peuplent les différens Climats de la Terre, que ne peut-on pas penser de ceux qui habitent des Planètes si éloignées de la nôtre; leurs variétés passent vraisemblablement toute l'étenduë de notre imagination.

La quatrième Planète eft *Mars*. Sa plus grande diftance du Soleil eft de 18315. diamètres de la Terre; fa plus petite de 15213. fon Diamètre eft la 170me. partie de celui du Soleil. Sa revolution fur fon Axe eft de 25. heures; & celle qu'il fait autour du Soleil s'achève dans 2. ans.

La cinquième Planète & la plus groffe de toutes eft *Jupiter*. Sa plus grande diftance du Soleil eft de 59950. diamètres de la Terre; fa plus petite de 54450. fon diamètre eft la 9me. partie de celui du Soleil. Il fait dans 10. heures fa revolution fur fon Axe: fon cours autour du Soleil s'achève dans 12. ans.

Enfin la fixième Planète & la plus éloignée du Soleil eft *Saturne*. Sa plus grande diftance du Soleil eft de 110935. diamètres de la Terre; fa plus petite de 98901. fon diamètre eft la 11me. partie de celui du Soleil. On ignore s'il tourne fur fon Axe. Il employe 30. ans à faire fa revolution dans fon orbe.

Voilà quelles font les Planètes principales, c'eft-à-dire, celles qui tournent immédiatement autour du Soleil; foit que pendant ce tems-là, elles tournent fur elles-mêmes ou non.

On appelle ces Planètes *principales* par rapport aux autres appellées *fécondaires*. Celles-ci font leurs revolutions, non immédiatement autour du Soleil, mais autour de quelque Planète du premier ordre, qui fe mouvant autour du Soleil transporte avec elle autour de cet Aftre celle qui lui fert de fatellite.

L'Aftre qui éclaire nos nuits, la Lune eft une de ces Planètes fecondaires; fa diftance de la Terre n'eft que de trente diamètres de la Terre; fon diamètre n'eft guères que la quatrième partie du diamètre de la Terre; Elle fait 12. revolutions autour de la Terre, pendant que la Térre en fait une autour du Soleil.

Les corps des Planètes fecondaires, opaques comme ceux des Planètes du prémier ordre, peuvent faire conjecturer qu'elles font habitées comme les autres.

Depuis l'invention des Téléfcopes on a découvert quatre fatellites à Jupiter: quatre Lunes qui tournent autour de lui, pendant que lui-même tourne autour du Soleil.

Enfin

Enfin Saturne en a cinq. Mais on découvre autour de cette Planète une autre merveille, à laquelle nous ne connoissons point de pareille dans les Cieux : c'est un large *Anneau* dont elle est environnée.

Quoique les satellites paroissent destinés à la Planète autour de laquelle ils font leurs revolutions, ils peuvent pour les autres avoir de grandes utilités; & l'on ne peut omettre ici celle que les habitans de la Terre retirent des satellites de Jupiter. C'est que ces Astres ayant un mouvement fort rapide, passent souvent derrière les corps de leur Planète principale, & tombent dans l'ombre de cette Planète; qui ne recevant sa lumière que du Soleil, a toujours derrière elle un espace ténébreux, dans lequel le satellite, dès qu'il entre, s'éclipse pour le Spectateur, & duquel resortant, il paroit a nos yeux. Or ces éclipses & ces retours à la lumière étant des Phénomènes qui arrivent dans un instant; si l'on observe dans différens lieux de la terre l'heure de l'immersion ou de l'émersion du satellite, la difference, qu'on trouve entre ces heures, donne la différence des Méridiens des lieux où l'on aura fait les observations: chose si importante pour le Géographe & pour le Navigateur.

Deux grands Fluides appartiennent à la Planète que nous habitons: l'un est la Mer qui en couvre environ la moitié, l'autre est l'Air qui l'environne de toutes parts.

Le prémier de ces fluides est sans cesse agité d'un mouvement qui l'élève & l'abaisse deux fois chaque jour. Ce movement beaucoup plus grand dans certains tems que dans d'autres, variant aussi selon les différentes régions de la Terre, a une telle correspondance avec les positions de la Lune & du Soleil, qu'on ne sauroit y méconnoitre l'effet de ces Astres, quoique l'effet de la Lune soit de beaucoup le plus sensible: à chaque passage de la Lune par le Méridien, l'on voit les Mers inonder les rivages qu'elles avoient abandonnés.

L'autre fluide est l'Air; il enveloppe de tous côtés la Terre, & s'étend à de grandes distances au-dessus. Soumis comme la Mer aux aspects de la Lune & du Soleil, des propriétés particulières ajoutent de nouveaux Phénomènes à ses mouvemens. C'est l'aliment de tout ce qui respire. Malgré sa légèreté les Physiciens sont venus à bout de le peser, & de déterminer le poids total de sa masse par les expériences du Baromètre; dans lequel une Colonne de Mercure d'environ 27. pouces de hauteur est soutenuë par la Colonne d'air qui s'étend depuis le surface de la Terre jusqu'à l'extrémité de l'Atmosphère.

Deux propriétés fort remarquables de l'Air sont sa compressibilité & son ressort; c'est par celle-là que l'Air transmet les Sons. Les Corps sonores par leur mouvement excitent dans l'Air des vibrations qui se communiquent jusqu'à notre oreille, & la vîtesse avec laquelle les Sons se transmettent est de 170. toises par chaque seconde.

Lorsqu'on considère les autres Planètes, on ne peut pas douter qu'elles ne soient formées d'une matière semblable à celle de la Terre, quant à l'Opacité. Toutes ne nous paroissent que par la reflexion des rayons du Soleil qu'elles nous r'envoient: nous ne voyons jamais de la Lune notre Satellite que l'Hémisphère qui en est éclairé: si, lorsqu'elle est placée entre le Soleil & la Terre, on y apperçoit quelque légère lueur, ce n'est encore que la lumière du Soleil qui est tombée sur la Terre r'envoyée à la Lune & reflêchie de la Lune à nos yeux: enfin dès que la Lune entre dans l'ombre que forme la Terre vers la partie opposée au Soleil, le corps entier de la Lune ou les parties qui entrent dans l'ombre s'éclipsent, comme font les satellites de Jupiter & de Saturne dès qu'ils entrent dans l'ombre de ces Astres.

Quant aux Planètes principales, la Terre en étant une, la seule analogie conduiroit à croire que les autres sont opaques comme elle; mais il y a des preuves plus sûres qui ne permettent pas d'en douter. Celle des Planètes, dont la situation à l'égard du Soleil demande qu'elle nous présente les mêmes Phases que la Lune, nous les présente en effet: Vénus observée au Télescope nous montre tantôt un Disque rond, & tantôt des Croissants, plus ou moins grands

ESSAY DE COSMOLOGIE.

grands selon que l'Hémisphère qui est tourné vers nous est plus ou moins éclairé du Soleil. Mars nous présente aussi différentes Phases, quoique son orbite étant extérieure à celle de la Terre, ses Phases soient moins inégales que celles de Vénus.

Le passage de Vénus & de Mercure sur le Soleil, qui s'observe quelquefois, pendant lequel on les voit parcourir son disque comme des taches obscures, est une nouvelle preuve de leur Opacité. Jupiter & Saturne, dont les Orbes renferment l'Orbe de la Terre, ne sauroient être exposés à ce Phénomène: mais les Eclipses de leurs Satellites, lorsqu'ils se trouvent dans leur ombre, prouvent assez que ce sont des corps opaques.

Les Taches, qu'on observe avec le Télescope sur le disque des Planètes, & qui conservent constamment leur figure & leur situation, prouvent que les Planètes sont des corps solides. La Lune la plus voisine de nous nous fait voir sur sa surface de grandes cavités, de hautes montagnes, qui jettent des ombres fort sensibles vers la partie opposée au Soleil: & la surface de cette Planète paroit assez semblable à celle de la Terre, si on l'observoit de la Lune; avec cette différence que les montagnes de celle-ci sont beaucoup plus élevées que toutes les nôtres.

Quant au Soleil; on ne peut douter que la matière, dont il est formé, ne soit lumineuse & brulante. Il est la source de toute la lumière qui éclaire la Terre & les autres Planètes, & de tout le feu qui les échauffe; ses rayons étant condensées au foyer d'un miroir brulant, & si leur quantité & leur condensation sont assez grandes, ils font un feu plus puissant que tous les autres feux que nous pouvons produire avec les matières les plus combustibles. Une si grande activité suppose la fluidité, mais on voit encore que la matière qui compose le Soleil est fluide par les changemens continuels qu'on y observe. Les taches qui paroissent dans le disque du Soleil & qui disparoissent ensuite sont autant de corps qui nagent dans ce fluide; qui en paroissent comme les Ecumes, ou qui s'y consument.

On

On a toujours fu que le Soleil étoit la caufe de la lumiere; mais ce n'eft que dans ces dernièrs tems qu'on a découvert que la lumière étoit la matière même du Soleil: fource inépuifable de cette matière précieufe, depuis la multitude de fiècles qu'elle coule, on ne s'apperçoit pas qu'elle ait fouffert aucune diminution!

Quelle que foit fon immenfité, quelle fubtilité ne faut-il pas fuppofer dans les ruiffeaux qui en fortent! Mais fi leur ténuité paroit merveilleufe, quelle nouvelle merveille n'eft-ce point, lorsqu'on verra qu'un rayon lumineux, tout fubtil qu'il eft, tout pur qu'il paroit à nos yeux, eft un mélange de différentes matières. Lorsqu'on faura qu'un mortel a fu analyfer la lumière, découvrir le nombre & les dofes des ingrédients qui la compofent? Chaque rayon de cette matière, qui paroit fi fimple, eft un faifceau de rayons rouges, orangés, jaunes, verds, bleus, indigots, & violets, que leur mélange confondoit à nos yeux (*).

Nous ne faurions déterminer avec précifion, quelle eft la fineffe des rayons de lumière, mais nous connoiffons leur vîteffe; dans 7. ou 8. minutes ils arrivent à nous; ils traverfent dans un tems fi court tout l'efpace qui fépare le Soleil & la Terre; c'eft-à-dire, plus de trente millions de lieuës. Tout effrayantes pour l'imagination que font ces chofes, des expériences inconteftables les ont fait connoitre (**).

Revenons aux Planètes & examinons un peu plus en détail leurs mouvemens. Les routes qu'elles décrivent dans les Cieux font à peu près circulaires, mais ce ne font pas cependant abfolument des cercles, ce font des Ellipfes qui ont fort peu d'excentricité.

Nous avons auffi confidéré les Planètes comme des Globes, & il eft vrai qu'elles approchent fort de la figure fphérique: ce ne font pourtant pas, du moins ce ne font pas toutes, des Globes parfaits.

Dans ces derniers tems on fouppçonna que la Terre n'étoit pas parfaitement fphérique. Quelques expériences firent penfer à Newton

(*) Newton Optik.   (**) Philof. Transact. No. 406.

ESSAY DE COSMOLOGIE.

Newton & à Huygens qu'elle devoit être plus élevée à l'Equateur qu'aux Poles; & être un sphéroïde applati. Des mesures actuelles de différens dégrés de la France sembloient lui donner une figure toute opposée, celle d'un Sphéroïde allongé. Ces mesures prises par de très-habiles Observateurs sembloient détruire la figure applatie, qui n'étoit prouvée que par des expériences indirectes & par des raisonnemens.

Telle étoit l'incertitude: lorsque le plus grand Roi que la France ait eu ordonna la plus magnifique entreprise qui ait jamais été formée pour les Sciences. C'étoit de mésurer vers l'Equateur & vers le Pole les deux dégrés du Méridien les plus éloignés qu'il fût possible. La comparaison de ces dégrés devoit décider la question, & déterminer la figure de la Terre. M. M. Godin, Bouguer, la Condamine, partirent pour le Perou; & je fus chargé de l'expédition du Pole avec M. M. Clairaut, Camus, le Monnier & Outhier. Nous mésurames, dans les déserts de la Laponie, le dégré qui coupe le Cercle polaire, & nous trouvames la Terre applatie: son Axe est de 6525600. toises; & le diamètre de son Equateur est de 6562500.

La Planète de Jupiter, dont la revolution autour de l'Axe est beaucoup plus rapide que celle de la Terre, a un applatissement beaucoup plus considérable, & fort sensible au Télescope.

Voilà quelle est l'œconomie la plus connuë de notre système solaire. On y observe quelquefois des Astres que la plûpart des Philosophes de l'Antiquité ont pris pour des Météores passagers; mais qu'on ne peut se dispenser de regarder comme des Corps durables, & de la même Nature que les Planètes.

La différence la plus considérable qui paroit être entre les Planètes & ces nouveaux Astres, c'est que les orbes de celles-là sont presque tous dans le même plan, ou renfermés dans une Zone de peu de largeur, & sont des Ellipses fort approchantes du Cercle; les Comètes au contraire se meuvent dans toutes les directions, & décrivent des Ellipses fort allongées. Nous ne les voyons que quand elles passent dans ces régions du Ciel où se trouve la Terre, quand elles

elles parcourent la partie de leur orbite la plus voisine du Soleil: dans le reste de leurs orbites elles disparoissent à nos yeux.

Quoique leur éloignement nous empêche de suivre leurs Cours; plusieurs apparitions de ces Astres, après des intervalles de tems égaux, semblent n'être que les retours d'une même Comète. C'est ainsi qu'on croit que celle qui parut en 1682. étoit la même qui avoit été vuë en 1607, en 1531, & en 1456. Sa revolution seroit d'environ 75. ans, & l'on pourroit attendre son retour vers l'année 1757. De même quatre apparitions de la Comète qui fut remarquée à la mort de Jules César, puis dans les années 531, 1106, & en dernier lieu en 1680, doivent faire penser que c'est la même, dont la revolution est de 575. ans. La Postérité verra si la conjecture est vraie.

Celle-ci, en 1680. s'approcha tant du Soleil, que dans son Perihélie elle n'en étoit éloignée que la sixième partie de son diamètre. On peut juger par-là à quelle chaleur cette Comète fut exposée: elle fut 28000. fois plus grande que celle que la Terre éprouve en Eté.

Quelques Philosophes considérant les routes des Comètes, qui parcourent toutes les régions du Ciel: tantôt s'approchant du Soleil jusqu'à pouvoir y être englouties, tantôt s'en éloignant à des distances immenses, ont attribué à ces Astres des usages assez singuliers. Ils les regardent comme servant d'aliment au Soleil, lorsqu'elles y tombent, ou comme destinées à rapporter aux Planètes l'humidité, qu'elles perdent: en effet, on voit assez souvent les Comètes environnées d'épaisses Atmosphères, ou de longues queuës qui ne paroissent formées que d'exhalaisons & de vapeurs. Quelques Philosophes au lieu de ces favorables influences, en ont fait appréhender de très-funestes. Le Choc d'un de ces Astres qui rencontreroit quelque Planète sans doute la détruiroit de fond en comble. Il est vrai que ce seroit un terrible hazard, si des corps, qui se meuvent dans toutes sortes de directions dans l'immensité des Cieux, venoient rencontrer quelque Planète. Car malgré la grosseur de ces corps, ce ne sont que des Atomes, dans l'espace où ils se meuvent: la chose n'est pas impossible, quoiqu'il

fût

fût ridicule de la craindre. La feule approche de corps auffi brulants que le font quelques Comètes, lorqu'elles ont paffé fort près du Soleil, la feule inondation de leurs Atmofphères ou de leurs Queuës, cauferoit de grands défordres fur la Planète qui s'y trouveroit expofée.

On ne peut douter que la plûpart des Animaux ne périffent, s'il arrivoit qu'ils fuffent reduits à fupporter des Chaleurs auffi exceffives, ou à nager dans des fluides fi différens des leurs, ou à refpirer des vapeurs auffi étrangères. Ils n'y auroit que les Animaux les plus robuftes & peut-être les plus vils qui confervaffent la vie. Des efpèces entières feroient détruites; & l'on ne trouveroit plus entre celles qui refteroient l'ordre & l'harmonie qui y avoit été d'abord.

Quand je réfléchis fur les bornes étroites dans lesquelles font renfermées nos connoiffances; fur le defir extrême que nous avons de favoir, & fur l'impuiffance où nous fommes de nous inftruire; je ferois tenté de croire que cette difproportion, qui fe trouve aujourd'hui entre nos connoiffances & notre curiofité, pourroit être la fuite d'un pareil défordre.

Auparavant, toutes les efpèces formoient une fuite d'Etres qui n'étoient pour ainfi dire que des parties contigues d'un même Tout. Chacune liée aux efpèces voifines, dont elle ne différoit que par des nuances infenfibles, formoit entr'elles une communication qui s'étendoit depuis la prémière jufqu'à la dernière. Mais cette chaine une fois rompuë, les efpèces, que nous ne pouvons connoitre que par l'entremife de celles qui ont été détruites, font devenues incompréhenfibles pour nous: nous vivons peut-être parmi une infinité de ces Etres dont nous ne pouvons découvrir, ni la Nature, ni même l'exiftence.

Entre ceux que nous pouvons encore appercevoir, il fe trouve des interruptions qui nous privent de la plûpart des fecours que nous pourrions en retirer: car l'intervalle, qui eft entre nous & les derniers des Etres, n'eft pas pour nos connoiffances un obftacle moins invincible que la diftance qui nous fépare des Etres fupérieurs. Chaque efpèce, pour l'univerfalité des chofes, avoit des avantages qui lui étoient propres. Et comme de leur affemblage refultoit la beauté de l'univers, de même de leur communication en refultoit la Science.

Chaque efpèce ifolée ne peut plus embellir, ni faire connoitre les autres: la plûpart des Etres ne nous paroiffent que comme des Monftres; & nous ne trouvons qu'obfcurité dans nos connoiffances. C'eft ainfi que l'édifice le plus régulier, après que la foudre l'a frappé, n'offre plus à nos yeux que des ruines; dans lesquelles on ne reconnoit ni la fymmetrie que les parties avoient entr'elles, ni le deffein de l'Architecte.

Si ces conjectures paroiffent à quelques-uns trop hardies; qu'ils jettent la vuë fur les marques inconteftables des changemens arrivés à notre Planète? Ces coquillages, ces poiffons petrifiés, qu'on trouve dans les lieux les plus élevés, & les plus éloignés des rivages, ne font-ils pas voir que les eaux ont autrefois inondé ces lieux? ces Terres fracaffées, ces Lits de différentes fortes de matières interrompus & fans ordre, ne font-ils pas des preuves de quelque violente fecouffe que la Terre a éprouvée?

Celui qui dans une belle nuit regarde le Ciel, ne peut fans admiration contempler ce magnifique fpectacle. Mais fi fes yeux font éblouïs par mille Etoiles qu'il apperçoit, fon Efprit doit être plus étonné, lorsqu'il faura que toutes ces Etoiles font autant de Soleils femblables au nôtre; qui ont vraifemblablement comme lui leurs Planètes & leurs Comètes: lorsque l'Aftronomie lui apprendra que ces Soleils font placés à des diftances fi prodigieufes de nous, que toute la diftance de notre Soleil à la Terre n'eft qu'un point en comparaifon: & que quant à leur nombre que notre vuë paroit reduire à environ 2000, on le trouve toujours d'autant plus grand, qu'on fe fert de plus longs Télefcopes; toujours de nouvelles Etoiles au de-là de celles qu'on apperçevoit, point de fin, point de bornes dans les Cieux.

Toutes ces Etoiles paroiffent tourner autour de la Terre en 24. heures: mais il eft évident que la revolution de la Terre

autour

autour de son Axe doit causer cette apparence. Elles paroissent encore toutes faire autour des Poles de l'Ecliptique une revolution dans l'espace de 25000. ans; ce Phénomène est la suite du mouvement conique de l'Axe de la Terre. Quant au changement de situation de ces Etoiles qu'il semble qu'on dût attendre du mouvement de la Terre dans son orbe, toute la distance, que la Terre parcourt depuis une Saison jusqu'à la Saison opposée, n'étant rien par rapport à sa distance aux Etoiles, elle ne peut causer de différence sensible dans leur aspect.

Ces Etoiles, qu'on appelle *Fixes*, gardent entre elles constamment la même situation: pendant que les Planètes ou Etoiles *Errantes* changent continuellement la leur, dans cette Zone, où nous avons vu que tous leurs orbes étoient renfermés, & que les Comètes plus errantes encore parcourent indifféremment tous les lieux du Ciel.

Quelquefois on a vu tout à coup de nouvelles Etoiles paroître: on les a vuës durer quelque tems, puis peu à peu s'obscurcir & s'éteindre. Quelques-unes ont des Périodes connuës de lumière & de ténèbres. La figure que peuvent avoir ces Etoiles & le mouvement des Planètes qui tournent peut-être autour, peuvent être les causes de ces Phénomènes.

Quelques Etoiles qu'on appelle *Nébuleuses*, qu'on ne voit jamais que comme à travers d'Atmosphères dont elles paroissent environnées, nous font voir encore qu'il y a parmi ces Astres beaucoup de diversités.

Enfin des yeux attentifs, aidés du Télescope, découvrent de nouveaux Phénomènes: ce sont de grands Espaces plus clairs que le reste du Ciel; à travers lesquels l'Auteur de la *Théologie Astronomique* a cru voir l'Empirée: mais qui plus vraisemblablement ne sont que des espèces d'Astres moins lumineux & beaucoup plus grands que les autres, plus applatis peut-être, & auxquels différentes situations semblent donner des figures irrégulières (*).

Voilà

(*) Voyez le Discours sur la Figure des Astres.

Voilà quels font les principaux objets du Spectacle de la Nature. Si l'on entre dans un plus grand détail, combien de nouvelles merveilles ne découvre-t-on pas? Quelle terreur n'inspire pas le bruit du Tonnerre, & l'éclat de la foudre, que ceux même qui nioient la Divinité ont regardés comme si propres à la faire craindre? Qui peut voir sans admiration cet Arc merveilleux qui paroit à l'opposite du Soleil; lorsque par un tems pluvieux les goutes repanduës dans l'air séparent à nos yeux les couleurs de la lumière? si vous allez vers le Pole, quels nouveaux Spectacles se préparent? Des feux de mille couleurs, agités de mille mouvemens, éclairent les nuits dans ces Climats, où l'Astre du jour ne paroit point pendant l'hyver. J'ai vu de ces nuits plus belles que les jours; qui faisoient oublier la douceur de l'Aurore, & l'éclat du midi.

Si des Cieux on descend sur la Terre: si après avoir parcouru les plus grands objets, l'on examine les plus petits, quels nouveaux prodiges! quels nouveaux miracles! Chaque Atome en offre autant que la Planète de Jupiter.

RECHERCHE MATHÉMATIQUE
DES LOIX DU MOUVEMENT
ET DU REPOS.

Les Corps soit en repos, soit en mouvement, ont une certaine Force pour persister dans l'état où ils sont: cette Force, appartenant à toutes les parties de la Matière, est toujours proportionelle à la quantité de Matière que ces corps contiennnent, & s'appelle leur *Inertie*.

L'Impénétrabilité des Corps, & leur inertie, rendoient nécessaire l'établissement de quelques loix, pour accorder ensemble ces deux propriétés, qui sont à tout moment opposées l'une à l'autre dans la Nature. Lorsque deux Corps se rencontrent, ne pouvant se pénétrer, il faut que le Repos de l'un & le Mouvement de l'autre, ou le Mouvement de tous les deux soient altérés: mais cette altération dépendant de la Force avec laquelle les deux Corps se choquent, examinons ce que c'est que le Choc; voyons de quoi il dépend; & si nous ne pouvons avoir une idée assez claire de la Force, voyons du moins les circonstances qui le rendent le même.

On suppose ici, comme l'ont supposé tous ceux qui ont cherché les loix du mouvement; que les Corps soient des Globes de Matière homogène; & qu'ils se rencontrent directement, c'est-à-dire, que leurs centres de gravité soient dans la ligne droite qui est la direction de leur mouvement.

Si un Corps se mouvant avec une certaine vitesse, rencontre un autre Corps en repos; le Choc est le même que si ce dernier Corps, se mouvant avec la vitesse du prémier, le rencontroit en repos.

Si deux Corps se mouvant l'un vers l'autre se rencontrent; le Choc est le même que si l'un des deux étant en repos, l'autre le rencontroit avec une vitesse qui fût égale à la somme des vitesses de l'un & de l'autre.

Si

Ceci a déjà paru dans les Mém. de l'Acad. R. des Sciences de Prusse. Année 1747.

Si deux Corps se mouvant vers le même côté se rencontrent, le Choc est le même que si l'un des deux étant en repos, l'autre le rencontroit avec une vitesse qui fût égale à la différence des vitesses de l'un & de l'autre.

En général donc: si deux Corps se rencontrent, soit que l'un des deux soit en repos, soit qu'ils se meuvent tous les deux l'un vers l'autre, soit qu'ils se meuvent tous deux du même côté: quelles que soient leurs vitesses, si la somme ou la différence de ces vitesses (ce qu'on appelle *la vitesse respective*) est la même, le Choc est le même. *La grandeur du Choc de deux Corps donnés dépend uniquement de leur vitesse respective.*

La vérité de cette proposition est facile à voir, en concevant les deux Corps emportés sur un plan mobile, dont la vitesse détruisant la vitesse de l'un des deux, donneroit à l'autre la somme ou la différence des vitesses qu'ils avoient. Le Choc des deux Corps sur ce plan seroit le même que sur un plan immobile, où l'un des Corps étant en repos, l'autre le viendroit frapper avec la somme ou la différence des vitesses.

Voyons maintenant la différence que la Dureté ou l'Elasticité des Corps cause dans les effets du Choc.

Les Corps parfaitement Durs sont ceux, dont les parties sont inséparables & inflexibles; & dont, par conséquent, la figure est inaltérable.

Les Corps parfaitement Elastiques sont ceux, dont les parties, après avoir été pliées, se redressent, reprennent leur prémière situation, & rendent aux corps sa prémière figure. Quant à la nature de cette Elasticité, nous n'entreprenons pas de l'expliquer; il suffit ici d'en connoitre l'effet.

Je ne parle point des Corps Moûs, ni des Corps Fluides; ce ne sont que des amas de Corps Durs ou Elastiques.

Lorsque deux Corps Durs se rencontrent, leurs parties étant inséparables & inflexibles, le Choc ne sauroit altérer que leurs vitesses. Les deux Corps se pressent & se poussent, jusqu'à ce que la vitesse de l'un soit égale à la vitesse de l'autre. *Les Corps Durs, après le Choc, vont donc ensemble d'une vitesse commune.*

Mais

Mais lorsque deux Corps Elastiques se rencontrent, pendant qu'ils se pressent & se poussent, le choc est employé aussi à plier leurs parties, & les deux Corps ne demeurent appliqués l'un contre l'autre, que jusqu'à ce que leur ressort, bandé par le Choc autant qu'il le peut être, les sépare en se débandant; & les fasse s'éloigner avec autant de vitesse qu'ils s'approchoient: car la vitesse respective des deux Corps étant la seule cause qui avoit bandé leur ressort, il faut que le débandement reproduise un effet égal à celui, qui comme cause avoit produit le bandement: c'est-à-dire une vitesse respective, en sens contraire, égale à la prémière. *La vitesse respective des Corps Elastiques est donc, après le Choc, la même qu'auparavant.*

Cherchons maintenant les loix, selon lesquelles le Mouvement se distribuë entre deux Corps qui se choquent, soit que ces Corps soient Durs, soient qu'ils soit Elastiques.

Nous déduirons ces loix d'un seul Principe, & de ce même Principe nous déduirons les loix de leur Repos.

PRINCIPE GÉNÉRAL.

Lorsqu'il arrive quelque changement dans la Nature, la Quantité d'Action, nécessaire pour ce changement, est la plus petite qu'il soit possible.

La *Quantité d'Action* est le produit de la Masse des Corps, par leur vitesse & par l'espace qu'ils parcourent. Lorsqu'un Corps est transporté d'un lieu dans un autre, l'Action est d'autant plus grande, que la Masse est plus grosse, que la vitesse est plus rapide, que l'espace, par lequel il est transporté, est plus long.

PROBLEME I.
Trouver les Loix du Mouvement des Corps Durs.

Soient deux Corps Durs, dont les Masses sont A & B, qui se meuvent vers le même côté, avec les vitesses a & b: mais A plus vite que B, en sorte qu'il l'atteigne & le choque. Soit la vitesse commune de ces deux corps après le choc $= x < a$ & $> b$. Le changement arrivé dans l'Univers, consiste en ce que le corps A, qui se mouvoit avec la vitesse a, & qui dans un certain tems parcouroit un espace $= a$, ne se meut plus qu'avec la vitesse x, & ne parcourt qu'un espace $= x$: Le corps B, qui ne se mouvoit qu'avec la vitesse b, & ne parcouroit qu'un espace $= b$, se meut avec la vitesse x, & parcourt un espace $= x$.

Ce changement est donc le même qui seroit arrivé, si pendant que le corps A se mouvoit avec la vitesse a, & parcouroit l'espace $= a$, il eût été emporté en arrière sur un plan immatériel, qui se fût mû avec une vitesse $a - x$, par un espace $= a - x$: & que pendant que le corps B se mouvoit avec la vitesse b, & parcouroit l'espace $= b$, il eût été emporté en avant sur un plan immateriel, qui se fût mû avec une vitesse $x - b$, par un espace $= x - b$.

Or, que les corps A & B se meuvent avec des vitesses propres sur les plans mobiles, ou qu'ils y soient en repos, le mouvement de ces plans chargés des corps, étant le même: les Quantités d'Action, produites dans la Nature, seront $A(a-x)^2$, & $B(x-b)^2$; dont la somme doit être la plus petite qu'il soit possible. On a donc $Aaa - 2Aax + Axx + Bxx - 2Bbx + Bbb = Minimum$. Ou $-2Aadx + 2Axdx + 2Bxdx - 2Bbdx = 0$. D'où l'on tire pour la vitesse commune
$$x = \frac{Aa + Bb}{A + B}.$$

Dans ce cas, où les deux corps se meuvent du même côté, la quantité de mouvement détruite & la quantité produite, sont égales: & la quantité totale de mouvement demeure, après le choc, la même qu'elle étoit auparavant.

Il est facile d'appliquer le même raisonnement au cas, où les corps se meuvent l'un vers l'autre: ou bien il suffit de considérer b comme négatif par rapport à a: & la vitesse commune sera
$$x = \frac{Aa - Bb}{A + B}.$$

Si l'un des corps étoit en repos avant le choc, $b = 0$; & la vitesse commune est
$$x = \frac{Aa}{A + B}.$$

Si un corps rencontre un obstacle inébranlable, on peut considérer cet obstacle comme un corps d'une Masse infinie en repos: Si donc B est infini, la vitesse $x = 0$.

ESSAY DE COSMOLOGIE.

Voyons maintenant ce qui doit arriver, lorsque les Corps sont Elastiques. Les Corps, dont je vais parler, sont ceux qui ont une parfaite Elasticité.

PROBLEME II.
Trouver les Loix du Mouvement des Corps Elastiques.

Soient deux Corps Elastiques, dont les Masses sont A & B, qui se meuvent vers le même côté, avec les vitesses a & b; mais A plus vite que B, ensorte qu'il l'atteigne & le choque: & soient α & β les vitesses des deux corps après le choc: la somme ou la différence de ces vitesses après le choc, est la même qu'elle étoit auparavant.

Le changement, arrivé dans l'Univers, consiste en ce que le corps A, qui se mouvoit avec la vitesse a, & qui dans un certain tems parcouroit un espace $=a$, ne se meut plus qu'avec la vitesse α, & ne parcourt qu'un espace $=\alpha$: le corps B, qui ne se mouvoit qu'avec la vitesse b, & ne parcouroit qu'un espace $=b$, se meut avec la vitesse β, & parcourt un espace $=\beta$.

Ce changement est donc le même qui seroit arrivé, si pendant que le corps A se mouvoit avec la vitesse a, & parcouroit l'espace $=a$, il eût été emporté en arrière sur un plan immatériel, qui se fût mû avec une vitesse $a-\alpha$, par un espace $=a-\alpha$: & que pendant que le corps B se mouvoit avec la vitesse b, & parcouroit l'espace $=b$, il eût été emporté en avant sur un plan immatériel, qui se fût mû avec une vitesse $\beta-b$, par un espace $=\beta-b$.

Or, que les corps A & B se meuvent avec des vitesses propres sur les plans mobiles, ou qu'ils y soient en repos; le mouvement de ces plans chargés des corps, étant le même : les Quantités d'Action, produites dans la Nature, seront $A(a-\alpha)^2$, & $B(\beta-b)^2$; dont la somme doit être la plus petite qu'il soit possible. On a donc
$Aaa - 2Aa\alpha + A\alpha\alpha + B\beta\beta - 2Bb\beta + Bbb = Minimum$.
Ou $-2Aad\alpha + 2A\alpha d\alpha + 2B\beta d\beta - 2Bbd\beta = 0$.

Or, pour les Corps Elastiques, la vitesse respective étant, après le choc, la même qu'elle étoit auparavant; on a $\beta - \alpha = a$

$= a - b$, ou $\beta = \alpha + a - b$, & $d\beta = d\alpha$: qui, étant substitués dans l'Equation précédente, donnent pour les vitesses
$$\alpha = \frac{Aa - Ba + 2Bb}{A+B} \ \& \ \beta = \frac{2Aa - Ab + Bb}{A+B}.$$

Si les corps se meuvent l'un vers l'autre, il est facile d'appliquer le même raisonnement : ou bien il suffit de considérer b comme négatif par rapport à a, & les vitesses seront
$$\alpha = \frac{Aa - Ba - 2Bb}{A+B} \ \& \ \beta = \frac{2Aa + Ab - Bb}{A+B}.$$

Si l'un des corps étoit en repos avant le choc, $b = 0$; & les vitesses sont
$$\alpha = \frac{Aa - Ba}{A+B} \ \& \ \beta = \frac{2Aa}{A+B}.$$

Si l'un des corps est un obstacle inébranlable, considérant cet obstacle comme un corps B d'une Masse infinie en repos; on aura la vitesse $\alpha = -a$: c'est-à-dire, que le corps A rejaillira avec la même vitesse qu'il avoit en frappant l'obstacle.

Si l'on prend la somme des Forces vives, on verra qu'après le choc elle est la même qu'elle étoit auparavant : c'est-à-dire, que $A\alpha\alpha + B\beta\beta = Aaa + Bbb$.

Ici la somme des Forces vives se conserve après le choc: mais cette conservation n'a lieu que pour les Corps Elastiques, & non pour les Corps Durs. Le Principe général, qui s'étend aux uns & aux autres, est que *la Quantité d'Action, nécessaire pour causer quelque changement dans la Nature, est la plus petite qu'il est possible.*

Ce Principe est si universel & si fécond qu'on en tire la Loi du Repos, ou de l'Equilibre. Il est évident qu'il n'y a plus ici de différence entre les Corps Durs & les Corps Elastiques.

PROBLEME III.
Trouver la Loi du Repos des Corps.

Je considère ici les Corps attachés à un Levier : & pour trouver le point, autour duquel ils demeurent en équilibre, je cherche le point,

point, autour duquel, si le Levier reçoit quelque petit mouvement, la Quantité d'Action soit la plus petite qu'il soit possible.

Soit c la longueur du Levier, que je suppose immatériel, aux extrémités duquel soient placés deux Corps, dont les Masses sont A & B. Soit z la distance du corps A au point cherché, & $c-z$ la distance du corps B : il est évident que, si le Levier a quelque petit mouvement, les corps A & B décriront de petits Arcs semblables entre eux, & proportionels aux distances de ces corps au point qu'on cherche. Ces Arcs seront donc les espaces parcourus par les Corps, & représentent en même tems leurs vitesses. La Quantité d'Action sera donc proportionelle au produit de chaque corps par le quarré de son arc; ou (puisque les arcs sont semblables) au produit de chaque corps par le quarré de sa distance du point, autour duquel tourne le Levier, c'est-à-dire, à Azz & $B(c-z)^2$; dont la somme doit être la plus petite qu'il soit possible. On a donc $Azz + Bcc - 2Bcz + Bzz = Minimum.$ Ou $2Azdz - 2Bcdz + 2Bzdz = 0$. D'où l'on tire $z = \dfrac{Bc}{A+B}$. Ce qui est la Proposition fondamentale de la Statique.

ACCORD
DE DIFFERENTES LOIX DE LA NATURE
QUI AVOIENT JUSQU'ICI PARU INCOMPATIBLES.

On ne doit pas exiger que les différens moyens, que nous avons pour augmenter nos connoissances, nous conduisent aux mêmes vérités, mais il seroit accablant de voir que des propositions, que la Philosophie nous donne comme des vérités fondamentales, se trouvassent démenties par les raisonnemens de la Géometrie, ou par les calculs de l'Algèbre.

Un exemple mémorable de cette contradiction tombe sur un Sujet des plus importans de la Physique.

Depuis le renouvellement des Sciences, depuis même leur prémière origine, on n'a fait aucune découverte plus belle que celle des loix que suit la Lumière; soit qu'elle se meuve dans un milieu uniforme, soit que, rencontrant des corps opaques, elle soit fléchie par leur surface, soit que des corps diaphanes l'obligent de changer son cours en les traversant. Ces loix sont les fondemens de toute la Science de la Lumière & des Couleurs.

Mais j'en ferai peut-être mieux sentir l'importance, si, au lieu de présenter un objet si vaste, je m'attache seulement à quelque partie, & n'offre ici que des objets plus bornés & mieux connus; si je dis, que ces loix sont les principes sur lesquels est fondé cet art admirable, qui, lorsque dans le vieillard tous les organes s'affoiblissent, fait rendre à son œil sa prémière force, lui donner même une force qu'il n'avoit pas reçue de la Nature; cet art qui étend
notre

Ce Mémoire fut lu dans l'Assemblée publique de l'Académie Royale des Sciences de France le 15. Avril 1744. & fut inféré dans le Recueil de 1744.

notre vuë jusques dans les derniers lieux de l'espace, qui la porte jusques sur les plus petites parties de la matière; & qui nous fait découvrir des objets dont la vuë paroissoit interdite aux hommes.

Les loix que suit la Lumière, lorsqu'elle se meut dans un milieu uniforme, ou qu'elle rencontre des corps qu'elle ne sauroit pénétrer, étoient connuës des Anciens : celle qui marque la route qu'elle suit, lorsqu'elle passe d'un Milieu dans un autre, n'est connuë que depuis le Siècle passé ; Snellius la découvrit; Descartes entreprit de l'expliquer, Fermat attaque son explication. Depuis ce tems cette matière a été l'objet des recherches des plus grands Géomètres, sans que jusqu'ici l'on soit parvenu à accorder cette Loi avec une autre que la Nature doit suivre encore plus inviolablement.

Voici les loix que suit la Lumière.

La prémière est, que *dans un milieu uniforme, elle se meut en ligne droite.*

La seconde, que, *lorsque la Lumière rencontre un Corps qu'elle ne peut pénétrer, elle est refléchie; & l'Angle de sa reflexion est égal à l'Angle de son incidence:* c'est-à-dire, qu'après sa reflexion elle fait avec la surface du corps un angle égal à celui sous lequel elle l'avoit rencontré.

La troisième est, que, *lorsque la Lumière passe d'un Milieu diaphane dans un autre, sa route, après la rencontre du nouveau Milieu, fait un angle avec celle qu'elle tenoit dans le prémier; & le Sinus de l'angle de refraction est toujours dans le même rapport au Sinus de l'angle d'incidence.* Si, par exemple, un rayon de lumière passant de l'air dans l'eau s'est brisé de manière que le Sinus de l'angle de sa refraction soit les trois quarts du Sinus de son angle d'incidence; sous quelqu'autre obliquité qu'il rencontre la surface de l'eau, le Sinus de sa refraction sera toujours les trois quarts du Sinus de sa nouvelle incidence.

La prémière de ces loix est commune à la Lumière & à tous les corps; ils se meuvent en ligne droite, à moins que quelque force étrangère ne les en détourne.

La seconde est encore la même que suit une Balle élastique lancée contre une surface inébranlable. La Méchanique démontre, qu'une Balle, qui rencontre une telle surface, est refléchie par un Angle égal à celui sous lequel elle l'avoit rencontrée, & c'est ce que fait la lumière.

Mais il s'en faut beaucoup que la troisième Loi s'explique aussi heureusement. Lorsque la Lumière passe d'un Milieu dans un autre, les Phénomènes sont tout différens de ceux d'une balle qui traverse différens Milieux; & de quelque manière qu'on entreprenne d'expliquer la Refraction, on trouve des difficultés qui n'ont point encore été surmontées.

Je ne citerai point tous les grands hommes qui ont travaillé sur cette matière; leurs noms feroient une liste nombreuse qui ne seroit qu'un ornement inutile à ce Mémoire, & l'exposition de leurs Systèmes seroit un ouvrage immense: mais je reduirai à trois classes toutes les explications que ces Auteurs ont données de la Reflexion & de la Refraction de la lumière.

La première classe comprend les explications de ceux qui n'ont voulu déduire la Refraction que des principes les plus simples & les plus ordinaires de la Méchanique.

La seconde comprend les explications, qui, outre les principes de la Méchanique, supposent une Tendance de la Lumière vers les corps, soit qu'on la considère comme une Attraction de la matière, soit comme l'effet de telle cause qu'on voudra.

La troisième classe, enfin, comprend les explications qu'on a voulu tirer des seuls principes métaphysiques; de ces loix auxquelles la Nature elle-même paroit avoir été assujettie par une Intelligence supérieure, qui dans la production de ses effets la fait toujours procéder de la manière la plus simple.

Descartes, & ceux qui l'ont suivi, sont dans la prémière classe; ils ont considéré le mouvement de la lumière comme celui d'une Balle qui rejailliroit à la rencontre d'une surface qui ne lui cède aucunement; ou qui, en rencontrant une quil lui cède, continueroit, d'avancer, en changeant seulement la direction de sa route.

Si la manière, dont ce grand Philosophe a tenté d'expliquer ces Phénomènes, est imparfaite, il a toujours le mérite d'avoir voulu ne les déduire que de la Méchanique la plus simple.

Plusieurs Mathématiciens relevèrent quelque paralogisme qui étoit échappé à Descartes; & firent voir le défaut de son explication.

Newton desespérant de déduire les Phénomènes de la refraction de ce qui arrive à un corps qui se meut contre des obstacles, ou qui est poussé dans des Milieux qui lui resistent différemment, eut recours à son Attraction. Cette Force répanduë dans tous les corps à proportion de leur quantité de matière une fois admise, il explique de la manière la plus exacte & la plus rigoureuse les Phénomènes de la refraction. M. Clairaut, dans un excellent Mémoire qu'il a donné sur cette matière, non seulement a mis dans le plus grand jour l'insuffisance de l'explication Cartésienne, mais admettant une tendance de la Lumière vers les corps diaphanes, & la considérant comme causée par quelque Atmosphère qui produiroit les mêmes effets que l'Attraction, il en a déduit les Phénomènes de la Refraction avec la clarté qu'il porte dans tous les sujets qu'il traite.

Fermat avoit senti le prémier le défaut de l'explication de Descartes; il avoit aussi desespéré apparemment de déduire les Phénomènes de la refraction de ceux d'une Balle qui seroit poussée contre des obstacles ou dans des Milieux résistants; mais il n'avoit eu recours ni à des Atmosphères autour des corps, ni à l'Attraction, quoi qu'on sache que ce dernier principe ne lui étoit ni inconnu ni desagréable; il avoit cherché l'explication de ces phénomènes dans un principe tout différent & purement métaphysique.

Tout le monde sait, que, lorsque la Lumière ou quelque autre corps va d'un point à un autre par une ligne droite, ils vont par le chemin & par le tems le plus court.

On sait aussi, ou du moins on peut facilement savoir, que, lorsque la lumière est refléchie, elle va encore par le chemin le plus court & par le tems le plus promt. On démontre qu'une balle qui ne doit parvenir d'un point à un autre qu'après avoir été refléchie par un plan, doit, pour aller par le plus court chemin & par le tems le plus court qu'il soit possible, faire sur ce plan l'angle de reflexion égal à l'angle l'angle d'incidence: que si ces deux angles sont égaux, la somme des deux lignes, par lesquelles la balle va & revient, est plus courte & parcouruë en moins de tems que toute autre somme de deux lignes qui féroient des angles inégaux.

Voilà donc le mouvement direct & le mouvement refléchi de la Lumière, qui paroissent dépendre d'une Loi métaphysique, qui porte, que *la Nature dans la production de ses effets agit toujours par les moyens les plus simples.* Si un corps doit aller d'un point à un autre sans rencontrer nul obstacle, ou s'il n'y doit aller qu'après avoir rencontré un obstacle invincible, la Nature l'y conduit par le chemin le plus court & par le tems le plus promt.

Pour appliquer ce principe à la Refraction, considérons deux Milieux pénétrables à la Lumière, séparés par un plan qui soit leur Surface commune: supposons que le point, d'où un rayon de lumière doit partir, soit dans un de ces Milieux, & que celui, où il doit arriver, soit dans l'autre; mais que la ligne, qui joint ces points, ne soit pas perpendiculaire à la Surface des Milieux: posons encore, par quelque cause que cela arrive, que la lumière se meuve dans chaque Milieu avec différentes vitesses; il est clair, que la ligne droite, qui joint les deux points, sera toujours celle du plus court chemin pour aller de l'un à l'autre, mais elle ne sera pas celle du tems le plus court; ce tems dépendant des différentes vitesses que la Lumière a dans les différens Milieux, il faut, si le rayon doit employer le moins de tems qu'il est possible, qu'à la rencontre de la surface commune il se brise de manière, que la plus grande partie de sa route se fasse dans le Milieu où il se meut le plus vite, & la moindre dans le Milieu où il se meut le plus lentement.

C'est ce que paroit faire la Lumière lorsqu'elle passe de l'air dans l'eau; le rayon se brise de manière, que la plus grande partie de sa route se trouve dans l'air, & la moindre dans l'eau. Si donc, comme il étoit assez raisonnable de le supposer, la Lumière se mouvoit plus vite dans les Milieux plus rares que dans les plus denses, si elle se mouvoit plus vite dans l'air que dans l'eau, elle suivroit ici la route qu'elle doit suivre pour arriver le plus promptement du point d'où elle part au point où elle doit arriver.

ESSAY DE COSMOLOGIE.

Ce fut par ce principe que Fermat refolut le Problème, par ce principe fi vraifemblable, que la Lumière qui dans fa propagation & dans fa reflexion va toujours par le tems le plus court qu'il eft poffible, fuivoit encore cette même loi dans fa refraction; & il n'héfita pas à croire, que la Lumière ne fe mût avec plus de facilité & plus vite dans les Milieux les plus rares que dans ceux, où, pour un même efpace, elle trouvoit une plus grande quantité de matière: en effet, pouvoit-on croire au prémier afpect que la Lumière traverferoit plus facilement & plus vite le Cryftal & l'Eau que l'Air & le Vuide?

C'eft cependant ce qui arrive: Defcartes avoit avancé le prémier, que la Lumière fe meut le plus vite dans les Milieux les plus denfes; & quoique l'explication de la Refraction, qu'il en avoit déduite, fût infuffifante, fon défaut ne venoit point de la fuppofition qu'il faifoit. Tous les Syftèmes, qui donnent quelque explication plaufible des Phénomènes de la refraction, fuppofent le paradoxe, ou le confirment.

Or ce fait pofé, que *La Lumière fe meut le plus vite dans les Milieux les plus denfes*, tout l'édifice, que Fermat avoit bâti, eft détruit: la Lumière, lorfqu'elle traverfe différens milieux, ne va ni par le chemin le plus court, ni par celui du tems le plus promt; le rayon, qui paffe de l'air dans l'eau faifant la plus grande partie de fa route dans l'air, arrive plus tard que s'il n'y faifoit que la moindre. On peut voir, dans le Mémoire que M. de Mayran a donné fur la Reflexion & la Refraction, l'hiftoire de la dispute entre Fermat & Defcartes, & l'embarras & l'impuiffance où l'on a été jufqu'ici pour accorder la Loi de la refraction avec le principe métaphyfique.

En méditant profondément fur cette matière, j'ai penfé que la Lumière lorfqu'elle paffe d'un Milieu dans un autre, abandonnant déjà le chemin le plus court, qui eft celui de la ligne droite, pouvoit bien auffi ne pas fuivre celui du tems le plus promt; en effet, quelle préférence devoit-il y avoir ici du tems fur l'efpace? la Lumière ne pouvant plus aller tout à la fois par le chemin le plus court, & par celui du tems le plus promt; pourquoi iroit-elle plutôt par l'un de ces chemins que par l'autre? auffi ne fuit-elle aucun des deux; elle prend une route qui a un avantage plus réel: *Le chemin qu'elle tient est celui par lequel la Quantité d'action est la moindre.*

Il faut maintenant expliquer ce que j'entens par la quantité d'action. Lorsqu'un corps est porté d'un point à un autre, il faut pour cela une certaine Action: cette action dépend de la vitesse qu'a le corps & de l'espace qu'il parcourt, mais elle n'est ni la vitesse ni l'espace pris séparément. La quantité d'action est d'autant plus grande que la vitesse du corps est plus grande, & que le chemin qu'il parcourt est plus long; elle est proportionelle à la somme des espaces multipliés chacun par la vitesse avec laquelle le corps les parcourt.

Comme il n'y a ici qu'un seul corps, on fait abstraction de sa Masse.

C'est cela, c'est cette quantité d'action qui est ici la vraie dépense de la Nature, & ce qu'elle ménage le plus qu'il est possible dans le mouvement de la lumière.

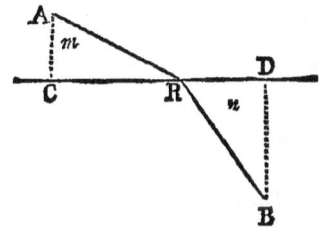

Soient deux Milieux différents, séparés par une surface représentée par la ligne CD, tels que la vitesse de la Lumière dans le Milieu qui est au dessus, soit comme m, & la vitesse, dans le Milieu qui est au dessous, soit comme n.

Soit un Rayon de Lumière, qui, partant d'un point donné A, doit parvenir au point donné B: pour trouver le point R où il doit se briser, je cherche le point où le Rayon se brisant, *la Quantité d'Action est la moindre:* & j'ai $m.AR + n.RB$ qui doit être un *Minimum*:

Ou, ayant tiré sur la Surface commune des deux Milieux, les perpendiculaires AC, BD; $m\sqrt{(AC^2+CR^2)}+\sqrt{(BD^2+DR^2)}=Min.$ ou AC & BD étant constants $\dfrac{m.CR\,dCR}{\sqrt{(AC^2+CR^2)}} + \dfrac{n.DR\,dDR}{\sqrt{(BD^2+DR^2)}} = 0.$

Mais,

Mais, CD étant conftant, on a $dCR = -dDR$. On a donc $\dfrac{m.CR}{AR} - \dfrac{n.DR}{BR} = o.$ & $\dfrac{CR}{AR} : \dfrac{DR}{BR} :: n : m$.

c'eft-à-dire: *Le finus d'incidence, au finus de refraction, en raifon renverfée de la viteffe qu'a la Lumière dans chaque Milieu.*

Tous les Phénomènes de la Refraction s'accordent maintenant avec le grand principe, que *la Nature dans la production de fes effets agit toujours par les voies les plus fimples.* De ce principe fuit, que, *Lorfque la Lumière paffe d'un Milieu dans un autre, le finus de fon angle de refraction eft au finus de fon angle d'incidence en raifon inverfe des viteffes qu'a la Lumière dans chaque Milieu.*

Mais ce fonds, cette Quantité d'action, que la Nature épargne dans le mouvement de la Lumière à travers différens Milieux, le ménage-t-elle également lorfqu'elle eft refléchie par des corps opaques & dans fa fimple propagation? oui, cette quantité eft toujours la plus petite qu'il eft poffible.

Dans les deux cas de la reflexion & de la propagation, la viteffe de la Lumière demeurant la même, la plus petite Quantité d'action donne en même tems le chemin le plus court, & le tems le plus promt; mais ce chemin le plus court & le plutôt parcouru n'eft qu'une fuite de la plus petite Quantité d'action; & c'eft cette fuite que Fermat avoit prife pour le principe.

Le vrai principe une fois découvert, j'en déduis toutes les loix que fuit la Lumière, foit dans fa propagation, dans fa reflexion, ou dans fa refraction.

Je connois la repugnance que plufieurs Mathématiciens ont pour les *Caufes finales* appliquées à la Phyfique, & l'approuve même jufqu'à un certain point; j'avouë que ce n'eft pas fans péril qu'on les introduit: l'erreur, où font tombés des hommes tels que Fermat en les fuivant, ne prouve que trop combien leur ufage eft dangereux. On peut cependant dire que ce n'eft pas le principe qui les a trompés, c'eft la précipitation avec laquelle ils ont pris pour le principe ce qui n'en étoit que des conféquences.

On ne peut douter que toutes chofes ne foient réglées par un Etre fuprême, qui, pendant qu'il a imprimé à la matière des Forces qui dénotent fa puiffance, l'a deftinée à exécuter des effets qui marquent fa fageffe; & l'harmonie de ces deux attributs eft fi parfaite, que fans doute tous les effets de la Nature fe pourroient déduire de chacun pris féparément. Une méchanique aveugle & néceffaire fuit les deffeins de l'Intelligence la plus éclairée & la plus libre; & fi notre efprit étoit affez vafte, il verroit également les caufes des effets phyfiques, foit en calculant les propriétés des corps, foit en recherchant ce qu'il y avoit de plus convenable à leur faire exécuter.

Le prémier de ces moyens eft le plus à notre portée, mais il ne nous mène pas fort loin. Le fecond quelquefois nous égare, parce que nous ne connoiffons point affez quel eft le but de la Nature, & que nous pouvons nous méprendre fur *La Quantité* que nous devons regarder comme *fa Dépenfe* dans la production de fes effets.

Pour joindre l'étenduë à la fureté dans nos recherches, il faut employer l'un & l'autre de ces moyens. Calculons les mouvemens des corps, mais confultons auffi les deffeins de l'Intelligence qui les fait mouvoir.

Il femble que les anciens Philofophes ayent fait les prémiers effais de cette efpèce de Mathématique; ils ont cherché des rapports métaphyfiques dans les propriétés des nombres & des corps; & quand ils ont dit que l'occupation de Dieu étoit la Géomètrie, ils ne l'ont entendu fans doute que de cette fcience qui compare les ouvrages de fa puiffance avec les vuës de fa fageffe.

Trop peu Géomètres pour l'entreprife qu'ils formoient, ce qu'ils nous ont laiffé eft peu fondé, ou n'eft pas intelligible. La perfection, qu'a acquife l'Art depuis eux, nous met mieux à portée de réuffir & fait peut-être plus que la compenfation de l'avantage que ces grands génies avoient fur nous.

DISCOURS
SUR LES
DIFFERENTES FIGURES
DES
ASTRES.

Où l'on donne l'Explication des Taches lumineuses qu'on a observées dans le Ciel: Des Etoiles qui paroissent s'allumer & s'éteindre: De celles qui paroissent changer de grandeur: De l'Anneau de Saturne: Et des effets que peuvent produire les Comètes.

IMPRIMÉ A PARIS
1732.

AVER-

AVERTISSEMENT
SUR CETTE
NOUVELLE EDITION.

J'*avois entrepris dans cet Ouvrage d'expliquer plusieurs Phénomènes du Ciel, qui ne me paroissoient point avoir encore été expliqués d'une manière satisfaisante. Pourquoi l'on a vu quelquefois de nouvelles Etoiles s'allumer dans les Cieux? Pourquoi l'on en a vu d'anciennes s'éteindre? Pourquoi quelques-unes paroissent changer de grandeur, & ont des alternatives d'augmentation & de diminution de lumière? Enfin pourquoi Saturne est environné d'un Anneau suspendu en forme de voute autour de lui?*

Non seulement j'ai cru les explications que je donnois de tous ces Phénomènes assez naturelles, mais je les ai vu confirmées par de nouvelles Observations. Et il semble qu'on ait apperçu en Angleterre ce que je n'avois fait que conjecturer. C'est-là ce qui a donné lieu à une addition que j'ai faite à cet Ouvrage.

TABLE
DES CHAPITRES.

Chap. I. *Reflexions générales sur la Figure de la Terre.*

    II. *Discussion métaphysique sur l'Attraction.*

    III. *Système des Tourbillons, pour expliquer le mouvement des Planètes, & la pesanteur des Corps vers la Terre.*

    IV. *Système de l'Attraction, pour expliquer les mêmes Phénomènes.*

    V. *Des différentes loix de la pesanteur, & des figures qu'elles peuvent donner aux Corps célestes.*

    VI. *Taches lumineuses découvertes dans le Ciel.*

    VII. *Des Etoiles qui s'allument, ou qui s'éteignent dans les Cieux; & de celles qui changent de grandeur.*

    VIII. *De l'Anneau de Saturne.*

DISCOURS

CHAPITRE I.

REFLEXIONS GENERALES SUR LA FIGURE DE LA TERRE.

Dépuis les tems les plus reculés, on a cru la Terre sphérique, malgré l'apparence qui nous représente sa surface comme platte, lorsque nous la considérons du milieu des Plaines ou des Mers. Cette apparence ne peut tromper que les gens les plus grossiers: les Philosophes, d'accord avec les Voyageurs, se réunissent à regarder la Terre comme sphérique. D'une part, les Phénomènes dépendant d'une telle forme, & de l'autre une espèce de régularité, avoient empêché d'avoir aucun doute sur cette sphéricité: cependant, à considérer la chose avec exactitude, ce jugement que l'on porte sur la sphéricité de la Terre, n'est guères mieux fondé que celui qui feroit croire qu'elle est platte, sur l'apparence grossière qui la représente ainsi: car quoique les Phénomènes nous fassent voir que la Terre est ronde, ils ne nous mettent cependant pas en droit d'assurer que cette rondeur soit précisément celle d'une Sphère.

En 1672. M. Richer étant allé à la Cayenne, pour faire des Observations Astronomiques, trouva que l'Horloge à pendule qu'il avoit règlée à Paris sur le moyen mouvement du Soleil retardoit

Oeuv. de Maupert. H con-

considérablement. Il étoit facile de conclure de-là, que le Pendule qui battoit les Secondes à Paris, devoit être racourci pour les battre à la Cayenne.

Si l'on fait abstraction de la résistance que l'Air apporte au mouvement d'un Pendule, (comme on le peut faire ici sans erreur sensible) la durée des Oscillations d'un Pendule qui décrit des Arcs de Cycloïde, ou, ce qui revient au même, de très petits Arcs de Cercle, dépend de deux causes; de la force avec laquelle les Corps tendent à tomber perpendiculairement à la surface de la Terre, & de la longueur du Pendule. La longueur du Pendule demeurant la même, la durée des Oscillations ne dépend donc plus que de la force qui fait tomber les Corps, & cette durée devient d'autant plus longue que cette force devient plus petite.

La longueur du Pendule n'avoit point changé de Paris à la Cayenne: car quoiqu'une verge de métal s'allonge à la chaleur, & devienne par-là un peu plus longue, lorsqu'on la transporte vers l'Equateur, cet allongement est trop peu considérable pour qu'on lui puisse attribuer le retardement des Oscillations, tel qu'il fut observé par Mr. Richer: cependant les Oscillations étoient devenues plus lentes: il falloit donc que la force qui fait tomber les Corps fût devenue plus petite: le poids d'un même Corps étoit donc moindre à la Cayenne qu'à Paris.

Cette observation étoit peut-être plus singulière que toutes celles qu'on s'étoit proposées: on vit cependant bientôt qu'elle n'avoit rien que de conforme à la Théorie des forces centrifuges, & que l'on n'eût, pour ainsi dire, dû prévoir.

Une force secrette qu'on appelle *pesanteur*, attire ou chasse les Corps vers le centre de la Terre. Cette force, si on la suppose partout la même, rendroit la Terre parfaitement sphérique, si elle étoit composée d'une matière fluïde & homogène, & qu'elle n'eût aucun mouvement: car il est évident qu'afin que chaque colomne de ce fluïde, prise depuis le centre jusqu'à la superficie, demeurât en équilibre avec les autres, il faudroit que son poids fût égal au poids de chacune des autres; & puisque la matière est supposée homogène, il faudroit pour que le poids de chaque colomne fût le même,

qu'elles

qu'elles fuffent toutes de même longueur. Or il n'y a que la Sphère, dans laquelle cette propriété fe puiffe trouver: la Terre feroit donc parfaitement fphérique.

Mais c'eft une Loi pour tous les Corps qui décrivent des Cercles, de tendre à s'éloigner du centre du Cercle qu'ils décrivent, & cet effort qu'ils font pour cela, s'appelle *Force centrifuge.* On fait encore que fi des Corps égaux décrivent dans le même tems des Cercles différens, leurs forces centrifuges font proportionnelles aux Cercles qu'ils décrivent.

Si donc la Terre vient à circuler autour de fon axe, chacune de fes parties acquerra une force centrifuge, d'autant plus grande que le Cercle qu'elle décrira fera plus grand, c'eft-à-dire, d'autant plus grande, qu'elle fera plus proche de l'Equateur, cette force allant s'anéantir aux Poles.

Or, quoiqu'elle ne tende directement à éloigner les parties du centre de la Sphère que fous l'Equateur, & que par-tout ailleurs elle ne tende à les éloigner que du centre du Cercle qu'elles décrivent; cependant en décompofant cette force, déjà d'autant moindre qu'elle s'exerce moins proche de l'Equateur, on trouve qu'il y en a une partie qui tend toujours à éloigner les parties du fluïde du centre de la Sphère.

Or en cela cette force eft abfolument contraire à la pefanteur, & en détruit une partie plus ou moins grande, felon le rapport qu'elle a avec elle. La force donc qui anime les Corps à defcendre, réfultant de la pefanteur inégalement diminuée par la force centrifuge, ne fera plus la même par-tout, & fera dans chaque lieu d'autant moins grande, que la force centrifuge l'aura plus diminuée.

Nous avons vu que c'eft fous l'Equateur que la force centrifuge eft la plus grande: c'eft donc-là qu'elle détruira une plus grande partie de la pefanteur. Les Corps tomberont donc plus lentement fous l'Equateur que par-tout ailleurs; les Ofcillations du Pendule feront d'autant plus lentes, que les lieux approcheront plus de l'Equateur; & la Pendule de M. Richer, tranfportée de Paris à la Cayenne, qui n'eft qu'à $4^d\ 55'$ de l'Equateur, devoit retarder.

Mais la force qui fait tomber les Corps, eſt celle-là même qui les rend peſans : & de ce qu'elle n'eſt pas la même par-tout, il s'enſuit que toutes nos colomnes fluïdes, ſi elles ſont égales en longueur, ne pèſeront pas par-tout également ; la colomne qui répond à l'Equateur, pèſera moins que celle qui répond au Pole : il faudra donc pour qu'elle ſoutienne celle du Pole en équilibre, qu'elle ſoit compoſée d'une plus grande quantité de matière, il faudra qu'elle ſoit plus longue.

La Terre ſera donc plus élevée ſous l'Equateur que ſous les Poles ; & d'autant plus applatie vers les Poles, que la force centrifuge ſera plus grande par rapport à la peſanteur : ou, ce qui revient au même, la Terre ſera d'autant plus applatie, que ſa révolution ſur ſon axe ſera plus rapide, car la force centrifuge dépend de cette rapidité.

Cependant ſi la peſanteur eſt uniforme, c'eſt-à-dire, la même à quelque diſtance que ce ſoit du centre de la Terre, comme M. Huygens l'a ſuppoſé, cet applatiſſement a ſes bornes. Il a démontré que ſi la Terre tournoit ſur ſon axe environ dix-ſept fois plus vite qu'elle ne fait, elle recevroit le plus grand applatiſſement qu'elle pût recevoir, qui iroit juſqu'à rendre le diamètre de ſon Equateur double de ſon Axe. Une plus grande rapidité dans le mouvement de la Terre, communiqueroit à ſes parties une force centrifuge plus grande que leur peſanteur, & elles ſe diſſiperoient.

M. Huygens ne s'en tint pas-là : ayant déterminé le rapport de la force centrifuge ſous l'Equateur à la peſanteur, il détermina la figure que doit avoir la Terre, & trouva que le diamètre de ſon Equateur devoit être à ſon axe comme 578 à 577.

Cependant M. Newton partant d'une Théorie différente, & conſidérant la peſanteur comme l'effet de l'attraction des parties de la matière, avoit déterminé le rapport entre le diamètre de l'Equateur & l'axe, qu'il avoit trouvé l'un à l'autre comme 230 à 229.

Aucune de ces meſures ne s'accorde avec la meſure actuellement priſe par Mrs. Caſſini & Maraldi ; mais ſi de leurs Obſervations, les plus fameuſes qui ſe ſoient peut-être jamais faites, il réſulte que la Terre, au-lieu d'être un Sphéroïde applati vers les Poles, eſt un

Sphéroïde allongé, quoique cette figure ne paroisse pas s'accorder avec les Loix de la Statique, il faudroit voir qu'elle est absolument impossible, avant que de porter atteinte à de telles Observations.

<small>Ceci étoit imprimé quatre ans avant que j'eusse été au Nord avec Mrs. Clairaut, Camus, le Monnier, pour y mesurer le degré du Méridien. Nos mesures sont contraires à celle-ci, & font la Terre applatie.</small>

CHAPITRE II.
DISCUSSION METAPHYSIQUE SUR L'ATTRACTION.

Les figures des Corps Célestes dépendent de la pesanteur & de la force centrifuge. Sur cette dernière, il n'y a aucune diversité de sentimens parmi les Philosophes; il n'en est pas ainsi de la pesanteur.

Les uns la regardent comme l'effet de la force centrifuge de quelque matière, qui circulant autour des corps vers lesquels les autres pèsent, les chasse vers le centre de sa circulation: les autres, sans en rechercher la cause, la regardent comme si elle étoit une propriété inhérente au Corps.

Ce n'est pas à moi à prononcer sur une question qui partage les plus grands Philosophes, mais il m'est permis de comparer leurs idées.

Un Corps en mouvement qui en rencontre un autre, a la force de le mouvoir. Les Cartésiens tâchent de tout expliquer par ce principe, & de faire voir que la pesanteur même n'en est qu'une suite. En cela le fond de leur système a l'avantage de la simplicité; mais il faut avouer que dans le détail des phénomènes, il se trouve de grandes difficultés.

M. Newton peu satisfait des explications que les Cartésiens donnent des phénomènes par la seule impulsion, établit dans la Nature un autre principe d'action; c'est que les parties de la matière pèsent les unes vers les autres. Ce principe établi, M. Newton explique merveilleusement tous les phénomènes; & plus on détaille, plus on approfondit son système, & plus il paroit confirmé. Mais outre que le fond du système est moins simple, parce qu'il suppose deux principes, un principe par lequel les corps éloignés agissent les uns sur les autres, paroit difficile à admettre.

Le mot d'attraction a effarouché les Esprits; plusieurs ont craint de voir renaître dans la Philosophie, la doctrine des Qualités occultes.

Mais c'est une justice qu'on doit rendre à M. Newton, il n'a jamais regardé l'attraction comme une explication de la pesanteur des corps les uns vers les autres: il a souvent averti qu'il n'employoit ce terme que pour désigner un fait, & non point une cause; qu'il ne l'employoit que pour éviter les systèmes & les explications; qu'il se pouvoit même que cette tendance fût causée par quelque matière subtile qui sortiroit des corps, & fût l'effet d'une véritable impulsion; mais que quoi que ce fût, c'étoit toujours un prémier fait, dont on pouvoit partir, pour expliquer les autres faits qui en dépendent. Tout effet réglé, quoique sa cause soit inconnue, peut être l'objet des Mathématiciens; parce que tout ce qui est susceptible de plus & de moins, est de leur ressort, quelle que soit sa nature; & l'usage qu'ils en feront, sera tout aussi sûr, que celui qu'ils pourroient faire d'objets dont la nature seroit absolument connue. S'il n'étoit permis d'en traiter que de tels, les bornes de la Philosophie seroient étrangement resserrées.

Galilée, sans connoître la cause de la pesanteur des corps vers la Terre, n'a pas laissé de nous donner sur cette pesanteur une Théorie très belle & très sure, & d'expliquer les phénomènes qui en dépendent. Si les corps pèsent encore les uns vers les autres, pourquoi ne seroit-il pas permis aussi de rechercher les effets de cette pesanteur, sans en approfondir la cause? Tout se devroit donc réduire à examiner s'il est vrai que les corps ayent cette tendance les uns vers autres: & si l'on trouve qu'ils l'ayent en effet, on peut se contenter d'en déduire l'explication des phénomènes de la Nature, laissant à des Philosophes plus sublimes la recherche de la cause de cette Force.

Ce

Ce parti me paroîtroit d'autant plus fage, que je ne crois pas qu'il nous foit permis de remonter aux prémières caufes, ni de comprendre comment les corps agiffent les uns fur les autres.

Mais quelques-uns de ceux qui rejettent l'attraction, la regardent comme un Monftre métaphyfique; ils croyent fon impoffibilité fi bien prouvée, que quelque chofe que la Nature femblât dire en fa faveur, il vaudroit mieux confentir à une ignorance totale, que de fe fervir dans les explications d'un principe abfurde. Voyons donc fi l'attraction, quand même on la confidèreroit comme une propriété de la matière, renferme quelque abfurdité.

Si nous avions des corps les idées complettes; que nous connuffions bien ce qu'ils font en eux-mêmes, & ce que leur font leurs propriétés; comment, & en quel nombre elles y réfident; nous ne ferions pas embarraffés pour décider fi l'attraction eft une propriété de la matière. Mais nous fommes bien éloignés d'avoir de pareilles idées; nous ne connoiffons les corps que par quelques propriétés, fans connoître aucunement le fujet dans lequel ces propriétés fe trouvent réunies.

Nous appercevons quelques affemblages différens de ces propriétés, & cela nous fuffit pour défigner les idées de tels ou tels corps particuliers. Nous avançons encore un pas, nous diftinguons différens ordres parmi ces propriétés. Nous voyons que pendant que les unes varient dans différens corps, quelques autres s'y retrouvent toujours les mêmes. Et de-là nous regardons celles-ci comme des propriétés primordiales, & comme les bafes des autres.

La moindre attention fait reconnoître que l'étendue eft une de ces propriétés invariables. Je la retrouve fi univerfellement dans tous les corps, que je fuis porté à croire que les autres propriétés ne peuvent fubfifter fans elle, & qu'elle en eft le foutien.

Je trouve auffi qu'il n'y a point de corps qui ne foit folide ou impénétrable: je regarde donc encore l'impénétrabilité comme une propriété effentielle de la matière.

Mais y a-t-il quelque connexion néceffaire entre ces propriétés? l'étendue ne fauroit-elle fubfifter fans l'impénétrabilité? de-
vois-

vois-je prévoir par la propriété d'étendue, quelles autres propriétés l'accompagneroient? c'eſt ce que je ne vois en aucune manière.

Après ces propriétés primitives des corps, j'en découvre d'autres qui, quoiqu'elles n'appartiennent pas toujours à tous les corps, leur appartiennent cependant toujours, lorſqu'ils ſont dans un certain état ; je veux parler ici de la propriété qu'ont les corps en mouvement, de mouvoir les autres qu'ils rencontrent.

Cette propriété, quoique moins univerſelle que celles dont nous avons parlé, puiſqu'elle n'a lieu qu'autant que le corps eſt dans un certain état, peut cependant être priſe en quelque manière pour une propriété générale rélativement à cet état, puiſqu'elle ſe trouve dans tous les corps qui ſont en mouvement.

Mais encore un coup, l'aſſemblage de ces propriétés étoit-il néceſſaire ? & toutes les propriétés générales des corps ſe réduiſent-elles à celle-ci ? Il me ſemble que ce feroit mal raiſonner que de vouloir les y réduire.

On feroit ridicule de vouloir aſſigner aux corps d'autres propriétés que celles que l'expérience nous a appris qui s'y trouvent ; mais on le feroit peut-être davantage, de vouloir, après un petit nombre de propriétés à peine connues, prononcer dogmatiquement l'excluſion de toute autre ; comme ſi nous avions la meſure de la capacité des ſujets, lorſque nous ne les connoiſſons que par ce petit nombre de propriétés.

Nous ne ſommes en droit d'exclure d'un ſujet, que les propriétés contradictoires à celles que nous ſavons qui s'y trouvent : la mobilité ſe trouvant dans la matière, nous pouvons dire que l'immobilité ne s'y trouve pas : la matière étant impénétrable, n'eſt pas pénétrable. Propoſitions identiques, qui ſont tout ce qui nous eſt permis ici.

Voilà les ſeules propriétés dont on peut aſſurer l'excluſion. Mais les corps, outre les propriétés que nous leur connoiſſons, ont-ils encore celle de peſer, ou de tendre les uns vers les autres ; ou de &c ? C'eſt à l'expérience, à qui nous devons déjà la connoiſſance des autres propriétés des corps, à nous apprendre s'ils ont encore celle-ci.

Je

Je me flate qu'on ne m'arrêtera pas ici, pour me dire que cette propriété dans les corps, de peser les uns vers les autres, est moins concevable que celles que tout le monde y reconnoit. La manière dont les propriétés résident dans un Sujet, est toujours inconcevable pour nous. Le Peuple n'est point étonné lorsqu'il voit un corps en mouvement, communiquer ce mouvement à d'autres; l'habitude qu'il a de voir ce phénomène, l'empêche d'en appercevoir le merveilleux; mais des Philosophes n'auront garde de croire que la force impulsive soit plus concevable que l'attractive. Qu'est-ce que cette force impulsive? comment réside-t-elle dans les corps? qui eût pu deviner qu'elle y réside avant que d'avoir vu des corps se choquer? la résidence des autres propriétés dans les corps n'est pas plus claire. Comment l'impénétrabilité, & les autres propriétés viennent-elles se joindre à l'étendue? Ce seront-là toujours des mystères pour nous.

Mais, dira-t-on peut-être, les corps n'ont point la force impulsive. Un corps n'imprime point le mouvement au corps qu'il choque; c'est Dieu lui-même qui meut le corps choqué, ou qui a établi des loix pour la communication de ces mouvemens. Ici l'on se rend sans s'en appercevoir. Si les corps en mouvement n'ont point la propriété d'en mouvoir d'autres; si lorsqu'un corps en choque un autre, celui-ci n'est mu que parce que Dieu le meut, & s'est établi des loix pour cette distribution de mouvement; de quel droit pourroit-on assurer que Dieu n'a pu vouloir établir de pareilles loix pour l'Attraction? Dès qu'il faut recourir à un Agent tout-puissant, & que le seul contradictoire arrête, il faudroit que l'on dît que l'établissement de pareilles loix renfermoit quelque contradiction; mais c'est ce qu'on ne pourra pas dire; & alors est-il plus difficile à Dieu de faire tendre ou mouvoir l'un vers l'autre deux corps éloignés, que l'attendre, pour le mouvoir, qu'un corps ait été rencontré par un autre?

Voici un autre raisonnement qu'on peut faire contre l'attraction. L'impénétrabilité des corps est une propriété dont les Philosophes de tous les partis conviennent. Cette propriété posée, un corps qui se meut vers un autre ne sauroit continuer de se mouvoir, s'il ne le pénètre; mais les corps sont impénétrables, il faut donc que

Dieu établiffe quelque loi qui accorde le mouvement de l'un avec l'impénétrabilité des deux : voilà donc l'établiffement de quelque loi nouvelle devenu néceffaire dans le cas du choc. Mais deux corps demeurant éloignés, nous ne voyons pas qu'il y ait aucune néceffité d'établir de nouvelle loi.

Ce raifonnement eft, ce me femble, le plus folide que l'on puiffe faire contre l'attraction. Cependant, quand on n'y répondroit rien, il ne prouve autre chofe, fi ce n'eft qu'on ne voit pas de néceffité dans cette propriété des corps; ce n'eft pas-là non plus ce que je prétens établir ici; je me fuis borné à faire voir que cette propriété eft poffible.

Mais examinons ce raifonnement. Les différentes propriétés des corps ne font pas, comme nous l'avons vu, toutes du même ordre; il y en a de primordiales qui appartiennent à la matière en général, parce que nous les y retrouvons toujours, comme l'étendue & l'impénétrabilité.

Il y en a d'un ordre moins néceffaire, & qui ne font que des états dans lefquels tout corps peut fe trouver, ou ne fe pas trouver, comme le repos & le mouvement.

Enfin il y a des propriétés plus particulières, qui défignent les corps, comme une certaine figure, couleur, odeur, &c.

S'il arrive que quelques propriétés de différens ordres fe trouvent en oppofition, (car deux propriétés primordiales ne fauroient s'y trouver) il faudra que la propriété inférieure cède, & s'accommode à la plus néceffaire, qui n'admet aucune variété.

Voyons donc ce qui doit arriver, lorfqu'un corps fe meut vers un autre, dont l'impénétrabilté s'oppofe à fon mouvement. L'impénétrabilité fubfiftera inaltérablement; mais le mouvement, qui n'eft qu'un état dans lequel le corps fe peut trouver, ou ne fe pas trouver, & qui peut varier d'une infinité de manières, s'accommodera à l'impénétrabilité; parce que le corps peut fe mouvoir, ou ne fe mouvoir pas; il peut fe mouvoir d'une manière ou d'une autre; mais il faut toujours qu'il foit impénétrable, & impénétrable de la même manière. Il arrivera donc dans le mouvement du corps quelque phénomène, qui fera la fuite de la fubordination entre les deux propriétés.   Mais

Mais si la pesanteur étoit une propriété du prémier ordre; si elle étoit attachée à la matière, indépendamment des autres propriétés; nous ne verrions pas que son établissement fût nécessaire, parce qu'elle ne le devroit point à la combinaison d'autres propriétés antérieures.

Faire contre l'attraction le raisonnement que nous venons de rapporter, c'est comme si, de ce qu'on est en état d'expliquer quelque phénomène, on concluoit que ce phénomène est plus nécessaire que les prémières propriétés de la matière, sans faire attention que ce phénomène ne subsiste qu'en conséquence de ces prémières propriétés.

Tout ce que nous venons de dire, ne prouve pas qu'il y ait d'attraction dans la Nature; je n'ai pas non plus entrepris de le prouver. Je ne me suis proposé que d'examiner si l'attraction, quand même on la considèreroit comme une propriété inhérente à la matière, étoit métaphysiquement impossible. Si elle étoit telle, les phénomènes les plus pressans de la Nature, ne pourroient pas la faire recevoir. Mais si elle ne renferme ni impossibilité ni contradiction, on peut examiner librement si les phénomènes la prouvent ou non. L'attraction n'est plus, pour ainsi dire, qu'une question de fait; c'est dans le système de l'Univers qu'il faut aller chercher, si c'est un principe qui ait effectivement lieu dans la Nature; jusqu'à quel point il est nécessaire pour expliquer les phénomènes; ou enfin, s'il est inutilement introduit pour expliquer des faits que l'on explique bien sans lui.

Dans cette vue, je crois qu'il ne sera pas inutile de donner ici quelque idée des deux grands Systèmes qui partagent aujourd'hui le Monde Philosophe. Je commencerai par le Système des Tourbillons, non seulement tel que M. Descartes l'établit, mais avec tous les racommodemens qu'on y a faits.

J'exposerai ensuite le Système de M. Newton, autant que je le pourrai faire, en le dégageant de ces Calculs qui font voir l'admirable accord qui règne entre toutes ses parties, & qui lui donne tant de force.

CHAPITRE III.

SYSTEME DES TOURBILLONS POUR EXPLIQUER LE MOUVEMENT DES PLANETES, ET LA PESANTEUR DES CORPS VERS LA TERRE.

Pour expliquer les mouvemens des Planètes autour du Soleil, M. Defcartes les fuppofe plongées dans un fluïde, qui circulant lui-même autour de cet Aftre, forme le vafte Tourbillon dans lequel elles font entraînées, comme des vaiffeaux abandonnés au courant d'un fleuve.

Cette explication, fort fimple au prémier coup d'œil, fe trouve fujette à de grands inconvéniens, lorfqu'on l'examine.

Les Planètes fe meuvent autour du Soleil, mais avec certaines circonftances qu'il ne nous eft plus permis d'ignorer.

Les routes que tiennent les Planètes ne font pas des Cercles, mais des Ellipfes, dont le Soleil occupe le foyer. Une des Loix de la révolution, eft que fi l'on conçoit du lieu d'où une Planète eft partie, & du lieu où elle fe trouve actuellement, deux lignes droites tirées au Soleil, l'aire du Secteur elliptique, formé par ces deux lignes, & par la portion de l'Ellipfe que la Planète a parcourue, croit en même proportion que le tems qui s'écoule pendant le mouvement de la Planète. De-là vient cette augmentation de viteffe qu'on obferve dans les Planètes, lorfqu'elles s'approchent du Soleil: les droites tirées des lieux de la Planète au Soleil, étant alors plus courtes, afin que les aires décrites pendant un certain tems foient égales aux aires décrites dans le même tems, lorfque la Planète étoit plus éloignée du Soleil, il faut que les Arcs elliptiques parcourus par la Planète foient plus grands.

Toutes les Planètes que nous connoiffons fuivent cette loi; non feulement les Planètes principales, qui font leur révolution autour du Soleil; mais encore les Planètes fecondaires, qui font leur révolution autour de quelque autre Planète, comme la Lune & les Satellites de Jupiter & de Saturne; mais ici les aires qui font proportionnelles

nelles aux tems, sont les aires décrites autour de la Planète principale, qui est à l'égard de ses Satellites, ce qu'est le Soleil à l'égard des Planètes du prémier ordre. Par cette loi, l'orbite d'une Planète, & le tems de sa révolution étant connus, on peut trouver à chaque instant le lieu de l'orbite où la Planète se trouve.

Une autre loi marque le rapport entre la durée de la révolution de chaque Planète, & sa distance au Soleil; & cette loi n'est pas moins exactement observée que l'autre. C'est que le tems de la révolution de chaque Planète autour du Soleil, est proportionnel à la racine quarrée du cube de sa moyenne distance du Soleil.

Cette loi s'étend encore aux Planètes secondaires; en observant que dans ce cas les révolutions & les distances se doivent entendre par rapport à la Planète principale, autour de laquelle les autres tournent. Par cette loi, la distance de deux Planètes au Soleil, & le tems de la révolution de l'une étant données, on peut trouver le tems de la révolution de l'autre; ou le tems de la révolution de deux Planètes, & la distance de l'une de ces Planètes au Soleil étant donnés, on peut trouver la distance de l'autre.

Ces deux loix posées, il n'est plus seulement question d'expliquer pourquoi en général les Planètes tournent autour du Soleil; il faut expliquer encore pourquoi elles observent ces loix; ou du moins il faut que l'explication qu'on donne de leur mouvement ne soit pas démentie par ces loix.

Puisque les distances des Planètes au Soleil, & les tems de leurs révolutions sont différens, la matière du Tourbillon n'a pas partout la même densité, & le tems de sa révolution n'est pas le même par-tout.

De ce que chaque Planète décrit autour du Soleil des aires proportionnelles aux tems, il suit que les vitesses des couches de la matière du Tourbillon sont réciproquement proportionnelles aux distances de ces couches au centre.

Mais de ce que les tems des révolutions des différentes Planètes sont proportionels aux racines quarrées des cubes de leurs distances au Soleil, il suit que les vitesses des couches sont réciproquement proportionnelles aux racines quarrées de leurs distances.

Si l'on veut donc assurer une de ces loix aux Planètes, l'autre devient nécessairement incompatible. Si l'on veut que les couches du Tourbillon ayent les vitesses nécessaires pour que chaque Planète décrive autour du Soleil des aires proportionnelles aux tems, il s'ensuivra par exemple, que Saturne devroit employer 90 ans à faire sa révolution, ce qui est fort contraire à l'expérience.

Si au contraire, on veut conserver aux couches du Tourbillon les vitesses nécessaires, pour que les tems des révolutions soient proportionnels aux racines quarrées des cubes des distances, on verra les aires décrites autour du Soleil par les Planètes, ne plus suivre la proportion des tems.

Je ne parle point ici des objections qu'on a faites contre les Tourbillons, qui ne paroissent pas invincibles. Je ne dis rien de celle que M. Newton avoit faite, en supposant, comme fait M. Descartes, que le Tourbillon reçoive son mouvement du Soleil, qui tournant sur son axe, communiqueroit ce mouvement de couche en couche jusqu'aux confins du Tourbillon. M. Newton avoit cherché par les loix de la Méchanique, les vitesses des différentes couches du Tourbillon, & il les trouvoit fort différentes de celles qui sont nécessaires pour la règle de Képler, qui regarde le rapport entre les tems périodiques des Planètes, & leurs distances au Soleil. M. Bernoulli, dans la belle Dissertation qui remporta le Prix de l'Académie en 1730, a fait voir que M. Newton n'avoit pas fait attention à quelque circonstance qui change le calcul. Il est vrai qu'en faisant cette attention, on ne trouve pas encore les vitesses des couches, telles qu'elles devroient être pour l'observation de cette loi; mais elles en approchent davantage.

Mais enfin, de quelque cause que vienne le mouvement du Tourbillon, on pourra bien accorder les vitesses des couches avec une des loix dont nous avons parlé; mais jamais avec l'une & l'autre en même tems. Cependant ces deux loix sont aussi inviolables l'une que l'autre.

Les gens les plus éclairés ont cherché des remèdes à cela. M. Leibnitz a été réduit à dire * qu'il falloit que par tout l'Orbe que décrit

---
* Voyez *Act. Erud.* 1689. pag. 82. & 1706. pag. 446.

décrit chaque Planète, il y eût une circulation, qu'il appelle *harmonique*, c'eft - à - dire, une certaine loi de vitefſe propre à faire fuivre aux Planètes celle des deux loix qui regarde la proportion entre les aires & les tems; & qu'il falloit en même tems que par toute l'étendue du Tourbillon, il fe trouvât une autre loi différente pour faire fuivre aux Planètes la loi qui regarde la proportion entre leurs tems périodiques & leurs diftances au Soleil. Voilà tout ce qu'a pu dire un des plus grands Hommes du fiècle, pour la défenfe des Tourbillons.

M. Bulffinger, dans la Differtation qui remporta le Prix en 1728, reconnoit & démontre encore mieux la nécefſité de ces différentes loix dans le fluide qui entraîne les Planètes. Mais il n'eft pas facile d'admettre ces différentes couches fphériques fe mouvant avec des vitefſes indépendantes & interrompues.

Il y a encore contre ce Syftème une objection qui n'eft guères moins forte. Les différentes couches du Tourbillon ont à peu près les mêmes denfités que les Planètes qu'elles portent, puifque chaque Planète fe foutient dans la couche où elle fe trouve; & ces couches fe meuvent avec des vitefſes fort rapides. Cependant nous voyons les Comètes traverfer ces couches fans recevoir d'altération fenfible dans leur mouvement. Les Comètes elles-mêmes feroient auffi apparemment entraînées par des fluides qui circuleroient à travers les fluides qui portent les Planètes, fans fe confondre, ni altérer leur cours.

Paffons à l'explication de la Pefanteur dans le Syftème des Tourbillons.

Tous les Corps tombent, lorfqu'ils ne font pas foutenus, & tendent à s'approcher du centre de la Terre.

M. Defcartes, pour expliquer ce phénomène, fuppofe un Tourbillon d'une matière fluide qui circule extrèmement vite autour de la Terre dans la direction de l'Equateur. On fait que lorfqu'un corps décrit un cercle, il tend à s'éloigner du centre: toutes les parties de ce fluide ont donc chacune cette force centrifuge, qui tend à les éloigner du centre du cercle qu'elles décrivent. Si donc alors elles rencontrent quelque corps qui n'ait point, ou qui ait moins de cette
force

force centrifuge, il faudra qu'il cède à leur effort; & les parties du fluide ayant toujours plus de force centrifuge que le corps, prendront succeffivement fa place, jufqu'à ce qu'elles l'ayent chaffé au centre.

Cette explication générale de la Pefanteur, fe trouve encore expofée à de grandes difficultés, dont nous ne rapporterons que les deux principales, qui font de M. Huygens.

Ce grand-homme objecta,

1. Que fi le mouvement d'un pareil Tourbillon étoit affez rapide pour chaffer les corps vers le centre avec tant de force, il devroit faire éprouver aux mêmes corps quelqu'impulfion horifontale, ou plutôt entraîner tout dans le fens de fa direction.

2. Qu'en attribuant la caufe de la pefanteur à un Tourbillon qui fe meut parallèlement à l'Equateur, les corps ne feroient point chaffés vers le centre de la Terre, mais devroient tomber perpendiculairement à l'axe. La chute des corps étant l'effet de la force centrifuge de la matière du Tourbillon, & cette force tendant à éloigner cette matière du centre de chaque cercle qu'elle décrit, elle devroit dans chaque lieu chaffer les corps vers le centre de ce cercle; & les corps, au-lieu de tendre vers le centre de la Terre, tomberoient perpendiculairement à l'axe.

Or ni l'un ni l'autre de ces deux effets n'arrive. On remarque par-tout que la chute des corps n'eft accompagnée d'aucune déviation, & que les corps tombent perpendiculairement à la furface de la Terre.

Voyons les remèdes que M. Huygens apporte aux inconvéniens qu'il trouve dans le Syftème de M. Defcartes. Au-lieu de faire mouvoir la matière éthérée toute enfemble autour des mêmes Poles, il fuppofe qu'elle fe meut en tout fens dans l'efpace fphérique qui la contient. Ces mouvemens fe contrariant les uns les autres, jufqu'à ce qu'ils foient devenus circulaires, la matière éthérée viendra enfin à fe mouvoir dans des furfaces fphériques dans toutes les directions.

Cette hypothèfe une fois pofée, délivre le Tourbillon des deux objections qu'on lui faifoit.

1. La matière éthérée qui caufe la pefanteur, circulant dans toutes les directions, elle ne doit pas entraîner les corps horifontalement

lement comme le Tourbillon de M. Descartes; parce que l'impulsion horisontale qu'ils reçoivent de chaque filet de cette matière, est détruite par une impulsion opposée.

2. On voit que les corps doivent tomber vers le centre de la Terre; parce que la matière éthérée qui circule dans chaque superficie sphèrique, les chassant vers l'axe de cette superficie, ils doivent tomber vers l'intérsection de tous ces axes, qui est le centre de la Terre.

Ce Système satisfait mieux aux phénomènes de la Pesanteur, que ne fait celui de M. Descartes; mais il faut avouer aussi qu'il est bien éloigné de sa simplicité. Il n'est pas facile de concevoir ces mouvemens circulaires de la matière éthérée dans toutes les directions; & ceux-mêmes qui veulent tout expliquer par l'impulsion de la matière éthérée, n'ont pas été contens de ce que M. Huygens a fait pour la soutenir.

M. Bulffinger ne pouvant admettre ce mouvement en tout sens, a proposé un troisiéme Système.

Il prétend que la matière éthérée se meut en même tems autour de deux axes perpendiculaires l'un à l'autre; mais quoiqu'un pareil mouvement soit déjà assez difficile à supposer, il suppose encore deux nouveaux mouvemens dans la matière éthérée, opposés aux deux prémiers. Voilà donc quatre Tourbillons opposés deux à deux, qui se traversent sans se détruire.

C'est ainsi que dans le Système des Tourbillons on rend raison des deux principaux Phénomènes de la Nature.

Qu'une matière fluide qui circule, entraîne les Planètes autour du Soleil. Que dans le Tourbillon particulier de chaque Planète, un pareil mouvement de matière chasse les corps vers le centre. Ce sont-là des idées qui se présentent assez naturellement à l'esprit.

Mais la Nature mieux examinée, ne permet pas de s'en tenir à ces prémières vues. Ceux qui veulent entrer dans quelque détail, sont obligés d'admettre dans le Tourbillon Solaire, l'interruption des mouvemens des différentes couches dont nous avons parlé; & dans le Tourbillon terrestre, tous ces différens mouvemens opposés les uns aux autres, de la matière éthérée. Ce n'est qu'à ces fâcheu-

fâcheufes conditions, qu'on peut expliquer les phénomènes par le moyen des Tourbillons.

Ces embarras ont fait dire à l'Auteur * que nous avons déjà cité, que malgré tout ce qu'il faifoit pour défendre les Tourbillons, ceux qui refufent de les admettre, s'affermiroient peut-être dans leur refus par la manière dont il les défendoit.

Il faut avouer que jufqu'ici l'on n'a pu encore accorder, d'une manière fatisfaifante, les Tourbillons avec les Phénomènes. Cependant on n'eft pas pour cela en droit d'en conclure l'impoffibilité. Rien n'eft plus beau que l'idée de M. Defcartes, qui vouloit que l'on expliquât tout en Phyfique par la matière & le mouvement: mais fi l'on veut conferver à cette idée fa beauté, il ne faut pas fe permettre d'aller fuppofer des matières & des mouvemens, fans autre raifon que le befoin qu'on en a.

Voyons maintenant comment M. Newton rend raifon du mouvement des Planètes, & de la Pefanteur.

CHAPITRE IV.

SYSTEME DE L'ATTRACTION POUR EXPLIQUER LES MEMES PHENOMENES.

M. Newton commence par démontrer, que fi un corps qui fe meut eft attiré vers un centre immobile, ou mobile, il décrira autour de ce centre des aires proportionnelles aux tems ; & réciproquement, que fi un corps décrit autour d'un centre immobile, ou mobile, des aires proportionnelles aux tems, il eft attiré vers ce centre.

Ceci démontré par les raifonnemens de la plus fure Géométrie, il l'applique aux Planètes qu'il confidère fe mouvoir dans le vuide, ou dans des efpaces fi peu remplis de matière, qu'elle n'apporte aucune réfiftance fenfible aux corps qui s'y meuvent. Les Obfervations

* M. Bulffinger

vations apprenant que toutes les Planètes du prémier ordre autour du Soleil, & tous les Satellites autour de leur Planète principale, décrivent des aires proportionnelles aux tems; il conclut que les Planètes font attirées vers le Soleil, & les Satellites vers leur Planète.

Quelle que foit la loi de cette force qui attire les Planètes, c'eft-à-dire, de quelque manière qu'elle croiffe ou diminue, felon la diftance où font les Planètes, il fuffit en général qu'elles foient attirées vers un centre, pour que les aires qu'elles décrivent autour, fuivent la proportion des tems. On ne connoit donc point encore par cette proportion obfervée, la loi de la force centrale.

Mais fi l'une des analogies de Képler, (c'eft ainfi qu'on appelle cette proportionnalité des aires & des tems) a fait découvrir une force centrale en général, l'autre analogie fait connoître la loi de cette force.

Cette autre analogie, comme nous l'avons vu ci-deffus, confifte dans le rapport entre les tems des révolutions des différentes planètes & leurs diftances. Les tems des révolutions des différentes Planètes autour du Soleil, & des Satellites autour de leur Planète, font proportionnels aux racines quarrées des cubes de leurs diftances au Soleil, ou à la Planète principale.

Or cette proportion entre les tems des révolutions, & les diftances des Planètes, une fois connue, M. Newton cherche quelle doit être la loi felon laquelle la force centrale croît ou diminue, pour que des corps qui fe meuvent par une même force dans des Orbites circulaires, ou dans des Orbites fort approchantes, comme font les Planètes, obfervent cette proportion entre leurs diftances & leurs tems périodiques: & la Géométrie démontre facilement que cette autre analogie fuppofe que la force qui attire les Planètes & les Satellites vers le centre, ou plutôt vers le foyer des courbes qu'elles décrivent, eft réciproquemet proportionnelle au quarré de leur diftance à ce centre, c'eft-à-dire, qu'elle diminue en même proportion que le quarré de la diftance augmente.

Ces deux analogies fi difficiles à concilier dans le Syftème des Tourbillons, ne fervent ici que de faits qui découvrent, & la force centrale, & la loi de cette force.

Suppofer

Suppofer cette force & fa loi, n'eft plus faire un Syftème ; c'eft découvrir le principe dont les faits obfervés font les conféquences néceffaires. On n'établit point la pefanteur vers le Soleil, pour expliquer le cours des Planètes; le cours des Planètes nous apprend qu'il y a une pefanteur vers le Soleil, & quelle eft fa loi. Voyons maintenant quel ufage M. Newton va faire du principe qu'il vient de découvrir.

Aidé de la plus fublime Géométrie, il va chercher la courbe que doit décrire un corps, qui avec un mouvement rectiligne d'abord, eft attiré vers un centre par une force dont la loi eft celle qu'il a découverte.

La Solution de ce beau Problème, lui apprend que le corps décrira néceffairement quelqu'une des Sections coniques; & que fi la route que trace ce corps, rentre en elle-même, comme il arrive aux Orbites des Planètes, cette courbe fera une Ellipfe, dans le foyer de laquelle réfidera la force centrale.

Si M. Newton a du aux deux prémiéres analogies, la découverte de l'attraction & de fa loi, il en voit ici la confirmation par de nouveaux phénomènes. Toutes les obfervations font voir que les Planètes fe meuvent dans des Ellipfes, dont le Soleil occupe le foyer.

Les Comètes fi embarraffantes dans le Syftème des Tourbillons, donnent une nouvelle confirmation du Syftème de l'attraction.

M. Newton ayant trouvé que les corps qui fe meuvent autour du Soleil, tendent vers lui, fuivant une certaine loi, & doivent fe mouvoir dans quelque Section conique, comme il arrive en effet aux Planètes, dont les Orbites font des Ellipfes, confidére les Comètes comme des Planètes qui fe meuvent par la même loi, dont les Orbites font des Ellipfes, mais fi allongées, qu'on les peut prendre, fans erreur fenfible, pour des Paraboles.

Il ne s'en tient pas à cette confidération, qui déjà prévient affez en fa faveur, il lui faut quelque chofe de plus exact. Il faut voir fi l'Orbite d'une Comète, déterminée par quelques points donnés dans les prémières Obfervations, & par l'attraction vers le Soleil, quadrera avec la trace que la Comète décrit réellement

dans

dans le reste de son cours. Il a calculé ainsi, lui & le savant Astronome M. Halley, les Orbites des Comètes, dont les Observations nous ont mis en état de faire cette comparaison ; & l'on ne sauroit voir sans admiration, que les Comètes se sont trouvées aux points de leurs Orbites ainsi déterminés, presqu'avec autant d'exactitude, que les Planètes se trouvent aux lieux de leurs Orbites déterminés par les Tables ordinaires.

Il ne paroit plus manquer à cette Théorie qu'une suite assez longue d'Observations, pour nous mettre en état de reconnoître chaque Comète, & de pouvoir annoncer son retour, comme nous faisons le retour des Planètes aux mêmes points du Ciel. Mais des Astres, dont les révolutions, selon toutes les apparences, durent plusieurs siècles, ne paroissent guères faits pour être observés par des hommes dont la vie est si courte.

Voilà, quant au cours des Planètes & des Comètes, tous les Phénomènes expliqués par un seul principe. Les Phénomènes de la pesanteur des corps ne dépendroient-ils point encore de ce principe?

Les corps tombent vers le centre de la Terre ; c'est l'attraction que la Terre exerce sur eux qui les y fait tomber. Cette explication est trop vague.

Si la quantité de la force attractive de la Terre étoit connue par quelque autre Phénomène que celui de la chute des corps, l'on pourroit voir si la chute des corps, circonstanciée comme on sait qu'elle l'est, est l'effet de cette même force.

Nous avons vu que comme l'attraction que le Soleil exerce sur les Planètes, fait mouvoir les Planètes autour de lui, de-même l'attraction que les Planètes qui ont des Satellites exercent sur eux, les fait mouvoir autour d'elles : la Lune est Satellite de la Terre, c'est donc l'attraction de la Terre qui fait mouvoir la Lune autour d'elle.

L'orbite de la Lune & le tems de sa révolution autour de la Terre sont connus : on peut par-là connoître l'espace que la force qui attire la Lune vers la Terre, lui feroit parcourir dans un tems donné, si la Lune venant à perdre son mouvement, tomboit vers la Terre en ligne droite avec cette force.

La moyenne diſtance de la Lune à la Terre étant d'environ 60 demi-diamètres de la Terre, on trouve par un calcul facile, que l'attraction que la Terre exerce ſur la Lune, dans la région où elle eſt, lui feroit parcourir environ quinze pieds dans une minute.

Mais l'attraction croiſſant dans le même rapport que le quarré de la diſtance diminue, ſi la Lune ou quelque autre corps ſe trouvoient placés près de la ſuperficie de la Terre, c'eſt-adire, 60 fois plus près de la Terre que n'eſt la Lune, l'attraction de la Terre feroit 3600 fois plus grande; & elle feroit parcourir au corps qu'elle attireroit, environ 3600 fois 15 pieds dans une minute; parce que les corps, dans le commencement de leur mouvement, parcourent des eſpaces proportionnels aux forces qui les font mouvoir.

Or on ſait par les Expériences de M. Huygens, l'eſpace que parcourt un corps animé par la ſeule peſanteur, vers la ſurface de la Terre, & cet eſpace ſe trouve préciſément celui que doit faire parcourir la force qui retient la Lune dans ſon Orbite, augmentée comme elle doit être vers la ſurface de la Terre.

La chute des corps vers la Terre eſt donc un effet de cette même force: d'où l'on voit que la peſanteur des corps plus éloignés du centre de la Terre eſt moindre que la peſanteur de ceux qui ſont plus proches, quoique les plus grandes diſtances, où nous puiſſions faire des expériences, ſoient trop peu conſidérables pour nous rendre ſenſible cette différence de peſanteur.

Des Expériences particulières ont appris, qu'à la même diſtance du centre de la Terre, les poids des différens corps, qui réſultent de cette attraction, ſont proportionnels à leurs quantités de matière.

Cette force qui attire les corps vers la Terre, agit donc proportionnellement ſur toutes les parties de la matière.

Or l'attraction doit être mutuelle; un corps ne ſauroit en attirer un autre, qu'il ne ſoit attiré également vers cet autre. Si l'attraction que la Terre exerce ſur chaque partie de la matière eſt égale, chaque partie de la matière a auſſi une attraction égale, qu'elle exerce à ſon tour ſur la Terre; & un Atome ne tombe point vers la Terre, que la Terre ne s'élève un peu vers lui.

C'eſt

DES ASTRES.

C'est ainsi que le cours des Planètes & toutes ses circonstances s'expliquent par le principe de l'attraction; mais encore la pesanteur des corps n'est qu'une suite du même principe.

Je ne parle point ici d'irrégularités si peu considérables, qu'on les peut négliger sans erreur, ou expliquer par le principe.

On regarde le Soleil, par exemple, comme immobile au foyer des Ellipses que décrivent les Planètes: cependant il n'est point absolument immobile, l'attraction entre deux corps étant toujours mutuelle, le Soleil ne sauroit attirer les Planètes qu'il n'en soit attiré. Si l'on parle donc à la rigueur, le Soleil change continuellement de place selon les différentes situations des Planètes. Ce n'est donc proprement que le centre de gravité du Soleil & de toutes les Planètes qui est immobile; mais l'énormité du Soleil par rapport aux Planètes est telle, que quand elles se trouveroient toutes du même côté, la distance du centre du Soleil au centre commun de gravité, qui est alors la plus grande qu'elle puisse être, ne seroit que d'un seul de ses diamètres.

Il faut entendre la même chose de chaque Planète qui a des Satellites. La Lune, par exemple, attire tellement la Terre, que ce n'est plus le centre de la Terre qui décrit une Ellipse au foyer de laquelle est le Soleil, mais cette Ellipse est décrite par le centre commun de gravité de la Terre & de la Lune, tandis que chacune de ces Planètes tourne autour de ce centre de gravité, dans l'espace d'un mois.

L'attraction mutuelle des autres Planètes n'apporte pas à leur cours de changemens sensibles; Mercure, Vénus, la Terre & Mars n'ont pas assez de grosseur, pour que leur action des unes sur les autres trouble sensiblement leur mouvement. Ce mouvement ne sauroit être troublé que par Jupiter & Saturne, ou quelques Comètes qui pourroient causer quelque mouvement dans les Aphélies de ces Planètes, mais si lent qu'on le néglige entièrement.

Il n'en est pas de-même de l'attraction qui s'exerce entre Jupiter & Saturne; ces deux puissantes Planètes dérangent reciproquement leur mouvement lorsqu'elles sont en conjonction; & ce dérangement est assez considérable pour avoir été observé par les Astronomes.
C'est

C'est ainsi que l'attraction & sa loi ayant été une fois établies par le rapport entre les Aires que les Planètes décrivent autour du Soleil & les tems, & par le rapport entre les tems périodiques des Planètes & leurs distances ; les autres Phénomènes ne sont plus que des suites nécessaires de cette attraction. Les Planètes doivent décrire les courbes qu'elles décrivent ; les corps doivent tomber vers le centre de la Terre, & leur chute doit avoir la rapidité qu'elle a ; enfin les mouvemens des Planètes reçoivent jusqu'aux dérangemens qui doivent résulter de cette attraction.

Un des effets de l'attraction, qui est la chute des corps, se fait assez appercevoir ; mais cet effet même est ce qui nous empêche de découvrir l'attraction que les corps exercent entre eux. La force de l'attraction étant proportionelle à la quantité de matière des corps, l'attraction de la Terre sur les corps particuliers nous empêche continuellement de voir les effets de leur attraction propre ; entraînés tous vers le centre de la Terre par une force immense, cette force rend insensibles leurs attractions particulières, comme la tempête rend insensible le plus léger souffle *.

Mais si l'on porte la vue sur les corps qui peuvent manifester leur attraction les uns sur les autres, on verra les effets de l'attraction aussi continuellement répétés que ceux de l'impulsion. A tout instant les mouvemens des Planètes la déclarent, pendant que l'impulsion est un principe que la Nature semble n'employer qu'en petit.

L'attraction n'étant pas moins possible dans la nature des choses que l'impulsion ; les Phénomènes qui prouvent l'attraction étant aussi fréquens que ceux qui prouvent l'impulsion ; lorsqu'on voit un corps tendre vers un autre, dire que ce n'est point qu'il soit attiré, mais qu'il y a quelque matière invisible qui le pousse, c'est à-peu-près raisonner comme feroit un partisan de l'attraction, qui voyant un

corps

---

* Cependant cette Attraction ne seroit pas tout-à-fait insensible, pourvu qu'on la recherchât dans des corps dont les masses eussent quelque proportion avec la masse entière de la Terre. Mrs. Bouguer & de la Condamine envoyés par le Roi au Pérou, ont trouvé qu'une très grosse Montagne appellée *Chimboraco*, située

corps poussé par un autre, se mouvoir, diroit que ce n'est point par l'effet de l'impulsion qu'il se meut, mais parce que quelque corps invisible l'attire.

C'est maintenant au Lecteur à examiner si l'attraction est suffisamment prouvée par les faits, ou si elle n'est qu'une fiction gratuite dont on peut se passer.

CHAPITRE V.
DES DIFFÉRENTES LOIX DE LA PESANTEUR ET DES FIGURES QU'ELLES PEUVENT DONNER AUX CORPS CÉLESTES.

Je reviens à examiner plus particulièrement la Pesanteur, dont les effets combinés avec ceux de la force centrifuge, déterminent les figures des Corps Célestes.

Pour que ces Corps parviennent à des Figures permanentes, il faut que toutes leurs parties soient dans un équilibre parfait. Or ces parties sont animées par deux forces, desquelles doit dépendre cet équilibre; l'une, qui est la force centrifuge qu'elles acquerrent par leur révolution, tend à les écarter du centre; l'autre, qui est la Pesanteur, tend à les en approcher. Sur la force centrifuge, il ne peut y avoir de dispute : elle n'est que cet effort, que les corps qui circulent, font pour s'écarter du centre de leur circulation; & elle vient de la force qu'ont les corps pour persévérer dans l'état où ils sont une fois, de repos ou de mouvement. Un corps forcé de se mouvoir dans quelque courbe, fait un effort continuel pour s'échapper par la tangente de cette courbe; parce que dans

située fort près de l'Equateur, attiroit à elle le plomb qui pend au fil des Quart-de-Cercles. Et par plusieurs Observations des hauteurs des Etoiles prises au Nord & au Sud de la Montagne, ils ont trouvé que cette Attraction écartoit le fil à plomb de la Verticale d'un angle de 7″ ou 8″.

dans chaque inftant, fon état eft de fe mouvoir dans les petites droites qui compofent la courbe, & dont les prolongemens font les tangentes. La nature de la force centrifuge, & fes effets font donc bien connus.

Il n'en eft pas ainfi de la Pefanteur. Les Philofophes s'en font fait différens Syftèmes felon les différens Phénomènes fur lefquels ils fe font fondés.

A ne juger de cette force que par le Phénomène le plus fenfible qui nous la manifefte ; par la chûte des corps vers le centre de la Terre, les Expériences la feroient croire uniforme c'eft à dire toujours la même à quelque diftance que ce foit de ce centre. En comparant les efpaces dont les corps tombent vers la Terre avec les tems qu'ils employent à tomber, l'on trouve ces efpaces proportionnels aux Quarrés des tems. Galilée le premier qui a fait des recherches fur la Loi que fuivoit la pefanteur, en conclut, & eut raifon d'en conclure *Que cette Force qui fait tomber les corps vers le centre de la Terre étoit uniforme & conftante.*

Mais pour bien juger de la Loi de cette Force, il ne faut pas s'en tenir aux Phénomènes qu'elle exerce à d'auffi petites diftances que celles auxquelles les expériences fur la chute des corps ont été faites, & auxquelles nous pouvons les faire. En confiderant la Detenfion de la Lune dans fon Orbite comme l'effet d'une pefanteur vers le Centre de la Terre, & en comparant cet effet avec celui de la Pefanteur qui fait tomber les corps vers ce centre, on trouve que ces deux Forces ne font que la même, diminuée dans la Région de la Lune autant que le Quarré de la Diftance au centre de la Terre y eft augmenté.

En étendant cette Theorie aux Planètes qui font immédiatement leur revolution autour du Soleil, on trouve la même Loi pour la Force qui les retient autour de cet Aftre : & pour les Satellites qui font leurs révolutions autour de Jupiter & de Saturne, la même Loi encore. Il paroit donc par tout le Syftème Solaire *Que la pefanteur vers les centres de la Terre, du Soleil, & des Planètes, eft en raifon inverfe du Quarré des Diftances.*

Newton

Newton joignant à cette Theorie d'autres expériences, découvrit, *Que la Pesanteur n'étoit qu'un Phénomène resultant d'une Force repandue dans la matière par laquelle toutes ses parties s'attirent en raison renversée du Quarré de leur Distance*. Et que la pesanteur ne sembloit avoir son action vers les centres de la Terre, du Soleil, de Jupiter & de Saturne que parce que la figure de ces Astres étoit à très peu près Sphérique ; & qu'outre que leurs Masses pouvoient se confondre avec leurs centres par rapport aux Distances des Astres qui faisoient autour leurs revolutions, la Loi d'une Attraction dans la matière en raison inverse du Quarré des Distances, subsistoit la même au dehors vers le centre des corps sphériques qui en étoient formés.

C'avoit donc été un grand pas de fait dans la Philosophie, d'avoir par les expériences de la chute des corps vers la Terre, mesuré la Force qui les fait tomber, & d'avoir trouvé que ces expériences supposoient *une Force uniforme*.

C'en fut un autre d'avoir comparé cette Force avec celles qui retiennent les Planètes dans leurs Orbites, d'où resulteroit le Systême d'une *Pesanteur en raison inverse du Quarré des Distances aux Centres de la Terre, du Soleil & des autres Planètes*.

Mais le plus grand pas de tous, c'est d'avoir découvert *une Force attractive repandue dans toutes les parties de la Matière, qui agit en raison inverse du Quarré de leur Distance;* d'où resultent tous les Phénomènes précedents: la chute des corps vers le centre de la Terre; une pesanteur vers les centres du Soleil, de la Terre & des autres Planètes sensiblement en raison inverse du Quarré des Distances à ces Centres.

Il semble qu'on peut sans beaucoup hazarder, se determiner en faveur de ce dernier Systême.

Cependant comme tout ce que j'ai à dire s'accorde également avec les trois, & avec plusieurs autres encore qu'on pourroit imaginer, je laisse à chacun à en penser ce qu'il voudra; Il pourra également adopter ses Idées à l'Explication des phénomènes que je vais proposer. C'est cette considération qui m'a fait supprimer ici quelques Calculs trop dependans de telle ou telle Hypothése.

Sans parler des anciens Philosophes, il semble que parmi les Modernes, avant Newton, quelques uns ont eu l'Idée d'une attraction repandue dans la matière qui causoit la Chute des corps vers la Terre & la Detension des Planètes dans leurs Orbites. Képler en avoit senti le besoin pour expliquer les mouvemens celestes: Et l'on peut voir ce qu'en disoient des Auteurs celebres 50 ans avant que le Système de Newton parût. Voici comment ils s'expliquent: *

La commune opinion est que la pesanteur est une Qualité qui reside dans le Corps même qui tombe.

D'autres sont d'avis que la Descente des Corps procéde de l'Attraction d'un autre Corps qui attire celui qui descend, comme la Terre.

Il y a une troisiéme Opinion, qui n'est pas hors de vraisemblance; que c'est une Attraction mutuelle entre les Corps, causée par un désir naturel que les corps ont de s'unir ensemble; comme il est evident au Fer et à l'Aiman, lesquels sont tels que si l'Aiman est arreté, le Fer ne l'étant pas, l'ira trouver; & si le Fer est arreté, l'Aiman ira vers lui; & si tout deux sont libres, ils s'approcheront reciproquement l'un de l'autre, ensorte toutefois que le plus fort des deux fera le moins de chemin.

Il est vrai que celui qui a deduit cette force de Phénomènes, qui en a calculé rigoureusement les effets, & fait voir leur conformité avec la Nature, c'est celui là seul qui est l'Auteur des merveilleux Systèmes de l'Attraction: mais il est vrai que les Philosophes François que je cite en avoient déja quelque Idée, qu'ils n'avoient pas pour elle l'éloignement que ceux qui sont venus depuis ont témoigné, & qu'ils s'exprimoient d'une maniére bien plus dure que Newton n'a jamais fait, sans avoir les raisons que ce grand homme a eues pour l'admettre. C'est chés eux qu'on peut dire qu'elle n'étoit qu'une Qualité occulte.

Il paroit donc aujourd'hui demontré que dans tout notre Système Solaire, cette même proprieté repandue dans la matière subsiste: mais autour des autres Soleils, autour des Etoiles fixes, &
autour

---

* Fermat. *Var. Oper. Mathem:* pag. 124.

autour des Planètes que vraisemblablement elles ont, les mêmes Phénomènes auroient-ils lieu, & les mêmes loix de pesanteur s'observeroient-elles? Rien ne ne peut nous en assurer, & nous n'en pouvons juger que par une espece d'Induction.

Toutes les Loix précedentes de pesanteur donnent aux Astres qui ont une revolution autour de leur Axe, les figures de Sphéroides applatis : & quoique les Planètes que nous connoissons dans notre *Système Solaire* approchent de la Sphéricité, elles n'en étoient pas moins sujettes à des Figures fort applaties. Il ne falloit pour cela qu'une pesanteur moins grande, ou une revolution plus rapide autour de leur Axe. Et pourquoi l'espece d'Uniformité que nous voyons dans un petit nombre de Planètes nous empecheroit-elle de soupçonner du moins la Variété des autres que nous cache l'Immensité des Cieux? Relegués dans un coin de l'univers avec de foibles Organes, pourquoi bornerions-nous les choses au peu que nous en appercevons?

CHAPITRE VI.

TACHES LUMINEUSES DÉCOUVERTES DANS LE CIEL.

Dans ces derniers tems, non seulement on a découvert que quelques Planètes de notre *Système Solaire* n'étoient pas des Globes parfaits; on a porté la vûë jusques dans le Ciel des Etoiles fixes, & par le moyen des grandes Lunettes, on a trouvé dans ces Régions éloignées des Phénomènes qui semblent annoncer une aussi grande variété dans ce genre, qu'on en voit dans tout le reste de la Nature.

Des amas de matière fluide qui ont un mouvement de révolution autour d'un centre, doivent former des Astres fort applatis &

en forme de Meules, qu'on rangera dans la claffe des Soleils, ou des Planètes, felon que la matière qui les forme fera lumineufe par elle-même, ou opaque & capable de réfléchir la lumière. Soit que la matière de ces Meules foit par-tout de même nature, foit que pefant vers quelque Aftre d'une nature différente, elle l'inonde de toutes parts, & forme autour un fphéroïde applati qui renferme l'Aftre.

De célébres Aftronomes s'étant appliqués à obferver ces Apparences Céleftes qu'on appelle *Nébuleufes*, & qu'on attribuoit autrefois à la lumière confondue de plufieurs petites Etoiles fort proches les unes des autres, & s'étant fervis de Lunettes plus fortes que les Lunettes ordinaires, ont découvert que du moins plufieurs de ces Apparences, non feulement n'étoient point caufées par ces amas d'Etoiles qu'on avoit imaginés, mais même n'en renfermoient aucune; & ne paroiffoient être que de grandes Aires ovales, lumineufes, ou d'une lumière plus claire que le refte du Ciel.

M. Huygens fut le prémier qui découvrit dans la Conftellation d'*Orion* une Tache de figure irrégulière, & d'une teinte différente de tout le refte du Ciel, dans laquelle ou à travers laquelle il apperçut quelques petites Etoiles *.

M. Halley parle de fix de ces Taches, dont la 1e. eft dans l'*Epée d'Orion*, la 2e. dans *le Sagittaire*, la 3e. dans *le Centaure*, la 4e. précéde le pied droit d'*Antinoüs*, la 5e. dans *Hercule*, & la 6e. dans la *Ceinture d'Andromède* * *.

Cinq de ces Taches ayant été obfervées avec un Télefcope de réflexion de 8. pieds, il ne s'en eft trouvé qu'une, celle qui précéde le pied *d'Antinoüs*, qui puiffe être prife pour un amas d'Etoiles.

Les quatre autres paroiffent de grandes Aires blanchâtres, & ne différent entre elles, qu'en ce que les unes font plus rondes, & les autres plus ovales. Dans celle d'*Orion* les petites Etoiles qu'on

décou-

---

* Hug. *Syft. Saturn.*
** *Tranfactions Philofophiques*, *Num. 347.*

découvre avec le Télescope, ne paroissent pas capables de causer sa blancheur * * *.

M. Halley a été fort frappé de ces Phénomènes, qu'il croit propres à éclaircir une chose qui paroit difficile à entendre dans le Livre de la *Genèse*; qui est que la lumière fut créée avant le Soleil. Il recommande ces merveilleux Phénomènes aux spéculations des Naturalistes & des Astronomes.

M. Derham a été plus loin, il regarde ces Taches comme des Trous à travers lesquels on découvre une région immense de lumière, & enfin *le Ciel Empyrée*.

Il prétend avoir pu distinguer que les Etoiles qu'on apperçoit dans quelques-unes, sont beaucoup moins éloignées de nous que ces Taches. Mais c'est ce que l'Optique nous apprend qu'on ne sauroit décider. Passé un certain éloignement, qui même n'est pas fort considérable, il n'est pas possible de déterminer lequel est le plus éloigné de deux objets qui n'ont ni l'un ni l'autre de parallaxe, & dont les degrés de lumière sont inconnus.

Tous ces phénomènes se trouvent par notre Système si naturellement & si facilement expliqués, qu'il n'est presque pas besoin d'en faire l'application.

Nous avons vu qu'il peut y avoir dans les Cieux des masses de matière soit lumineuse, soit réfléchissant la lumière, dont les formes sont des sphéroïdes de toute espèce, les uns approchans de la sphéricité, les autres fort applatis. De tels Astres doivent causer des apparences semblables à celles dont nous venons de parler.

Ceux qui approchent de la sphéricité seront vus comme des Taches circulaires, quelqu'angle que fasse l'axe de leur révolution avec le Plan de l'Ecliptique; les autres, dont la figure est applatie, doivent paroître des Taches circulaires ou ovales, selon la manière dont le Plan de leur Equateur se présente à l'Ecliptique.

*** *Transactions Philosophiques*, Num. 428.

Enfin ces Aftres applatis doivent nous préfenter des figures irrégulières; fi plufieurs, diverfement inclinés & placés à différentes diftances, ont quelques-unes de leurs parties cachées pour nous par les parties des autres.

Quant à la matière dont ils font formés, il n'eft guères permis de prononcer fi elle eft auffi lumineufe que celle des Etoiles, & fi elle ne brille moins que parce qu'elle eft plus éloignée.

S'ils font formés d'une matière auffi lumineufe que les Etoiles, il faut que leur groffeur foit énorme par rapport à la leur, pour que, malgré leur éloignement beaucoup plus grand, que fait voir la diminution de leur lumière, on les voye au Télefcope avec grandeur & figure.

Et fi on les fuppofe d'une groffeur égale à celle des Etoiles, il faut que la matière qui les forme foit moins lumineufe, & qu'elles foient beaucoup plus proches de nous, pour que nous les puiffions voir avec une grandeur fenfible.

On prétend cependant que ces Taches n'ont aucune parallaxe: & c'eft un fait qui mérite d'être obfervé avec foin; car peut-être que ce n'eft que par un trop petit nombre d'Aftres obfervés, qu'on a défefpéré de la parallaxe des autres.

On ne peut jufqu'ici s'affurer fi les Aftres qui forment ces Taches, font plus ou moins éloignés que les Etoiles fixes. S'ils le font plus, les Etoiles qu'on découvre dans la Tache d'*Orion*, & qu'on découvriroit vraifemblablement dans plufieurs autres, font vues projettées fur le Difque de nos Aftres dont la lumière plus foible que celle de l'Etoile ne peut la ternir. S'ils le font moins, la matière qui les forme, n'empêche pas que nous ne voyions les Etoiles à travers, comme on les voit à travers les Queues des Comètes.

CHA-

CHAPITRE VII.

DES ETOILES QUI S'ALLUMENT OU QUI S'ETEIGNENT DANS LES CIEUX; ET DE CELLES QUI CHANGENT DE GRANDEUR.

La différence entre l'axe de notre Soleil & le diamètre de son Equateur, n'est presque rien : la pesanteur immense vers ce grand corps, & la lenteur de sa révolution autour de son axe, ne lui permettent qu'un applatissement insensible. D'autres Soleils pourroient être applatis à l'infini. Toutes ces figures s'accordent aussi-bien avec les loix de la Statique, que celle d'un sphéroïde plus approchant de la sphère: il n'y a que la sphéricité parfaite qui ne s'y accorde pas, dès qu'ils tournent autour de leur axe.

On ne connoit jusqu'ici la figure des Etoiles fixes par aucune observation: nous ne les voyons que comme des points lumineux, dont l'éloignement nous empêche de discerner les parties. On peut raisonnablement penser, que dans leur multitude il se trouve des figures de toute espèce.

Cela posé, il est facile d'expliquer comment quelques Etoiles ont disparu dans les Cieux, comment d'autres ont semblé s'allumer, ont duré quelque tems, ensuite ont cessé de luire & ont paru s'éteindre.

Tout le monde sait la disparition d'une des *Pléiades*. On observa en 1572. une nouvelle Etoile qui vint paroître dans la *Cassiopée*, qui l'emportoit en lumière sur toutes les Etoiles du Ciel, & qui, après avoir duré plus d'un an, disparut. On en avoit vu une dans la même Constellation en 945. sous l'empire d'*Othon*; il est fait mention d'une qui parut encore vers la même Région du Ciel en 1264.; & ces trois pourroient assez vraisemblablement n'être que la même.

On observe aussi dans quelques Constellations, des Etoiles dont la lumière paroit croître & diminuer alternativement; il s'en trouve une dans le *Col de la Baleine*, qui semble avoir des périodes réglés d'augmentation & de diminution, & qui depuis plusieurs années étonne les Observateurs. Le Ciel & les Tems sont remplis de ces Phénomènes *.

Je dis maintenant que si parmi les Etoiles il s'en trouve d'une figure fort applatie elles nous paroîtront comme feroient des Etoiles sphériques, dont le diamètre seroit le même que celui de leur Equateur, lorsqu'elles nous présenteront leur face : mais si elles viennent à changer de situation par rapport à nous, si elles nous présentent leur tranchant, nous verrons leur lumière diminuer plus ou moins, selon la différente manière dont elles se présenteront; & nous les verrons tout-à-fait s'éteindre, si leur applatissement & leur distance sont assez considérables.

De-même des Etoiles que leur situation nous avoit empêché d'appercevoir, paroîtront, lorsqu'elles prendront une situation nouvelle; & ces alternatives ne dépendront que du changement de situation de ces Astres par rapport à nous.

Il ne faut plus qu'expliquer comment il peut arriver du changement dans la situation de ces Etoiles applaties.

Tous les Philosophes d'aujourd'hui regardent chaque Etoile fixe, comme un Soleil à-peu-près semblable au nôtre, qui a vraisemblablement ses Planètes & ses Comètes, c'est-à-dire, qui a autour de lui des corps qui circulent avec différentes excentricités.

Quelqu'une de ces Planètes qui circulent autour d'un Soleil applati, peut avoir une telle excentricité, & se trouver si près de son Soleil dans son Périhélie, qu'elle dérangera sa situation, soit par la pesanteur que chaque Planète porte pour ainsi dire avec elle, selon le système de M. Newton, qui fait que dès qu'elle passe auprès de son Soleil, la pesanteur de son Soleil vers elle, & la pesanteur d'elle vers lui, ont un effet sensible ; soit par la pression qu'une telle Planète causeroit alors au fluide qui se trouveroit resserré entre elle & son Soleil, si l'on vouloit encore admettre des Tourbillons.

De quelque cause que vienne la pesanteur, tout conduit à croire qu'il y a autour de chaque Planète & de chaque Corps Céleste

* Voyez l'Histoire de ces Etoiles dans les *Elem. d'Astron.* de M. Cassini.

leste une force qui feroit tomber les corps vers eux, comme celle que nous éprouvons sur notre Terre. Une pareille force suffit pour changer la situation d'un Soleil, lorsqu'une Planète passe fort proche de lui; & cette situation changera selon la manière dont le plan de l'Orbite de la Planète coupera le plan de l'Equateur du Soleil.

Le passage des Planètes dans leur Périhélie auprès des Soleils applatis, doit non seulement leur faire présenter des faces différentes de celles qu'ils présentoient; il peut encore changer la situation de leur centre, & les déplacer entièrement. Mais on voit assez que quand le centre de ces Soleils seroit avancé ou reculé de la distance d'un ou de plusieurs de leurs diamètres, ce changement ne pourroit pas nous être sensible pour des Etoiles dont le diamètre ne nous l'est pas. Ainsi quand on auroit observé avec exactitude que le lieu de ces Etoiles sujettes au changement a toujours été le même dans le Ciel, il n'y auroit rien en cela qui fût contraire à notre théorie. On a prétendu cependant avoir remarqué quelque changement de situation dans quelques-unes.

Les Etoiles dont les alternatives d'augmentation & de diminution de lumière sont plus fréquentes, comme l'Etoile du *Col de la Baleine*, seront environnées de Planètes, dont les révolutions seront plus courtes.

L'Etoile de *Cassiopée*, & celles dont on n'a point observé d'alternatives, ne seront dérangées que par des Planètes dont les révolutions durent plusieurs siècles.

Enfin, dans des choses aussi inconnues que nous le sont les Planètes qui circulent autour de ces Soleils, leurs nombres, leurs excentricités, les tems de leurs révolutions, les combinaisons des effets de ces Planètes les unes sur les autres, on voit qu'il n'y aura que trop de quoi satisfaire à tous les Phénomènes d'apparition & de disparition, d'augmentation & de diminution de lumière.

CHAPITRE VIII.

DE L'ANNEAU DE SATURNE.

Après avoir vu que vraisemblablement il se trouvoit dans les Cieux des Astres fort applatis, & que ces Astres dévoient produire tous les Phénomènes d'apparition & de disparition de nouvelles Etoiles; d'augmentation & de diminution de splendeur qu'on a observée dans plusieurs; nous tirons de notre théorie l'explication d'un Phénomène qui paroit encore plus merveilleux, & qui, quoiqu'il soit l'unique de cette espèce qui paroisse à nos yeux, n'est peut-être pas l'unique qui soit dans l'Univers.

Je veux parler de l'*Anneau* qu'on observe autour de Saturne, & en général des Anneaux qui se peuvent former autour des Astres.

Les Comètes ne sont comme nous l'avons vu, que des Planètes fort excentriques, dont quelques-unes, après s'être fort approchées du Soleil, s'en éloignent en traversant les Orbites des Planètes plus régulières, & parcourent ainsi les différentes Régions du Ciel.

Lorsqu'elles retournent de leur Périhélie, on les voit traîner de longues *Queues*, qui vraisemblablement sont des *Torrens* immenses de vapeur, que l'ardeur du Soleil a fait élever de leur corps. Si une Comète dans cet état passe auprès de quelque puissante Planète, la pesanteur vers la Planète pourra détourner ce Torrent, & le déterminer à circuler autour d'elle, suivant quelque Ellipse ou quelque Cercle: & la Comète fournissant toujours de nouvelle matière, ou celle qui étoit déjà répandue étant suffisante, il s'en formera un cours continu, ou une espèce d'Anneau autour de la Planète.

Or quoique la colonne qui forme le Torrent, soit d'abord cilindrique, ou conique, ou de quelque autre figure, elle sera bientôt applatie, dès qu'elle circulera avec rapidité autour de quelque Planète ou de quelque Soleil, & formera bientôt autour un Anneau mince.

DES ASTRES.

Le corps même de la Comète pourra être entraîné par l'Aſtre, & forcé de circuler autour de lui.

Ce que j'ai dit ci-deſſus des Planètes plattes qui devoient ſe trouver dans le Syſtème du Monde, eſt confirmé dans notre Syſtème Solaire, par les Obſervations qu'on a faites de l'applatiſſement de Jupiter, & par notre meſure de la Terre.

A l'égard des Etoiles plattes, les Phénomènes précédens paroiſſent nous avertir qu'il y a en effet de ces Etoiles dans les Cieux.

Mais quant aux Torrens qui circulent autour des Planètes; nous voyons une Planète où il ſemble que tout ſe ſoit paſſé comme je viens de le dire: & l'on ne devroit pas s'étonner quand on verroit des Planètes ceintes de pluſieurs Anneaux pareils à celui de Saturne.

Ces Anneaux doivent ſe former plutôt autour des groſſes Planètes que des petites, puiſqu'ils ſont l'effet de la peſanteur plus forte vers les groſſes Planètes que vers les petites: ils doivent auſſi ſe former plutôt autour des Planètes les plus éloignées du Soleil, qu'autour de celles qui en ſont plus proches; puiſque dans ces lieux èloignés, la viteſſe des Comètes ſe rallentit, & permet à la Planéte d'exercer ſon action plus longtems, & avec plus d'effet ſur le Torrent.

Tout ceci eſt confirmé par l'expérience: la ſeule Planète que nous voyons ceinte d'un Anneau, ſe trouve une des plus groſſes, & la plus éloignée du Soleil.

Le nombre des Satellites qu'a Saturne, & la grandeur de ſon Anneau, peuvent faire croire qu'il les a acquis aux dépens de pluſieurs Comètes. En effet, il faut que cet Anneau, tout mince qu'il nous paroit, ſoit formé d'une quantité prodigieuſe de matière, pour pouvoir jetter ſur le diſque de la Planète l'ombre que les Aſtronomes y obſervent; pendant que la matière des queues des Comètes paroit ſi peu denſe, qu'on voit ordinairement les Etoiles à travers. Il eſt vrai auſſi que la peſanteur que la matière de ces queues acquiert vers la Planète, lorſqu'elle eſt forcée de circuler autour, la peut condenſer.

Quant aux Planètes qui ont des Satellites, ſans avoir d'Anneau; l'on voit aſſez que la Queue étant une choſe accidentelle aux Co-

mètes,

mètes, & ne se trouvant qu'à celles qui ont été assez proches du Soleil, une Cométe sans queue pourra devenir Satellite d'une Planète, sans lui donner d'Anneau. Il est possible aussi qu'une Planète acquière un Anneau sans acquérir de Satellite, si la Planète trop éloignée du corps de la Cométe, ne peut entraîner que sa queue.

La matiére qui forme ces Anneaux, au-lieu de rester soutenue en forme de voute autour de la Planète, peut l'inonder de toutes parts, & former autour d'elle une espèce d'atmosphère applatie; & ce qui peut arriver aux Planètes, peut arriver de la même manière aux Soleils. On prend pour une atmosphère semblable autour de notre Soleil, cette lumière que M. Cassini * a observée dans le Zodiaque.

M. Newton a remarqué que la vapeur des Comètes pouvoit se répandre sur les Planètes, lorsqu'elles venoient à s'approcher; il a cru cette espèce de communication nécessaire pour réparer l'humidité que les Planètes perdent sans cesse. Il a cru même que les Comètes pouvoient quelquefois tomber dans le Soleil ou dans les Etoiles; & c'est ainsi qu'il explique comment une Etoile, dont la lumière est prête à s'éteindre, si quelque Cométe lui vient fournir un nouvel aliment, reprend sa prémière splendeur. De célèbres Philosophes Anglois, M. Halley & M. Whiston, ont bien remarqué que si quelque Cométe rencontroit notre Terre, elle y causeroit de grands accidens, comme des bouleversemens, des déluges, ou des embrasemens. Mais au-lieu de ces sinistres catastrophes, la rencontre des Comètes pourroit ajouter de nouvelles merveilles, & des choses utiles à notre Terre.

MESURE

* *Mémoires de l'Aadémie des Scciences*, Tom. VIII.

MESURE
DE LA TERRE,
AU
CERCLE POLAIRE.

*PRÉFACE.

L'Intereſt que tout le monde prend à la fameuſe queſtion de la Figure de la Terre, ne nous a point permis de différer de publier cet Ouvrage, juſqu'à ce qu'il parût dans le recueil des Mémoires qui ſont lûs dans nos Aſſemblées. Comme nous voulons expoſer toute notre opération au plus grand jour, afin que chacun puiſſe juger de ſon exactitude, nous donnons nos obſervations elles-mêmes, telles qu'elles ſe ſont trouvées ſur les regiſtres de M$^{rs.}$ Clairaut, Camus, le Monnier, Celſius, l'Abbé Outhier, & ſur le mien, qui ſe ſont tous trouvés conformes les uns aux autres, ſans y faire aucune des corrections qu'ont faites ceux qui nous ont donné de pareils ouvrages : ils ne nous ont donné que les triangles corrigés, & la ſomme de leurs angles réduite à 180 degrés juſte; & que les milieux des obſervations pour la détermination de l'Amplitude de l'arc qu'ils ont meſuré, ſans donner les obſervations elles-mêmes.

Nous avons cru devoir au Lecteur, la ſatisfaction de voir les obſervations telles qu'elles ont été faites; la maniére dont elles s'approchent ou s'écartent les unes des autres, le mettra à portée de juger du degré de préciſion qui s'y trouve, ou qui y manque. Enfin il pourra faire lui-même les corrections comme il jugera, & comparer les différents réſultats que produiroient des corrections autrement faites que les nôtres.

Il ſera peut-être bon maintenant de dire quelque choſe de l'utilité de cette entrepriſe, à laquelle eſt jointe celle du Pérou, qui précéda la nôtre, & qui n'eſt pas encore terminée.

Perſonne

* Cette Préface a été lûë dans l'Aſſemblée publique de l'Académie Royale des Sciences, le 16 Avril 1738.

Oeuv. de Maupert.

Personne n'ignore la difpute qui a duré 50 ans entre les Sçavans fur la Figure de la Terre. On fcait que les uns croyoient que cette figure étoit celle d'un Sphéroïde applati vers les Poles, & que les autres croyoient qu'elle étoit celle d'un Sphéroïde allongé. Cette queftion, à ne la regarder même que comme une queftion de fimple curiofité, feroit du moins une des plus curieufes dont fe puiffent occuper les Philofophes & les Géometres. Mais la découverte de la véritable figure de la Terre a des avantages réels, & très-confidérables.

Quand la pofition des lieux feroit bien déterminée fur les Globes & fur les Cartes, par rapport à leur Latitude & leur Longitude, on ne fçauroit connoître leurs diftances, fi l'on n'a la vraye longueur des degrés, tant du Méridien, que des Cercles paralleles à l'Equateur. Et fi l'on n'a pas les diftances des lieux bien connuës, à quels périls ne font pas expofés ceux qui les vont chercher à travers les Mers!

Lorfqu'on croyoit la Terre parfaitement fphérique, il fuffifoit d'avoir un feul degré du Méridien bien mefuré; la longueur de tous les autres étoit la même, & donnoit celle des degrés de chaque parallele à l'Equateur. Dans tous les temps, de grands Princes, & de célébres Philofophes avoient entrepris de déterminer la grandeur du degré; mais les mefures des Anciens s'accordoient fi peu, que quelques-unes différoient des autres de plus de la moitié; & fi l'on adjoûte au peu de rapport qu'elles ont entr'elles, le peu de certitude où nous fommes fur la longueur exacte de leurs Stades & de leurs Milles, on verra combien on étoit éloigné de pouvoir compter fur les mefures de la Terre qu'ils nous ont laiffées. Dans ces derniers tems on avoit entrepris des mefures de la Terre, qui, quoiqu'elles fuffent exemptes de ce dernier inconvénient, ne nous pouvoient guéres cependant être plus utiles. Fernel, Snellius, Riccioli nous ont donné des longueurs du degré du Méridien, entre lefquelles, réduites à nos mefures, il fe trouve encore des différences de près de 8000 toifes, ou d'environ la feptiéme partie du degré. Et fi celle de Fernel s'eft trouvée plus jufte que les autres, la preuve de cette juftefle manquant alors, & les moyens dont il s'étoit fervi,

ne

ne la pouvant faire préfumer, cette mefure n'en étoit pas plus utile, parce qu'on n'avoit point de raifon de la préférer aux autres.

Nous ne devons pas cependant paffer fous filence, une mefure qui fut achevée en Angletere en 1635. parce que cette mefure paroît avoir été prife avec foin, & avec un fort grand inftrument. Norvood obferva en deux années différentes, la hauteur du Soleil au Solftice d'été à Londres & à York, avec un Sextant de plus de 5 pieds de rayon, & trouva la différence de Latitude entre ces deux villes, de 2° 28′. Il mefura enfuite la diftance entre ces deux villes, obfervant les angles de détour, les hauteurs des collines & les defcentes; & réduifant le tout à l'arc du Méridien, il trouva 9149 chaînes pour la longueur de cet arc, qui, comparée à la différence en latitude, lui donnoit le degré de 3709 chaînes 5 pieds, ou de 367196 pieds Anglois, qui font 57300 de nos toifes.

Louis XIV. ayant ordonné à l'Académie, de déterminer la grandeur de la Terre, on eut bien-tôt un ouvrage qui furpaffa tout ce qui avoit été fait jufques-là. M. Picard, d'après une longue bafe exactement mefurée, détermina par un petit nombre de Triangles, la longueur de l'arc du Méridien compris entre Malvoifine & Amiens, & la trouva de 78850 toifes. Il obferva avec un Secteur de 10 pieds de rayon, armé d'une Lunette de la même longueur, la différence de Latitude entre Malvoifine & Amiens. Et ayant trouvé cette différence de 1° 22′ 55″, il en conclut le degré de 57060 toifes.

On pouvoit voir par la méthode qu'avoit fuivie M. Picard, & par toutes les précautions qu'il avoit prifes, que fa mefure devoit être fort exacte: & le Roy voulut qu'on mefurât de la forte tout le Méridien qui traverfe la France. M. Caffini acheva cet ouvrage en 1718; il avoit partagé le Méridien de la France en deux arcs, qu'il avoit mefurés féparément; l'un de Paris à Collioure, lui avoit donné le degré de 57097 toifes; l'autre de Paris à Dunkerque, de 56960 toifes: & la mefure de l'arc entier entre Dunkerque & Collioure, lui donnoit le degré de 57060 toifes, égal à celui de M. Picard.

Enfin, M. Muffchenbroek, jaloux de la gloire de fa nation, à laquelle il contribuë tant, ayant voulu corriger les erreurs de Snellius

lius, tant par fes propres obfervations, que par celles de Snellius même, a trouvé le degré entre Alcmaer & Bergopfom, de 29514 perches 2 pieds 3 pouces, mefure du Rhin, qu'il évaluë à 57033 toifes 0 pieds 8 pouces de Paris.

Les différences qui fe trouvent entre ces derniéres mefures, font fi peu confidérables, après celles qui fe trouvoient entre les mefures dont nous avons parlé, qu'on peut dire qu'on avoit fort exactement la mefure du degré dans ces climats, & qu'on auroit connu fort exactement la circonférence de la Terre, fi tous fes degrés étoient égaux, fi elle étoit parfaitement fphérique.

Mais pourquoi la Terre feroit - elle parfaitement fphérique? Dans un fiécle où l'on veut trouver dans les Sciences toute la précifion dont elles font capables, on n'avoit garde de fe contenter des preuves que les Anciens donnoient de la fphéricité de la Terre. On ne fe contenta pas même des raifonnements des plus grands Géometres modernes, qui, fuivant les loix de la Statique, donnoient à la Terre la figure d'un Sphéroïde applati vers les Poles; parce qu'il fembloit que ces raifonnements tinffent toûjours à quelques hypothefes, quoique ce fût de celles qu'on ne peut guéres fe difpenfer d'admettre. Enfin, on ne crut pas les obfervations qu'on avoit faites en France, fuffifantes pour affûrer à la Terre la figure du Sphéroïde allongé qu'elles lui donnoient.

Le Roy ordonna qu'on mefurât le degré du Méridien vers l'*Equateur*, & vers le *Cercle Polaire*; afin que non-feulement la comparaifon de l'un de ces degrés avec le degré de la France, fît connoître fi la Terre étoit allongée ou applatie, mais encore que la comparaifon de ces deux degrés extrêmes l'un avec l'autre, déterminât fa figure le plus exactement qu'il étoit poffible.

On voit en général, que la figure d'un Sphéroïde applati, tel que M. Newton l'a établi, & celle d'un Sphéroïde allongé, tel que celui dont M. Caffini a déterminé les dimenfions dans le Livre *de la Grandeur & Figure de la Terre*, donnent des diftances différentes pour les lieux placés fur l'un & fur l'autre aux mêmes Latitudes & Longitudes; & qu'il eft important pour les Navigateurs de ne pas croire naviguer fur l'un de ces Sphéroïdes lorfqu'ils font fur l'autre.

Quant

PREFACE.

Quant aux lieux qui feroient fous un même Méridien, la différence entre ces diſtances ne feroit pas fort confidérable. Mais pour des lieux fitués fous le même parallele, il y auroit de grandes différences entre leurs diſtances ſur l'un ou ſur l'autre Sphéroïde. Sur des routes de 100 degrés en Longitude, on commettroit des erreurs de plus de 2 degrés, ſi naviguant ſur le Sphéroïde de M. Newton, on ſe croyoit ſur celui du Livre de la Grandeur & Figure de la Terre: Et combien de Vaiſſeaux ont péri pour des erreurs moins confiderables!

Il y a une autre confidération à faire: c'eſt qu'avant la détermination de la Figure de la Terre, on ne pouvoit pas ſçavoir ſi cette erreur ne feroit pas beaucoup plus grande. Et en effet, ſuivant nos meſures, on ſe tromperoit encore plus, ſi l'on ſe croyoit ſur un Sphéroïde allongé, lorſqu'on navigue ſuivant les Paralleles à l'Equateur.

Je ne parle point des erreurs qui naîtroient dans les routes obliques, le calcul en feroit inutile ici; on voit ſeulement aſſés que ces erreurs feroient d'autant plus grandes, que ces routes approcheroient plus de la direction parallele à l'Equateur.

Les erreurs dont nous venons de parler, méritent certainement qu'on y faſſe une grande attention: mais ſi le Navigateur ne ſent pas aujourd'hui toute l'utilité dont il lui eſt que la Figure de la Terre ſoit bien déterminée; ce n'eſt pas la ſûreté qu'il a d'ailleurs, qui l'empêche d'en connoître toute l'importance; c'eſt plûtôt ce qui lui manque. Il eſt expoſé à pluſieurs autres erreurs dans ce qui regarde la direction de ſa route, & la vîteſſe de ſon Vaiſſeau, parmi leſquelles l'erreur qui naît de l'ignorance de la figure de la Terre, ſe trouve confonduë & cachée. Cependant c'eſt toûjours une ſource d'erreur de plus; & s'il arrive quelque jour (comme on ne peut guéres douter qu'il n'arrive) que les autres éléments de la Navigation ſoient perfectionnés, ce qui ſera de plus important pour lui, ſera la détermination exacte de la figure de la Terre.

La connoiſſance de la Figure de la Terre eſt encore d'une grande utilité pour déterminer la Parallaxe de la Lune; choſe ſi importante dans l'Aſtronomie. Cette connoiſſance ſervira à perfectionner la théorie d'un Aſtre qui paroît deſtiné à nos uſages, & ſur lequel

lequel les plus habiles Aftronomes ont toûjours beaucoup compté pour les Longitudes.

Enfin, pour defcendre à d'autres objets moins élevés, mais qui n'en font pas moins utiles : on peut dire que la perfection du Nivellement dépend de la cannoiffance de la Figure de la Terre. Il y a un tel enchaînement dans les Sciences, que les mêmes éléments qui fervent à conduire un Vaiffeau fur la Mer, fervent à faire connoître le cours de la Lune dans fon orbite, fervent à faire couler les eaux dans les lieux où l'on en a befoin pour établir la communication.

C'eft fans doute pour ces confidérations, que le Roy ordonna les deux Voyages à l'Equateur & au Cercle Polaire. Si l'on a fait quelquefois de grandes entreprifes pour découvrir des Terres, ou cercher des paffages qui abrégeroient certains voyages, on avoit toûjours eu les vûës prochaines d'une utilité particuliére. Mais la détermination de la Figure de la Terre eft d'une utilité générale pour tous les peuples, & pour tous les temps.

La magnificence de tout ce qui regarde cette entreprife, répondoit à la grandeur de l'objet. Outre les quatre Mathématiciens de l'Académie, M. le Comte de Maurepas nomma encore M. l'Abbé Outhier, dont la capacité dans l'ouvrage que nous allions faire, étoit connuë; M. de Sommereux pour Secretaire, & M. d'Herbelot pour Deffinateur. Si le grand nombre étoit néceffaire pour bien exécuter un ouvrage affés difficile, dans des pays tels que ceux où nous l'avons fait, ce grand nombre rendoit encore l'ouvrage plus authentique. Et pour que rien ne manquât à ces deux égards, le Roy agréa que M. Celfius Profeffeur d'Aftronomie à Upfal, fe joignît à nous. Ainfi nous partîmes de France avec tout ce qui étoit néceffaire pour réuffir dans notre entreprife, & la Cour de Suede donna des ordres qui nous firent trouver tous les fecours poffibles dans fes Provinces les plus reculées.

DISCOURS

DISCOURS
QUI A ÉTÉ LU
DANS L'ASSEMBLÉE PUBLIQUE
DE L'ACADEMIE ROYALE DES SCIENCES,
LE 13. NOVEMBRE 1734.
SUR LA MESURE
DU DEGRÉ DU MÉRIDIEN
AU CERCLE POLAIRE.

J'Expofai, il y a dix-huit mois, à la même Affemblée, le motif & le projet du Voyage au Cercle Polaire; je vais lui faire part aujourd'hui de l'exécution. Mais il ne fera peut-étre pas inutile de rappeller un peu les idées fur ce qui a fait entreprendre ce Voyage.

M. Richer ayant découvert à Cayenne en 1672, que la Pefanteur étoit plus petite dans cette Isle voifine de l'Equateur, qu'elle n'eft en France, les Sçavants tournérent leurs vûës vers toutes les conféquences que devoit avoir cette fameufe découverte.

verte. Un des plus illuftres Membres de l'Académie trouva qu'elle prouvoit également, & le mouvement de la Terre autour de fon axe, qui n'avoit plus guére befoin d'être prouvé, & l'applatiffement de la Terre vers les Poles, qui étoit un paradoxe. M. Huygens appliquant aux parties qui forment la Terre, la théorie des Forces centrifuges, dont il étoit l'inventeur, fit voir qu'en confidérant fes parties comme pefant toutes uniformément vers un centre, & comme faifant leur révolution autour d'un axe; il falloit, pour qu'elles demeuraffent en équilibre qu'elles formaffent un Sphéroïde applati vers les Poles. M. Huygens détermina même la quantité de cet applatiffement, & tout cela par les Principes ordinaires fur la Pefanteur.

M. Newton étoit parti d'une autre théorie, de l'attraction des parties de la matiére les unes vers les autres, & étoit arrivé à la même conclufion, c'eft-à-dire, à l'applatiffement de la Terre, quoiqu'il déterminât autrement la quantité de cet applatiffement. En effet, on peut dire que lorfqu'on voudra examiner par les loix de la Statique, la figure de la Terre, toutes les théories conduifent à l'applatiffement; & l'on ne fçauroit trouver un Sphéroïde allongé, que par des hypothefes affés contraintes fur la Pefanteur.

Dès l'établiffement de l'Académie, un de fes premiers foins avoit été la mefure du degré du Méridien de la Terre; M. Picard avoit déterminé ce degré vers Paris, avec une fi grande exactitude, qu'il ne fembloit pas qu'on pût fouhaiter rien au-delà. Mais cette mefure n'étoit univerfelle, qu'en cas que la Terre eût été fphérique, & fi la Terre étoit applatie, elle devoit être trop longue pour les degrés vers l'Equateur, & trop courte pour les degrés vers les Poles.

Lorfque la mefure du Méridien qui traverfe la France, fut achevée, on fut bien furpris de voir qu'on avoit trouvé les degrés vers le Nord plus petits que vers le Midi; cela étoit abfolument oppofé à ce qui devoit fuivre de l'applatiffement de la Terre. Selon ces mefures, elle devoit être allongée vers les Poles; d'autres opérations faites fur le Parallele qui traverfe la France, confirmoient cet allongement, & ces mefures avoient un grand poids.

L'Aca-

L'Académie se voyoit ainsi partagée ; ses propres lumiéres l'avoient renduë incertaine, lorsque le Roy voulut faire décider cette grande question, qui n'étoit pas de ces vaines spéculations, dont l'oisiveté ou l'inutile subtilité des Philosophes s'occupe quelquefois, mais qui doit avoir des influences réelles sur l'Astronomie & sur la Navigation.

Pour bien déterminer la figure de la Terre, il falloit comparer ensemble deux degrés du Méridien les plus différents en latitude qu'il fût possible ; parce que si ces degrés vont en croissant ou décroissant de l'Equateur au Pole, la différence trop petite entre des degrés voisins, pourroit se confondre avec les erreurs des observations, au lieu que si les deux degrés qu'on compare, sont à de grandes distances l'un de l'autre, cette différence se trouvant répétée autant de fois qu'il y a de degrés intermédiaires, fera une somme trop considérable pour échapper aux observateurs.

M. le Comte de Maurepas qui aime les Sciences, & qui veut les faire servir au bien de l'Etat, trouva réunis dans cette entreprise, l'avantage de la Navigation & celui de l'Académie ; & cette vûë de l'utilité publique mérita l'attention de M. le Cardinal de Fleury ; au milieu de la Guerre, les Sciences trouvoient en lui une protection & des secours qu'à peine auroient-elles osé espérer dans la Paix la plus profonde. M. le Comte de Maurepas envoya bien-tôt à l'Académie, des ordres du Roy pour terminer la question de la Figure de la Terre ; l'Académie les reçût avec joye, & se hâta de les exécuter par plusieurs de ses Membres ; les uns devoient aller sous l'Equateur, mesurer le premier degré du Méridien, & partirent un an avant nous : les autres devoient aller au Nord, mesurer le degré le plus septentrional qu'il fût possible. On vit partir avec la même ardeur ceux qui s'alloient exposer au Soleil de la Zone brûlante, & ceux qui devoient sentir les horreurs de l'hiver dans la Zone glacée. Le même esprit les animoit tous, l'envie d'être utiles à la Patrie.

La troupe destinée pour le Nord, étoit composée de quatre Académiciens, qui étoient Mrs Clairaut, Camus, le Monnier & moi, & de M. l'Abbé Outhier, auxquels se joignit M. Celsius célébre

lébre Profeſſeur d'Aſtronomie à *Upſal*, qui a aſſiſté à toutes nos opérations, & dont les lumiéres & les conſeils nous ont été fort utiles. S'il m'étoit permis de parler de mes autres compagnons, de leur courage & de leurs talens, on verroit que l'ouvrage que nous entreprenions, tout difficile qu'il peut paroître, étoit facile à exécuter avec eux.

Depuis long-temps nous n'avons point de nouvelles de ceux qui ſont partis pour l'Equateur. On ne ſçait preſque encore de cette entrepriſe, que les peines qu'ils ont euës; & notre expérience nous a appris à trembler pour eux. Nous avons été plus heureux, & nous revenons apporter à l'Académie, le fruit de notre travail.

Le Vaiſſeau qui nous portoit, étoit à peine arrivé à *Stockholm*, que nous nous hâtâmes d'en partir pour nous rendre au fond du Golfe de *Bottnie*, d'où nous pourrions choiſir, mieux que ſur la foi des Cartes, laquelle des deux côtes de ce Golfe, ſeroit la plus convenable pour nos opérations. Les périls dont on nous menaçoit à Stockholm ne nous retardérent point; ni les bontés d'un Roy, qui, malgré les ordres qu'il avoit donnés pour nous, nous répéta pluſieurs fois, qu'il ne nous voyoit partir qu'avec peine pour une entrepriſe auſſi dangereuſe. Nous arrivâmes à *Torneå* aſſés tôt pour y voir le Soleil luire ſans diſparoître pendant pluſieurs jours, comme il fait dans ces climats au Solſtice d'été; ſpectacle merveilleux pour les habitants des Zones tempérées, quoiqu'ils ſçachent qu'ils le trouveront au *Cercle Polaire*.

Il n'eſt peut-être pas inutile de donner ici une idée de l'ouvrage que nous nous propoſions, & des opérations que nous avions à faire pour meſurer un degré du Méridien.

Lorſqu'on s'avance vers le Nord, perſonne n'ignore qu'on voit s'abbaiſſer les Etoiles placées vers l'Equateur, & qu'au contraire celles qui ſont ſituées vers le Pole s'élevent; c'eſt ce phénomene qui vraiſemblablement a été la premiére preuve de la rondeur de la Terre. J'appelle cette différence qu'on obſerve dans la hauteur méridienne d'une Etoile, lorſqu'on parcourt un arc du méridien de la Terre, l'*Amplitude* de cet arc; c'eſt elle qui en meſure la courbûre,

bûre, ou, en langage ordinaire, c'est le nombre de minutes & de secondes qu'il contient.

Si la Terre étoit parfaitement sphérique, cette différence de hauteur d'une Etoile, cette amplitude seroit toûjours proportionnelle à la longueur de l'arc du méridien qu'on auroit parcouru. Si, pour voir une Etoile changer son élevation d'un degré, il falloit vers Paris, parcourir une distance de 57000 toises sur le Méridien, il faudroit à *Torneå*, parcourir la même distance pour appercevoir dans la hauteur d'une Etoile, le même changement.

Si au contraire la surface de la Terre étoit absolument platte; quelque longue distance qu'on parcourût vers le Nord, l'Etoile n'en paroîtroit ni plus ni moins élevée.

Si donc la surface de la Terre est inégalement courbe dans différentes régions; pour trouver la même différence de hauteur dans une Etoile, il faudra dans ces différentes régions, parcourir des arcs inégaux du méridien de la Terre; & ces arcs dont l'amplitude sera toûjours d'un degré, seront plus longs là où la Terre sera plus applatie. Si la Terre est applatie vers les Poles, un degré du Méridien terrestre sera plus long vers les Poles que vers l'Equateur; & l'on pourra juger ainsi de la figure de la Terre, en comparant ses différents degrés les uns avec les autres.

On voit par-là que pour avoir la mesure d'un degré du méridien de la Terre, il faut avoir une distance mesurée sur ce méridien, & connoître le changement d'élevation d'une Etoile aux deux extrémités de la distance mesurée; afin de pouvoir comparer la longueur de l'arc avec son amplitude.

La première partie de notre ouvrage consistoit donc à mesurer quelque distance considérable sur le Méridien; & il falloit pour cela former une suite de Triangles qui communiquassent avec quelque base, dont on pourroit mesurer la longueur à la perche.

Notre espérance avoit toûjours été de faire nos opérations sur les côtes du Golfe de Bottnie. La facilité de nous rendre par Mer aux différentes stations, d'y transporter les instruments dans des chaloupes, l'avantage des points de vûë, que nous promettoient les Isles du Golfe, marquées en quantité sur toutes les Cartes; tout cela avoit fixé nos idées fur ces côtes & fur ces Isles. Nous allâmes auſſi-tôt avec impatience les reconnoître ; mais toutes nos navigations nous apprirent qu'il falloit renoncer à notre premier deſſein. Ces Isles qui bordent les côtes du Golfe, & les côtes du Golfe même, que nous nous étions repréſentées comme des Promontoires, qu'on pourroit appercevoir de tres-loin, & d'où l'on en pourroit appercevoir d'autres auſſi éloignées, toutes ces Isles étoient à fleur d'eau ; par conſéquent bien-tôt cachées par la rondeur de la Terre ; elles ſe cachoient même l'une l'autre vers les bords du Golfe, où elles étoient trop voiſines ; & toutes rangées vers les côtes, elles ne s'avançoient point aſſés en Mer, pour nous donner la direction dont nous avions beſoin. Aprés nous être opiniâtrés dans pluſieurs navigations à chercher dans ces Isles ce que nous n'y pouvions trouver, il fallut perdre l'eſpérance, & les abandonner.

J'avois commencé le voyage de Stockholm à *Torneå* en carroſſe, comme le reſte de la Compagnie ; mais le haſard nous ayant fait rencontrer vers le milieu de cette longue route, le Vaiſſeau qui portoit nos inſtruments & nos domeſtiques, j'étois monté ſur ce Vaiſſeau, & étois arrivé à *Torneå* quelques jours avant les autres. J'avois trouvé en mettant pied à terre, le Gouverneur de la Province qui partoit pour aller viſiter la *Lapponie* ſeptentrionale de ſon gouvernement ; je m'étois joint à lui pour prendre quelque idée du Pays, en attendant l'arrivée de mes compagnons, & j'avois pénétré juſqu'à 15 lieuës vers le Nord. J'étois monté la nuit du Solſtice ſur une des plus hautes montagnes de ce Pays, ſur *Avaſaxa* ; & j'étois revenu auſſi-tôt pour me trouver à *Torneå* à leur arrivée. Mais j'avois remarqué dans ce voyage, qui ne dura que trois jours, que le fleuve de *Torneå* ſuivoit aſſés la direction du Méridien juſqu'où je l'avois remonté ; & j'avois découvert de tous côtés de hautes montagnes, qui pouvoient donner des points de vûë fort éloignés.

Nous penſâmes donc à faire nos opérations au Nord de *Torneå* ſur les ſommets de ces montagnes ; mais cette entrepriſe ne paroiſſoit guére poſſible.

Il falloit faire dans les deſerts d'un Pays preſque inhabitable, dans cette forêt immenſe qui s'étend depuis *Torneå* juſqu'au *Cap Nord*, des

des opérations difficiles dans les Pays les plus commodes. Il n'y avoit que deux maniéres de pénéter dans ces deserts, & qu'il falloit toutes les deux éprouver: l'une en naviguant fur un fleuve rempli de cataractes, l'autre en traverfant à pied des forêts épaiffes, ou des marais profonds. Suppofé qu'on pût pénétrer dans le Pays, il falloit après les marches les plus rudes, efcalader des montagnes efcarpées; il falloit dépouiller leur fommet des arbres qui s'y trouvoient, & qui en empêchoient la vûë; il falloit vivre dans ces deferts avec la plus mauvaife nourriture; & expofés aux Mouches qui y font fi cruelles, qu'elles forcent les Lappons & leurs Reenes, d'abandonner le pays dans cette faifon, pour aller vers les côtes de l'Océan, chercher des lieux plus habitables. Enfin il falloit entreprendre cet ouvrage, fans fçavoir s'il étoit poffible, & fans pouvoir s'en informer à perfonne; fans fçavoir fi après tant de peines, le défaut d'une montagne n'arrêteroit pas abfolument la fuite de nos Triangles; fans fçavoir fi nous pourrions trouver fur le fleuve, une bafe qui pût être liée avec nos Triangles. Si tout cela réuffiffoit, il faudroit enfuite bâtir des Obfervatoires fur la plus feptentrionale de nos montagnes; il faudroit y porter un attirail d'inftruments plus complet qu'il ne s'en trouve dans plufieurs Obfervatoires de l'Europe; il faudroit y faire des obfervations des plus fubtiles de l'Aftronomie.

Si tous ces obftacles étoient capables de nous effrayer; d'un autre côté cet ouvrage avoit pour nous bien des attraits. Outre toutes les peines qu'il falloit vaincre, c'étoit mefurer le degré le plus feptentrional que vrai-femblablement il foit permis aux hommes de mefurer, le degré qui coupoit le Cercle Polaire, & dont une partie feroit dans la Zone glacée. Enfin après avoir défefpéré de pouvoir faire ufage des Isles du Golfe, c'étoit la feule reffource qui nous reftoit; car nous ne pouvions nous réfoudre à redefcendre dans les autres Provinces plus méridionales de la Suede.

Nous partîmes donc de *Torneå* le vendredi 6 Juillet, avec une troupe de foldats Finnois, & un grand nombre de bateaux chargés d'inftruments, & des chofes les plus indifpenfables pour la vie; & nous commençames à remonter le grand fleuve qui vient du fond

Juillet 1736.

Juillet. de la Lapponie se jetter dans la Mer de Bottnie, après s'être partagé en deux bras, qui forment la petite isle *Swentzar*, où est bâtie la ville à 65° 51′ de latitude. Depuis ce jour, nous ne vécûmes plus que dans les deserts, & sur le sommet des montagnes, que nous voulions lier par des Triangles les unes aux autres.

Après avoir remonté le fleuve depuis 9 heures du matin jusqu'à 9 heures du soir, nous arrivâmes à *Korpikyla*, c'est un hameau sur le bord du fleuve, habité par des Finnois; nous y descendîmes, & après avoir marché à pied quelque temps à travers la forêt, nous arrivâmes au pied de *Niwa*, montagne escarpée, dont le sommet n'est qu'un rocher où nous montâmes, & sur lequel nous nous établîmes. Nous avions été sur le fleuve, fort incommodés de grosses Mouches à tête verte, qui tirent le sang par-tout où elles picquent; nous nous trouvâmes sur Niwa, persécutés de plusieurs autres especes encore plus cruelles.

Deux jeunes Lappones gardoient un petit troupeau de Reenes sur le sommet de cette montagne, & nous apprîmes d'elles comment on se garantit des Mouches dans ce pays; ces pauvres filles étoient tellement cachées dans la fumée d'un grand feu qu'elles avoient allumé, qu'à peine pouvions-nous les voir, & nous fûmes bien-tôt dans une fumée aussi épaisse que la leur.

Pendant que notre troupe étoit campée sur Niwa, j'en partis le 8 à une heure après minuit avec M. Camus, pour aller reconnoître les montagnes vers le Nord. Nous remontâmes d'abord le fleuve jusqu'au pied d'Avasaxa, haute montagne, dont nous dépouillâmes le sommet de ses arbres, & où nous fîmes construire un signal. Nos signaux étoient des cones creux, bâtis de plusieurs grands arbres qui, dépouillés de leur écorce, rendoient ces signaux si blancs qu'on les pouvoit facilement observer de 10 & 12 lieuës; leur centre étoit toûjours facile à retrouver en cas d'accident, par des marques qu'on gravoit sur les rochers, & par des piquets qu'on enfonçoit profondément en terre, & qu'on recouvroit de quelque grosse pierre. Enfin ces signaux étoient aussi commodes pour observer, & presque aussi solidement bâtis que la plûpart des édifices du pays.

Dès

AU CERCLE POLAIRE.

Dès que notre signal fut bâti, nous descendîmes d'Avasaxa; & *Juillet.* étant entrés dans la petite riviére de *Tengliö*, qui vient au pied de la montagne se jetter dans le grand fleuve, nous remontâmes cette riviére jusqu'à l'endroit qui nous parut le plus proche d'une montagne, que nous crûmes propre à notre opération; là nous mîmes pied à terre, & après une marche de 3 heures à travers un marais, nous arrivâmes au pied d' *Horrilakero*. Quoique fort fatigués, nous y montâmes, & passâmes la nuit à faire couper la forêt qui s'y trouva. Une grande partie de la montagne est d'une pierre rouge, parsemée d'une espece de cristaux blancs, longs & assés paralleles les uns aux autres. La fumée ne put nous défendre des Mouches, plus cruelles sur cette montagne que sur Niwa. Il fallut, malgré la chaleur qui étoit très-grande, nous envelopper la tête dans nos *Lappmudes* (ce sont des robes de peaux de Reenes) & nous faire couvrir d'un épais rempart de branches de Sapins & de Sapins mêmes entiers, qui nous accabloient, & qui ne nous mettoient pas en sûreté pour long-temps.

Après avoir coupé tous les arbres qui se trouvoient sur le sommet d'Horrilakero, & y avoir bâti un signal, nous en partîmes & revînmes par le même chemin, trouver nos bateaux que nous avions retirés dans le bois; c'est ainsi que les gens de ce pays suppléent aux cordes dont ils sont mal pourvûs. Il est vrai qu'il n'est pas difficile de traîner, & même de porter les bateaux dont on se sert sur les fleuves de Lapponie. Quelques planches de Sapin fort minces, composent une nacelle si légére & si flexible, qu'elle peut heurter à tous moments les pierres dont les fleuves sont pleins, avec toute la force que lui donnent des torrents, sans que pour cela elle soit endommagée. C'est un spectacle qui paroît terrible à ceux qui n'y sont pas accoûtumés, & qui étonnera toûjours les autres, que de voir au milieu d'une cataracte dont le bruit est affreux, cette fresle machine entraînée par un torrent de vagues, d'écume & de pierres, tantôt élevée dans l'air, & tantôt perduë dans les flots; un Finnois intrépide la gouvérne avec un large aviron, pendant que deux autres forcent de rames pour la dérober aux flots qui la poursuivent, & qui sont toûjours prêts à l'inonder; la quille alors est souvent toute

en

Juillet. en l'air, & n'est appuyée que par une de ses extrémités sur une vague qui lui manque à tous moments. Si ces Finnois sont hardis & adroits dans les cataractes, ils sont par-tout ailleurs fort industrieux à conduire ces petits bateaux, dans lesquels le plus souvent ils n'ont qu'un arbre avec ses branches, qui leurt sert de voile & de mât.

Nous nous rembarquâmes sur le Tengliö; & étant rentrés dans le fleuve de *Torneå*, nous le descendîmes pour retourner à Korpikyla. A quatre lieuës d'Avasaxa, nous quittâmes nos bateaux, & ayant marché environ une heure dans la forêt, nous nous trouvâmes au pied de *Cuitaperi*, montagne fort escarpée, dont le sommet n'est qu'un rocher couvert de mousse, d'où la vûë s'étend fort loin de tous côtés, & d'où l'on voit au Midi la Mer de Bottnie. Nous y élevâmes un signal, d'où l'on découvroit Horrilakero, Avasaxa, *Torneå*, Niwa, & *Kakama*. Nous continuâmes ensuite de descendre le fleuve, qui a entre Cuitaperi & Korpikyla, des cataractes épouventables qu'on ne passe point en bateau. Les Finnois ne manquent pas de faire mettre pied à terre à l'endroit de ces cataractes; mais l'excès de fatigue nous avoit rendu plus facile de les passer en bateau, que de marcher cent pas. Enfin nous arrivâmes le 11 au soir sur Niwa, où le reste de nos M$^{rs.}$ étoient établis; ils avoient vû nos signaux, mais le ciel étoit si chargé de vapeurs, qu'ils n'avoient pû faire aucune observation. Je ne sçais si c'est parce que la présence continuelle du Soleil sur l'horison, fait élever des vapeurs qu'aucune nuit ne fait descendre; mais pendant les deux mois que nous avons passé sur les montagnes, le ciel étoit toûjours chargé, jusqu'à ce que le vent de Nord vint dissiper les brouillards. Cette disposition de l'air nous a quelquefois retenus sur une seule montagne 8 & 10 jours, pour attendre le moment auquel on pût voir assés distinctement les objets qu'on vouloit observer. Ce ne fut que le lendemain de notre retour sur Niwa, qu'on prit quelques angles; & le jour qui suivit, un vent de Nord très-froid s'étant levé, on acheva les observations.

Le 14. nous quittâmes Niwa, & pendant que M$^{rs.}$ Camus, le Monnier & Celsius alloient à Kakama, nous vînmes M$^{rs.}$ Clairaut, Outhier & moi sur Cuitaperi, d'où M. l'Abbé Outhier partit le 16,

pour

pour aller planter un signal fur *Pullingi*. Nous fîmes le 18 les *Juillet.* obfervations qui, quoiqu'interrompuës par le tonnerre & la pluye, furent achevées le foir ; & le 20 nous en partîmes tous, & arivâmes à minuit fur Avafaxa.

Cette montagne eft à 15 lieuës de *Torneå* fur le bord du fleuve ; l'accès n'en eft pas facile, on y monte par la forêt qui conduit jufqu'à environ la moitié de la hauteur ; la forêt eft là interrompuë par un grand amas de pierres efcarpées & gliffantes, après lequel on la retrouve, & elle s'étendoit jufques fur le fommet ; je dis elle s'étendoit, parce que nous fîmes abbattre tous les arbres qui couvroient ce fommet. Le côté du Nord-Eft eft un précipice affreux de rochers, dans lefquels quelques Faucons avoient fait leur nid ; c'eft au pied de ce précipice que coule le Tengliö, qui tourne autour d'Avafaxa avant que de fe jetter dans le fleuve de *Torneå*. De cette montagne la vûë eft très-belle ; nul objet ne l'arrête vers le Midi, & l'on découvre une vafte étenduë du fleuve : du côté de l'Eft, elle pourfuit le Tengliö jufques dans plufieurs lacs qu'il traverfe ; du côté du Nord, la vûë s'étend à 12 ou 15 lieuës, où elle eft arrêtée par une multitude de montagnes entaffées les unes fur les autres, comme on repréfente le cahos, & parmi lefquelles il n'étoit pas facile d'aller trouver celle qu'on avoit vûë d'Avafaxa.

Nous paffâmes 10 jours fur cette montagne, pendant lefquels la curiofité nous procura fouvent les vifites des habitants des campagnes voifines ; ils nous apportoient des Poiffons, des Moutons, & les miférables Fruits qui naiffent dans ces forêts.

Entre cette montagne & Cuitaperi, le fleuve eft d'une très-grande largeur, & forme une efpece de lac qui, outre fon étenduë, étoit fitué fort avantageufement pour notre bafe ; M$^{rs.}$ Clairaut & Camus fe chargérent d'en déterminer la direction, & demeurérent pour cela à *Öfwer-Torneå* après que nos obfervations furent faites fur Avafaxa, pendant que j'allois fur Pullingi avec M$^{rs.}$ le Monnier, Outhier & Celfius. Ce même jour que nous quittâmes Avafaxa, nous paffâmes le Cercle Polaire, & arivâmes le lendemain 31 Juillet fur les 3 heures du matin à *Turtula*, c'eft un efpece de hameau où l'on coupoit le peu d'orge & de foin qui y croît. Après avoir marché quelque temps

Juillet. temps dans la forêt, nous nous embarquâmes fur un lac qui nous conduifit au pied de Pullingi.

C'eft la plus élevée de nos montagnes; & elle eft d'un accès très-rude par la promptitude avec laquelle elle s'éleve, & la hauteur de mouffe dans laquelle nous avions beaucoup de peine à marcher. Nous arrivâmes cependant fur le fommet à 6 heures du matin; & le féjour que nous y fîmes depuis le 31 Juillet jufqu'au 6 Août *Août.* fut auffi pénible que l'abord. Il y fallut abbattre une forêt des plus grands arbres; & les Mouches nous tourmentérent au point que nos foldats du regiment de Weftro-Bottnie, troupe diftinguée, même en Suede où il y en a tant de valeureufes, ces hommes endurcis dans les plus grands travaux, furent contraints de s'envelopper le vifage, & de fe le couvrir de godron; ces infectes infectoient tout ce qu'on vouloit manger, dans l'inftant tous nos mets en étoient noirs. Les Oifeaux de proye n'étoient pas moins affamés, ils voltigeoient fans ceffe autour de nous, pour ravir quelques morceaux d'un Mouton qu'on nous apprêtoit.

Le lendemain de notre arrivée fur Pullingi, M. l'Abbé Outhier en partit avec un Officier du même regiment qui nous a rendu beaucoup de fervices, pour aller élever un fignal vers *Pello*. Le 4 nous en vîmes paroître un fur *Niemi* que le même Officier fit élever; ayant pris les angles entre ces fignaux, nous quittâmes Pullingi le 6 Août après y avoir beaucoup fouffert, pour aller à Pello; & après avoir remonté quatre cataractes, nous y arrivâmes le même jour.

Pello eft un village habité par quelques Finnois, auprès duquel eft *Kittis* la moins élevée de toutes nos montagnes; c'étoit-là qu'étoit notre fignal. En y montant, on trouve une groffe fource de l'eau la plus pure, qui fort d'un fable tres-fin, & qui, pendant les plus grands froids de l'hiver, conferve fa liquidité; lorfque nous retournâmes à Pello fur la fin de l'hiver, pendant que la Mer du fond du Golfe, & tous les fleuves étoient auffi durs que le Marbre, cette eau couloit comme pendant l'été.

Nous fûmes affés heureux pour faire en arrivant nos obfervations, & ne demeurer fur Kittis que jufqu'au lendemain;
nous

nous en partîmes à 3 heures après midi, & arrivâmes le même soir à Turtula. *Août.*

Il y avoit déja un mois que nous habitions les deserts, ou plûtôt le sommet des montagnes, où nous n'avions d'autre lit que la terre, ou la pierre couverte d'une peau de Reene, ni guére d'autre nourriture que quelques Poissons que les Finnois nous apportoient, ou que nous pêchions nous-mêmes, & quelques especes de Bayes ou fruits sauvages qui croissent dans ces forêts. La santé de M. le Monnier, qu'un tel genre de vie dérangeoit à vûë d'œil, & qui avoit reçû les plus rudes attaques sur Pullingi, ayant manqué tout-à-fait, je le laissai à Turtula, pour redescendre le fleuve, & s'aller rétablir chés le Curé d'*Öfwer-Torneå*, dont la maison étoit le meilleur, & presque le seul asyle qui fût dans le pays.

Je partis en même temps de Turtula, accompagné de Mrs Outhier & Celsius, pour aller à travers la forêt, chercher le signal que l'Officier avoit élevé sur Niemi. Ce voyage fut terrible; nous marchâmes d'abord en sortant de Turtula jusqu'à un ruisseau, où nous nous embarquâmes sur trois petits bateaux; mais ils naviguoient avec tant de peine entre les pierres, qu'à tous moments il en falloit descendre, & sauter d'une pierre sur l'autre. Ce ruisseau nous conduisit à un lac si rempli de petits grains jaunâtres, de la grosseur du Mil, que toute son eau en étoit teinte; je pris ces grains pour la chrysalide de quelque Insecte, & je croirois que c'étoit de quelques-unes de ces Mouches qui nous persécutoient, parce que je ne voyois que ces animaux qui pûssent répondre par leur quantité, à ce qu'il falloit de grains de Mil pour remplir un lac assés grand. Au bout de ce lac, il fallut marcher jusqu'à un autre de la plus belle eau, sur lequel nous trouvâmes un bateau; nous mîmes dedans le Quart-de-cercle, & le suivîmes sur les bords. La forêt étoit si épaisse sur ces bords, qu'il falloit nous faire jour avec la hache embarrassés à chaque pas par la hauteur de la mousse, & par les Sapins que nous rencontrions abbatus. Dans toutes ces forêts, il y a presque un aussi grand nombre de ces arbres, que de ceux qui sont sur pied; la terre qui les peut faire croître jusqu'à un certain point, n'est pas capable de les nourrir, ni assés profonde pour leur permettre de

Août. s'affermir; la moitié périt ou tombe au moindre vent. Toutes ces forêts sont pleines de Sapins & de Bouleaux ainsi déracinés, le temps a réduit les derniers en poussiére, sans avoir causé la moindre altération à l'écorce; & l'on est surpris de trouver de ces arbres assés gros qu'on écrase & qu'on brise dès qu'on les touche. C'est cela peut-être qui a fait penser à l'usage qu'on fait en Suede de l'écorce de Bouleau; on s'en sert pour couvrir les maisons, & rien en effet n'y est plus propre. Dans quelques Provinces, cette écorce est couverte de terre, qui formé sur les toits, des especes de jardins, comme il y en a sur les maisons d'Upsal. En *Westro-Bottnie*, l'écorce est arrêtée par des cylindres de Sapin attachés sur le faîte, & qui pendent des deux côtés du toit. Nos forêts donc ne paroissoient que des ruines ou des débris de forêts dont la plûpart des arbres étoient péris; c'étoit un bois de cette espece, & affreux entre tous ceux-là que nous traversions à pied, suivis de douze soldats qui portoient notre bagage. Nous arrivâmes enfin sur le bord d'un troisiéme lac, grand, & de la plus belle eau du monde; nous y trouvâmes deux bateaux, dans lesquels ayant mis nos instruments & notre bagage, nous attendîmes leur retour sur le bord. Le grand vent, & le mauvais état de ces bateaux, rendirent leur voyage long; cependant ils revinrent, & nous nous y embarquâmes, nous traversâmes le lac, & nous arrivâmes au pied de Niemi à 3 heures après midi.

Cette montagne, que les lacs qui l'environnent, & toutes les difficultés qu'il fallut vaincre pour y parvenir, faisoient ressembler aux lieux enchantés des Fables, seroit charmante par-tout ailleurs qu'en Lapponie; on trouve d'un côté un bois clair dont le terrain est aussi uni que les allées d'un jardin; les arbres n'empêchent point de se promener, ni de voir un beau lac qui baigne le pied de la montagne; d'un autre côté on trouve des sales & des cabinets qui paroissent taillés dans le roc, & auxquels il ne manque que le toit: ces rochers sont si perpendiculaires à l'horison, si élevés & si unis, qu'ils paroissent plûtôt des murs commencés pour des Palais, que l'ouvrage de la Nature. Nous vîmes-là plusieurs fois s'élever du lac, ces vapeurs que les gens du pays appellent *Haltios*, & qu'ils

prennent

prennent pour les esprits auxquels est commise la garde des monta- *Août.*
gnes: celle-ci étoit formidable par les Ours qui s'y devoient trouver;
cependant nous n'y en vîmes aucun, & elle avoit plus l'air d'une
montagne habitée par les Fées & par les Génies que par les Ours.

Le Lendemain de notre arrivée, les brumes nous empêchérent
d'obferver. Le 10, nos obfervations furent interrompuës par le
tonnerre & par la pluye; le 11 elles furent achevées, nous quittâmes
Niemi, & après avoir repaffé les trois lacs, nous nous trouvâmes à
Turtula à 9 heures du foir. Nous en partîmes le 12, & arrivâmes à
3 heures après midi à *öfwer-Torneå* chés le Curé, où nous trouvâmes nos Mrs.; & y ayant laiffé M. le Monnier & M. l'Abbé Outhier,
je partis le 13 avec Mrs. Clairaut, Camus & Celfius pour Horrilakero.
Nous entrâmes avec quatre bateaux dans le Tengliö qui a fes cataractes, plus incommodes par le peu d'eau qui s'y trouve, & le grand
nombre de pierres, que par la rapidité de fes eaux. Je fus furpris
de trouver fur fes bords, fi près de la Zone glacée, des rofes auffi
vermeilles qu'il en naiffe dans nos jardins. Enfin nous arrivâmes
à 9 heures du foir à Horrilakero. Nos obfervations n'y furent
achevées que le 17; & en étant partis le lendemain, nous arrivâmes
le foir à *öfwer-Torneå*, où nous nous trouvâmes tous réunis.

Le lieu le plus convenable pour la bafe avoit été choifi; & Mrs.
Clairaut & Camus, après avoir bien vifité les bords du fleuve, & les
montagnes des environs, avoient déterminé fa direction, & fixé fa
longueur par des fignaux qu'ils avoient fait élever aux deux extrémités.

Etant montés le foir fur Avafaxa, pour obferver les angles qui
devoient lier cette bafe à nos Triangles, nous vîmes Horrilakero
tout en feu. C'eft un accident qui arrive fouvent dans ces forêts,
où l'on ne fçauroit vivre l'été que dans la fumée, & où la mouffe &
les Sapins font fi combuftibles, que tous les jours le feu qu'on y
allume, y fait des incendies de plufieurs milliers d'arpens. Ces
feux, ou leur fumée nous ont quelquefois autant retardés dans nos
obfervations, que l'épaiffeur de l'air. Comme l'incendie d'Horrilakero venoit fans doute du feu que nous y avions laiffé mal éteint,
on y envoya trente hommes pour lui couper la communication avec
les bois voifins. Nous n'achevâmes nos obfervations fur Avafaxa

P 3 que

Août. que le 21; Horrilakero brûloit toûjours, nous le voyions enfeveli dans la fumée; & le feu qui étoit defcendu dans la forêt, y faifoit à chaque inftant de nouveaux ravages.

Quelques-uns des gens qu'on avoit envoyés à Horrilakero, ayant rapporté que le fignal avoit été endommagé par le feu, on l'envoya rebâtir; & il ne fut pas difficile d'en retrouver le centre, par les précautions dont j'ai parlé.

Le 22, nous allâmes à *Poiky-Torneå*, fur le bord du fleuve, où étoit le fignal feptentrional de la bafe, pour y faire les obfervations qui la devoient lier avec le fommet des montagnes; & nous en partîmes le 23 pour nous rendre à l'autre extrémité de cette bafe, au fignal méridional qui étoit fur le bord du fleuve, dans un endroit appellé *Niemisby*, où nous devions faire les mêmes obfervations. Nous couchâmes cette nuit dans une prairie affés agréable, d'où M. Camus partit le lendemain pour aller à Pello, préparer quelques cabanes pour nous loger, & faire bâtir un Obfervatoire fur Kittis, où nous devions faire les obfervations aftronomiques pour déterminer l'amplitude de notre arc.

Après avoir fait notre obfervation au fignal méridional, nous remontâmes le foir fur Cuitaperi, où la derniére obfervation qui devoit lier la bafe aux Triangles fut achevée le 26.

Nous venions d'apprendre que le Secteur que nous attendions d'Angleterre, étoit arrivé à *Torneå*, & nous nous hâtâmes de nous y rendre pour préparer ce Secteur, & tous les autres inftruments que nous devions porter fur Kittis; parce que comme les rigueurs de l'hiver étoient plus à craindre fur Kittis qu'à *Torneå*, nous voulions commencer avant les grands froids, les obfervations pour l'amplitude de l'arc à cette extrémité de notre Méridienne. Pendant qu'on préparoit tout pour le voyage de Pello, nous montâmes dans la flêche de l'Eglife qui eft bâtie dans l'isle Swentzar, que je défigne ici, pour qu'on ne la confonde pas avec l'Eglife Finnoife, bâtie dans l'isle *Biörcköhn*, au Midi de Swentzar; & ayant obfervé de cette flêche, *Septembre.* les angles qu'elle fait avec nos montagnes nous repartîmes de *Torneå* le 3 Septembre avec quinze bateaux, qui faifoient fur le fleuve la plus grande flote qu'on y eût jamais vûë, & nous vinmes coucher à *Kuckula*.

Le

Le lendemain, nous arrivâmes à Korpikyla; & pendant que le Septembre. reſte de la Compagnie continuoit ſa route vers Pello, j'en partis à pied avec Mrs. Celſius & Outhier pour aller à Kakama, où nous n'arrivâmes qu'à 9 heures du ſoir par une grande pluye.

Tout le ſommet de Kakama eſt d'une pierre blanche, feuilletée & ſéparée par des plans verticaux, qui coupent fort perpendiculairement le Méridien. Ces pierres avoient tellement retenu la pluye, qui tomboit depuis long-temps, que tous les endroits qui n'étoient pas des pointes de rocher, étoient pleins d'eau; & il plut encore ſur nous toute la nuit. Nos obſervations ne purent être achevées le lendemain; il fallut paſſer ſur cette montagne une ſeconde nuit auſſi humide & auſſi froide que la premiére; & ce ne fut que le 6 que nous achevâmes nos obſervations.

Après ce fâcheux ſéjour que nous avions fait ſur Kakama, nous en partîmes; & la pluye continuelle, dans une forêt où l'on avoit beaucoup de peine à marcher, nous ayant fait faire les plus grands efforts, nous arrivâmes après cinq heures de marche, à Korpikyla. Nous y couchâmes cette nuit; & étant partis le lendemain, nous arrivâmes le 9 Septembre à Pello, où nous nous trouvâmes tous réunis.

Toutes nos courſes, & un ſéjour de 63 jours dans les deſerts, nous avoient donné la plus belle ſuite de Triangles que nous puſſions ſouhaiter. Un ouvrage commencé ſans ſçavoir s'il ſeroit poſſible, & pour ainſi dire, au hazard, étoit devenu un ouvrage heureux, dans lequel il ſembloit que nous euſſions été les maîtres de placer les montagnes à notre gré. Toutes nos montagnes avec l'Egliſe de *Torneå*, formoient une figure fermée dans laquelle ſe trouvoit Horrilakero, qui en étoit comme le foyer & le lieu où aboutiſſoient les Triangles, dans leſquels ſe diviſoit notre figure. C'étoit un long Heptagone qui ſe trouvoit placé dans la direction du Méridien. Il étoit ſuſceptible d'une vérification ſinguliére dans ces ſortes d'opérations, dépendante de la propriété des Polygones. La ſomme des angles d'un Heptagone ſur un plan, doit être de 900 degrés: la ſomme dans notre Heptagone couché ſur une ſurface courbe, doit être un peu plus grande; & nous la trouvions de 900° 1′ 37″ après 16 angles obſervés. Vers le milieu de l'Heptagone ſe

trouvoit

Septembre. trouvoit une base plus grande qu'aucune qui eût jamais été mesurée, & sur la surface la plus platte, puisque c'étoit sur les eaux du fleuve que nous la devions mesurer, lorsqu'il seroit glacé. La grandeur de cette base nous assûroit de la précision avec laquelle nous pouvions mesurer l'Heptagone ; & sa situation ne nous laissoit point craindre que les erreurs pussent aller loin, par le petit nombre de nos Triangles, au milieu desquels elle se trouvoit.

Enfin la longueur de l'arc du Méridien que nous mesurions, étoit fort convenable pour la certitude de notre opération. S'il y a un avantage à mesurer de grands arcs, en ce que les erreurs qu'on peut commettre dans la détermination de l'amplitude, ne sont que les mêmes pour les grands arcs & les petits, & que répanduës sur de petits arcs, elles ont plus d'effet, que répanduës sur de grands ; d'un autre côté, les erreurs qu'on peut commettre sur les Triangles, peuvent avoir des effets d'autant plus dangereux, que la distance qu'on mesure est plus longue, & que le nombre des Triangles est plus grand. Si ce nombre est grand, & qu'on ne puisse pas se corriger souvent par des bases, ces derniéres erreurs peuvent former une série très-divergente, & faire perdre plus d'avantage qu'on n'en retireroit par de grands arcs. J'avois lû à l'Académie, avant mon départ, un Mémoire sur cette matiére, où j'avois déterminé la longueur la plus avantageuse qu'il fallût mesurer pour avoir la mesure la plus certaine ; cette longueur dépend de la précision avec laquelle on observe les angles horisontaux, comparée à celle que peut donner l'instrument avec lequel on observe la distance des Étoiles au Zénith. Et appliquant à notre opération, les réfléxions que j'avois faites, on trouvera qu'un arc plus long ou plus court que le nôtre, ne nous auroit pas donné tant de certitude dans sa mesure.

Nous nous servions, pour observer les angles entre nos signaux, d'un Quart-de-cercle de deux pieds de rayon, armé d'un Micrometre, qui vérifié plusieurs fois autour de l'horison, donnoit toûjours la somme des angles fort près de quatre droits ; son centre étoit toûjours placé au centre des signaux ; chacun faisoit son observation, & l'écrivoit séparément ; & l'on prenoit ensuite le milieu de toutes ces observations, qui différoient peu les unes des autres.

Sur

Sur chaque montagne, on avoit soin d'observer la hauteur ou *Septembre.* l'abbaissement des objets dont on se servoit pour prendre les angles; & c'est sur ces hauteurs, qu'est fondée la réduction des angles au plan de l'horison.

Cette premiére partie de notre ouvrage, celle sur laquelle pouvoit tomber l'impossibilité, étant si heureusement terminée, notre courage redoubla pour le reste, qui ne demandoit plus que des peines.

Dans une suite de Triangles qui se tiennent les uns aux autres, par des côtés communs, & dont on connoît les angles, dès qu'on connoît un côté d'un seul de ces Triangles, il est facile de connoître tous les autres. Nous étions donc sûrs d'avoir fort exactement la distance entre la fléche de l'Eglise de *Torneå*, qui terminoit notre Heptagone au Midi, & le signal de Kittis, qui le terminoit au Nord, dès qu'une fois la longueur de notre base seroit connuë; & cette mesure se pouvoit remettre à l'hiver, où le temps, ni la glace ne nous manqueroient pas.

Nous pensâmes donc à l'autre partie de notre ouvrage; à déterminer l'amplitude de l'arc du Méridien compris entre Kittis & *Torneå*, que nous regardions comme mesuré. J'ai dit en quoi consistoit cette détermination. Il falloit observer la quantité dont une même Etoile, lorsqu'elle passoit au Méridien, paroissoit plus haute ou plus basse à *Torneå* qu'à Kittis; ou, ce qui revient au même, la quantité dont cette Etoile à son passage par le Méridien, étoit plus proche ou plus éloignée du Zénith de *Torneå* que de celui de Kittis. Cette différence entre les deux hauteurs, ou entre les deux distances au Zénith, étoit l'amplitude de l'arc du Méridien terrestre entre Kittis & *Torneå*. Cette opération est simple, elle ne demande pas même qu'on ait les distances absoluës de l'Etoile au Zénith de chaque lieu; il suffit d'avoir la différence entre ces distances. Mais cette opération demande la plus grande exactitude, & les plus grandes précautions. Nous avions pour la faire, un Secteur d'environ 9 pieds de rayon, semblable à celui dont se sert M. Bradley, & avec lequel il a fait sa belle découverte sur l'Aberration des Fixes. L'instrument avoit été fait à Londres, sous les yeux de M. Graham, de la Société Royale d'Angleterre. Cet habile Méchanicien s'étoit appliqué à

Septembre. lui procurer tous les avantages, & toutes les commodités dont nous pouvions avoir besoin : enfin il en avoit divisé lui-même le limbe.

Il y à trop de choses à remarquer dans cet instrument, pour entreprendre d'en faire ici une description complette. Quoique ce qui constituë proprement l'instrument, soit fort simple; sa grandeur, le nombre des piéces qui servent à le rendre commode pour l'observateur, la pesanteur d'une large pyramide d'environ 12 pieds de hauteur qui lui sert de pied, rendoient presque impraticable son accès sur le sommet d'une montagne de Lapponie.

On avoit bâti sur Kittis deux observatoires. Dans l'un étoit une Pendule de M. Graham, un Quart-de-cerle de 2 pieds de rayon, & un instrument qui consistoit dans une Lunette perpendiculaire & mobile autour d'un axe horisontal, que nous devions encore aux soins de M. Graham ; cet instrument étoit placé précisément au centre du signal qui avoit servi de pointe à notre dernier Triangle; & l'on s'en servoit pour déterminer la direction de nos Triangles avec la Méridienne. L'autre observatoire, beaucoup plus grand, étoit à côté de celui-là, & si près qu'on pouvoit aisément entendre compter à la Pendule de l'un à l'autre ; le Secteur le remplissoit presque tout. Je ne parlerai point des difficultés qui se trouvérent à transporter tant d'instruments sur la montagne. Cela se fit ; on plaça fort exactement le limbe du Secteur dans le plan du Méridien qu'on avoit tracé, & l'on s'assûra qu'il étoit bien placé, par l'heure du passage de l'Etoile, dont on avoit pris des hauteurs. Enfin tout étoit prêt pour observer le 30 Septembre ; & l'on fit les jours suivants, les observations de l'Etoile δ *du Dragon*, entre lesquelles la plus grande différence qui se trouve, n'est pas de 3 secondes.

Octobre. Pendant qu'on observoit cette Etoile avec le Secteur, les autres observations n'étoient pas négligées ; on regloit tous les jours la Pendule avec soin, par les hauteurs correspondantes du Soleil; & l'on observoit avec l'instrument dont j'ai parlé, le passage du Soleil, & l'heure du passage par les Verticaux des signaux de Niemi & de Pullingi. On détermina par ce moyen, la position de notre Heptagone à l'égard de la Méridienne; & huit de ces observations, dont les plus écartées n'ont pas entr'elles une minute de différence, donnent

nent par un milieu, l'angle que forme avec la Méridienne de Kittis, la ligne tirée du signal de Kittis au signal de Pullingi, de 28° 51′ 52″.

Octobre.

Toutes ces observations s'étoient faites fort heureusement; mais les pluyes & les brumes les avoient tant retardées, que nous étions venus à un temps où l'on ne pouvoit presque plus entreprendre le retour à *Torneå*; cependant il y falloit faire les autres observations correspondantes de la même Etoile ; & nous voulions tâcher qu'il s'écoulât le moins de temps qu'il seroit possible entre ces observations, afin d'éviter les erreurs qui auroient pû naître du mouvement de l'Etoile, en cas qu'elle en eût quelqu'un qui ne fût pas connu.

On voit assés que toute cette opération étant fondée sur la différence de la hauteur méridienne d'une même Etoile observée à Kittis & à *Torneå*, il faut que cette Etoile pendant l'opération, demeure à la même place ; ou du moins que s'il lui arrive quelque changement d'élevation qui lui soit propre, on connoisse ce changement , afin de ne le pas confondre avec celui qui dépend de la courbûre de l'arc qu'on cherche.

Les Astronomes ont observé depuis plusieurs siécles, un mouvement des Etoiles autour des Poles de l'Ecliptique, d'où naît la Précession des Equinoxes, & un changement de déclinaison dans les Etoiles, dont on peut tenir compte dans l'affaire dont nous parlons.

Mais il y a dans les Etoiles, un autre changement en déclinaison, sur lequel, quoiqu'observé plus récemment, je crois qu'on peut compter aussi sûrement que sur l'autre. Quoique M. Bradley soit le premier qui ait découvert les regles de ce changement, l'exactitude de ses observations, & l'instrument avec lequel il les a faites, équivalent à plusieurs siécles d'observations ordinaires. Il a trouvé que chaque Etoile observée pendant le cours d'une année, sembloit décrire dans les Cieux, une petite Ellipse dont le grand axe est d'environ 40″. Comme il sembloit d'abord y avoir de grandes variétés dans ce mouvement des Etoiles, ce ne fut qu'après une longue suite d'observations que M. Bradley trouva la théorie de laquelle ce mouvement, ou plûtôt cette apparence, dépend. S'il avoit fallu son exactitude pour découvrir ce mouvement, il fallut sa sagacité pour découvrir le principe qui le produit. Nous n'expliquerons point

Octobre. point le Siſteme de cet illuſtre Aſtronome, qu'on peut voir, beaucoup mieux qu'on ne le verroit ici, dans les *Tranſactions Philoſophiques*, N°. *406*. Nous dirons ſeulement que cette différence qui arrive dans le lieu des Etoiles, obſervé de la Terre, vient du mouvement de la lumiére que l'Etoile lance, & du mouvement de la Terre dans ſon orbite, combinés l'un avec l'autre. Si la Terre étoit immobile, il faudroit donner une certaine inclinaiſon à la Lunette à travers laquelle on obſerve une Etoile, pour que le rayon qui part de cette Etoile, la traverſât par le centre, & parvînt à l'œil. Mais ſi la Terre qui porte la Lunette, ſe meut avec une vîteſſe comparable à la vîteſſe du rayon de lumiére, ce ne ſera plus la même inclinaiſon qu'il faudra donner à la Lunette; il la faudra changer de ſituation, pour que le rayon qui la traverſe par le centre, puiſſe parvenir à l'œil; & les différentes poſitions de la Lunette dépendront des différentes directions dans leſquelles la Terre ſe meut en différents temps de l'année. Le calcul fait d'après ce principe, d'après la vîteſſe de la Terre dans ſon orbite, & d'après la vîteſſe de la lumiére connuë par d'autres expériences; le changement des Etoiles en déclinaiſon ſe trouve tel que M. Bradley l'a obſervé; & l'on eſt en état d'adjoûter ou de ſouſtraire à la déclinaiſon de chaque Etoile, la quantité neceſſaire pour la conſidérer comme fixe pendant le temps écoulé entre les obſervations qu'on compare les unes aux autres, pour détérminer l'amplitude d'un arc du Méridien.

Quoique le mouvement de chaque Etoile dans le cours de l'année, ſuive fort exactement la loi qui dépend de cette théorie, M. Bradley a découvert encore un autre mouvement des Etoiles, beaucoup plus lent que les deux dont nous venons de parler, & qui n'eſt guére ſenſible qu'après pluſieurs années. Il faudra encore, ſi l'on veut avoir la plus grande exactitude, tenir compte de ce troiſiéme mouvement. Mais pour notre opération, dans laquelle le temps écoulé entre les obſervations, eſt très-court, ſon effet eſt inſenſible, ou du moins beaucoup plus petit que tout ce qu'on peut raiſonnablement eſpérer de déterminer dans ces ſortes d'opérations. En effet, j'avois conſulté M. Bradley, pour ſçavoir s'il avoit quelques obſervations immédiates des deux Etoiles dont nous nous ſommes

ſervis

servis pour déterminer l'amplitude de notre arc. Quoiqu'il n'ait *Octobre.*
point observé nos Etoiles, parce qu'elles paffent trop loin de fon
zénith, pour pouvoir être obfervées avec fon inftrument, il a bien
voulu me faire part de fes derniéres découvertes fur l'Aberration, &
fur ce troifiéme mouvement des Etoiles ; & la correction qu'il m'a
envoyée pour notre amplitude, dans laquelle il a eu égard à la Préceffion des Equinoxes, à l'Aberration de la Lumiére, & à ce mouvement nouveau, ne différe pas fenfiblement de la correction que
nous avions faite pour la Préceffion & l'Aberration feulement;
comme on le verra dans le détail de nos opérations.

Quoiqu'on puiffe donc affés fûrement compter fur la correction
pour l'Aberration de la lumiére, nous voulions tâcher que cette correction fût peu confidérable ; pour fatisfaire ceux (s'il y en a) qui
ne voudroient pas encore admettre la théorie de M. Bradley, ou qui
croiroient qu'il y a quelqu'autre mouvement dans les Etoiles : il
falloit pour cela que le temps qui s'écouleroit entre les obfervations
de Kittis & celles de *Torneå*, fût le plus court qu'il feroit poffible.

Nous avions vû de la glace dès le 19 Septembre, & de la neige
le 21; plufieurs endroits du fleuve avoient déja glacé ; & ces premiéres glaces qui font imparfaites, le rendent quelquefois long-
temps innavigable, & impraticable aux traîneaux.

En attendant à Pello, nous rifquions de ne pouvoir arriver à
Torneå, qu'après un temps qui mettroit un trop long intervalle
entre les obfervations déja faites, & celles que nos devions y faire;
nous rifquions même que notre Etoile nous échappât, & que le
Soleil qui s'en approchoit, nous la fît difparoître. Il eût fallu alors
revenir dans le fort de l'hiver, faire de nouvelles obfervations de
quelqu'autre Etoile fur Kittis ; & c'étoit une chofe qui ne paroiffoit
guére pratiquable ni poffible, que de paffer les nuits d'hiver fur cette
montagne à obferver.

En partant, on courroit rifque d'être pris fur le fleuve par les
glaces, & arrêté avec tous les inftruments; on ne fçait où, ni pour
combien de temps. On rifquoit encore de voir par-là les obfervations de Kittis devenir inutiles ; & nous voyions combien les obfervations déja faites, étoient un bien difficile à retrouver dans un

Octobre. Pays, où les observations sont si rares : où tout l'été nous ne pouvions espérer de voir aucune des Etoiles que pouvoit embrasser notre Secteur, par leur petitesse, & par le jour continuel qui les efface ; & où l'hiver rendoit l'observatoire de Kittis inhabitable. Nous délibérâmes sur toutes ces difficultés; & nous résolûmes de risquer le voyage. M$^{rs.}$ Camus & Celsius partirent le 23 avec le Secteur; le lendemain M$^{rs.}$ Clairaut & le Monnier; enfin le 26 je partis avec M. l'Abbé Outhier. Nous fûmes assés heureux pour arriver à *Torneå* en bateau le 28 Octobre; & l'on nous assûroit que le fleuve n'avoit presque jamais été navigable dans cette saison.

Novembre. L'observatoire que nous avions fait préparer à *Torneå*, étoit prêt à recevoir le Secteur, & on l'y plaça dans le plan du Méridien. Le 1er Novembre, il commença à geler très-fort, & le lendemain tout le fleuve étoit pris. La glace ne fondit plus, la neige vint bien-tôt la couvrir; & ce vaste fleuve qui, peu de jours auparavant, étoit couvert de Cygnes & de toutes les especes d'Oiseaux aquatiques, ne fut plus qu'une plaine immense de glace & de neige.

On commença le 1er Novembre à observer la même Etoile, qu'on avoit observée à Kittis, & avec les mêmes précautions; & les plus écartées de ces observations ne différent que d'une seconde. Tant ces derniéres observations que celles de Kittis, avoient été faites sans éclairer les fils de la Lunette, à la lueur du jour. Et prenant un milieu entre les unes & les autres, réduisant les parties du Micrometre en secondes, & ayant égard au changement en déclinaison de l'Etoile, pendant le temps écoulé entre les observations, tant pour la précession des Equinoxes, que pour les autres mouvements de l'Etoile, on trouve pour l'amplitude de notre arc 57′ 27″.

Tout notre ouvrage étoit fait pour ainsi dire ; il étoit arrêté, sans que nous pussions sçavoir s'il nous feroit trouver la Terre allongée ou applatie; parce que nous ne sçavions pas quelle étoit la longueur de notre base. Ce qui nous restoit à faire, n'étoit pas une opération difficile en elle-même, ce n'étoit que de mesurer à la perche, la distance entre deux signaux qu'on avoit plantés l'été passé; mais cette mesure devoit se faire sur la glace d'un fleuve de Lapponie, dans un

pays

pays où chaque jour rendoit le froid plus insupportable; & la di- *Novembre.*
stance à mesurer étoit de plus de 3 lieuës.

On nous conseilloit de remettre la mesure de cette base au printemps; parce qu'alors, outre la longueur des jours, les premiéres fontes qui arrivent à la superficie de la neige, qui sont bien-tôt suivies d'une nouvelle gelée, y forment une espece de croûte capable de porter les hommes; au lieu que pendant tout le fort de l'hiver, la neige de ces pays n'est qu'une espece de poussiére fine & séche, haute communément de quatre ou cinq pieds, dans laquelle il est impossible de marcher, quand elle est une fois parvenuë à cette hauteur. Malgré ce que nous voyions tous les jours, nous craignions d'être surpris par quelque degel. Nous ne sçavions pas qu'il seroit encore temps au mois de Mai, de mesurer la base: & tous les avantages que nous pouvions trouver au printemps, disparurent devant la crainte la moins fondée de manquer notre mesure.

Cependant nous ne sçavions point si la hauteur des neiges permettroit encore de marcher sur le fleuve à l'endroit de la base; & M$^{rs.}$ Clairaut, Outhier & Celsius partirent le 10 Décembre pour en *Décembre.* aller juger. Ils trouvérent les neiges déja très-hautes; mais comme cependant elles ne faisoient pas desespérer de pouvoir mesurer, nous nous rendîmes tous à *Öfwer-Torneå.*

M. Camus, aidé de M. l'Abbé Outhier employa le 19 & le 20 à ajuster huit perches de 30 pieds chacune, d'après une toise de fer que nous avions apportée de France, & qu'on avoit soin pendant cette opération, de tenir dans un lieu où le Thermometre de M. de Reaumur étoit à 15 degrés au-dessus de zero, & celui de M. Prins à 62 degrés, ce qui est la température des mois d'Avril & Mai à Paris. Nos perches une fois ajustées, le changement que le froid pouvoit apporter à leur longueur, n'étoit pas à craindre; parce que nous avions observé qu'il s'en falloit beaucoup que le froid & le chaud causassent sur la longueur des mesures de Sapin, des effets aussi sensibles que ceux qu'ils causent sur la longueur des mesures de fer. Toutes les expériences que nous avons faites sur cela, nous ont donné des variations de longueur presque insensibles. Et quelques expériences me feroient croire que les mesures de bois, au lieu de se raccourcir

Décembre. au froid, comme les mesures de métal, s'y allongent. Peut-être un reste de féve qui étoit encore dans ces mesures, se glaçoit-il lorsqu'elles étoient exposées au froid, & les faisoit-il participer à la propriété des liqueurs, dont le volume augmente lorsqu'elles se gelent. M. Camus avoit pris de telles précautions pour ajuster ces perches, que malgré leur extrême longueur, lorsqu'on les présentoit entre deux bornes de fer, elles y entroient si juste que l'épaisseur d'une feuille du papier le plus mince de plus ou de moins, rendoit l'entrée impossible, ou trop libre.

 Ce fut le vendredi 21 Décembre, jour du Solstice d'hiver, jour remarquable pour un pareil ouvrage, que nous commençâmes la mesure de notre base vers Avasaxa, où elle se trouvoit. A peine le Soleil se levoit-il alors vers le midi ; mais les longs crépuscules, la blancheur des neiges, & les feux dont le Ciel est toûjours éclairé dans ces pays, nous donnoient chaque jour assés de lumiére pour travailler quatre ou cinq heures. Nous partîmes à 11 heures du matin de chés le Curé d'*öfwer-Torneå*, où nous logeâmes pendant cet ouvrage ; & nous nous rendîmes sur le fleuve, où nous devions commencer la mesure, avec un tel nombre de traîneaux, & un si grand équipage, que les Lappons descendirent de leurs montagnes, attirés par la nouveauté du spectacle. Nous nous partageâmes en deux bandes, dont chacune portoit quatre des mesures dont nous venons de parler. Je ne dirai rien des fatigues, ni des périls de cette opération ; on imaginera ce que c'est que de marcher dans une neige haute de 2 pieds, chargés de perches pesantes, qu'il falloit continuellement poser sur la neige & relever ; pendant un froid si grand, que la langue & les levres se geloient sur le champ contre la tasse, lorsqu'on vouloit boire de l'Eau-de-vie, qui étoit la seule liqueur qu'on pût tenir assés liquide pour la boire, & ne s'en arrachoient que sanglantes ; pendant un froid qui gela les doigts de quelques-uns de nous, & qui nous menaçoit à tous moments d'accidents plus grands encore. Tandis que les exrrémités de nos corps étoient glacées, le travail nous faisoit suer. L'eau-de-vie ne pût suffire à nous désalterer, il fallut creuser dans la glace, des puits profonds, qui étoient presque aussi-tôt refermés, & d'où l'eau pouvoit à peine parvenir liquide

liquide à la bouche. Et il falloit s'expofer au dangereux contrafte, *Décembre.*
que pouvoit produire dans nos corps échauffés, cette eau glacée.

Cependant l'ouvrage avançoit ; fix journées de travail l'avoient conduit au point, qu'il ne reftoit plus à mefurer qu'environ 500 toifes, qui n'avoient pû être remplies de piquets affés tôt. On interrompit donc la mefure le 27, & M$^{rs.}$ Clairaut, Camus & le Monnier allérent planter ces piquets, pendant qu'avec M. l'Abbé Outhier, j'employai ce jour à une entreprife affés extraordinaire.

Une obfervation de la plus légére conféquence, & qu'on auroit pû négliger dans les pays les plus commodes, avoit été oubliée l'été paffé; on n'avoit point obfervé la hauteur d'un objet, dont on s'étoit fervi en prenant d'Avafaxa, l'angle entre Cuitaperi & Horrilakero. L'envie que nous avions que rien ne manquât à notre ouvrage, nous faifoit pouffer l'exactitude jufqu'au fcrupule. J'entrepris de monter fur Avafaxa avec un Quart-de-cercle. Si l'on conçoit ce que c'eft qu'une montagne fort élevée, remplie de rochers, qu'une quantité prodigieufe de neiges cache, & dont elle recouvre les cavités, dans lefquelles on peut être abîmé, on ne croira guére poffible d'y monter. Il y a cependant deux maniéres de le faire : l'une en marchant ou plûtôt gliffant fur deux planches étroites, longues de 8 pieds, dont fe fervent les Finnois & les Lappons, pour ne pas enfoncer dans la neige, maniére d'aller, qui a befoin d'un long exercice; l'autre en fe confiant aux Reenes qui peuvent faire un pareil voyage.

Ces animaux ne peuvent traîner qu'un fort petit bateau, dans lequel à peine peut entrer la moitié du corps d'un homme : ce bateau deftiné à naviguer dans la neige, pour trouver moins de réfiftance contre la neige qu'il doit fendre avec la proue, & fur laquelle il doit gliffer, a la figure des bateaux dont on fe fert fur la Mer, c'eft-à-dire, a une proue pointue, & une quille étroite deffous, qui le laiffe rouler, & verfer continuellement, fi celui qui eft dedans, n'eft bien attentif à conferver l'équilibre. Le bateau eft attaché par une longe au poitrail du Reene, qui court avec fureur lorfque c'eft fur un chemin

Oeuv. de Maupert. R battu

Décembre. battu & ferme. Si l'on veut arrêter, c'eſt en vain qu'on tire une eſpece de bride atachée aux cornes de l'animal ; indocile & indomtable, il ne fait le plus ſouvent que changer de route; quelquefois même il ſe retourne, & vient ſe vanger à coups de pied. Les Lappons ſcavent alors renverſer le bateau ſur eux, & s'en ſervir comme d'un bouclier contre les fureurs du Reene. Pour nous, peu capables de cette reſſource, nous euſſions été tués avant que d'avoir pû nous mettre à couvert. Toute notre défenſe fut un petit bâton qu'on nous mit à la main, qui eſt comme le gouvernail, avec lequel il faut diriger le bateau, & éviter les troncs d'arbres. C'étoit ainſi que m'abandonnant aux Reenes, j'entrepris d'eſcalader Avaſaxa, accompagné de M. l'Abbé Outhier, de deux Lappons & une Lappone, & de M. Brunnius leur Curé. La premiére partie du voyage ſe fit dans un inſtant ; il y avoit un chemin dur & battu depuis la maiſon du Curé juſqu'au pied de la montagne, & nous le parcourûmes avec une vîteſſe, qui n'eſt comparable qu'à celle de l'Oiſeau qui vole. Quoique la montagne, ſur laquelle il n'y avoit aucun chemin, retardât les Reenes, ils nous conduiſirent juſques ſur le ſommet; & nous y fîmes auſſi-tôt l'obſervation, pour laquelle nous y étions venus. Pendant ce temps-là, nos Reenes avoient creuſé des trous profonds dans la neige ; où ils paiſſoient la mouſſe, dont les rochers de cette montagne ſont couverts ; & nos Lappons avoient allumé un grand feu, où nous vîmes bientôt nous chauffer avec eux. Le froid étoit ſi grand, que la chaleur ne pouvoit s'étendre à la moindre diſtance ; ſi la neige ſe fondoit dans les endroits que touchoit le feu, elle ſe regeloit tout autour, & formoit un foyer de glace.

Si nous avions eu beaucoup de peine à monter ſur Avaſaxa, nous craignîmes alors de deſcendre trop vîte une montagne eſcarpée, dans des voitures qui, quoique ſubmergées dans la neige, gliſſent toûjours, traînés par des animaux déja terribles dans la plaine ; & qui, quoiqu'enfonçant juſqu'au ventre dans la neige, cherchoient à s'en délivrer par leur vîteſſe. Nous fûmes bientôt au pied d'Avaſaxa ; & le moment d'après, tout le grand fleuve fut traverſé, & nous à la Maiſon.

Le

Le lendemain, nous achevâmes la mesure de notre base; & nous Décembre. ne dûmes pas regretter la peine qu'il y a de faire un pareil ouvrage sur un fleuve glacé, lorsque nous vîmes l'exactitude que la glace nous avoit donnée. La différence qui se trouvoit entre les mesures de nos deux troupes, n'étoit que de quatre pouces sur une distance de 7406 toises 5 pieds; exactitude qu'on n'oseroit attendre, & qu'on n'oseroit presque dire. Et l'on ne sçauroit le regarder comme un effet du hazard & des compensations qui se feroient faites après des différences plus considérables; car cette petite différence nous vint presque toute le dernier jour. Nos deux troupes avoient mesuré tous les jours le même nombre de toises; & tous les jours, la différence qui se trouvoit entre les deux mesures, n'étoit pas d'un pouce dont l'une avoit tantôt surpassé l'autre, & tantôt en avoit été surpassée. Cette justesse, quoique dûë à la glace, & au soin que nous prenions en mesurant, faisoit voir encore combien nos perches étoient égales: car la plus petite inégalité entre ces perches, auroit causé une différence considérable sur une distance aussi longue qu'étoit notre base.

Nous connoissions l'amplitude de notre arc; & toute notre figure déterminée n'attendoit plus que la mesure de l'échelle à laquelle on devoit la rapporter, que la longueur de la base. Nous vîmes donc aussi-tôt que cette base fut mesurée, que la longueur de l'arc du Méridien intercepté entre les deux Paralleles, qui passent par notre observatoire de *Torneå* & celui de Kittis, étoit de 55023 $\frac{1}{2}$ toises; que cette longueur ayant pour amplitude 57′ 27″, le degré du Méridien sous le Cercle Polaire étoit plus grand de près de 1000 toises qu'il ne devoit être selon les mesures du Livre *de la Grandeur & Figure de la Terre.*

Après cette opération, nous nous hâtâmes de revenir à *Torneå*, tâcher de nous garantir des derniéres rigueurs de l'hiver.

La ville de *Torneå*, lorsque nous y arrivâmes le 30 Décembre, avoit véritablement l'air affreux. Ses maisons basses se trouvoient enfoncées jusqu'au toit dans la neige, qui auroit empêché le jour d'y entrer par les fenêtres, s'il y avoit eu du jour: mais les neiges toûjours tombantes, ou prêtes à tomber, ne permettoient prefque jamais au Soleil de fe faire voir pendant quelques moments dans l'horifon vers midi. Le froid fut fi grand dans le mois de Janvier, que nos Thermometres de mercure, de la conftruction de M. de Reaumur, ces Thermometres qu'on fut furpris de voir defcendre à 14 degrés au-deffous de la congélation à Paris dans les plus grands froids du grand hiver de 1709, defcendirent alors à 37 degrés: ceux d'efprit de Vin gelérent. Lorfqu'on ouvroit la porte d'une chambre chaude, l'air de dehors convertiffoit fur le champ en neige, la vapeur qui s'y trouvoit, & en formoit de gros tourbillons blancs: lorfqu'on fortoit, l'air fembloit déchirer la poitrine. Nous étions avertis & menacés à tous moments des augmentations de froid, par le bruit avec lequel les bois dont toutes les maifons font bâties, fe fendoient. A voir la folitude qui regnoit dans les ruës, on eût cru que tous les habitants de la ville étoient morts. Enfin on voyoit à *Torneå*, des gens mutilés par le froid: & les habitants d'un climat fi dur, y perdent quelquefois le bras ou la jambe. Le froid, toûjours très-grand dans ces pays reçoit fouvent tout-à-coup des augmentations qui le rendent prefque infailliblement funefte à ceux qui s'y trouvent expofés. Quelquefois il s'éleve tout-à-coup des tempêtes de neige, qui expofent encore à un plus grand péril: il femble que le vent fouffle de tous les côtés à la fois; & il lance la neige avec une telle impétuofité, qu'en un moment tous les chemins font perdus. Celui qui eft pris d'un tel orage à la campagne, voudroit en vain fe retrouver par la connoiffance des lieux, ou des marques faites aux arbres; il eft aveuglé par la neige, & s'y abîme s'il fait un pas.

Si la terre eft horrible alors dans ces climats, le ciel préfente aux yeux les plus charmants fpectacles. Dès que les nuits commencent à être obfcures, des feux de mille couleurs & de mille figures, éclairent le ciel; & femblent vouloir dédommager cette terre, accoûtumée à être éclairée continuellement, de l'abfence du Soleil qui la quitte. Ces feux dans ces pays, n'ont point de fituation conftante, comme dans nos pays méridionaux.

Quoi-

Quoiqu'on voye souvent un arc d'une lumiére fixe vers le Nord, ils semblent cependant le plus souvent occuper indifféremment tout le ciel. Ils commencent quelquefois par former une grande écharpe d'une lumiére claire & mobile, qui a ses extrémités dans l'horison, & qui parcourt rapidement les cieux, par un mouvement semblable à celui du filet des pêcheurs, conservant dans ce mouvement assés sensiblement la direction perpendiculaire au Méridien. Le plus souvent après ces préludes, toutes ces lumiéres viennent se réunir vers le Zénith, où elles forment le sommet d'une espece de courone. Souvent des arcs, semblables à ceux que nous voyons en France vers le Nord, se trouvent situés vers le Midi; souvent il s'en trouve vers le Nord & vers le Midi tout ensemble: leurs sommets s'approchent, pendant que leurs extrémités s'éloignent en descendant vers l'horison. J'en ai vû d'ainsi opposés, dont les sommets se touchoient presque au Zénith; les uns & les autres ont souvent au-delà plusieurs autres arcs concentriques. Ils ont tous leurs sommets vers la direction du Méridien, avec cependant quelque déclinaison occidentale, qui ne m'a pas paru toûjours la même, & qui est quelquefois insensible. Quelques-uns de ces arcs, après avoir eu leur plus grande largeur au-dessus de l'horison, se resserrent en s'en approchant, & forment au-dessus plus de la moitié d'une grande Ellipse. On ne finiroit pas, si l'on vouloit dire toutes les figures que prennent ces lumiéres, ni tous les mouvements qui les agitent. Leur mouvement le plus ordinaire, les fait ressembler à des drapeaux qu'on feroit voltiger dans l'air; & par les nuances des couleurs dont elles sont teintes, on les prendroit pour de vastes bandes de ces taffetas, que nous appellons *flambés*. Quelquefois elles tapissent quelques endroits du ciel, d'écarlate. Je vis un jour à *Öfwer-Torneå* (c'étoit le 18 Décembre) un spectacle de cette espece, qui attira mon admiration, malgré tous ceux auxquels j'étois accoûtumé. On voyoit vers le Midi, une grande région du ciel teinte d'un rouge si vif, qu'il sembloit que toute la Constellation d'Orion fût trempée dans du sang: cette lumiére, fixe d'abord, devint bientôt

bientôt mobile, & après avoir pris d'autres couleurs, de violet & de bleu, elle forma un dôme dont le sommet étoit peu éloigné du Zénith vers le Sud-Ouest; le plus beau clair de Lune n'effaçoit rien de ce spectacle. Je n'ai vû que deux de ces lumiéres rouges qui sont rares dans ce pays, où il y en a de tant de couleurs; & on les y craint comme le signe de quelque grand malheur. Enfin lorsqu'on voit ces phénomenes, on ne peut s'étonner que ceux qui les regardent avec d'autres yeux que les Philosophes, y voyent des chars enflammés, des armées combattantes, & mille autres prodiges.

Nous demeurâmes à *Torneå*, renfermés dans nos chambres, dans une espece d'inaction, jusqu'au mois de Mars, que nous fîmes de nouvelles entreprises.

La longueur de l'arc que nous avions mesuré, qui différoit tant de ce que nous devions trouver, suivant les mesures du Livre de la grandeur & figure de la Terre, nous étonnoit; & malgré l'incontestabilité de notre opération, nous résolûmes de faire les vérifications les plus rigoureuses de tout notre ouvrage.

Quant à nos Triangles; tous leurs angles avoient été observés tant de fois, & par un si grand nombre de personnes qui s'accordoient, qu'il ne pouvoit y avoir aucun doute sur cette partie de notre ouvrage. Elle avoit même un avantage qu'aucun autre ouvrage de cette espece n'avoit encore eu: dans ceux qu'on a faits jusqu'ici, on s'est contenté quelquefois d'observer deux angles, & de conclurre le troisiéme. Quoique cette pratique nous eût été bien commode, & qu'elle nous eût épargné plusieurs séjours désagréables sur le sommet des montagnes, nous ne nous étions dispensés d'aucun de ces séjours & tous nos angles avoient été observés.

De plus, quoique pour déterminer la distance entre *Torneå* & Kittis, il n'y eût que 8 Triangles necessaires; nous avions observé plusieurs angles surnuméraires: & notre Heptagone donnoit par-là des combinaisons ou suites de Triangles sans nombre.

Notre

AU CERCLE POLAIRE.

Notre ouvrage, quant à cette partie, avoit donc été fait, pour ainsi dire, un très-grand nombre de fois ; & il n'étoit question que de comparer par le calcul, les longueurs que donnoient toutes ces différentes suites de Triangles. Nous poussâmes la patience jusqu'à calculer 12 de ces suites : & malgré des Triangles rejettables dans de pareilles opérations, par la petitesse de leurs angles, que quelques-unes contenoient, nous ne trouvions pas de différence plus grande que de 54 toises entre toutes les distances de Kittis à *Torneå*, déterminées par toutes ces combinaisons : & nous nous arrêtâmes à deux, que nous avons jugé préférables aux autres, qui différoient entr'elles de 4 ½ toises, & dont nous avons pris le milieu pour déterminer la longueur de notre arc.

Le peu de différence qui se trouvoit entre toutes ces distances, nous auroit étonnés, si nous n'eussions sçû quels soins, & combien de temps nous avions employés dans l'observation de nos angles. Huit ou neuf Triangles nous avoient coûté 63 jours ; & chacun des angles avoit été pris tant de fois, & par tant d'observateurs différents, que le milieu de toutes ces observations ne pouvoit manquer d'approcher fort près de la vérité.

Le petit nombre de nos Triangles nous mettoit à portée de faire un calcul singulier, & qui peut donner les limites les plus rigoureuses de toutes les erreurs que la plus grande mal-adresse, & le plus grand malheur joints ensemble, pourroient accumuler. Nous avons supposé que dans tous les Triangles depuis la base, on se fût toûjours trompé de 20" dans chacun des deux angles, & de 40" dans le troisième ; & que toutes ces erreurs allassent toûjours dans le même sens, & tendissent toûjours à diminuer la longueur de notre arc. Et le calcul fait d'après une si étrange supposition, il ne se trouve que 54 ½ toises pour l'erreur qu'elle pourroit causer.

L'attention avec laquelle nous avions mesuré la base, ne nous pouvoit laisser aucun soupçon sur cette partie. L'accord d'un
grand

grand nombre de perſonnes intelligentes, qui écrivoient ſéparément le nombre des perches; & la répétition de cette meſure avec 4 pouces ſeulement de différence, faiſoient une ſûreté & une préciſion ſuperfluës.

Nous tournâmes donc le reſte de notre examen vers l'amplitude de notre arc. Le peu de différence qui ſe trouvoit entre nos obſervations, tant à Kittis qu'à *Torneå*, ne nous laiſſoit rien à deſirer, quant à la maniére dont on avoit obſervé.

A voir la ſolidité & la conſtruction de notre Secteur, & les précautions que nous avions priſes en le tranſportant, il ne paroiſſoit pas à craindre qu'il lui fût arrivé aucun dérangement.

Le limbe, la lunette & le centre de cet inſtrument, ne forment qu'une ſeule piéce; & les fils au foyer de l'objectif, ſont deux fils d'argent, que M. Graham a fixés, de maniére qu'il ne peut arriver aucun changement dans leur ſituation, & que malgré les effets du froid & du chaud, ils demeurent toûjours également tendus. Ainſi les ſeuls dérangements qui paroîtroient à craindre pour cet inſtrument, ſont ceux qui altéreroient ſa figure en courbant la lunette. Mais ſi l'on fait le calcul des effets de telles alterations, on verra que pour qu'elles cauſaſſent une erreur d'une ſeconde dans l'amplitude de notre arc, il faudroit une fléxion ſi conſidérable qu'elle ſeroit facile à appercevoir. Cet inſtrument, dans une boîte fort ſolide, avoit fait le voyage de *Kittis* à *Torneå* en bateau, toûjours accompagné de quelqu'un de nous, & deſcendu dans les cataractes, & porté par des hommes.

La ſituation de l'Etoile que nous avions obſervée, nous aſſûroit encore contre la fléxion qu'on pourroit craindre qui arrivât au rayon ou à la lunette de ces grands inſtruments, lorſque l'Etoile qu'on obſerve eſt éloignée du Zénith, & qu'on les incline pour les diriger à cette Etoile. Leur ſeul poids les pourroit faire plier; & la méthode d'obſerver l'Etoile des deux différents côtés de l'inſtrument, qui peut remedier à quelques autres accidents, ne pourroit remédier à celui-ci: car s'il eſt arrivé quelque fléxion à la Lunette, lorſqu'on obſervoit, la face de l'inſtrument tournée

vers

vers l'Eſt; lorſqu'on retournera la face vers l'Oueſt, il ſe fera une nouvelle fléxion en ſens contraire, & à peu-près égale ; de manière que le point qui répondoit au Zénith, lorſque la face de l'inſtrument étoit tournée vers l'Eſt, y répondra peut-être encore lorſqu'elle ſera tournée vers l'Oueſt; ſans que pour cela l'arc qui meſurera la diſtance au Zénith, ſoit juſte. La diſtance de notre Etoile au Zénith de Kittis, n'étoit pas d'un demi-degré ; ainſi il n'étoit point à craindre que notre Lunette approchant ſi fort de la ſituation verticale, eût ſouffert aucune fléxion.

Quoique par toutes ces raiſons, nous ne puſſions pas douter que notre amplitude ne fût juſte, nous voulûmes nous aſſûrer encore par l'expérience qu'elle l'étoit: & nous employâmes pour cela la vérification la plus pénible, mais celle qui nous pouvoit le plus ſatisfaire, parce qu'elle nous feroit découvrir en même temps & la juſteſſe de notre inſtrument, & la préciſion avec laquelle nous pouvions compter avoir l'amplitude de notre arc.

Cette vérification conſiſtoit à déterminer de nouveau l'amplitude du même arc par une autre Etoile. Nous attendîmes donc l'occaſion de pouvoir faire quelques obſervations conſécutives d'une même Etoile, ce qui eſt difficile dans ces pays, où rarement on a trois ou quatre belles nuits de ſuite : & ayant commencé le 17 Mars 1737 à obſerver l'Etoile *α du Dragon* à *Torneå*, dans le même lieu qu'auparavant, & ayant eu trois bonnes obſervations de cette Etoile, nous partîmes pour aller faire les obſervations correſpondantes ſur Kittis. Cette fois notre Secteur fut tranſporté dans un traîneau qui n'alloit qu'au pas ſur la neige, voiture la plus douce de toutes celles qu'on peut imaginer. Notre nouvelle Etoile paſſoit encore plus près du Zénith que l'autre, puiſqu'elle n'étoit pas éloignée d'un quart de degré du Zénith de *Torneå*. *Mars. 1737.*

La Méridienne tracée dans notre obſervatoire ſur Kittis, nous mit en état de placer promptement notre Secteur ; & le 4 Avril, nous y commençâmes les obſervations de α. Nous eûmes encore *Avril.*

Avril. sur Kittis trois observations qui, comparées à celles de *Torneå*, nous donnérent l'amplitude de 57′ 30″ ½, qui ne différe de celle qu'on avoit trouvée par δ, que de 3″ ½, en faisant la correction pour l'Aberration de la lumiere.

Et si l'on n'admettoit pas la théorie de l'Aberration de la lumiére, cette amplitude par la nouvelle Etoile ne différeroit pas d'une seconde de celle qu'on avoit trouvée par l'Etoile δ.

La précision avec laquelle ces deux amplitudes s'accordoient, à une différence près si petite, qu'elle ne va pas à celle que les erreurs dans l'observation peuvent causer; différence qu'on verra encore dans la suite, qui étoit plus petite qu'elle ne paroissoit. Cet accord de nos deux amplitudes étoit la preuve la plus forte de la justesse de notre instrument, & de la sûreté de nos observations.

Ayant ainsi répété deux fois notre opération, on trouve par un milieu entre l'amplitude concluë par δ, & l'amplitude par α, que l'amplitude de l'arc du Méridien que nous avons mesuré entre *Torneå* & Kittis, est de 57′ 28″ ¼, qui, comparée à la longueur de cet arc de 55023 ½ toises, donne le degré qui coupe le Cercle Polaire de 57437 toises, plus grand de 377 toises que celui que M. Picard a déterminé entre Paris & Amiens, qu'il fait de 57060 toises.

Mais il faut remarquer que comme l'Aberration des Etoiles n'étoit pas connuë du temps de M. Picard, il n'avoit fait aucune correction pour cette Aberration. Si l'on fait cettte correction, & qu'on y joigne les corrections pour la Précession des Equinoxes & la Réfraction, que M. Picard avoit négligées, l'amplitude de son arc est 1° 23′ 6″ ½, qui, comparée à la longueur, 78850 toises, donne le degré de 56925 toises, plus court que le nôtre de 512 toises.

Et si l'on n'admettoit pas l'Aberration, l'amplitude de notre arc seroit de 57′ 25″, qui comparée à sa longueur donneroit le degré de 57497 toises, plus grand de 437 toises que le degré que M. Picard avoit déterminé de 57060 toises sans Aberration.

Enfin,

Enfin, notre degré avec l'Aberration différe de 950 toises de *Avril.*
ce qu'il devoit être, suivant les mesures que M. Cassini a établies
dans son Livre *de la Grandeur & Figure de la Terre*; & en différe
de 1000 en n'admettant pas l'Aberration.

D'où l'on voit que *la Terre est considérablement applatie
vers les Poles.*

Pendant notre séjour dans la Zone glacée, les froids étoient
encore si grands, que le 7 Avril à 5 heures du matin, le Thermomètre descendoit à 20 degrés au-dessous de la congélation; quoique tous les jours après midi, il montât à 2 & 3 degrés au-dessus.
Il parcouroit alors du matin au soir, un intervalle presque aussi
grand qu'il fait communément depuis les plus grandes chaleurs
jusqu'aux plus grands froids qu'on ressente à Paris. En 12 heures,
on éprouvoit autant de vicissitudes, que les habitants des Zones
tempérées en éprouvent dans une année entiére.

Nous poussâmes le scrupule jusques sur la direction de notre
Heptagone avec la Méridienne. Cette direction, comme on a vû,
avoit été déterminée sur Kittis par un grand nombre d'observations
du passage du Soleil par les Verticaux de Niemi & de Pullingi; &
il n'étoit pas à craindre que notre figure se fût dérangée de sa direction, par le petit nombre de Triangles en quoi elle consiste, &
après la justesse avec laquelle la somme des angles de notre Heptagone approchoit de 900 degrés. Cependant nous voulûmes
reprendre à *Torneå* cette direction.

On se servit pour cela d'une autre méthode que celle qui *Mai.*
avoit été partiquée sur Kittis; celle-ci consistoit à observer
l'angle entre le Soleil dans l'horison, & quelques-uns de nos
signaux, avec l'heure à laquelle on prenoit cet angle. Les trois
observations qu'on fit, nous donnérent par un milieu cette direction, à 34" près de ce qu'elle étoit, en la concluant des
observations de Kittis.

Chaque partie de notre ouvrage ayant été tant répétée, il ne
restoit plus qu'à examiner la construction primitive & la division
de notre Secteur. Quoiqu'on ne pût guére la soupçonner, nous

Mai. entreprîmes d'en faire la vérification en attendant que la saison nous permît de partir; & cette opération mérite que je la décrive ici, parce qu'elle est singuliére, & qu'elle peut servir à faire voir ce qu'on peut attendre d'un instrument tel que le nôtre, & à découvrir ses dérangements, s'il lui en étoit arrivé.

Nous mesurâmes le 4 Mai (toûjours sur la glace du fleuve) une distance de 380^{toises} 1^{pied} 3^{pouces} 0^{ligne}, qui devoit servir de rayon; & l'on ne trouva, par deux fois qu'on la mesura, aucune différence. On planta deux fermes poteaux avec deux mires dans la ligne tirée perpendiculairement à l'extrémité de cette distance; & ayant mesuré la distance entre les centres des deux mires, cette distance étoit de 36 ^{toises} 3^{pieds} 6^{pouces} 6$\frac{2}{3}$ ^{lignes}, qui devoient servir de tangente.

On plaça le Secteur horisontalement dans une chambre, sur deux fermes affuts appuyés sur une voute, de maniere que son centre se trouvoit précisément à l'extrémité du rayon, de 380^{toises} 1^{pied} 3^{pouces} : & cinq observateurs différents ayant observé l'angle entre les deux mires, la plus grande différence qui se trouvoit entre les cinq observations, n'alloit pas à 2 secondes; & prenant le milieu, l'angle entre les mires étoit de 5° 29' 52", 7. Or, selon la construction de M. Graham, dont il nous avoit averti; l'arc de 5°$\frac{1}{2}$ sur son limbe, est trop petit de 3"$\frac{1}{4}$; retranchant donc de l'angle observé entre les mires, 3"$\frac{1}{4}$, cet angle est de 5° 29' 48", 95 : & ayant calculé cet angle, on le trouve de 5° 29' 50", c'est-à-dire, qu'il différe de 1" $\frac{1}{20}$ de l'angle observé.

On s'étonnera peut-être qu'un Secteur, qui étoit de 5° 29' 56"$\frac{1}{4}$ dans un climat aussi tempéré que celui de Londres, & divisé dans une chambre, qui vrai-semblablement n'étoit pas froide, se soit encore trouvé précisément de la même quantité à *Torneå*, lorsque nous en avons fait la vérification. Les parties de ce Secteur étoient sûrement contractées par le froid, dans ce dernier temps. Mais on cessera d'être surpris, si l'on fait attention que cet instrument est tout formé de la même matiére, & que toutes

ses

ſes parties doivent s'être contractées proportionellement : on *Mai.* verra qu'il avoit dû ſe conſerver dans une figure ſemblable; & il s'y étoit conſervé.

Ayant trouvé une exactitude ſi merveilleuſe dans l'arc total de notre Secteur, nous volûmes voir ſi les deux degrés de ſon limbe, dont nous nous étions ſervis, l'un pour δ, l'autre pour α, étoient parfaitement égaux. M. Camus, dont l'adreſſe nous avoit déja été ſi utile en pluſieurs occaſions, nous procura les moyens de faire cette comparaiſon avec toute l'exactitude poſſible ; & ayant comparé nos deux degrés l'un avec l'autre, le milieu des obſervations faites par cinq obſervateurs, donnoit le degré du limbe dont on s'étoit ſervi pour δ, plus grand que celui pour α, d'une ſeconde.

Nous fûmes ſurpris, lorſque nous vîmes que cette inégalité entre ces deux degrés, diminuoit encore la différence très-petite que nous avions trouvée entre nos deux amplitudes; & la réduiſoit de $3''\frac{1}{2}$ qu'elle étoit, à $2''\frac{1}{2}$. Et l'on verra dans le détail des opérations, qu'on peut aſſés compter ſur cette différence entre les deux degrés du limbe, toute petite qu'elle eſt, par les moyens qu'on a pratiqués pour la découvrir.

Nous vérifiâmes ainſi, non-ſeulement l'amplitude totale de notre Secteur; mais encore différents arcs, que nous comparâmes entr'eux: & cette vérification d'arc en arc, jointe à la vérification de l'arc total, que nous avions faite, nous fit connoître que nous ne pouvions rien déſirer dans la conſtruction de cet inſtrument; & qu'on n'auroit pas pu y eſpérer une ſi grande préciſion.

Nous ne ſçavions plus qu'imaginer à faire ſur la meſure du degré du Méridien; car je ne parlerai point ici de tout ce que nous avons fait ſur la Peſanteur; matiére auſſi importante que celle-ci, & que nous avons traitée avec les mêmes ſoins. Il ſuffira maintenant de dire, que ſi, à l'exemple de M$^{rs.}$ Newton & Huygens, & quelques autres, parmi leſquels je n'oſe preſque me nommer, on veut déterminer la Figure de la Terre par la Peſanteur; toutes les expériences que nous avons faites dans la Zone glacée, donneront

Mai. neront la Terre applatie, comme la donnent celles que nous apprenons que M$^{rs.}$ Godin, Bouguer & la Condamine ont déja faites dans la Zone torride.

 Le Soleil cependant s'étoit rapproché de nous, ou plûtôt ne quittoit presque plus notre horison : c'étoit un spectacle singulier que de le voir si long-temps éclairer un horison tout de glace, de voir l'été dans les cieux, pendant que l'hiver étoit sur la terre. Nous étions alors au matin de ce long jour, qui dure plusieurs mois; cependant il ne paroissoit pas que ce Soleil assidu causât aucun changement à nos glaces, ni à nos neiges.

 Le 6 Mai, il commença à pleuvoir, & l'on vit quelque eau sur la glace du fleuve. Tous les jours à midi, il fondoit de la neige, & tous les soirs l'hiver reprenoit ses droits. Enfin le 10 Mai, on apperçût la terre, qu'il y avoit si long-temps qu'on n'avoit vûë: quelques pointes élevées, & exposées au Soleil, commencérent à paroître, comme on vit après le déluge, le sommet des montagnes ; & bien-tôt après tous les Oiseaux reparurent. Vers *Juin.* le commencement de Juin, les glaces rendirent la terre & la mer. Nous pensâmes aussi-tôt à retourner à Stockholm: nous partîmes le 9 Juin, les uns par terre, les autres par mer. Mais le reste de nos avantures, ni notre naufrage dans le golfe de Bottnie, ne sont point de notre sujet.

ELEMENTS

ELEMENTS

DE

GEOGRAPHIE.

- & quis fuit alter,
Descripsit radio totum qui gentibus Orbem?
Virgil. Eclog. 3.

IMPRIMÉ A PARIS EN M. DCC XLII.

PREFACE.

Jusqu'ici la Géographie n'avoit été traitée que dans la suppofition que la Terre étoit parfaitement fphérique. On fçait aujourd'hui qu'elle ne l'eft pas, & il falloit faire voir quels changements cela apportoit à la Géographie, ou plutôt il falloit donner les principes d'une Géographie nouvelle.

Il eft vrai que la figure que des Autheurs de grande réputation ont donnée à la Terre eft tout-à-fait oppofée à celle que nous lui donnons. Ils la faifoient allongée vers les Poles, & nous la faifons applatie. On trouvera dans l'Ouvrage fuivant, les raifons qui établiffent leur opinion, & celles qui établiffent la nôtre, fidellement rapportées: & quoiqu'il nous fût permis de donner la préférence à nos mefures fur les mefures des autres, nous avons laiffé la chofe comme indéterminée: nous ne nous fommes propofé que de bien inftruire le Lecteur des raifons des deux parties; & nous lui laiffons le choix de l'une ou de l'autre opinion.

Quelques perfonnes ennemies des nouvelles Découvertes, ou mal inftruites, auroient voulu faire croire que la queftion de la figure de la Terre étoit infoluble ou inutile. J'ai examiné le plus équitablement ce qu'elles peuvent dire, & j'ai fur cela défendu la caufe de ceux qui veulent la Terre allongée, avec les mêmes armes, que j'ai défendu la nôtre.

Il peut paroître ridicule de difcuter aujourd'hui la poffibilité & l'utilité d'une chofe à laquelle on travaille depuis quarante ans, & pour laquelle le Gouvernement a fait les plus grandes dépenfes, & l'Académie les plus grands travaux. Si ceux qui gouvernent,

PRÉFACE.

peuvent protéger les Sciences jusques dans leurs spéculations inutiles, pour entretenir le goût des Sçavans, ils n'ordonnent des entreprises confidérables, qu'autant que l'Etat en peut retirer des avantages plus réels : & si les Sçavans peuvent, dans leur Cabinet, donner leur temps aux choses frivoles, il ne leur est permis de traverser les Mers, & d'exposer leur vie & celle des autres, que pour des découvertes, dont l'utilité justifie leurs périls & leurs peines. La Nation qui confentiroit à tout ignorer, seroit plus raisonnable, que celle qui formeroit de si grandes entreprises pour des bagatelles.

Il n'est donc pas douteux, que quand le Ministere a ordonné les travaux qui ont été faits depuis quarante ans, pour déterminer la grandeur & la figure de la Terre, il n'en ait reconnu toute l'utilité, & n'ait vû que cette découverte méritoit son attention & ses soins : on ne peut non plus douter, que quand l'Académie s'en est tant occupée, & y a sacrifié plusieurs de ses Membres, elle n'ait jugé que ses Académiciens en allant à l'Equateur & au Pole, travailleroient plus pour sa gloire, qu'en restant renfermés dans les murs du Louvre.

Pour prouver ces deux Points, il ne faut qu'ouvrir l'Histoire de l'Académie *, & voir comment M. Cassini a parlé de cette entreprise, presque aussi ancienne que son établissement. Mais on me permettra de rapporter ici quelques paroles que j'ai dites ailleurs pour faire connoître les principaux avantages qu'on retire de la connoissance de la figure de la Terre.

La figure d'un sphéroïde applati, tel que M. Newton l'a établi, & celle d'un sphéroïde allongé, tel que celui dont les dimensions font déterminées dans le Livre de la Grandeur & Figure de la Terre, donnent les distances différentes pour les lieux placés sur l'un & sur l'autre, aux mêmes latitudes & longitudes, & il est important pour les Navigateurs de ne pas croire naviger sur l'un de ces sphéroïdes, lorsqu'ils sont sur l'autre. Quant aux lieux qui seroient sous un même Méridien, l'on connoît les latitudes

avec

---

* *Mémoires de l'Académie, an. 1718. p. 248. 249. 526. an. 1733 pag. 403. &c.*

PRÉFACE.

avec affez de fureté pour corriger les erreurs qui en réfulteroient. Mais pour des lieux fitués fous le même Parallele, il y auroit de grandes erreurs, aufquelles il feroit difficile de remédier. Sur des Routes de cent degrés en longitude, on fe tromperoit de plus de deux degrés, fi navigant fur le fphéroïde de M. Newton, on fe croyoit fur celui du Livre de la Grandeur & Figure de la Terre; & combien de vaiffeaux ont péri pour des erreurs moins confidérables!

Il a une autre confidération à faire; c'eft qu'avant la détermination de la figure de la Terre, on ne pouvoit pas fçavoir fi cette erreur ne feroit pas beaucoup plus grande. Et en effet, fuivant nos mefures, on fe tromperoit encore plus, fi l'on fe croyoit fur le fphéroïde allongé.

Je ne parle point des erreurs qui naîtroient dans les Routes obliques: on voit affez qu'elles feroient d'autant plus dangereufes, que ces Routes approcheroient plus de la direction parallele à l'Equateur.

Les erreurs dont nous venons de parler, méritent certainement qu'on y faffe une grande attention; mais fi le Navigateur ne fent pas aujourd'hui toute l'utilité dont il lui eft., que la figure de la Terre foit bien déterminée, ce n'eft pas la fureté qu'il a d'ailleurs, qui l'empêche d'en connoître l'importance; c'eft plutôt ce qui lui manque. Il eft expofé à plufieurs autres erreurs dans ce qui regarde la direction de fa route & la vîteffe de fon Vaiffeau, parmi lefquelles l'erreur qui naît de l'ignorance de la figure de la Terre, fe trouve confondue & cachée. Cependant, c'eft toujours une fource d'erreur de plus : & s'il arrive quelque jour (comme on ne peut guéres douter qu'il n'arrive) que les autres Eléments de la Navigation foient perfectionnés, ce qui fera de plus important pour lui, fera la détermination exacte de la figure de la Terre.

Si par toutes ces confidérations la connoiffance de la figure de la Terre eft d'une utilité directe pour la Géographie & la Navigation;

PREFACE.

gation; on peut dire que l'utilité dont elle est pour l'Astronomie, rejaillit encore sur ces Sciences.

Il y a un rapport nécessaire entre la figure de la Terre, & la parallaxe de la Lune qui sert à mesurer toutes les distances entre les Corps célestes de cet Univers & qui est l'Element le plus important de l'Astronomie. Sans cette parallaxe jointe à la connoissance de la figure de la Terre, on ne sçauroit déterminer exactement les lieux de la Lune dans le Ciel, ni bien connoître ses mouvements. Et c'est sur la connoissance exacte des mouvements de la Lune, qu'est fondé l'espoir le plus raisonnable des longitudes sur mer.

Enfin pour descendre à d'autres objets moins élevés, mais qui n'en sont pas moins utiles; on peut dire que la perfection du Nivellement dépend de la connoissance de la figure de la Terre. Il y a un tel enchaînement dans les Sciences, que les mêmes Eléments qui servent à conduire un Vaisseau sur la Mer, servent à faire connoître le cours de la Lune, servent à faire couler les eaux dans les lieux où l'on en a besoin.

Il y a encore une autre considération qui rend la découverte de la figure de la Terre fort importante. C'est que le mouvement de la Terre autour de son axe, dont personne ne doute plus aujourd'hui, étant une fois posé, & la figure de la Terre bien déterminée, les expériences du Pendule feront connoître dans chaque lieu, vers quel point de l'axe de la Terre, tend la *Gravité primitive*, la gravité telle qu'elle seroit, si la *Force centrifuge* qui naît du mouvement de la Terre, ne l'avoit point altérée. Cette cannoissance est peut-être la plus importante de toute la Physique : parce qu'elle nous conduit à découvrir la nature de cette force, qui faisant agir toutes les Machines dont les hommes se servent, s'étend jusques dans les Cieux, pour y faire mouvoir la Terre & les Planétes, & semble être l'Agent universel de la Nature.

Ce n'est pas ici le lieu d'expliquer comment cette force de la gravité qui fait mouvoir le Pendule, est la même qui retient la
Lune

Lune dans son orbite, & qui régle le cours de tous les Corps célestes. Nous ne nous sommes proposé ici que de considérer la figure de la Terre par rapport à la Géographie & à la Navigation. Les avantages que ces Sciences en retirent sont assez grands, pour remplir tout le plan que nous nous sommes formé.

Toute la Géographie, & par conséquent la Navigation, sont fondées sur la comparaison des distances des lieux, avec leurs différences en latitude & en longitude: cette comparaison dépend de la grandeur de chaque degré, & la grandeur des degrés dépend de la figure de la Terre. La Géographie & la Navigation qui n'ont encore été traitées que dans la supposition que la Terre étoit sphérique, deviennent fort différentes, dès que la Terre a une autre figure.

Il est vrai que la figure d'un sphéroïde, soit allongé, soit applati, qu'il faut nécessairement donner à la Terre rendra la Géographie plus difficile qu'elle n'étoit, lorsqu'on supposoit la Terre sphérique. Mais la difficulté ne doit point éloigner du vrai. Si elle devoit inspirer quelque prévention, elle feroit croire que le vrai est du côté où elle se trouve; il est presque toujours plus difficile de parvenir à la vérité, que de tomber dans l'erreur.

Cependant toutes les difficultés que la figure, allongée ou applatie, de la Tetre apportera dans la Géographie, & dans la Navigation, ne seront que pour les Sçavans. On pourra tirer de ces différentes figures, des Régles pratiques, qui seront aussi simples que celles qu'on tiroit de la figure sphérique de la Terre; c'est aux Géométres à former ces Régles, & à les donner aux Géographes, & aux Navigateurs.

Rien ne fera mieux connoître l'importance dont il est de sçavoir quelle est la figure de la Terre, que la Table qui est à la fin de cet Ouvrage; on y trouvera la longueur des degrés telle que la donnent les mesures de M. Cassini, & telle que la donnent les nôtres; & l'on jugera par les différences qui sont marquées à côté, combien il est important de ne s'y pas méprendre.

PREFACE.

On pourra rendre cette Table encore plus exacte, lorfque les Académiciens envoyez au Pérou, auront rapporté la mefure du degré du Méridien vers l'Equateur. Plus les deux degrés qu'on compare font éloignés, plus la comparaifon qu'on en fait pour déterminer la figure de la Terre, eft avantageufe. Les mefures du degré au Cercle Polaire, & du degré vers Paris, dont je me fuis fervi, ont cependant un autre grand avantage, c'eft que les amplitudes de ces deux arcs du Méridien ont été déterminées non-feulement avec un excellent Inftrument, mais encore avec un Inftrument qui étoit le même: circonftance fort importante dans une queftion qui ne dépend que de la comparaifon des deux arcs.

On verra bientôt par le retour des Académiciens que nous attendons, de laquelle des deux colomnes de la Table que je donne, leur mefure approchera le plus, de celle de M. Caffini ou de la nôtre; & laquelle des deux figures de Terre fera confirmée.

ELEMENTS

ELEMENTS
DE
GEOGRAPHIE.

ARTICLE I.

ORIGINE DE LA GÉOGRAPHIE.

Dans les premiers voyages que firent les Hommes, ils n'alloient sans doute d'un lieu à un autre, que par la connoissance que les gens de chaque Pays leur donnoient des chemins qu'ils devoient suivre. Ces chemins leur étoient désignés par des objets fixes, comme des arbres, des montagnes, &c. Quant aux voyages de Mer, on fut long-tems sans en entreprendre, sur-tout de ceux où l'on perdoit la vûe des Côtes. C'est ainsi que rampérent sur la Terre ses premiers habitans, sans en connoître ni la figure ni les bornes, ni peut-être imaginer qu'on pût parvenir à de telles connoissances.

Le besoin qu'ont les hommes de se communiquer les uns aux autres, leur fit bientôt trouver d'autres moyens pour se conduire dans des voyages plus longs.

Au

Au lieu des arbres & des montagnes qui leur fervoient d'abord à diriger leur route, ils s'apperçûrent que pendant que prefque toutes les Etoiles tournoient autour d'eux quelques-unes demeuroient toujours dans la même fituation, & pouvoient leur fervir de ces termes immobiles. Ils s'apperçûrent que tous les jours à midi, le Soleil, dans fa plus grande élévation, fe trouvoit à l'oppofite du lieu qui répondoit à ces Etoiles; & ce fut là vraifemblablement l'origine de la *Ligne Méridienne.*

Dès qu'ils eurent la premiere ébauche de cette ligne, ce fut une régle fixe qui put les conduire dans leurs Voyages. Il fuffifoit de fçavoir, que pour aller dans un tel Pays, il falloit fuivre cette ligne en allant vers le Soleil, ou vers le côté oppofé : que pour aller dans tel ou tel autre, il falloit faire une route qui coupât cette ligne avec telle ou telle obliquité.

L'attention qu'on avoit aux Etoiles, qui fervoient à diriger la Méridienne, & qu'on avoit d'abord crû immobiles, fit bientôt voir qu'elles ne l'étoient pas, qu'elles fe mouvoient comme les autres; mais que leur mouvement étoit plus petit, & que c'étoit fa petiteffe qui avoit empêché de remarquer qu'elles n'étoient pas toujours aux mêmes lieux du Ciel : que ces Etoiles étoient réellement tantôt plus élevées, & tantôt l'étoient moins; & que dans le temps d'environ une révolution du Soleil, elles fe trouvoient une fois dans leur plus grande, & une fois dans leur plus petite élévation.

Ils virent ainfi, que ces Etoiles décrivoient dans les Cieux des cercles autour d'un point qui fe trouvoit à leur élévation moyenne, & que c'étoit à ce point qu'ils devoient diriger la Méridienne, puifque c'étoit ce point qui étoit véritablement immobile.

Dès qu'ils eurent conftruit des inftrumens, avec lefquels ils purent obferver la hauteur des Etoiles & du Soleil, & mefurer l'ouverture des angles, il leur fut facile de trouver la hauteur de ce point immobile dans les Cieux. Puifque chaque Etoile faifoit tous les jours une révolution autour de lui, il étoit autant au-deffous d'elle lorfqu'elle étoit dans fa plus grande élévation, qu'il étoit au-deffus lorfqu'elle étoit dans fa plus petite. La différence des deux éléva-

élévations de l'Etoile donnoit donc le diamétre du cercle qu'elle décrivoit; & ajoutant à la moindre élévation la moitié de cette différence, on avoit la hauteur de ce point autour duquel on voyoit toutes les Etoiles tourner, de ce point qu'on appelle le *Pôle*.

Dès lors on put rectifier les premieres Méridiennes qu'on avoit dirigées groffiérement aux Etoiles voifines du Pôle, en les regardant comme immobiles. On fit tendre cette Méridienne, non plus vers ces Etoiles dont la fituation varioit, mais à ce point autour duquel elles tournoient toutes.

On remarqua, que faifant paffer par cette ligne ainfi corrigée, un plan qui s'étendît jufques fur la Terre, & qui coupât perpendiculairement le plan de l'Horifon, c'étoit dans ce plan que fe trouvoit précifément le Soleil tous les jours à midi, lorfqu'il étoit à fa plus grande élévation; & que toutes les Etoiles s'y trouvoient auffi, lorfqu'elles étoient dans leur plus grande élévation, ou dans leur plus petite. Enfin qu'on pouvoit dans chaque lieu marquer fur la Terre la ligne dans laquelle ce plan coupoit le plan de l'Horifon, & cette ligne étoit la véritable Méridienne.

Cette ligne une fois tracée, & fe pouvant tracer ainfi dans tous les lieux; pour aller fûrement d'un lieu à un autre, il ne falloit plus que fçavoir quel angle faifoit ce lieu avec la Méridienne, & fuivre la route indiquée par cet angle.

ARTICLE II.

COMMENT ON DÉCOUVRIT QUE LA TERRE E'TOIT RONDE.

Ceux qui voyagérent dans la direction de la Méridienne, s'appercurent bientôt que les plus grandes & les plus petites hauteurs des Etoiles n'étoient plus les mêmes, qu'au lieu d'où ils étoient partis. Ceux qui allérent vers le Pôle virent que les Etoiles voifines de ce point devenoient plus élevées pour eux, tant dans leur

plus grande que dans leur plus petite élévation ; & que les Etoiles
situées de l'autre côté du Ciel devenoient plus basses, qu'elles ne
l'étoient aux lieux d'où ils étoient partis. Ceux qui allérent vers
le Midi, virent au contraire les Etoiles Pôlaires s'abaisser, pendant
que celles qui leur étoient opposées s'élevoient ; enfin ils en découvrirent du côté du Midi de nouvelles, qu'ils n'avoient point encore
vû paroître au-dessus de l'Horison, & vinrent à ne plus voir celles
qui étoient vers le Pôle.

Ils connurent par-là que la surface de la Terre sur laquelle ils
avoient voyagé, n'étoit plus une plaine, comme ils l'avoient pensé
d'abord, mais que cette surface étoit courbe. Ils virent qu'après avoir
parcouru des distances égales, en suivant la direction de la Méridienne,
les plus grandes & les plus petites élévations des Etoiles, avoient reçu
des augmentations ou des diminutions égales ; & cela leur fit connoître que du moins dans cette direction la surface de la Terre étoit
une zone circulaire, & que leur ligne Méridienne étoit un cercle.
C'est ce cercle qu'on appelle *le Méridien de la Terre*.

Ils ne connoissoient point encore par-là quelle étoit la figure
de la Terre dans les directions perpendiculaires à la Méridienne ;
car sans doute ils ne sçavoient pas que dans les Eclipses, l'ombre
qu'on voyoit sur la Lune étoit l'ombre de la Terre. Ce ne fut
vraisemblablement que long-temps après que l'Astronomie, déja
perfectionnée, reconnut, que lorsqu'on marchoit dans la direction
pérpendiculaire à la Méridienne, quoiqu'on ne vît d'ailleurs aucun
changement dans les plus grandes & les plus petites élévations des
Astres, le moment auquel les Astres se trouvoient à leurs plus grandes & leurs plus petites élévations arrivoit plûtôt pour ceux qui
alloient vers le côté où le Soleil se leve, & plus tard pour ceux qui
alloient vers le côté opposé : que les différences de ces tems étoient
proportionnelles aux longueurs des chemins qu'on avoit faits sur
chaque ligne perpendiculaire à la Méridienne ; & que plus le point
dont on étoit parti voyoit les Etoiles Pôlaires élevées, & moins
il falloit marcher dans la direction perpendiculaire à la Méridienne
pour trouvrer ces différences de tems.

DE GEOGRAPHIE.

Ce fut alors qu'on put conclure que la Terre, qu'on fçavoit déja être ronde dans la direction du Méridien, l'étoit encore dans la direction qui lui étoit perpendiculaire ; & l'on ne manqua pas de lui donner la rondeur d'un globe, qu'on regardoit comme la plus parfaite, qui étoit peut-être la feule qu'on connût alors, & qui s'accordoit avec toutes les obfervations qu'on pouvoit faire dans ce tems-là.

ARTICLE III.

COMMENT ON VINT A CROIRE QUE LA TERRE SE MOUVOIT. COURTE EXPOSITION DU SYSTEME DU MONDE.

Voilà donc la Terre un globe fufpendu dans les airs, autour duquel les Cieux & toutes les Etoiles tournoient & faifoient une révolution dans l'efpace d'environ 24. heures.

La figure ronde de la Terre, qui étoit celle du Soleil & de la Lune, fit peut-être d'abord penfer à la mettre au nombre des autres Aftres ; & l'on vit bientôt que tout ce mouvement qu'on attribuoit aux Etoiles feroit fauvé, fi au lieu de fuppofer la Terre immobile au centre de ce mouvement, on fuppofoit qu'elle fît en 24. heures une révolution fur elle-même, & qu'elle tournât fur un axe qui fût dirigé vers ce point immobile qu'on avoit remarqué dans les Cieux.

Toutes les apparences du mouvement des Etoiles étoient expliquées par-là ; car chacune paroiffant au fpectateur décrire un cercle dans les Cieux autour de la Terre, fi l'on fuppofoit que chaque lieu de la Terre décrivît fon cercle, & que les Etoiles demeuraffent fixes, le Spectateur pouvoit attribuer aux Etoiles le mouvement que lui feul, placé fur la Terre, éprouvoit.

Dès qu'on eut une fois cette idée, il ne faut pas douter que les bons Efprits ne l'adoptaffent, & ne trouvaffent plus raifonnable d'attribuer

tribuer à la Terre le mouvement de révolution autour de son axe, que de faire mouvoir les Cieux & tous les Astres autour d'elle.

On remarqua ensuite, ou peut-être l'avoit-on déja remarqué (car il y a ici des choses qui ne dépendent point les unes des autres, & desquelles on ne peut pas assurer la priorité) que quoique le Soleil, tous les jours dans sa plus grande élévation, à midi passât dans le plan du Méridien; il n'y passoit pas toujours à la même distance des mêmes Etoiles. On ne pouvoit plus le regarder comme fixe dans le Ciel à l'égard des Etoiles; & l'on observoit qu'il s'avançoit de jour en jour dans la direction d'une certaine zone circulaire, en sorte que chaque jour il sembloit parcourir un degré de cette zone, & au bout d'un an l'avoir parcouruë toute, & être revenu vis-à-vis les mêmes Etoiles.

Pour expliquer ce Phénomene, il ne suffisoit plus de supposer un mouvement de révolution, il falloit un mouvement de translation. Il falloit que le corps même du Soleil fût transporté dans les Cieux, & décrivît autour de la Terre une route à peu près circulaire; ou que la Terre fît ce même chemin autour de lui: car, comme nous avons dit, tout mouvement apparent entre deux corps, s'explique également, soit qu'on suppose le premier en repos, & le second en mouvement, soit qu'on attribuë le mouvement au premier, & le repos au second. Plusieurs raisons purent déterminer à donner à la Terre ce mouvement de translation autour du Soleil, que le Soleil paroissoit avoir autour d'elle.

L'étude de l'Astronomie avoit fait découvrir dans les Cieux d'autres corps, que les Etoiles, le Soleil & la Lune. C'étoient certaines Etoiles *Errantes*, qui ne conservoient pas toujours les mêmes distances par rapport aux autres Etoiles, comme faisoient les Etoiles qu'on appelloit *Fixes* : ces Etoiles errantes, pendant qu'elles sembloient emportées par le mouvement apparent de la révolution totale des Cieux, avoient un autre mouvement particulier indépendant de ce mouvement général. On avoit découvert cinq Astres de cette espece, qu'on appelle Planétes, & qui sont Mercure, Vénus, Mars, Jupiter & Saturne; & en observant leur mouvement, on voyoit que pour le rendre simple & régulier, il
falloit

falloit qu'il fe fît, non point autour de la Terre, mais autour du Soleil. La Terre paroiffoit dans le même cas que ces corps; & en plaçant la route qu'elle décrivoit autour du Soleil entre celle de Venus & de Mars, tous les Phénomenes du mouvement des Aftres s'expliquoient; & le Syftème du Monde devenoit fimple & régulier.

Le Soleil, Globe immenfe de feu, étoit placé au centre du Monde, où il n'avoit de mouvement que celui de révolution autour de fon axe, que le changement de fituation de fes taches n'a fait découvrir que long-temps après. Il répandoit de-là la chaleur & la lumiere fur les Planétes, qui fe mouvoient toutes autour de lui, chacune dans fon Orbe. La plus proche eft Mercure, qui fait autour de lui fa révolution dans trois mois: La feconde eft Vénus, dont la révolution eft de huit: La Terre fait la fienne en un an: Mars en deux, Jupiter en douze, & Saturne en trente.

La Terre ainfi rangée au nombre des Planétes fut reduite à fe mouvoir comme les autres autour du Soleil; & la feule prérogative qu'elle conferva, fut d'avoir une Planéte qui lui appartînt, & qui fît tous les mois une révolution autour d'elle.

Ce Syftême renouvellé dans les derniers temps par Copernic, avoit été connu de l'Antiquité la plus reculée. Plufieurs raifons de vraifemblance & de fimplicité, avoient pû déterminer à donner à la Terre le mouvement de translation autour du Soleil, plûtôt que de le donner au Soleil autour de la Terre : mais les plus fortes de ces raifons n'ont été découvertes que de nos jours, & elles font aujourd'hui telles qu'elles ne laiffent plus à notre choix d'attribuer le mouvement au Soleil ou à la Terre.

Je n'expliquerai point ici toutes les preuves que l'Aftronomie & la Phyfique nous donnent aujourd'hui du mouvement de la Terre dans fon orbite, parce qu'elles n'appartiennent point à la Géographie. Tout ce qui peut ici avoir rapport à cette Science, c'eft le mouvement de révolution de la Terre autour de fon axe; celui-là femble avoir quelque influence fur la figure de la Terre, & c'eft pour cela que nous en avons parlé.

ARTI-

ARTICLE IV.

TENTATIVES POUR DÉTERMINER LA GRANDEUR DE LA TERRE.

Revenons à expliquer par quels degrés la Géographie s'eſt élevée au point où elle eſt aujourd'hui.

Nous avons vû comment on avoit découvert la rondeur de la Terre. On ſentit bientôt qu'il ne ſuffiſoit pas de ſçavoir que la Terre étoit ronde : on voulut ſçavoir avec plus de préciſion les routes qu'il falloit tenir, & quelle devoit être la longueur de ces routes pour aller d'un lieu à un autre, où l'on ſçavoit qu'il y avoit telle ou telle différence dans la hauteur des Etoiles ; ou telle & telle différence dans le tems auquel elles ſe trouvoient à leur plus grande ou leur plus petite élévation. On vit facilement que cela dépendoit d'une connoiſſance plus parfaite du globe de la Terre. Les beſoins continuels des hommes leur inſpirérent le deſſein de connoître la grandeur de ce globe, & leur induſtrie toujours proportionnée à leurs beſoins, leur rendit l'entrepriſe poſſible. Mais comment meſurer un corps dont les dimenſions ont ſi peu de proportion avec nos organes ? Nos yeux n'en peuvent découvrir à la fois que les plus petites parties : nos mains n'en peuvent toucher que les atomes.

Si le corps de l'homme n'eſt rien à l'égard du globe de la Terre, il poſſede en lui quelque choſe à quoi toutes les maſſes & la matiere entiere ne ſont plus comparables : c'eſt cet eſprit, dont la volonté meut les corps, & dont l'attention en découvre les propriétés : cet eſprit oſa entreprendre de meſurer le corps immenſe de la Planéte que nous habitons.

Une entrepriſe plus facile avoit paru téméraire & impie à un des plus grands Philoſophes de l'Antiquité. Pline parlant du Catalogue des Etoiles qu'avoit entrepris Hipparque, l'appelle *rem Deo improbam: une choſe difficile à Dieu*. Mais ſi l'expérience nous a appris que l'intelligence humaine peut parvenir à des choſes plus difficiles, une idée plus juſte de la Divinité, que celle qu'avoient les Anciens, ne nous permet aucune comparaiſon.

Nous

Nous ne ferons point l'Histoire des premieres tentatives, qui furent faites pour déterminer la grandeur de la Terre. Les noms d'Aristote, d'Eratosthenes, de Possidonius & de tous les grands Hommes qui ont entrepris cette mesure, ne peuvent servir qu'à nous faire connoître de quelle utilité on l'a jugée dans tous les tems! Quant aux mesures qu'ils nous ont laissées, elles différent trop les unes des autres pour qu'on puisse y compter. Il est vrai qu'on peut rejetter une partie des différences que nous y trouvons, sur l'incertitude où nous sommes de la vraie valeur des stades & des milles employés par ces Auteurs : mais cette incertitude est une raison de plus qui rend pour nous leurs mesures inutiles.

Malgré la science de ces grands Hommes, malgré l'importance de la chose, leurs entreprises furent si malheureuses que vers le milieu du siécle passé, Snellius & Riccioli différoient encore de 7550. toises sur la longueur qu'ils donnoient au degré; c'est-à-dire, de plus de $\frac{1}{8}$ sur la circonférence de la Terre.

Je ne parle point de quelques autres mesures qui se sont trouvées approcher davantage de la juste valeur du degré ; parce qu'on ne peut attribuer cette espece de précision qu'au hasard, & qu'à en juger par les moyens dont s'étoient servis ceux qui les avoient données, on ne les pouvoit croire qu'inférieures aux autres.

Telle étoit l'incertitude sur la juste valeur du degré, lorsqu'un des plus grands Rois que la France ait eu, voulut faire déterminer la grandeur de la Terre. Louis XIV. ordonna cette fameuse mesure, & M. Picard, qui en fut chargé, l'exécuta avec le soin & l'exactitude que les ordres du Roi & l'importance de la chose exigeoient.

Cette mesure ne paroissoit plus laisser aucun doute sur la grandeur de la Terre. Mais des expériences qu'on fit presqu'aussi-tôt après sur la pesanteur, qui se trouva inégale en différens climats, firent douter de sa figure : & si sa figure n'étoit plus celle d'un globe parfait, on ne connoissoit plus aussi sa grandeur, parce que les degrés du Méridien n'étoient plus alors égaux, comme les avoit supposés M. Picard.

ARTICLE V.

COMMENT LES EXPÉRIENCES SUR LA PESANTEUR POUVOIENT FAIRE CROIRE QUE LA TERRE N'ETOIT PAS SPHÉRIQUE.

Voici ces expériences, qui paroiffent avoir apporté tant de trouble à la Géographie.

M. Richer étant allé à Cayenne en 1672. faire des obfervations Aftronomiques, trouva que fon horloge à pendule, qui avoit été réglée à Paris fur le moyen mouvement du Soleil, après avoir été tranfportée dans cette Isle, qui n'eft éloignée de l'Equateur que d'environ cinq dégrés, y retardoit de 2′ 28″ chaque jour. Il rapporta en France cette expérience, plus importante qu'aucune de toutes celles qu'il avoit faites, & elle fut l'objet de l'attention & des recherches de tous les Philofophes & de tous les Mathématiciens.

On vit d'abord que cette expérience fuppofoit que la pefanteur étoit moindre à Cayenne qu'à Paris. Lorfque le Pendule qui régle l'horloge s'écarte dans fon mouvement de la fituation verticale, la force qui l'y ramene eft la pefanteur, & elle l'y ramene d'autant plûtôt, qu'elle eft plus grande, & d'autant plus tard, qu'elle eft plus petite. Le Pendule ne permet à l'aiguille de l'horloge de marquer chaque feconde fur le cadran, qu'après qu'il a achevé une de fes ofcillations, qu'après chacune de fes chûtes dans la verticale. Ainfi fi l'aiguille marque moins de fecondes pendant une révolution des Etoiles, le Pendule employe plus de temps à retomber dans la fituation verticale, & la force qui le pouffe, la pefanteur eft plus petite. Il eft vrai que dans les climats plus chauds, la verge du Pendule, comme toute autre verge de métal, s'allonge, & fon allongement caufe du retardement dans les ofcillations. Un pendule plus long, toutes chofes d'ailleurs égales, ofcille plus lentement qu'un plus court. Mais on fçait affez exactement de combien la chaleur allonge les Pendules, & par conféquent de combien elle retarde leur mouvement ; & malgré les chaleurs de la Cayenne, le retardement

obfervé

observé ne pouvoit être attribué à cette cause. Il n'étoit donc pas douteux que la pesanteur ne fût plus petite à Cayenne qu'à Paris.

Mais quelle étoit la cause de cette diminution de la pesanteur ? Tout corps qui circule autour d'un centre, fait un continuel effort pour s'écarter de ce centre. C'est cet effort qui bande la Fronde, lorsqu'on la tourne chargée de la pierre, & qui la rompt, si l'on tourne assez vîte. On appelle cet effort, *force centrifuge*. Tous les corps qui tournent y sont sujets; & dans ceux qui font leur révolution dans le même tems, elle est proportionnelle à la grandeur du cercle qu'ils décrivent.

La Terre faisant chaque jour une révolution autour de son axe, tous les corps, toutes les parties de matiére qui la composent, décrivent des cercles; tous participent à la force centrifuge, & chacun plus ou moins, selon la grandeur du cercle qu'il décrit. Cette force s'évanouit aux Pôles; & est plus grande que par tout ailleurs, sous le cercle qui est également éloigné des deux Pôles, sous l'*Equateur*, parce que ce cercle est le plus grand de tous ceux que décrivent les divers points de la surface de la Terre. L'effet total de la force centrifuge, est de tendre à écarter les corps du centre des cercles qu'ils décrivent; & une partie de cette force est opposée à la pesanteur, qui dans tous les lieux, tend à faire tomber les corps vers le centre de la Terre. Cette partie de la force centrifuge opposée à la pesanteur, est d'autant plus grande qu'on est plus proche de l'Equateur: 1°. Parce que les cercles que les corps décrivent sont plus grands: 2°. Parce que plus on approche de l'Equateur, & plus la direction de cette force est opposé à celle de la pesanteur.

La force centrifuge diminuë donc d'autant plus la pesanteur dans chaque lieu, que ce lieu est plus près de l'Equateur; & la pesanteur ainsi altérée, doit paroître plus petite à l'Equateur, que vers les Pôles, & plus petite dans les lieux qui sont plus voisins de l'Equateur que dans ceux qui en sont plus éloignés. C'est ce qui fut observé, après que le Pendule eut été transporté de Paris, à Cayenne.

Les calculs de M$^{rs.}$ Newton & Huygens allérent jusqu'à comparer la quantité de la force centrifuge avec la pesanteur, & ils trouvérent que sous l'Equateur elle en étoit la 289e partie.

Oeuv. de Maupert.

Confidérant enfuite que les eaux de la Mer fe tiennent en équilibre par toute la Terre, & concevant la Terre comme formée d'une matiere homogene & fluide, ou qui l'avoit été d'abord, ils entreprirent d'en déterminer la figure par les loix de l'Hydroftatique.

Pour que cette matiere fluide qui compofe la Terre fût en repos, & que les eaux ne coulaffent ni de côté, ni d'autre, il falloit que le poids de la colomne qui va du centre à l'Equateur, fût égal au poids de celle qui va du centre au Pôle, afin que ces deux colomnes qu'on peut fuppofer renfermées dans des tuyaux qui fe communiquent au centre de la Terre, fe foutinffent l'une l'autre, & demeuraffent en équilibre. Mais la colomne qui répond à l'Equateur, étant formée d'une matiere que la force centrifuge avoit rendu plus legére que la matiere qui forme la colomne qui répond au Pôle, il falloit que la colomne de l'Equateur fût plus longue que celle du Pôle ; ce qui rendoit la Terre applatie.

Chacun de ces deux grands Mathématiciens fit fon Calcul, & ils ne different que dans le plus ou le moins d'applatiffement. Cette différence venoit du Syftême que chacun fuivoit fur la pefanteur; car ils étoient d'accord fur la force centrifuge. Mais M. Huygens fuppofoit que fans l'altération que la force centrifuge caufe à la pefanteur, la pefanteur feroit la même dans tous les lieux de la Terre, tant fur la furface que dans l'intérieur : & tendroit par tout précifément au centre. Il trouvoit, en fuivant cette hypothéfe, que le diamétre de l'Equateur devoit furpaffer l'axe de la Terre de $\frac{1}{578}$ partie de fa longueur.

M. Newton attribuant la pefanteur à l'attraction mutuelle de toutes les parties de la matiere qui forme la Terre, en raifon renverfée du quarré de leur diftance, ne regardoit plus la pefanteur comme devant être par tout la même. Si la figure de la Terre dépendoit de la pefanteur, elle-même dépendoit de la figure qu'avoit la Terre; & la Terre étant une fois applatie par la force centrifuge, cette feule figure rendoit la pefanteur plus petite à l'Equateur qu'au Pôle, indépendamment de la force centrifuge. M. Newton calculoit d'après cette fubtile Théorie, & trouvoit que le diamétre de l'Equateur devoit furpaffer l'axe de la Terre de $\frac{1}{230}$ partie de fa longueur.

ART.

ARTICLE VI.

PHÉNOMENE QUI PAROISSOIT PROUVER L'APPLATISSEMENT DE LA TERRE.

Un Phénomene célefte paroiſſoit confirmer la Théorie de M$^{rs.}$ Newton & Huygens. On avoit découvert par le mouvement de certaines Taches qu'on obſerve ſur le diſque de Jupiter, que cette Planéte faiſoit une révolution ſur ſon axe dans 10 heures. Cette révolution beaucoup plus rapide que celle de la Terre, devoit imprimer à toutes les parties de cette Planéte une trés-grande force centrifuge, qui devoit applatir conſidérablement ſa forme. On découvroit en effet, en meſurant les diamétres de Jupiter, qu'il étoit ſenſiblement applati vers les Pôles. C'étoit une preuve qui paroiſſoit très forte pour l'applatiſſement de la Terre.

Les raiſonnemens de M$^{rs.}$ Mewton & Huygens jettérent donc dans de grandes incertitudes ſur la figure de la Terre. L'un & l'autre la faiſoient applatie; mais ils ne s'accordoient pas ſur la quantité de l'applatiſſement; & l'on ne pouvoit plus compter ſur la meſure de M. Picard, que pour le degré qu'il avoit meſuré.

ARTICLE VII.

MESURES FAITES POUR DETERMINER LA FIGURE DE LA TERRE.

La France à qui toutes les Nations devoient la meſure de la Terre la plus exacte qu'on eût alors, voulut qu'on lui dût la perfection de cet Ouvrage; M$^{rs.}$ Caſſini furent chargés de meſurer l'arc du Méridien qui traverſe la France; & l'on a vû dans le compte qu'ils ont rendu de toutes leurs opérations, avec quelle exactitude ils s'en acquittérent. Ils ſentoient qu'ils étoient chargés de l'honneur de la Nation.

Les expériences sur la pesanteur, qu'on avoit trouvée moindre près l'Equateur que vers les Pôles, avoient fait penser que la Terre, au lieu d'être un globe parfait, devoit être un peu applatie vers les Pôles, & avoir la figure d'une Orange; les mesures de M$^{rs.}$ Cassini donnérent à la Terre une figure toute opposée, celle d'un Sphéroïde allongé, ou d'un Citron.

Ces mesures furent répétées par M$^{rs.}$ Cassini en différens tems, en différens lieux, avec différens instruments, & par différentes méthodes; le Gouvernement y prodigua toute la dépense & toute la protection imaginable pendant trente-six ans, & le * résultat de six opérations faites en 1701, 1713, 1718, 1733, 1734 & 1736, fut toujours *que la Terre étoit allongée vers les Pôles.*

Les Mathématiciens eurent beau s'en étonner, les mesures paroissoient plus fortes que des raisonnemens, qui fondés sur des Théories subtiles laissent toujours douter si l'on y a fait entrer toutes les circonstances nécessaires.

On auroit donc pû s'en tenir là, si dans une affaire de si grande importance, l'on n'eût voulu lever tous les doutes. Nous verrons bien-tôt ce qu'on fit pour cela. Mais pour faire comprendre ce que c'est que ces mesures, ce qu'on en peut conclure, & comment elles peuvent faire connoître si la Terre est allongée ou applatie, je veux expliquer l'opération dont elles dépendent: & cela peut être d'autant plus utile, que c'est sur cette opération qu'est fondée toute la Géographie.

ARTICLE VIII.

EXPOSITION DE L'OPÉRATION POUR LA MESURE DES DEGRÉS DU MERIDIEN.

Nous n'expliquerons point ici tous les artifices dont les Mathématiciens se sont servis pour mesurer la Terre. Plusieurs de leurs Méthodes, sures dans la spéculation Géométrique, étoient sujettes à de grandes erreurs dans leur résultat par la moindre erreur commise dans les moyens: plusieurs étoient sujettes aux irrégula-rités

* *Memoires de l'Académie.*

rités de la refraction de l'Atmosphére; & toutes l'étoient aux erreurs causées par l'imperfection des instrumens, qui dans ces tems-là étoient bien éloignés de l'exactitude où ils ont été portés dans les derniers tems. Nous ne nous étendrons point sur toutes ces Méthodes dans un Ouvrage aussi court que celui-ci.

Mais comme cependant nous voulons tâcher d'instruire parfaitement le Lecteur, de tout ce qui regarde la figure de la Terre, nous expliquerons celle de ces Méthodes, qui a été suivie par tous les Mathématiciens Modernes.

Cette Méthode est prise de l'idée que nous avons donnée de la premiere Géographie; de l'observation que firent les Voyageurs, qu'après s'être éloignés, en suivant la direction de la Méridienne, les élévations des Etoiles n'étoient plus les mêmes au lieu où ils étoient arrivés, qu'elles étoient au lieu d'où ils étoient partis. Après une marche de 20. lieues, on trouvoit une différence d'un degré dans l'élevation des Etoiles; on concluoit de-là qu'un degré de la circonférence de la Terre étoit de 20. lieues, & que la circonférence entiere étoit de 7200. Il faut expliquer la raison de cette conclusion.

La hauteur d'une Etoile est l'angle que forme avec la ligne horisontale, la ligne tirée de l'œil du Spectateur à l'Etoile. Mais comme les Etoiles, dont on se sert pour la mesure de la Terre, doivent être le plus près du Zenith qu'il est possible, afin d'éviter la réfraction de l'Atmosphére, qui est grande vers l'Horison, & sujette à de grandes variations; au lieu de rapporter la hauteur des Etoiles à la ligne horisontale, on la rapporte à une autre ligne, dont la situation est toujours donnée par le moyen le plus simple qu'on puisse imaginer.

Je parle de la ligne *Verticale*, de la ligne selon laquelle se dirige un fil chargé d'un plomb. L'hydrostatique démontre que cette ligne est dans chaque lieu, perpendiculaire à la surface des eaux; & comme la surface des eaux a la même figure que celle de la Terre, puisque dans tous les lieux les Côtes suivent la surface de la Mer, & ne s'élevent au-dessus que de hauteurs qui ne sont rien par rapport à la totalité de la surface de la Terre, on prend dans chaque lieu cette ligne à plomb perpendiculaire à la surface des eaux, pour la perpendiculaire à la furface de la Terre, ou pour la perpendiculaire au plan qui touche la furface de la Terre dans ce lieu.

Cette ligne verticale eſt dirigée exactement vers un point, qu'on imagine dans les Cieux élevé directement au-deſſus de chaque lieu, qu'on appelle le *Zenith* de ce lieu: & elle peut ſervir comme la ligne horiſontale, pour meſurer la hauteur des Aſtres. Car comme elle fait avec elle un angle droit, la diſtance d'un Aſtre au Zenith eſt toujours égale à un angle droit, moins l'élévation de l'Aſtre au-deſſus de l'Horiſon; & ſi dans deux lieux de la Terre, l'élévation d'un Aſtre eſt différente, ſa diſtance au Zenith differe de la même quantité.

C'eſt des diſtances des Etoiles au Zenith, ou à cette ligne verticale, qu'on ſe ſert avec le plus de ſûreté pour meſurer les degrés du Méridien de la Terre. Mais il faut auparavant expliquer ce que c'eſt qu'un dégré du Méridien.

ARTICLE IX.
CE QUE C'EST QU'UN DEGRE' DU MERIDIEN.

Suppoſez dans deux lieux différens ſitués ſur le même Méridien, les deux lignes qui paſſent aux Zeniths de ces lieux, prolongées au-deſſous de la ſurface de la Terre, juſqu'à ce qu'elles ſe recontrent. L'angle qu'elles forment entr'elles au-dedans de la Terre, eſt ce que nous apellons l'*Amplitude* de l'arc du Méridien terminé par ces deux lignes. Si cet angle eſt d'un degré, l'arc du Méridien intercepté ſur la ſurface de la Terre entre ces deux verticales, eſt ce qu'on appelle *un degré du Méridien*. En général un degré, deux degrés, trois degrés du Méridien, ſont des arcs du Méridien, dont les amplitudes ſont d'un degré, deux degrés, trois degrés.

On voit par-là que ſi la ſurface de la Terre étoit abſolument plane, il n'y auroit point d'amplitude, il n'y auroit point de degré. Les lignes qui paſſeroient par les Zeniths, ne formeroient entr'elles aucun angle, & ſeroient toutes parallèles. Mais ſi le Méridien de la Terre eſt courbe, les lignes du Zenith ſe rencontreront, & formeront toujours des angles au deſſous de la ſurface de la Terre.

ARTICLE X.

COMMENT ON DETERMINE L'AMPLITUDE D'UN ARC DU MERIDIEN.

Pour déterminer l'amplitude d'un arc du Méridien, pour déterminer l'angle que forment entr'elles deux verticales : suppofons l'Obfervateur placé au-dedans de la Terre, dans le point de concurs des deux verticales de Paris & d'Amiens, qui font fitués fur le même Méridien ; & que la Terre étant tranfparente, lui permet de voir les Etoiles à travers. S'il veut déterminer l'angle compris entre les deux verticales de Paris & d'Amiens, & qu'il ne puiffe pas voir à la fois l'une & l'autre, il pourra fe fervir d'une Etoile placée entre ces deux lignes ; & il eft évident que l'angle formé par les deux verticales fera compofé de deux angles formés à l'œil de l'Obfervateur, l'un par la verticale de Paris, & la ligne tirée à l'Etoile, & l'autre par cette ligne tirée à l'Etoile, & la verticale d'Amiens. Mais fi l'Etoile fe trouvoit hors de l'angle des deux verticales du côté d'Amiens, il eft clair que cet angle feroit la différence des deux angles formés à l'œil de l'Obfervateur, l'un par la ligne tirée à l'Etoile, & la verticale de Paris, & l'autre formé par la ligne tirée à l'Etoile, & la verticale d'Amiens.

Or foit que l'Obfervateur foit placé au-dedans de la Terre au point où nous l'avons fuppofé, ou qu'il foit placé fur la furface à Paris & à Amiens, les angles formés par les verticales d'Amiens & de Paris, & les lignes tirées à l'Etoile font les mêmes, à caufe de la prodigieufe diftance de l'Etoile à la Terre.

On peut donc prendre la fomme ou la différence des angles ainfi obfervés à Paris & à Amiens, pour le véritable angle que forment au-dedans de la Terre les verticales de ces deux Villes.

Et connoiffant cet angle, il n'eft plus queftion que d'avoir exactement la mefure de la diftance de Paris à Amiens, pour voir combien le degré entre ces deux Villes contient de toifes.

ARTICLE. XI.

COMMENT ON MESURE LA LONGUEUR D'UN ARC DU MERIDIEN.

Cette derniere opération n'a de difficulté, qu'autant qu'on la veut faire avec une grande précifion. Pour celle-ci, comme pour celle qui regarde l'angle entre les deux verticales, nous nous contenterons d'expliquer la Méthode qui donne la plus grande exactitude. Car du refte on voit affez, que fi l'on fe contentoit d'une exactitude médiocre, il y a bien des moyens de mefurer une diftance fur le terrain.

Si la diftance entre les deux lieux qu'on a choifis, étoit plane & unie, il n'y auroit pas de meilleur moyen d'en connoître exactement la longueur, qu'en la mefurant d'un bout à l'autre, à la perche ou à la chaîne; & cette opération, la plus fimple de toutes, feroit en même-tems la plus exacte. Mais comme il y a peu de Pays où l'on puiffe trouver dans d'affez grandes étendues la furface de la Terre affez plane & affez unie pour cela, on a recours à un autre moyen.

C'eft de former, par des Objets pris à droit & à gauche, une fuite de triangles qui fe terminent aux deux extrémités de la diftance qu'on veut mefurer. On obferve avec le quart de cercle la grandeur des angles de chacun de ces triangles; & alors, fi l'on connoît la longueur d'un feul côté de quelqu'un de ces triangles, la longueur de tous les autres de toute la fuite, fe peut déterminer, comme la Trigonométrie l'enfeigne.

Il n'eft donc plus queftion, lorfque les triangles font ainfi formés, que de mefurer à la perche la longueur de quelque côté d'un de ces triangles: c'eft ce côté mefuré actuellement qu'on appelle la *Bafe*. On prend d'ordinaire ce côté fondamental à l'une des extrémités de la diftance, & l'on va de triangle en triangle, jufqu'à l'autre extremité. Le calcul fait d'après la bafe, donne tous les côtés de ces triangles; & les côtés des derniers étant ainfi déterminés, on en mefure un à la perche pour vérifier l'Ouvrage. Car fi la longueur
de

de ce côté mesurée s'accorde avec la longueur calculée, c'est une preuve que l'opération est bonne, qu'il n'y a aucune erreur considérable dans les observations des angles, & qu'on peut compter sur la longueur de tous les côtés des triangles.

On a par-là la longueur de toute la figure formée par les triangles. Mais comme c'est un arc du Méridien qu'on veut mesurer il faut rapporter cette longueur à la ligne Méridienne ; & cela se peut facilement, pourvû qu'on connoisse l'angle que forme avec cette ligne la longueur de la figure. Cet angle se peut avoir de bien des maniéres. Il est déterminé par celui que forme le côté du premier triangle avec le plan, qui passant par le Pôle ou par le Soleil à midi, coupe perpendiculairement le plan de l'Horison; & on le peut vérifier par l'angle que forme avec ce plan le côté de quelqu'un des derniers triangles.

On a ainsi la longueur terrestre d'une partie de la ligne Méridienne, ou d'un arc du Méridien ; & pour avoir la grandeur du degré, il ne faut plus que comparer cette longueur avec l'angle formé par les deux verticales qui passent par les extrémités de cet arc. Si cet angle étoit précisément d'un degré, l'arc du Méridien mesuré seroit d'un degré, s'il est plus grand, ou plus petit, on connoît à proportion la grandeur du degré par la longueur de cet arc.

ARTICLE XII.

MESURES DE M. PICARD, DE M. CASSINI, ET DE M^{rs}. CLAIRAUT, CAMUS, LE MONNIER ET MOI.

C'est par cette Méthode que M. Picard ayant mesuré la distance entre Paris & Amiens, & observé l'angle formé par les deux verticales d'Amiens & de Paris, trouva le degré du Méridien de 57060. toises.

M. Cassini, chargé de mesurer le Méridien entier de la France, partagea ce Méridien en deux arcs; l'un compris depuis Paris jusqu'à l'extrémité Méridionale du Royaume, de $6\frac{1}{3}$ degrés, l'autre depuis Paris jusqu'à l'extrémité Septentrionale, de $2\frac{1}{3}$ degrés.

L'avantage qu'avoient fur l'opération de M. Picard, celles de M. Caffini, c'étoit de pouvoir donner la comparaifon de deux arcs du Méridien, l'un au Midi, l'autre au Nord. Car s'il y avoit quelque inégalité entre les degrés de la Terre, comme le prétendoient M$^{rs.}$ Newton & Huygens, cette inégalité devoit par-là être découverte, & découverte d'autant plus fûrement, que fur plufieurs degrés, ces différences devoient fe trouver accumulées.

Auffi l'inégalité des degrés avoit été découverte. Mais elle s'étoit trouvée tomber dans un fens oppofé à celui où elle devoit être, fi la Terre eût été applatie. Le degré vers le Nord avoit été trouvé plus petit, non-feulement que le degré vers le Midi, mais plus petit encore que M. Picard ne l'avoit déterminé; & de-là s'étoit enfuivi que la Terre, au lieu d'être applatie, étoit allongée.

M. Caffini avoit donné en 1718. le Livre *de la Grandeur & de la Figure de la Terre*, dans lequel, après avoir rapporté toutes les opérations qu'il avoit déja faites, il concluoit, non-feulement que la Terre étoit allongée, mais encore il déterminoit la quantité de l'allongement, & toutes les dimenfions de la figure que la Terre avoit. C'étoit * un Ellipfoïde allongé vers les Pôles, dont l'axe étoit de 6579368. toifes, & dont le diamétre de l'Equateur étoit de 6510796. & le premier degré au Nord de Paris, que M. Picard avoit déterminé de 57060. toifes, n'étoit que de 56975. toifes. L'objet principal de cet Ouvrage, celui qui avoit le plus d'utilité, c'étoit la Table qu'on y trouve de la valeur de chaque degré du Méridien, de chaque degré de latitude; & toutes les autres mefures qu'avoient prifes M$^{rs.}$ Caffini en 1733, 1734, 1736. confirmoient cette Table.

Ces mefures fe trouvant fi contraires à la figure que les loix de l'Hydroftatique fembloient donner à la Terre, & la décifion de cette Queftion paroiffant fort importante, le Roi ordonna, que deux Troupes de Mathématiciens iroient, les uns à l'*Equateur* les autres au *Cercle Polaire*, prendre des mefures qu'on regardoit comme plus décifives, que celles que M$^{rs.}$ Caffini avoient prifes en France.

Pendant

---

* *Grandeur & Figure de la Terre*, p. 243. & 244.

Pendant que M^rs. Godin, Bouguer & de la Condamine étoient au *Perou* pour mesurer un arc du Méridien, je fus envoyé avec M^rs. Clairaut, Camus, le Monnier & Outhier en *Lapponie*, pour y mesurer le degré le plus Septentrional qu'il fût possible.

On ne sçait encore rien des mesures des Mathématiciens envoyés à l'Equateur. Mais celles que nous avons prises en *Lapponie* sont contraires à tout ce qu'ont fait M^rs. Cassini, & donnent la Terre applatie. Nous avons trouvé le degré du Méridien, là où il coupe le Cercle Polaire, de 57438. toises, c'est-à-dire, d'environ 1000. toises plus grand qu'il ne devoit être, suivant la Table de M^rs. Cassini.

ARTICLE XIII.

POURQUOI LES DEGRÉS PLUS PETITS VERS LES POLES QUE VERS L'EQUATEUR, SUPPOSENT LA TERRE ALLONGÉE VERS LES POLES: ET POURQUOI LES DEGRÉS PLUS GRANDS LA SUPPOSENT APPLATIE.

Il faut maintenant expliquer pourquoi les degrés du Méridien plus petits vers les Pôles que vers l'Equateur, font la Terre allongée, & pourquoi au contraire les degrés plus petits vers l'Equateur que vers les Pôles, la font applatie. Les mesures une fois bien prises, c'est à ce point que se réduit la Question; & c'est un point sur lequel d'assez habiles gens se sont trompés.

Si la Terre étoit parfaitement sphérique, que ses Méridiens fussent des Cercles, il est clair que tous les degrés du Méridien seroient égaux: car tous les degrés d'un Cercle le sont. Toutes les lignes verticales se rencontreroient dans un seul point, qui seroit le centre du Méridien, & le centre de la Terre.

Mais si la Terre n'est pas sphérique, & que son Méridien soit une courbe ovale; imaginez à la circonférence de cet Ovale toutes les lignes verticales tirées, de sorte qu'elles soient toutes prolongées au-dedans de l'Ovale, & que chacune fasse, avec la verticale voisine

voisine, un angle d'un degré ; ces verticales ne se rencontreront plus toutes au même point, & les arcs du Méridien interceptés entre deux de ces verticales voisines, ne seront plus d'égale longueur. Là où le Méridien sera plus courbe, qui est à l'extrémité du grand axe de l'Ovale, le point de concours où se rencontreront les deux verticales voisines, sera moins éloigné au-dessous de la surface de la Terre, & ces deux verticales intercepteront une partie du Méridien plus petite, que là où le Méridien est moins courbe, à l'extrémité du petit axe de l'Ovale.

Or on peut considerer le Méridien de la Terre, & quelque courbe que ce soit, comme formée d'un assemblage de petits arcs de Cercle, chacun d'un degré, dont les centres sont dans les points de concurs de deux verticales voisines, & dont les rayons sont les parties de ces verticales, comprises depuis ces points jusqu'à la surface de la Terre. Il est alors évident, que là où les rayons de ces Cercles sont petits, les degrés de leurs cercles, qui sont les mêmes que les degrés du Méridien, sont plus petits ; & là où les rayons des Cercles sont plus grands, leurs degrés & ceux du Méridien sont plus grands.

On voit par-là que c'est aux deux bouts de l'Ovale où les centres des Cercles, qui sont les points de concours de deux verticales voisines, sont les moins abaissés au-dessous la surface de la Terre, que c'est là où les rayons des Cercles sont plus courts, & où les degrés, toûjours proportionnés aux rayons, sont plus petits : qu'au contraire au milieu de l'Ovale, à égale distance de ses deux bouts, les rayons des Cercles sont plus longs, & les degrés plus grands.

Si donc les degrés du Méridien vont en diminuant de l'Equateur vers les Pôles, les bouts de l'Ovale sont aux Pôles, & la Terre est allongé ; si au contraire les degrés du Méridien sont plus grands au Pôle qu'à l'Equateur, les Pôles sont au milieu de l'Ovale, & la Terre est applatie.

ARTICLE XIV.

OBJECTIONS CONTRE L'OPÉRATION PAR LAQUELLE ON MESURE LES DEGRÉS DU MERIDIEN.

Nous venons de tâcher de faire comprendre pourquoi, si les degrés du Méridien vont en diminuant de l'Equateur vers les Pôles, la Terre est allongée, & pourquoi, s'ils vont en croissant, elle est applatie. Voyons maintenant quelle est la sûreté de l'opération par laquelle on mesure ces degrés; de l'opération que nous avons expliquée, par laquelle on détermine la grandeur & la figure de la Terre, & d'où dépend toute la Géographie.

La justesse de cette opération est démontrée à la rigueur Géométrique; mais voici ce qu'elle suppose : 1°. Que dans tous les lieux de la Terre, la ligne à plomb soit perpendiculaire au plan de l'Horison: 2°. Que pendant le temps qui s'écoule entre les observations qu'on fait d'une Etoile, lorsqu'on lui rapporte les angles des verticales, cette Etoile n'ait point de mouvement que celui de sa révolution apparente autour de la Terre; & que si elle en a quelqu'un, il soit connu, & qu'on en puisse tenir compte : 3°. Que la Terre ait une figure réguliere, & que tous ses Méridiens soient des courbes égales.

Examinons les doutes qu'on peut avoir sur ces trois Articles, qui sont tout ce qui pourroit jetter de l'incertitude sur l'opération par laquelle on mesure les degrés du Méridien, & tout ce qu'on pourroit dire contre les Mesures de M$^{rs.}$ de Cassini & des Académiciens envoyés, tant à l'Equateur qu'au Cercle Polaire. Car il n'y auroit rien de si ridicule, que de travailler pendant quarante ans à mesurer les degrés du Méridien, & d'aller au bout du Monde pour faire de semblables opérations, si ces opérations, quelque bien executées qu'elles fussent, ne pouvoient donner ni la figure de la Terre, ni la juste grandeur des degrés. Nous allons discuter par ordre les trois articles précédens.

ARTICLE XV.

SI LA LIGNE A PLOMB EST PAR-TOUT PERPENDICU-
LAIRE A LA SURFACE DE LA TERRE.

1°. On ne peut pas douter que la ligne à plomb ne soit par toute la Terre perpendiculaire à la surface des eaux, & par conséquent au plan de l'Horison, qui est le plan qui touche la surface des eaux dans chaque lieu. Mais la surface des eaux, est-elle bien par-tout la même que la surface de la Terre? On voit bien qu'en général cela est ainsi; par-tout les Côtes sont si peu élevées au-dessus de la Mer, qu'on peut regarder la surface de la Terre comme la surface de la Mer continuée. Mais ne pourroit-il pas y avoir dans quelque lieu quelque inégalité à cette surface? quelque lieu où, quoique la ligne à plomb lui fût perpendiculaire, cette ligne n'eût pas la même inclinaison, par rapport à l'axe, qu'elle auroit dans quelqu'autre lieu pris à la même distance de l'Equateur?

Toutes les Observations Astronomiques & Géographiques, nous apprennent que cela n'est pas ainsi. Si aux mêmes distances de l'Equateur, les lignes verticales ne faisoient pas les mêmes angles avec l'axe de la Terre; lorsqu'on part d'une même latitude, après avoir parcouru vers le Nord ou vers le Sud des distances égales, on ne trouveroit pas les mêmes hauteurs du Pôle: mais dans tous les lieux de la Terre où l'on a voyagé & observé, après avoir parcouru des distances égales, on a toujours trouvé ces hauteurs les mêmes. Et si l'on disoit que les différences sont trop petites pour pouvoir être apperçues par les Géographes, ce seroit mal raisonner que de supposer ce que l'expérience n'a ni fait voir, ni fait soupçonner.

Ceux qui regardent la pesanteur comme l'effet des Attractions de toutes les parties dont la Terre est formée, conviennent que presque toutes les Montagnes que nous connoissons sont des masses trop petites pour que leur attraction puisse être comparée à celle du corps entier de la Terre, & en troubler l'effet.

M. Newton a calculé l'Attraction d'une Montagne dont la hauteur seroit de trois milles, & la largeur de six, & trouvé qu'une telle

telle montagne formée de matiere homogene, & la même que celle qui forme la Terre, cauferoit au fil à plomb une déviation de 2'*.

Ce qu'avoit conclu M. Newton, paroît confirmé pas les obfervations de MM. Bouguer & de la Condamine. Etant dans le voifinage d'une très-groffe Montagne du Pérou, appellée *Chimboraço*, ils ont trouvé par plufieurs expériences, que le fil à plomb avoit en effet quelque déviation vers cette Montagne, quoiqu'elle foit moindre que celle qu'il devroit avoir d'après des calculs femblables à ceux de M. Newton.

Chimboraço ayant été autrefois Volcan, & étant actuellement couvert de neige, depuis fon fommet jufqu'à 900 toifes au-deffous, fa maffe eft certainement compofée de matieres hétérogenes, & il doit y avoir de grandes cavités dans fon intérieur; ainfi fon attraction doit être beaucoup moindre que dans la fuppofition fur laquelle M. Newton a fondé fon calcul.

Mais quoiqu'une Montagne énorme pût caufer au fil à plomb quelque déviation, & quelque trouble aux opérations qu'on fait pour la mefure des degrés du Méridien, des Montagnes telles que Chimboraço font rares, & faciles à éviter dans le choix des lieux où l'on doit faire ces opérations.

ARTICLE XVI.

SUR LES MOUVEMENTS DES ETOILES.

2°. Paffons à la difcuffion du fecond Point, aux mouvemens particuliers qui pourroient arriver à l'Etoile, pendant le tems qui s'écoule entre les obfervations qu'on en fait pour lui rapporter les angles des verticales.

Ces mouvemens ne fçauroient apporter de trouble à cette opération, qu'autant qu'ils feroient inconnus. Tout mouvement reglé & dont on peut tenir compte ne peut caufer aucune erreur. Tel eft, par exemple, ce mouvement obfervé depuis long-tems, par lequel chaque Etoile fixe femble s'avancer d'un degré dans foixante & douze ans autour d'un certain point des Cieux. On connoît

* *De Mundi fyftemate.*

noît la quantité de ce mouvement ; on fçait quelle différence il doit produire dans la diftance de chaque Etoile au Zenith ; & l'on eft toujours à lieu d'y avoir égard, fi le temps écoulé entre les obfervations eft affez confidérable pour que cette différence foit fenfible.

Il y a encore dans les Etoiles, l'apparence d'un autre mouvement, par lequel chacune femble décrire dans les Cieux une petite Ellipfe. M. Bradley eft le premier qui l'ait découvert : ce mouvement eft très-régulier, & très-affujéti à la Théorie ; mais c'eft à une Théorie très-fubtile. L'apparence de ce mouvement vient de la combinaifon du mouvement de la lumiere de l'Etoile, avec le mouvement de la Terre dans fon orbite. Ces deux mouvemens changent la direction, fuivant laquelle l'Obfervateur recevroit le rayon vifuel ou la lumiere de l'Etoile, fi cette lumiere venoit trouver la Terre en repos, ou fi la viteffe de cette lumiere étoit incomparablement plus grande que celle de la Terre.

Il en eft ainfi de la direction qu'il faut donner au fufil, pour que le plomb frappe l'oifeau qui vole : au lieu d'ajufter directement à l'oifeau, le Chaffeur tire un peu au-devant, & tire d'autant plus au-devant, que le vol de l'oifeau eft plus rapide par rapport à la viteffe du plomb. Il eft évident, que dans cette comparaifon, l'oifeau repréfente la Terre, & le plomb repréfente la lumiere de l'Etoile qui la vient frapper.

On déduit de là tous les fymptômes & toutes les regles de ce mouvement ; & la Théorie de M. Bradley, à laquelle il n'a été conduit que par les obfervations, s'y eft toujours trouvée parfaitement conforme *.

Ce mouvement connu & réglé, eft dans le même cas que celui dont nous avons déja parlé. On fera toujours à lieu d'en tenir compte, s'il eft néceffaire ; & il ne fçauroit caufer d'erreur dans la mefure des degrés.

Mais outre ces mouvemens, n'y en a-t-il point quelqu'autre dans les Etoiles, dont jufqu'ici l'on ne connoît ni la quantité ni la loi ? M. Bradley, avec un inftrument excellent de 12. pieds de rayon, auquel les plus petits écarts des Etoiles ne pourroient échapper, a

fuivi

---

* *Voyez les Tranfactions Philofophiques*, N°. 406.

suivi pendant toute l'année les Etoiles qui paſſoient dans l'étenduë du limbe de cet inſtrument, qui embraſſoit une Zone du Ciel, dans laquelle ſe trouvoient plus de 200. Etoiles, ſans avoir jamais trouvé qu'aucune de celles qu'il a obſervées, ſe ſoit éloignée du lieu où elle devoit être de plus de 2″, quantité qu'il eſt toujours douteux ſi l'on doit plûtôt attribuer au mouvement de l'Etoile, qu'à l'erreur de l'obſervation.

Si les Etoiles ont donc quelqu'autre mouvement, il faut qu'il ſoit prodigieuſement lent, & des mouvemens de cette lenteur ne ſçauroient cauſer aucune erreur ſenſible dans la meſure des degrés du Méridien. Les obſervations, par leſquelles on rapporte à l'Etoile l'angle des verticales aux deux extrémités de l'arc qu'on meſure, ne laiſſent pas des intervalles de tems aſſez longs entr'elles, pour que ces mouvemens fuſſent à craindre pendant le tems écoulé.

ARTICLE XVII.

SI LA TERRE N'A POINT DES IRREGULARITÉS DANS SA FIGURE.

Quant au dernier Point, ſçavoir, ſi la Terre eſt d'une figure réguliere, ou ſi c'eſt un corps inégal & tortu, qui ait des cavités & des boſſes, ſans aucune eſpéce de régularité : s'il y a quelqu'un qui faſſe cette queſtion de bonne foi, & qu'il ne veuille pas en juger par la régularité de la figure que l'ombre de la Terre lui fait voir dans les Eclipſes de Lune, ni par l'équilibre des eaux qui recouvrent le globe de la Terre ; il faut lui accorder que, ſi la terre a de telles irrégularités, toutes les meſures de M$^{rs.}$ Caſſini, ni de M$^{rs.}$ du Nord, ni de M$^{rs.}$ de l'Equateur, ne feront point connoître la figure. En même temps il faut reconnoître, que c'eſt fait de ſa Géographie & de la Navigation, & qu'il n'y a plus aucune regle à établir, ni à chercher dans ces Sciences. Mais on ſçait que le Navigateur conduit ſon Vaiſſeau là où il veut, & l'y conduit avec d'autant plus de ſureté, qu'il pratique plus exactement les regles de ſon Art.

ARTICLE XVIII.

TABLE DES DEGRÉS DE LATITUDE ET DE LONGITUDE. PERIL DES NAVIGATEURS.

Sans nous arrêter davantage à ces frivoles objections, je vais donner une Table des degrés tant de latitude que de longitude. Et afin qu'on ne m'accuse d'aucune partialité, je placerai chaque degré suivant les Mesures de M$^{rs.}$ Caffini vis-à-vis le degré correspondant suivant les nôtres.

Cette Table est le principal objet de tous les travaux qu'on a entrepris sur la figure de la Terre. C'est pour sçavoir quelle est la grandeur exacte des degrés, que M$^{rs.}$ Caffini ont fait tant d'operations ; que M$^{rs.}$ Godin, Bouguer & de la Condamine, sont allés à l'*Equateur* ; & que nous avons été au *Cercle Polaire*.

On peut voir par cette Table de quelle importance il est pour le Navigateur, de connoître la figure de la Terre sur laquelle il navigue; ou du moins de quelle importance il est que cette figure soit bien connue de ceux qui dressent les Cartes & les Instructions, sur lesquelles il dirige sa route.

Les différences qui sont marquées dans la quatriéme Colomne de la Table, donnent les erreurs qu'on commet, si la Terre a la figure que M. Caffini lui donne, & qu'on croye qu'elle a celle que nous lui donnons: ou réciproquement, si la Terre a la figure que nous lui donnons, & qu'on croye qu'elle a celle que M. Caffini lui donne. Lorsqu'on navigue vers l'Equateur ou vers les Pôles, sur un seul degré de latitude, l'erreur va jusqu'à une demi-lieue; & sur plusieurs degrés, les erreurs sont accumulées.

Si par exemple un Pilote partant de l'Equateur cherche à rencontrer ou à éviter une Terre, ou un Ecueil situé à la latitude de 20 degrés, sous le Méridien où il navigue : s'il calcule sa route d'après nos mesures, & que ce soit celles de M$^{rs.}$ Caffini qu'il faille suivre, lorsqu'il aura fait 406 lieues Marines, il se croira avoir passé le lieu qu'il cherchoit, ou qu'il vouloit éviter; il s'en croira éloigné de 9 lieues lorsqu'il sera dessus & prêt à briser son Vaisseau contre.

Il est exposé au même péril, s'il calcule sa route sur les mesures de M$^{rs.}$ Cassini, & que ce soient les nôtres qui soient les véritables; lorsqu'il aura fait 397 lieues, il croira n'avoir point encore atteint le lieu qu'il cherche: il s'en croira encore éloigné de 9 lieues, lorsqu'il sera prêt à périr contre.

On voit par la Table, que les navigations qui se font vers les Pôles seront sujettes aux mêmes erreurs, avec cette différence que, si la Terre a la figure que lui donne M. Cassini, & qu'on navigue sur nos mesures, lorsqu'on ira reconnoître quelque lieu par sa latitude, on se croira moins avancé qu'on ne le sera réellement; & qu'au contraire on croira l'avoir passé, si la Terre a la figure que nous lui donnons, & qu'on se fonde sur les mesures de M. Cassini.

La même Table fait connoître les erreurs en longitude, qui sont encore plus dangereuses que les erreurs en latitude. On peut voir par cette Table, que lorsqu'on navigue sur des Paralleles éloignés de l'Equateur, il y a telles Navigations où l'erreur va jusqu'à 2 degrés sur 100; où l'on se croiroit éloigné de 40 lieues de la Terre, lorsqu'on seroit dessus.

Ces erreurs sont indépendantes des autres erreurs jusqu'ici inévitables dans la Navigation; de celles que produit l'incertitude du sillage, de la dérive, de la variation: quand la Navigation seroit une science parfaite à ces autres égards, le Pilote le plus habile ne pourroit remédier aux erreurs qui naissent de la différente figure de la Terre, que par la connoissance de la vraie figure qu'elle a. Et si les erreurs qui naissent de la figure de la Terre, peuvent seules être de la plus grande importance, elles sont encore plus à craindre, lorsqu'elles se trouvent combinées avec ces autres erreurs dépendantes de l'Art de la Navigation, qui peuvent les augmenter considérablement.

Si malgré cela quelqu'un peu exact & peu amateur de l'exactitude, trouvoit ces erreurs de 2 sur 100 peu considérables; il faut qu'il pense que quand elles seroient beaucoup moindres, on ne sçauroit se donner trop de soin pour les éviter. Si la moindre utilité devient du plus grand prix, lorsqu'elle s'applique à une grande multitude, que doit-on penser d'une découverte, qui diminue le péril du nombre innombrable d'hommes, qui confient leur fortune & leur vie à la Mer?

180 ELEMENTS

Il est vrai que tous ceux qui auront évité le naufrage par l'une des Colomnes de cette Table, auroient péri, s'ils avoient suivi l'autre. Elle pent paroître jusqu'ici d'un usage aussi dangereux, qu'utile. Mais c'est à la prudence du Navigateur de sçavoir se déterminer pour la Terre Allongée, ou pour la Terre Applatie. La vérité sera connuë un jour avec plus d'évidence ; & le bien public exige qu'on décide autentiquement, laquelle des deux colomnes de la Table doit être suivie, & laquelle doit être rejettée. Sans cela, toutes les grandes choses qu'on a faites en France pour déterminer la figure de la Terre, demeureroient inutiles, ou deviendroient nuisibles.

ARTICLE XIX.
CONSTRUCTION DE LA TABLE.

Je n'ai plus qu'un mot à dire, sur la construction de la Table que je vais donner. L'une des Colomnes est formée sur les mesures que M. Cassini a données dans le Livre *de la Grandeur & de la Figure de la Terre*, pag. 242. 243. 245. L'autre Colomne est formée sur nos mesures.

Nous avons trouvé en *Lapponie*, à la latitude de 66° 20', le degré du Méridien de 57438 toises *; & ayant remesuré avec le même Instrument l'amplitude de l'Arc qu'avoit mesuré M. Picard, nous avons trouvé le degré à la latitude de 49° 22', de 57183 toises *; plus grand de 208 toises que ce degré n'a été donné par M. Cassini. Suivant ces mesures, & prenant le Méridien de la Terre pour une Ellipse, comme ont fait M$^{rs.}$ Newton & Cassini, on trouve le diamétre de l'Equateur de 6562480 toises, & l'axe de la Terre de 6525600 : ces deux nombres sont à peu près l'un à l'autre, comme 178. à 177.

Lorsqu'on a deux degrés du Méridien bien mesurés, on détermine facilement la valeur de chaque degré de Latitude, & de Longitude en considerant la Terre comme un Ellipsoïde fort approchant de la Sphere : & c'est ainsi qu'on a construit les Tables suivantes.

* *La fig. de la Terre déterm. pag. 125.*
* *Degré du Méridien entre Paris & Amiens, pag. liv.*

TABLE

TABLE
DES DEGRÉS DE LATITUDE.

Latit. du Lieu.	Degrés suivant M. Caſſini.	Degrés suivant Mrs. Clairaut, Camus, le Monnier & moi.	Différences.
0	58020 Toiſ.	56625 Toiſ.	+ 1395 T.
5	58007	56630	1377
10	57969	56655	1314
15	57906	56690	1215
20	57819	56740	1079
25	57709	56800	909
30	57580	56865	715
35	57437	56945	492
40	57285	57025	260
45	57130	57110	20
50	56975	57195	— 220 T.
55	56825	57275	455
60	56683	57350	667
65	56555	57420	865
70	56444	57480	936
75	56355	57530	1175
80	56287	57565	1278
85	56243	57585	1342
90	56225	57595	1370
	Axe de la Terre 6579368 Toiſ.	*Axe de la Terre* 6525600 Toiſ.	53768 Toiſes.

TABLE
DES DEGRÉS DE LONGITUDE.

Latit. du Lieu.	Degrés suivant M. Caffini.	Degrés suivant Mrs. Clairaut, Camus, le Monnier & moi.	Différences.
0	56820 Toif.	57270 Toif.	450 T.
5	56695	57050	455
10	55935	56410	475
15	54845	55340	495
20	53325	53850	525
25	51400	51955	555
30	49075	49665	590
35	46380	46995	615
40	43335	43970	635
45	39965	40610	645
50	36295	36930	635
55	32360	32970	610
60	28185	28755	570
65	23805	24315	510
70	19255	19685	430
75	14560	14900	340
80	9765	10000	235
85	4900	5020	120
90	0	0	0
	Diametre de l'Equateur. 6510796. Toif.	Diametre de l'Equateur 6562480. Toif.	51684 Toifes.

LETTRE

LETTRE

SUR

LA COMETE

QUI PAROISSOIT EN M. DCC. XLII.

―――――――――――

Tu ne quæsieris, scire nefas.

LETTRE
SUR
LA COMETE.

Vous avez souhaité, Madame, que je vous parlasse de la Comète qui fait aujourd'hui le sujet de toutes les conversations de Paris, & tous vos desirs sont pour moi des ordres. Mais que vous dirai-je de cet Astre? Rechercherai-je les influences qu'il peut avoir, ou les événemens dont il peut être le présage? Un autre Astre a décidé de tous les événemens de ma vie; mon sort dépend uniquement de celui-là; j'abandonne aux Comètes le sort des Rois & des Empires.

Il n'y a pas un siècle que l'Astrologie étoit en vogue à la Cour & à la Ville. Les Astronomes, les Philosophes, & les Théologiens, s'accordoient à regarder les Comètes comme les causes ou les signes de grands événemens. Quelques-uns seulement rejettoient l'application qu'on faisoit des Règles de l'Astrologie, pour deviner par elles les événemens qu'elles annonçoient. Un Auteur moderne, célébre par sa piété & par sa science dans l'Astronomie, étoit de cette opinion; & croyoit cette curiosité plus capable d'offenser Dieu, déjà irrité, que d'appaiser sa colère. Il n'a pu cependant

dant s'empêcher de nous donner des Listes de tous les grands événemens que les Comètes ont précédés ou suivis de près. *

Ces Astres, après avoir été si long-tems la terreur du Monde, sont tombés tout-à-coup dans un tel discrédit, qu'on ne les croit plus capables de causer que des rhumes. On n'est pas d'humeur aujourd'hui à croire que des Corps aussi éloignés que les Comètes, puissent avoir des influences sur les choses d'ici-bas, ni qu'ils soient des signes de ce qui doit arriver. Quel rapport ces Astres auroient-ils avec ce qui se passe dans les Conseils & dans les Armées des Rois ?

Je n'examine point la possibilité métaphysique de ces choses, si l'on comprend l'influence que les Corps les moins éloignés ont les uns sur les autres; ni si l'on comprend celles que les Corps ont sur les Esprits, dont nous ne saurions cependant douter, & dont dépend quelquefois tout le bonheur ou le malheur de notre vie.

Mais il faudroit, à l'égard des Comètes que leur influence fût connue, ou par la Révélation, ou par la Raison, ou par l'Expérience; & l'on peut dire qu'aucune de ces sources de nos connoissances ne nous l'a fait connoître.

Il est bien vrai qu'il y a une connexion universelle entre tout ce qui est dans la Nature, tant dans la Physique que dans le Moral: chaque événement lié à celui qui le précéde, & à celui qui le suit, n'est qu'un des anneaux de la chaîne qui forme l'ordre & la succession des choses : s'il n'étoit pas placé comme il est, la chaîne seroit différente, & appartiendroit à un autre Univers.

Les Comètes ont donc un rapport nécessaire avec tout ce qui se passe dans la Nature. Mais le chant des Oiseaux, le vol des Mouches, le moindre Atôme qui nage dans l'air, tiennent aussi aux plus grands événemens: & il ne seroit pas plus déraisonnable de les consulter que les Comètes. C'est en-vain que nous avons l'idée d'un tel enchaînement entre les choses, nous n'en saurions tirer aucune utilité pour les prévoir lorsque leurs rapports sont si éloignés; nous trouverons des Règles plus sûres, si nous nous contentons de tirer les événemens de ceux qui les touchent de plus près.

On peut comparer les Astrologues aux Adeptes, qui veulent tirer l'or des matières qui n'en contiennent que les principes & les

* *Riccioli Almagest. Lib. VIII. Cap. III. & V.*

plus légéres semences; ils perdent leur peine & leur temps, pendant que le Chimiste raisonnable s'enrichit à tirer l'or des terres & des pierres où il est déjà tout formé.

La prudence consiste à découvrir la connexion que les choses ont entre elles, mais c'est folie aux hommes de l'aller chercher trop loin: il n'appartient qu'à des Intelligences supérieures à la nôtre, de voir la dépendance des événemens d'un bout à l'autre de la chaîne qui les contient.

Je ne vous entretiendrai donc point, Madame, de cette espèce d'influence des Comètes; je ne vous parlerai que de celles qui sont à notre portée, & dont on peut donner des raisons Mathématiques ou Physiques.

Je n'entrerai point non plus dans le détail de toutes les étranges idées que quelques-uns ont eues sur l'origine & sur la nature des Comètes.

Képler, à qui d'ailleurs l'Astronomie a de si grandes obligations, trouvoit raisonnable, que comme la Mer a ses Baleines & ses Monstres, l'Air eût aussi les siens. Ces Monstres étoient les Comètes; & il explique comment elles sont engendrées de l'excrément de l'Air par *une Faculté animale*.

Quelques-uns ont cru que les Comètes étoient créées exprès toutes les fois qu'il étoit nécessaire, pour annoncer aux hommes les desseins de Dieu, & que les Anges en avoient la conduite. Ils ajoutent que cette explication résoud toutes les difficultés qu'on peut faire sur cette matière. * *

Enfin, pour que toutes les absurdités possibles sur cette matière fussent dites, il y en a qui ont nié que les Comètes existassent, & qui ne les ont prises que pour de fausses apparences causées par la réflexion ou réfraction de la Lumière. Eux seuls comprennent comment se fait cette réflexion ou réfraction, sans qu'il y ait des corps qui la causent. * * *

Pour Aristote, il assuroit que les Comètes étoient des Météores formés des exhalaisons de la Terre & de la Mer; & ç'a été, comme

** *Mæstlinus, Tannerus, Arriaga &c.*   *** *Panætius.*

on peut croire, le fentiment de la foule des Philofophes qui n'ont cru ni penfé que d'après lui.

Plus anciennement, on avoit eu des idées plus juftes des Comètes. Les Chaldéens, à ce qu'on prétend, favoient qu'elles étoient des Aftres durables, & des efpèces de Planètes, dont ils étoient parvenus à calculer le cours. Sénèque avoit embraffé cette opinion, & nous parle des Comètes d'une manière fi conforme à tout ce qu'on en fait aujourd'hui, qu'on peut dire qu'il avoit deviné ce que l'expérience & les obfervations des Modernes ont découvert : après avoir établi que les Comètes font de véritables Planètes, voici ce qu'il ajoute.

„ „Devons-nous donc être furpris fi les Comètes, dont les appari-
„tions font fi rares, ne femblent point encore foumifes à des loix
„conftantes ; & fi nous ne pouvons encore déterminer le cours
„d'Aftres dont les retours ne fe font qu'après de fi grands intervalles?
„Il n'y a pas encore 1500 ans que les Grecs ont fixé le nombre des
„Etoiles, & leur ont donné des noms : plufieurs Nations, encore
„aujourd'hui, ne connoiffent du Ciel que ce que leurs yeux en
„apperçoivent, & ne favent ni pourquoi la Lune difparoit en certains
„tems, ni quelle eft l'ombre qui nous la cache. Ce n'eft que de-
„puis peu de tems que nous mêmes avons fur cela des connoiffances
„certaines : un jour viendra, où le temps & le travail auront appris
„ce que nous ignorons. La durée de notre vie ne fuffit pas pour
„découvrir de fi grandes chofes, quand elle y feroit toute employée.
„Qu'en peut-on donc efpérer, lorfqu'on en fait un miférable par-
„tage entre l'Etude & les Vices. *

Je vai maintenant, Madame, vous expliquer ce que l'Aftronomie & la Géométrie nous ont appris fur les Comètes. Et à ce qui ne fera pas démontré mathématiquement, je tâcherai de fuppléer par ce qui paroîtra de plus probable ou de plus vraifemblable. Vous verrez peut-être, qu'après avoir longtems trop refpecté les Comètes, on eft venu tout à coup à les regarder comme trop indifférentes.

Pour vous donner une idée de l'importance de ces Aftres, il faut commencer par vous dire, qu'ils ne font pas d'une nature inférieure à celle des Planètes, ni à celle de notre Terre. Leur origine paroît

* *Seneca Natur. Quæft. Lib. VII.*

aussi ancienne, leur grosseur surpasse celle de plusieurs Planètes; la matiére qui les forme a la même solidité; elles pourroient même, comme les Planètes, avoir leurs habitans; enfin, si les Planètes paroissent à quelques égards avoir quelqu'avantage sur les Comètes, celles-ci ont sur les Planètes des avantages réciproques.

Comme les Comètes font une partie du Système du Monde, on ne sauroit vous les faire bien connoître sans vous retracer ce Système en entier. Mais je voudrois, pour vous faciliter la chose, que vous eussiez en même tems devant les yeux la Carte du Système Solaire de M. Halley, où sont marquées les routes des Comètes, que M. de Bessé vient de faire graver, avec la traduction qu'il a faite de l'explication de cette curieuse Carte.

Le Soleil est un Globe immense formé d'un feu céleste, ou d'une matière plus semblable au feu, qu'à tout ce que nous connoissons.

Tout immense qu'il est, il n'occupe qu'un point de l'espace infiniment plus immense que lui dans lequel il est placé; & l'on ne peut dire que le lieu qu'il occupe, soit ni le centre ni l'extrémité de cet espace; parce que, pour parler de centre & d'extrémité, il faut qu'il y ait une figure & des bornes. Chaque Etoile fixe est un Soleil semblable, qui appartient à un autre Monde.

Pendant que notre Soleil fait sur son axe une révolution dans l'espace de $25\frac{1}{2}$ jours, la matière dont il est formé s'échappe de tous côtés, & s'élance par jets qui s'étendent jusqu'à de grandes distances, jusqu'à nous, & bien par delà. Cette matière qui fait la lumière, va d'une si prodigieuse rapidité, qu'elle n'emploie qu'un demi quart d'heure pour arriver du Soleil à la Terre. Elle est réfléchie lorsqu'elle tombe sur des Corps qu'elle ne peut traverser, & c'est par elle que nous appercevons les Corps opaques des Planètes qui la renvoient à nos yeux, lorsque le Soleil étant caché pour nous sous l'autre Hémisphère, permet à cette foible lueur de se faire appercevoir.

On compte six de ces Planètes, qui n'ont de lumière que celle qu'elles reçoivent du Soleil: ce sont Mercure, Vénus, la Terre, qu'on ne peut se dispenser de placer parmi elles, Mars, Jupiter, & Saturne. Chacune décrit un grand orbe autour du Soleil, & toutes placées à des distances différentes, font leurs révolutions autour de lui dans des tems différens. Mercure qui est le plus proche, fait sa révolution en trois mois. Aprés l'orbe de Mercure est celui de Vénus, dont la révolution est de huit mois. L'orbite de la Terre placée entre celle de Vénus & celle de Mars, est parcourue dans un an par la Planète que nous habitons. Mars emploie deux ans à achever son cours, Jupiter douze, & Saturne trente.

Une circonstance remarquable dans les révolutions que font ces Astres autour du Soleil, c'est que tous la font dans le même sens. Cela a fait penser à une fameuse Secte de Philosophes, que les Planètes nageoient dans un grand Tourbillon de matière fluide, qui tournant autour du Soleil, les emportoit & étoit la cause de leur mouvement.

Mais outre que les loix du mouvement des Planètes, bien examinées, ne s'accordent pas avec un pareil Tourbillon, vous verrez dans un moment que le mouvement des Comètes en prouve l'impossibilité.

Plusieurs Planètes en parcourant leurs orbites autour du Soleil, tournent en même tems sur leur axe: peut-être même toutes ont-elles une semblable révolution. Mais on n'en est assuré que pour la Terre qui y emploie vingt-quatre heures, pour Mars qui y en emploie vingt-cinq, pour Jupiter qui y en emploie dix, & pour Vénus. Quoique tous les Astronomes s'accordent à donner à cette dernière Planète une révolution autour de son axe, dont ils se sont assurés par la diversité des faces qu'elle nous présente, ils ne sont pas cependant encore d'accord sur le tems de cette révolution, les uns la faisant de vingt-trois heures, & les autres de vingt-quatre jours.

Je n'ai point parlé ici de la Lune: c'est qu'elle n'est pas une Planète du prémier ordre; elle ne fait pas immédiatement sa révolution autour du Soleil; elle la fait autour de la Terre, qui pendant ce tems-là l'emporte avec elle dans l'orbite qu'elle parcourt. On appelle ces sortes de Planètes, *Secondaires* ou *Satellites*: & comme la Tetre en a une, Jupiter en a quatre, & Saturne cinq.

Ce n'est que de nos jours qu'on a découvert les loix du mouvement des Planètes autour du Soleil; & ces loix de leur mouvement découvertes par l'heureux Képler, en ont fait découvrir les causes au grand Newron.

Il a démontré que pour que les Planètes se mussent comme elles se meuvent autour du Soleil, il falloit qu'il y eût une force qui les tirât continuellement vers cet Astre. Sans cela, au lieu de décrire des lignes courbes, comme elles font, chacune décriroit une ligne droite, & s'éloigneroit du Soleil à l'infini. Il a découvert la proportion de cette force qui retient les Planètes dans leurs orbites, & a trouvé par elle la nature des courbes qu'elle doit nécessairement faire décrire aux Planètes.

Toutes ces courbes se réduisent aux sections coniques; & les observations font voir que toutes les Planètes décrivent en effet autour du Soleil des Ellipses, qui sont des courbes ovales qu'on forme en coupant un Cone par un plan oblique à son axe.

On prouve par la Géométrie, que le Soleil ne doit point être au centre de ces Ellipses ; qu'il doit être vers l'une des extrémités, dans un point qu'on appelle le *foyer* ; & ce foyer est d'autant plus près de l'extrémité de l'Ellipse, que l'Ellipse est plus allongée. Le Soleil se trouve en effet dans ce point: delà vient que dans certains tems de leur révolution, dans certaines parties de leurs orbites, qu'on appelle leurs *Périhélies*, les Planètes se trouvent plus proches du Soleil, & que dans d'autres (lorsqu'elles sont dans leurs *Aphélies*) elles en sont plus éloignées. Quant aux six Planètes que nous venons de nommer, ces différences d'éloignement ne sont pas fort considérables, parce que les Ellipses qu'elles décrivent sont peu allongées, & ne s'écartent pas beaucoup de la figure circulaire. Mais la même loi de force qu'on a découverte; qui leur fait décrire ces Ellipses, leur permettant de décrire des Ellipses de tous les degrés d'allongement, il y auroit de quoi s'étonner des bornes qu'il sembleroit que la Nature auroit mises à l'allongement des orbites, si l'on ne trouvoit une plus grande diversité dans les orbites que décrivent de nouveaux Astres.

Ce sont les Comètes qui viennent remplir ce que le calcul avoit prévu, & qui sembloit manquer à la Nature. Ces nouvelles Planètes assujetties toujours à la même loi que les six autres, mais usant de toute la liberté que permet cette loi, décrivent autour du Soleil des Ellipses fort allongées, & de tous les degrés d'allongement.

Le

Le Soleil placé au foyer commun de toutes les Ellipſes, à peu près circulaires, que décrivent les ſix prémières Planètes, ſe trouve toujours placé au foyer de toutes les autres Ellipſes que décrivent les Comètes. Le mouvement de ces dernières autour de lui, ſe trouve règlé par les mêmes loix que le mouvement des autres : leurs orbites une fois déterminées par quelques obſervations, on peut calculer pour tout le reſte de leur cours leurs différens lieux dans le Ciel; & ces lieux répondent à ceux où en effet on a obſervé les Comètes, avec la même exactitude que les Planètes répondent aux lieux du Ciel, où l'on a calculé qu'elles devoient être.

Les ſeules différences qui ſe trouvent entre ces nouvelles Planètes & les prémières, ſont 1. que leurs orbites étant beaucoup plus allongées que celles des autres, & le Soleil ſe trouvant par-là beaucoup plus près d'une de leurs extrémités, les diſtances des Comètes au Soleil ſont beaucoup plus différentes dans les différentes parties des orbites qu'elles décrivent. Quelques-unes (celle de 1680.) ſe ſont approchées de cet Aſtre à tel point, que dans leur *Périhélie* elles n'étoient pas éloignées du Soleil de la ſixiéme partie de ſon diamètre. Après s'en être ainſi approchées, elles s'en éloignent à des diſtances immenſes, lorſqu'elles vont achever leur cours au-delà des Régions de Saturne.

On voit par-là, que ſi les Comètes ſont habitées par quelques eſpèces d'Animaux vivans, il faut que ce ſoient des Etres d'une complexion bien différente de la nôtre, pour pouvoir ſupporter toutes ces viciſſitudes : il faut que ce ſoient d'étranges corps.

2. Les Comètes emploient beaucoup plus de tems que les Planètes à achever leurs révolutions autour du Soleil. La Planète la plus lente, Saturne, achève ſon cours en 30. ans; la plus promte des Comètes emploie vraiſemblablement 75. ans à faire le ſien. Il y a beaucoup d'apparence que la plupart y emploient pluſieurs ſiècles.

C'eſt la longueur de leurs orbites, & la lenteur de leurs révolutions, qui ſont cauſe qu'on n'a pu encore s'aſſurer entièrement du retour des Comètes. Au-lieu que les Planètes ne s'éloignent jamais des régions où notre vue peut s'étendre, les Comètes ne paroiſſent à nos yeux que pendant la petite partie de leur cours qu'elles décrivent

vent dans le voisinage de la Terre: le reste s'achève dans les dernières régions du Ciel. Pendant tout ce tems, elles sont perdues pour nous: & lorsque quelque Comète vient à reparoître, nous ne pouvons la reconnoître, qu'en cherchant dans les tems antérieurs les Comètes qui ont paru après des périodes de tems égales, & en comparant le cours de celles qui paroît au cours de celles-là, si l'on en a des observations suffisantes.

C'est par ces moyens qu'on est parvenu à croire avec beaucoup de probabilité, que la période de la Comète qui parut en 1682. est d'environ 75. ans: c'est parce qu'on trouve qu'une Comète qui avoit dans son mouvement les mêmes symptômes, avoit paru en 1607. une en 1531. & une en 1456. il est fort vraisemblable que toutes ces Comètes ne sont que la même: on en sera plus sûr, si elle reparoit en 1757. ou 1758.

C'est sur des raisons pareilles, mais sur une induction moins forte, que M. Halley a soupçonné que les Comètes de 1661. & de 1532. n'étoient que la même qui employeroit 129. ans a faire sa révolution autour du Soleil.

Enfin, l'on a poussé plus loin les recherches sur la Comète qui parut en 1680. & l'on trouve un assez grand nombre d'apparitions après des intervalles de tems égaux, pour conjecturer, avec beaucoup de vraisemblance, que le tems de sa révolution périodique autour du Soleil, est de 575. ans.

Ce qui empêche que ces conjectures n'aient la force de la certitude, c'est le peu d'exactitude qu'ont apporté les Anciens aux observations des Comètes. Ils s'appliquoient bien plus à marquer les événemens que ces Astres avoient prédits à la Terre, qu'à bien marquer les points du Ciel où ils s'étoient trouvés.

Ce n'est que depuis Ticho qu'on a des observations des Comètes sur lesquelles on peut compter, & ce n'est que depuis Newton qu'on a les principes de la théorie de ces Astres. Ce n'est plus que du tems qu'on peut attendre, & des observations suffisantes, & la perfection de cette théorie. Ce n'est pas assez que les connoissances mêmes qui sont permises aux hommes leur coutent tant de travail il faut que parmi ces connoissances il s'en trouve où toute leur induſtrie & tous leurs travaux ne ſauroient ſeuls parvenir, & dont ils ne doivent obtenir la poſſeſſion que dans une certaine époque des tems.

Si cependant l'Aſtronomie des Comètes eſt encore éloignée de ſa perfection, ſi l'on n'eſt point encore parvenu à calculer exactement leur cours, nous devons être aſſez contens de l'exactitude avec laquelle on peut déterminer des parties conſidérables de la route que tient chaque Comète. Aſſujettie comme elle eſt à la même loi qui fait mouvoir tous les autres Corps Céleſtes, dès qu'une Comète a paru, & a marqué ſon orbite par quelques points du Ciel où elle a été obſervée, on achéve par la théorie de déterminer ſon cours: & pour toutes les Comètes dont on a eu les obſervations ſuffiſantes, l'événement a répondu à l'attente & au calcul, auſſi longtems & auſſi loin que notre vue a pu les ſuivre.

Vous me demanderez peut-être, pourquoi donc on n'a pas la grandeur entière des orbites qui décrivent les Comètes, & le tems précis de leur retour?

Ce n'eſt pas la faute de la théorie, c'eſt celle des obſervations, des inſtrumens dont nous nous ſervons, & de la débilité de notre vue.

Les Ellipſes fort allongées que les Comètes décrivent, approchent tant des paraboles, que dans la partie de leurs cours où elles nous ſont viſibles, nous n'en ſaurions appercevoir la différence. Il en eſt de ces Aſtres comme de Vaiſſeaux qu'on verroit partir pour de longs voyages. On pourroit bien par les commencemens de leurs routes, juger en général vers quelles régions de la Terre ils vont: mais on ne ſauroit avoir une connoiſſance exacte de leur voyage, que lorſqu'on les verroit s'écarter de la route qui eſt commune à pluſieurs Pays où ils pourroit également aller.

Les parties de leur route que les Comètes décrivent à la portée de notre vue, ſont communes à des Ellipſes qui ſont, comme l'on fait, des courbes fermées, & à des Paraboles qui s'étendent à l'infini, dans leſquelles il n'y a point de retour des Comètes à eſpérer. Et l'on calcule leurs lieux, comme ſi elles décrivoient réellement ces dernières courbes; parce que les points où ſe trouvent les Comètes, ſont ſenſiblement les mêmes, & que les calculs en ſont beaucoup plus faciles. Mais

Mais si nos yeux pouvoient suivre plus loin les Comètes, ou qu'on pût les observer avec des instrumens plus parfaits, on les verroit s'écarter des routes paraboliques pour en suivre d'elliptiques, & l'on seroit en état de connoître la grandeur des Ellipses & le retour des Astres qui les décrivent.

On ne sauroit douter de la vérité de cette théorie, si l'on examine l'accord merveilleux qui se trouve entre le cours observé de plusieurs Comètes, & leurs cours calculés par M. Newton *. Ainsi je n'allongerai point cette Lettre du fatras des Systèmes que différens Astronomes avoient forgés sur le mouvement des Comètes. Les opinions de ceux qui les regardoient comme des Météores, n'étoient pas plus ridicules; & tous ces Systèmes sont aussi contraires à la Raison, que démentis par l'Expérience.

Le cours règlé des Comètes ne permet plus de les regarder comme des présages, ni comme des flambeaux allumés pour menacer la Terre. Mais dans le tems qu'une connoissance plus parfaite des Comètes, que celle qu'avoient les Anciens, nous empêche de les regarder comme des présages surnaturels, elle nous apprend qu'elles pourroient être des causes physiques de grands événemens.

Presque toutes les Comètes dont on a les meilleurs observations, lorsqu'elles sont venues dans ces régions du Ciel, se sont beaucoup plus approchées du Soleil, que la Terre n'en est proche. Elles ont presque toutes traversé les orbites de Saturne, de Jupiter, de Mars & de la Terre. Selon le calcul de Mr. Halley, la Comète de 1680. passa le 11 Novembre si près de l'orbe de la Terre, qu'elle s'en trouva à la distance d'un demi diamètre du Soleil. „* * Si alors cette Co-
„mète eût eu la même longitude que la Terre, nous lui aurions
„trouvé une parallaxe aussi grande que celle de la Lune. Ceci,
„*ajoute-t-il*, est pour les Astronomes; je laisse aux Physiciens à
„examiner ce qui arriveroit à l'approche de tels corps, dans leur
„contact, ou enfin s'ils venoient à se choquer: ce qui n'est nulle-
„ment impossible.

---

* Voyez les Tables du Mouvement de plusieurs Comètes, dans le Livre des Principes de la Philosophie Naturelle. Liv. III. Prop. XLI. & XLII.

* * Transact. Philos. N°. 297.

C'est par le calcul que ce grand Aftronome a fait des orbites des vingt-quatre Comètes dont on avoit des obfervations fuffifantes, qu'il a conclu que ces Aftres fe meuvent en tous fens & dans toutes les directions; leurs orbites n'aiant de commun que d'être toutes décrites autour du Soleil.

Je vous ait dit qu'une grande Secte de Philofophes avoit cru que tous les Corps Céleftes de notre Monde ne fe mouvoient que parce qu'ils étoient entraînés dans un vafte tourbillon de matière fluide qui tournoit autour du Soleil. Leur opinion étoit fondée fur ce que le mouvement de toutes les Planètes fe fait dans la même direction que celui du Soleil autour de fon axe. Quoique le fait en général foit vrai, les Planètes ne fuivent pas exactement la direction du mouvement qu'elles devroient fuivre, fi elles étoient emportées par un mouvement général de tourbillon: elles devroient toutes fe mouvoir dans le même plan, qui feroit celui de l'Equateur Solaire, ou du moins elles devroient fe mouvoir dans des plans parallèles à celui-là. Elles ne font ni l'un ni l'autre. Et cela embarraffe déjà beaucoup les Philofophes de cette Secte. Un Grand-Homme * a effayé de fauver l'Obliquité des routes que tiennent les Planètes à l'égard du plan de l'Equateur Solaire; & l'on peut admirer la fagacité & les reffources qu'il a employées pour défendre le tourbillon contre cette objection.

Mais il y a une autre objection invincible: c'eft que les Comètes, non feulement ne fuivent point cette direction commune dans leur mouvement; mais encore qu'elles fe meuvent librement dans toutes fortes de directions; les unes fuivant l'ordre des Signes dans des plans peu inclinés au plan de l'Equateur Solaire, les autres dans des plans qui lui font prefque perpendiculaires. Enfin il y en a dont le mouvement eft tout-à-fait retrograde, qui fe meuvent dans une direction oppofée à celle des Planètes, & du prétendu tourbillon. Il faudroit que celles-ci remontaffent contre un Torrent dont la rapidité eft extrême, fans en éprouver aucun retardement. Ceux qui

---

* Mr. Jean Bernouilli dans la Pièce qui a partagé le prix fur l'inclinaifon des Orbites des Planètes.

qui croiroient une telle chofe poffible, n'ont qu'à faire l'expérience de remonter une barque contre le courant d'un fleuve.

Je fai que quelques Aftronomes ont cru que ces mouvemens retrogrades des Comètes pouvoient n'être retrogrades qu'en apparence, & être en effet directs, comme on obferve que font les mouvemens des Planètes dans quelques unes de leurs fituations par rapport à la Terre. Cela fe pourroit croire, s'il étoit permis de placer les Comètes comme on le le juge à propos en-deçà ou au-delà du Soleil; & fi placées dans ces différens endroits, elles pouvoient fatisfaire également aux loix néceffaires du mouvement des Corps Céleftes. Mais la chofe mieux examinée, & calculée, comme elle l'a été par Mrs. Newton & Halley, on voit l'impoffibilité de placer les Comètes où le zèle pour les tourbillons l'exigeroit; & l'on eft réduit à la néceffité d'en admettre qui foient réellement retrogrades.

Dans cette variété de mouvemens, on voit affez qu'il eft poffible qu'une Comète rencontre quelque Planète, ou même notre Terre fur fa route; & l'on ne peut douter qu'il n'arrivât de terribles accidens. A la fimple approche de ces deux Corps, il fe feroit fans doute de grands changemens dans leurs mouvemens, foit que ces changemens fuffent caufés par l'attraction qu'ils exerceroient l'un fur l'autre, foit qu'ils fuffent caufés par quelque fluide refferré entre eux. Le moindre de ces mouvemens n'iroit à rien moins qu'à changer la fituation de l'axe & des poles de la Terre. Telle partie du Globe qui auparavant étoit vers l'Equateur, fe trouveroit après un tel événement vers les Poles; & telle qui étoit vers les Poles, fe trouveroit vers l'Equateur.

L'approche d'une Comète pourroit avoir d'autres fuites encore plus funeftes. Je ne vous ai point encore parlé des Queues des Comètes. Il y a eu fur ces queues, auffi-bien que fur les Comètes, d'étranges opinions; mais la plus probable eft que ce font des torrens immenfes d'exhalaifons, & de vapeurs, que l'ardeur du Soleil fait fortir de leur corps. La preuve la plus forte en eft, qu'on ne voit ces queues aux Comètes que lorfqu'elles fe font affez approchées du Soleil, qu'elles croiffent à mefure qu'elles s'en approchent, & qu'elles diminuent & fe diffipent lorfqu'elles s'en éloignent.

Une Comète accompagnée d'une queue peut paſſer ſi près de la Terre, que nous nous trouverions noyés dans ce torrent qu'elle traîne avec elle, ou dans une athmoſphère de même nature qui l'environne. La Comète de 1680. qui approcha tant du Soleil, en éprouva une chaleur vingt-huit mille fois plus grande que celle que la Terre éprouve en Eté. M. Newton, d'après différentes expériences qu'il a faites ſur la chaleur des Corps, ayant calculé le degré de chaleur que cette Comète devoit avoir acquiſe, trouve qu'elle devoit être deux mille fois plus chaude qu'un fer rouge; & qu'une maſſe de fer rouge groſſe comme la Terre employeroit 50000. ans à ſe refroidir. Que peut-on penſer de la chaleur qui reſtoit encore à cette Comète, lorſque venant du Soleil elle traverſa l'orbe de la Terre? Si elle eût paſſé plus près, elle auroit réduit la Terre en cendres, ou l'auroit vitrifiée; & ſi ſa queue ſeulement nous eût atteints, la Terre étoit inondée d'un fleuve brulant, & tous ſes habitants morts. C'eſt ainſi qu'on voit périr un peuple de fourmis dans l'eau bouillante que le Laboureur verſe ſur elles.

Un Auteur fort ingénieux a fait des recherches hardies & ſingulières ſur cette Comète qui penſa bruler la Terre *. Remontant depuis 1680. tems auquel elle parut, il trouve une Comète en 1106 une en 531. ou 532. & une à la mort de Jules-Céſar, 44. ans avant Jéſus-Chriſt. Cette Comète priſe avec beaucoup de vraiſemblance pour la même, auroit ſes périodes d'environ 575. ans, & la ſeptième période depuis 1680. tombe dans l'année du Déluge.

On voit aſſez après tout ce que nous avons dit, comment l'Auteur peut expliquer toutes les circonſtances de ce grand événement. La Comète alloit vers le Soleil, lorſque paſſant auprès de la Terre, elle l'inonda de ſa queue & de ſon athmoſphère, qui n'avoient point encore acquis le degré de chaleur dont nous venons de parler; & cauſa cette pluye de 40. jours dont il eſt parlé dans l'Hiſtoire du Déluge. Mais M. Whiſton tire encore de l'approche de cette Comète, une circonſtance qui achève de ſatisfaire à la manière dont les Divines Ecritures nous apprennent que le Déluge arriva.

* *A new Theory of the Earth, by Whiſton.*

arriva. L'attraction que la Comète & la Terre exerçoient l'une sur l'autre, changea la figure de celle-ci; & l'allongeant vers la Comète, fit crever sa surface, & sortir les eaux souterraines de l'Abîme.

Non seulement l'Auteur dont nous parlons a tenté d'expliquer ainsi le Déluge, il croit qu'une Comète, & peut-être la même, revenant un jour du Soleil, & en rapportant des exhalaisons brulantes & mortelles, causera aux habitans de la Terre tous les malheurs qui leur sont prédits à la fin du Monde, & enfin l'incendie universel qui doit consumer cette malheureuse Planète.

Si toutes ces pensées sont hardies, elles n'ont du moins rien de contraire, ni à la Raison, ni à ce qui doit faire la règle de notre Foi & la conduite de nos Mœurs. Dieu se servit du Déluge pour exterminer une race d'hommes dont les crimes méritoient ses châtimens; il fera périr un jour d'une manière encore plus terrible & sans aucune exception tout le Genre-humain: mais il peut avoir remis les effets de son courroux à des Causes Physiques; & celui qui est le Créateur & le Moteur de tous les Corps de l'Univers, peut avoir tellement règlé leur cours, qu'ils causeront ces grands événemens lorsque les tems en seront venus.

Si vous n'êtes pas convaincue, Madame, que le Déluge & la *Conflagration* de la Terre dépendent de la Comète, vous avouerez du moins, je crois, que sa rencontre pourroit causer des accidens assez semblables.

Un des plus grands Astronomes du Siècle, M. Grégory, a parlé des Comètes d'une manière à les rétablir dans toute la réputation de terreur où elles étoient autrefois. Ce Grand-Homme qui a tant perfectionné la théorie de ces Astres, dit dans un des Corollaires de son excellent Ouvrage.

„D'où il suit que si la queue de quelque Comète atteignoit notre
„athmosphère, (ou si quelque partie de la matière qui forme cette
„queue répandue dans les Cieux, y tomboit par sa propre pesanteur)
„les exhalaisons de la Comète mêlées avec l'air que nous respi-
„rons, y causeroient des changemens fort sensibles pour les Ani-
„maux & pour les Plantes: car il est fort vraisemblable que des
„vapeurs apportées de Régions si éloignées & si étrangères, & ex-
„citées

„citées par une si grande chaleur, seroient funestes à tout ce qui se
„trouve sur la Terre, ainsi nous pourrions voir arriver les maux
„dont on a observé dans tous les tems & chez tous les Peuples
„qu'étoit suivie l'apparition des Comètes ; & il ne convient point à des
„Philosophes de prendre trop légérement ces choses pour des fables*.

Quelque Comète passant auprès de la Terre, pourroit tellement altérer son mouvement, qu'elle la rendroit Comète elle-même. Au-lieu de continuer son cours comme elle fait dans une région uniforme & d'une température proportionnée aux hommes & aux différens animaux qui l'habitent, la Terre exposée aux plus grandes vicissitudes, tantôt brulée dans son périhélie, tantôt glacée par le froid des dernières régions du Ciel, iroit ainsi à jamais de maux en maux différens, à moins que quelque autre Comète ne changeât encore son cours, & ne la rétablît dans sa prémière uniformité.

Il pourroit arriver encore un malheur à la Planète que nous habitons. Ce seroit si quelque grosse Comète passant trop près de la Terre, la détournoit de son orbite, lui faisoit faire sa révolution autour d'elle, & se l'assujettissoit, soit par l'attraction qu'elle exerceroit sur elle, soit en l'enveloppant dans son tourbillon, si l'on veut encore des tourbillons. La Terre alors devenue Satellite de la Comète, seroit emportée avec elle dans les régions extrèmes qu'elle parcourt : triste condition pour une Planète qui depuis si longtems habite un Ciel tempéré. Enfin la Comète pourroit de la même manière nous voler notre Lune : & si nous en étions quites pour cela, nous ne devrions pas nous plaindre.

Mais le plus rude accident de tous seroit qu'une Comète vint choquer la Terre, se briser contre, & la briser en mille pièces. Ces deux corps seroient sans doute détruits ; mais la gravité en reformeroit aussi-tôt une ou plusieurs autres Planètes.

Si jamais la Terre n'a encore essuyé ces dernières catastrophes, on ne peut pas douter qu'elle n'ait éprouvé de grands bouleversemens. Les empreintes des Poissons, les Poissons mêmes pétrifiés qu'on trouve dans les lieux les plus éloignes de la Mer, & jusques

sur

---

* *Gregory Astron. Physiq. Lib. V. Corol. II. Prop. IV.*

fur le fommet des Montagnes, font des médailles inconteftables de quelques uns de ces événémens.

Un choc moins rude, qui ne briferoit pas entièrement notre Planète, cauferoit toujours de grands changemens dans la fituation des Terres & des Mers; les Eaux, pendant une telle fecouffe, s'élèveroient à de grandes hauteurs dans quelques endroits, & inonderoient de vaftes régions de la furface de la Terre, qu'elles abandonneroient après: c'eft à un tel choc que M. Halley attribue la caufe du Déluge. La difpofition irrégulière des couches des différentes matières dont la Terre eft formée, l'entaffement des Montagnes, reffemblent en effet plutôt à des ruïnes d'un ancien Monde, qu'à un état primitif. Ce Philofophe conjecture que le froid exceffif qu'on obferve dans le Nord-Oueft de l'Amérique, & qui eft fi peu proportionné à la latitude fous laquelle font aujourd'hui ces lieux, eft le refte du froid de ces Contrées qui étoient autrefois fituées plus près du Pole; & que les glaces qu'on y trouve encore en fi grande quantité, font les reftes de celles dont elles étoient autrefois couvertes, qui ne font pas encore entièrement fondues.

Vous voyez affez que tout ce qui peut arriver à la Terre, peut arriver de la même manière aux autres Planètes; fi ce n'eft que Jupiter & Saturne, dont les maffes font beaucoup plus groffes que la nôtre, paroiffent moins expofés aux infultes des Comètes. Ce feroit un fpectacle curieux pour nous, que de voir quelque Comète venir fondre un jour fur Mars, ou Vénus, ou Mercure, & les brifer à nos yeux, ou les emporter, & s'en faire des Satellites.

Les Comètes pourroient porter leurs attentats jufqu'au Soleil: & quoiqu'elles ne fuffent pas affez fortes pour l'entraîner avec elles, elles pourroient du moins le déplacer du lieu qu'il occupe, fi elles étoient affez groffes, & paffoient affez près de lui. M. Newton nous raffure contre ce déplacement, par une conjecture à laquelle femble conduire l'Analogie entre les Comètes & les Planètes. Parmi celles-ci, les plus petites font celles qui font les plus proches du Soleil, les plus groffes en font les plus éloignées.

M. Newton conjecture qu'il en eft de-même des Comètes; qu'il n'y a que les plus petites qui approchent fort de cet Aftre, &

que les plus grosses sont reléguées à de plus grandes distances, &
n'en approchent jamais beaucoup: *De peur*, dit-il*, *qu'elles
n'ébranlent trop le Soleil par leur attraction.* Mais est-il nécessaire dans l'Univers que le Soleil ne soit point ébranlé ? Doit-il jouïr
de cette prérogative ? Et en est-ce une ? Si l'on ne considére les
Corps Célestes que comme des Masses de Matière, leur immobilité
est-elle une perfection ; leur mouvement ne vaut-il pas tout au
moins leur repos ? Et si l'on regardoit ces Corps comme capables
de quelque sentiment, seroit-ce un malheur pour l'un que d'éprouver l'ascendant d'un autre ? Le sort de celui qui est entraîné, ne
vaut-il pas bien le sort de celui qui l'entraîne.

Vous avouerez, Madame, que les Comètes ne sont pas des
Astres aussi indifférens qu'on les croit communément aujourd'hui.
Tout nous fait voir qu'elles peuvent apporter à notre Terre, & à
l'Oeconomie entière des Cieux, de funestes changemens, contre
lesquels l'habitude seule nous rassure. Mais c'est avec raison que
nous sommes en sécurité. La durée de notre vie étant aussi courte
qu'elle l'est, l'expérience que nous avons, que dans plusieurs milliers d'années il n'est arrivé à la Terre aucun accident de cette
espèce suffit pour nous empêcher de craindre d'en être les témoins
& les victimes. Quelque terrible que soit le Tonnerre, sa chute
est peu à craindre pour chaque homme, par le peu de place qu'il
occupe dans l'espace où la foudre peut tomber. De-même, le peu
que nous occupons dans la durée immense où ces grands événemens arrivent, en anéantit pour nous le danger, quoiqu'il n'en
change point la nature.

Une autre considération doit bannir notre crainte: c'est qu'un
malheur commun n'est presque pas un malheur. Ce seroit celui
qu'un tempérament mal-à-propos trop robuste feroit survivre seul
à un accident qui auroit détruit tout le Genre-humain, qui seroit
à plaindre. Roi de la Terre entière, possesseur de tous ses trésors,
il périroit de tristesse & d'ennui; & toute sa vie ne vaudroit pas le
dernier moment de celui qui meurt avec ce qu'il aime.

Je

---

* *Philos. Nat. Princip. Mathemat. Lib. III. Prop. XLI.*

Je crains de vous avoir dit trop de mal des Comètes; je n'ai cependant aucune injuftice à me reprocher à leur égard; elles font capables de nous caufer toutes les cataftrophes que je viens de vous expliquer. Ce que je puis faire maintenant pour elles, c'eft de vous parler des avantages qu'elles pourroient nous procurer, quoique je doute fort que vous foyez auffi fenfible à ces avantages, que vous le feriez à la perte d'un Etat où jufqu'ici vous avez vécu paffablement. Depuis cinq ou fix mille ans que notre Terre fe trouve placée comme elle eft dans les Cieux, que fes Saifons font les mêmes, que fes Climats font diftribués comme nous les voyons, nous y devons être accoutumés; & nous ne portons point d'envie à un Ciel plus doux, ni à un Printems éternel; cependant il n'y auroit rien de fi facile à une Comète, que de nous procurer ces avantages. Son approche, qui, comme vous l'avez vu tantôt, pourroit caufer ici-bas tant de defordres, pourroit de la même manière rendre notre condition meilleure. 1. Un petit mouvement qu'elle cauferoit dans la fituation de la Terre, en relèveroit l'axe, & fixeroit les Saifons à un Printems continuel. 2. Un léger déplacement de la Terre dans l'orbite qu'elle parcourt autour du Soleil, lui feroit décrire une orbite plus circulaire, & dans laquelle elle fe trouveroit toujours à la même diftance de cet Aftre dont elle reçoit la chaleur & la lumière. 3. Nous avons vu qu'une Comète pourroit nous ravir notre Lune; mais elle pourroit auffi nous en fervir, fe trouver condamnée à faire autour de nous fes révolutions, & à éclairer nos nuits. Notre Lune pourroit bien avoir été au commencement quelque petite Comète, qui pour s'être trop approchée de la Terre, s'y eft trouvée prife. Jupiter & Saturne, dont les corps font beaucoup plus gros que celui de la Terre, & dont la puiffance s'étend plus loin & fur de plus groffes Comètes, doivent être plus fujets que la Terre à de telles acquifitions; auffi Jupiter a-t-il quatre Lunes autour de lui, & Saturne cinq.

Quelque dangereux que nous aions vu que feroit le choc d'une Comète, elle pourroit être fi petite, qu'elle ne feroit funefte qu'à la partie de la Terre qu'elle frapperoit: peut-être en ferions nous quites pour quelque Royaume écrafé, pendant que le refte de la

Terre jouïroit des raretés qu'un corps qui vient de si loin y apporteroit. On seroit peut-être bien surpris de trouver que les débris de ces Masses que nous méprisons, seroient formés d'or & de diamans; mais lesquels seroient les plus étonnés, de nous ou des habitans que la Comète jetteroit sur notre Terre ? Quelle figure nous nous trouverions les uns aux autres ?

Enfin, il y a encore une autre espéce de dépouilles de Comètes, dont nous pourrions nous enrichir. On a expliqué dans le Traité de la Figure des Astres, comment une Planète pourroit s'approprier leur queue ; & sans en être inondée, ni en respirer le mauvais air, s'en former une espèce d'anneau ou de voute suspendue de tous côtés autour d'elle. On a fait voir que la queue d'une Comète pourroit se trouver dans telles circonstances, que les loix de la Pesanteur l'obligeroit de s'arranger ainsi autour de la Terre: on a déterminé les figures que doivent prendre ces anneaux : & tout cela s'accorde si bien avec celui qu'on observe autour de Saturne: qu'il semble qu'on ne peut guères trouver d'explication plus naturelle & plus vraisemblable de ce phénomène; & qu'on ne devroit pas s'étonner si l'on en voyoit quelque jour un semblable se former autour de notre Terre.

M. Newton considérant ces courses des Comètes dans toutes les régions du Ciel, & cette prodigieuse quantité de vapeurs qu'elles traînent avec elles, leur donne dans l'Univers un emploi qui n'est pas trop honorable: il croit qu'elles vont porter aux autres Corps Célestes, l'eau & l'humidité dont ils ont besoin pour réparer les pertes qu'ils en font. Peut-être cette réparation est-elle nécessaire aus Planètes; mais elle ne peut guères manquer d'être funeste à leurs habitans. Ces nouveaux Fluides diffèrent trop des nôtres, pour ne nous pas être nuisibles. Ils infectent sans doute l'air & les eaux, & la plupart des habitans périssent. Mais la Nature sacrifie les petits objets au bien général de l'Univers.

Un autre usage des Comètes peut être de réparer les pertes que fait le Soleil, par l'émission continuelle de la matière dont il est formé. Lorsqu'une Comète en passe fort près, & pénétre jusques dans l'Atmosphère dont il est environné, cette Atmosphère apportant

tant un obstacle à son mouvement, & lui faisant perdre une partie de sa vitesse, altère la figure de son orbite, & diminue la distance de son périhélie au Soleil. Et cette distance diminuant toujours à chaque retour de la Comète, il faut qu'après un certain nombre de révolutions, elle tombe enfin dans ce feu immense auquel elle sert de nouvel aliment. Car sans doute ses vapeurs & son atmosphère qui peuvent inonder les Planètes, ne sont pas capables d'éteindre le Soleil.

Ce que font les Comètes que se meuvent autour de notre Soleil, celles qui se meuvent autour des autres Soleils, autour des Etoiles fixes, le peuvent faire. Elles peuvent ainsi rallumer des Etoiles qui étoient prêtes à s'éteindre. Mais c'est-là une des moindres utilités que nous puissions retirer des Comètes.

Voilà, Madame à peu près tout ce que je sai sur les Comètes. Un jour viendra où l'on en saura davantage. La Théorie qu'a trouvée M. Newton, qui enseigne à déterminer leurs orbites, nous fera parvenir un jour à connoître avec exactitude le tems de leurs révolutions.

Cependant il est bon de vous avertir que quoique ces Astres, pendant qu'ils décrivent les parties de leurs cours où ils sont visibles pour nous, suivent les mêmes loix que les autres Planètes, & soient soumis aux mêmes calculs, nous ne pouvons être assurés de les voir revenir aux tems marqués, retracer exactement les mêmes orbites. Toutes les avantures que nous venons de voir qui peuvent leur arriver, leurs passages par l'atmosphère du Soleil, leurs rencontres avec les Planètes, ou avec d'autres Comètes, peuvent tellement troubler leur cours, qu'après quelques révolutions ils ne seroient plus reconnoissables.

Je vous ai parlé de toutes les Comètes, excepté de celle qui paroit présentement. C'est parce que je n'en avois pas grand' chose à vous dire. Cette Comète qui fait tant de bruit, est une des plus chetives qui ait jamais paru. On en a vu quelquefois dont la grandeur apparente étoit égale à celle du Soleil; plusieurs dont le diamètre paroissoit la quatriéme & la cinquième partie de son diamètre; plusieurs ont brillé de couleurs vives & variées; les unes ont paru d'un rouge effrayant, les autres de couleur d'or, les autres enveloppées d'une fumée épaisse. Quelques-unes même ont répandu, dit-on, une odeur de souffre jusques sur la Terre ; la plupart ont traîné des queues d'une grande longueur ; & la Comète de 1680. en avoit une qui occupoit le tiers ou la moitié du Ciel.

Celle-ci ne paroit à la vue que comme une Etoile de la troisième. ou quatrième grandeur, & traîne une queue qui n'est longue que de 4. à 5. degrés. Cette Comète n'a été vue à *Paris*, qu'au commencement de ce mois. Elle fut découverte à l'Observatoire par M. *Grante*, qui l'apperçut le 2. Mars *au pié d Antinoüs*.

Si vous voulez une suite d'Observations faites avec la plus grande exactitude, vous les trouvérez dans l'excellent Ouvrage que M. le Monnier va faire paroître.

Mais quant à présent vous vous contenterez de savoir, que cette Comète a passé d'*Antinoüs* dans le *Cygne*, & du *Cygne* dans *Céphée* avec une si grande rapidité, qu'elle a quelquefois parcouru jusqu'à 6. degrés du Ciel en 24. heures. Elle va vers le Pole, & n'en est plus éloignée que de 10. degrés. Mais son mouvement est rallenti ; & sa lumière & celle de sa queue sont si fort diminuées, qu'on voit qu'elle s'éloigne de la Terre ; & que pour cette fois nous n'en avons plus rien à craindre, ni à espérer.

De Paris ce 26 Mars 1742.

VENUS

VENUS PHYSIQUE.

Quæ legat ipsa Lycoris.
Virg. Eclog. X.

VENUS PHYSIQUE

PREMIERE PARTIE,
SUR
L'ORIGINE DES ANIMAUX.

CHAPITRE PREMIER.

EXPOSITION DE CET OUVRAGE.

Nous n'avons reçu que depuis peu de tems, une vie que nous allons perdre. Placés entre deux inftans, dont l'un nous a vus naître, l'autre nous va voir mourir, nous tâchons envain d'étendre notre être au delà de ces deux termes: nous ferions plus fages, fi nous ne nous appliquions qu'à en bien remplir l'intervalle

Ne pouvant rendre plus long le tems de notre vie, l'amour propre & la curiofité veulent y fuppléer, en nous appropriant les tems qui viendront lorfque nous ne ferons plus, & ceux qui s'écouloient, lorfque nous n'étions pas encore. Vain efpoir! auquel fe joint

Oeuv. de Maupert.   Dd

joint une nouvelle illusion : nous nous imaginons que l'un de ces tems nous appartient plus que l'autre. Peu curieux sur le passé, nous interrogeons avec avidité ceux qui nous promettent de nous apprendre quelque chose de l'avenir.

Les hommes se sont plus facilement persuadés qu'après leur mort ils devoient comparoître au Tribunal d'un Rhadamante, qu'ils ne croiroient qu'avant leur naissance, ils auroient combattu contre Ménélas au siège de Troye. *

Cependant l'obscurité est la même sur l'avenir & sur le passé : & si l'on regarde les choses avec une tranquillité philosophique, l'intérêt devroit être le même aussi : Il est aussi peu raisonnable d'être fâché de mourir trop tôt, qu'il seroit ridicule de se plaindre d'être né trop tard.

Sans les lumieres de la Religion, par rapport à notre être, ce tems où nous n'avons pas vécu & celui où nous ne vivrons plus, sont deux abysmes impénétrables, & dont les plus grands Philosophes n'ont pas plus percé les ténebres, que le Peuple le plus grossier.

Ce n'est donc point en Metaphysicien que je veux toucher à ces questions, ce n'est qu'en Anatomiste. Je laisse à des esprits plus sublimes à vous dire, s'ils peuvent, ce que c'est que votre ame, quand & comment elle est venue vous éclairer. Je tâcherai seulement de vous faire connoître l'origine de votre corps, & les différens états par lesquels vous avez passé, avant que d'être dans l'état où vous êtes. Ne vous fâchez pas si je vous dis que vous avez été un ver, ou un œuf, ou une espece de boue. Mais ne croyez pas non plus tout perdu, lorsque vous perdrez cette forme que vous avez maintenant; & que ce corps qui charme tout le monde, sera réduit en poussiere.

Neuf mois après qu'une femme s'est livré au plaisir qui perpetue le genre humain, elle met au jour une petite créature qui ne différe de l'homme que par la différente proportion & la foiblesse de ses parties. Dans les femmes mortes avant ce terme, on trouve
l'enfant

---

* *Pythagore se ressouvenoit des différens états par lesquels il avoit passé avant que d'être Pythagore. Il avoit été d'abord Ætalide, puis Euphorbe blessé par Ménélas au siège de Troye, Hermotime, le Pêcheur Pyrrhus, et enfin Pythagore.*

l'enfant enveloppé d'une double membrane, attaché par un cordon au ventre de la mere.

Plus le tems auquel l'enfant devoit naître est éloigné, plus sa grandeur & sa figure s'écartent de celle de l'homme. Sept ou huit mois avant, on découvre dans l'Embryon la figure humaine : & les meres attentives sentent qu'il a déja quelque mouvement.

Auparavant, ce n'est qu'une matiere informe. La jeune épouse y fait trouver à un vieux mari des marques de sa tendresse, & découvrir un héritier dont un accident fatal l'a privé: les parens d'une fille n'y voient qu'un amas de sang & de lymphe qui causoit l'état de langueur où elle étoit depuis quelque tems.

Est-ce là le premier terme de notre origine ? Comment cet enfant qui se trouve dans le sein de sa mere, s'y est-il formé ? D'où est-il venu ? Est ce là un mystere impénétrable, ou les observations des Physiciens y peuvent-elles répandre quelque lumiere ?

Je vais vous expliquer les différens systemes qui ont partagé les Philosophes sur la maniere dont se fait la génération. Je ne dirai rien qui doive allarmer votre pudeur: mais il ne faut pas que des préjugés ridicules répandent un air d'indécence sur un sujet qui n'en comporte aucune par lui-même. La seduction, le parjure, la jalousie, ou la superstition ne doivent pas deshonorer l'action la plus importante de l'humanité, si quelquefois elles la précedent, ou la suivent.

L'homme est dans une mélancholie qui lui rend tout insipide, jusqu'au moment où il trouve la personne qui doit faire son bonheur. Il la voit: tout s'embellit à ses yeux: il respire un air plus doux & plus pur; la solitude l'entretient dans l'idée de l'objet aimé; il trouve dans la multitude de quoi s'applaudir continuellement de son choix; toute la nature sert ce qu'il aime. Il sent une nouvelle ardeur pour tout ce qu'il entreprend: tout lui promet d'heureux succès. Celle qui l'a charmé s'enflamme du même feu dont il brûle: elle se rend, elle se livre à ses transports; & l'amant heureux parcourt avec rapidité toutes les beautés qu'il ont ébloui: il est déja parvenu à l'endroit le plus délicieux... Ah malheureux ! qu'un couteau mortel a privé de la connoissance de cet état: le ciseau qui eût tranché le fil de vos jours, vous eût été moins funeste. En vain vous habitez de vastes Palais; vous vous promenez dans des jardins delicieux; vous possédez toutes les richesses de l'Asie; le dernier de vos esclaves qui peut gouter ces plaisirs, est plus heureux que vous. Mais vous que la cruelle avarice de vos parens a sacrifiés au luxe des Rois, tristes ombres qui n'êtes plus que des voix, gémissez, pleurez vos malheurs, mais ne chantez jamais l'amour.

C'est cet instant marqué par tant de délices, qui donne l'être à une nouvelle créature, qui pourra comprendre les choses les plus sublimes: &, ce qui est bien au-dessus, qui pourra gouter les mêmes plaisirs.

Mais comment expliquerai-je cette formation? Comment décrirai-je ces lieux qui sont la premiere demeure de l'homme? Comment ce séjour enchanté va-t-il être changé en une obscure prison habitée par un Embryon informe & insensible? Comment la cause de tant de plaisir, comment l'origine d'un Etre si parfait, n'est-elle que de la chair & du sang? *

Ne ternissons pas ces objets par des images degoutantes: qu'ils demeurent couverts du voile qui les cache. Qu'il ne soit permis d'en déchirer que la membrane de l'hymen. Que la Biche vienne ici à la place d'Iphigénie. Que les femelles des animaux soient desormais les objets de nos recherches sur la génération. Cherchons dans leurs entrailles ce que nous pourrons découvrir de ce mystere; & s'il est nécessaire, parcourons jusqu'aux oiseaux, aux poissons & aux insectes.

CHAPITRE II.

SISTEME DES ANCIENS SUR LA GE'NE'RATION.

Au fond d'un canal que les Anatomistes appellent *vagin*, du mot latin qui signifie Gaine, on trouve la Matrice: c'est une espece de bourse fermée au fond, mais qui présente au vagin un petit orifice qui peut s'ouvrir & se fermer, & qui ressemble assez au bec d'une Tanche, dont quelques Anatomistes lui ont donné le nom.

Le

---

* *Miseret atque etiam pudet æstimantem quam sit frivola animalium superbissimi origo!* C. Plin. nat. hist. L. VII. c. 7.

PHYSIQUE.

Le fond de la bourse est tapissé d'une membrane qui forme plusieurs rides qui lui permettent de s'étendre à mesure que le fœtus s'accroît, & qui est parsemée de petits trous, par lesquels vraisemblablement sort cette liqueur que la femelle répand dans l'accouplement.

Les Anciens croyoient que le fœtus étoit formé du mélange des liqueurs que chacun des sexes répand. La liqueur séminale du mâle, dardée jusques dans la matrice, s'y mêloit avec la liqueur séminale de la femelle: & après ce mélange, les Anciens ne trouvoient plus de difficulté à comprendre comment il en résultoit un animal. Tout étoit opéré par une *Faculté génératrice*.

Aristote, comme on le peut croire ne fut pas plus embarrassé que les autres, sur la génération: il différa d'eux seulement en ce qu'il crut que le principe de la génération ne résidoit que dans la liqueur que le mâle répand; & que celle que répand la femelle, ne servoit qu'à la nutrition & à l'accroissement du fœtus. La derniere de ces liqueurs, pour s'expliquer en ses termes, fournissoit la matiere, & l'autre la forme. *

CHAPITRE III.

SYSTEME DES OEUFS CONTENANT LE FOETUS.

Pendant une longue suite de siécles, ce système satisfit les Philosophes. Car, malgré quelques diversités sur ce que les uns prétendoient qu'une seule des deux liqueurs étoit la véritable matiere prolifique, & que l'autre ne servoit que pour la nourriture du fœtus, tous s'arrêtoient à ces deux liqueurs, & attribuoient à leur mélange, le grand ouvrage de la génération.

De nouvelles recherches dans l'Anatomie firent découvrir autour de la matrice, deux corps blanchâtres formés de plusieurs vésicules rondes, remplies d'une liqueur semblable à du blanc d'œuf. L'Analogie aussi-tôt s'en empara; on regarda ces corps comme faisant ici le même office que les Ovaires dans les oiseaux; & les vésicules qu'ils contenoient, comme de véritables oeufs. Mais les Ovaires étant

* *Aristot. de generat. animal.* Lib. II. Cap. IV.

étant placés au dehors de la matrice, comment les œufs, quand même ils en feroient détachés pouvoient-ils être portés dans fa cavité; dans laquelle, fi l'on ne veut pas que le fœtus fe forme, il est du moins certain qu'il prend fon accroiffement ? FALLOPE apperçut deux tuyaux, dont les extrémités, flottantes dans le ventre, fe terminent par des efpeces de franges qui peuvent s'approcher de l'Ovaire, l'embraffer, recevoir l'œuf, & le conduire dans la matrice où ces tuyaux, ou ces trompes ont leur embouchure.

Dans ce tems, la Phyfique renaiffoit, ou plutôt prenoit un nouveau tour. On vouloit tout comprendre; & l'on croyoit le pouvoir. La formation du fœtus par le mélange de deux liqueurs, ne fatisfaifoit plus les Phyficiens. Des exemples de développemens que la nature offre par tout à nos yeux, firent penfer que les fœtus étoient peut-être contenus, & déja tout formés dans chacun des œufs; & que ce qu'on prenoit pour une nouvelle production, n'étoit que le développement de leurs parties rendues fenfibles par l'accroiffement. Toute la fécondité retomboit fur les femelles. Les œufs deftinés à produire des mâles, ne contenoient chacun qu'un feul mâle. L'œuf d'où devoit fortir une femelle, contenoit non-feulement cette femelle, mais la contenoit avec fes Ovaires dans lefquelles d'autres femelles contenues, & déja toutes formées étoient la fource de génération à l'infini. Car toutes les femelles contenues ainfi les unes dans les autres & de grandeurs toujours diminuantes dans le rapport de la premiere à fon œuf, n'allarment que l'imagination. La matiere divifible à l'infini, forme auffi diftinctement dans fon œuf le fœtus qui doit naître dans mille ans, que celui qui doit naître dans neuf mois. Sa petiteffe qui le cache à nos yeux, ne le dérobe point aux lois fuivant lefquelles le Chêne qu'on voit dans le gland, fe développe & couvre la terre de fes branches.

Cependant quoique tous les hommes foient déja formés dans les œufs de mere en mere, ils y font fans vie. Ce ne font que de petites ftatues renfermées les unes dans les autres comme ces ouvrages du Tour, où l'ouvrier s'eft plu à faire admirer l'adreffe de fon cifeau, en formant cent boîtes qui fe contenant les unes les autres, font toutes contenues dans la derniere. Il faut, pour faire, de ces

petites

petites statues, des hommes, quelque matiere nouvelle, quelqu'esprit subtil, qui s'insinuant dans leurs membres, leur donne le mouvement, la végétation & la vie. Cet esprit féminal est fourni par le mâle, & est contenu dans cette liqueur qu'il répand avec tant de plaisir. N'est-ce pas ce feu que les Poëtes ont feint que Prométhée avoit volé du ciel pour donner l'ame à des hommes qui n'étoient auparavant que des Automates? Et les Dieux ne devoient-ils pas être jaloux de ce larcin?

Pour expliquer maintenant comment cette liqueur dardée dans le vagin, va féconder l'œuf, l'idée la plus commune, & celle qui se présente d'abord, est qu'elle entre jusques dans la matrice dont la bouche alors s'ouvre pour la recevoir; que de la matrice, une partie, du moins ce qu'il y a de plus spiritueux, s'élevant dans les tuyaux des trompes, est portée jusqu'aux ovaires que chaque trompe embrasse alors, & pénetre l'œuf qu'elle doit féconder.

Cette opinion quoiqu'assez vraisemblable, est cependant sujette à plusieurs difficultés.

La liqueur versée dans le vagin, loin de paroître destinée à pénétrer plus avant, en retombe aussi-tôt, comme tout le monde sait.

On raconte plusieurs histoires de filles devenues enceintes sans l'introduction même de ce qui doit verser la semence du mâle dans le vagin, pour avoir seulement laissé répandre cette liqueur sur ses bords. On peut révoquer en doute ces faits que la vue du Physicien ne peut gueres constater, & sur lesquels il faudroit en croire les femmes toujours peu sinceres sur cet article.

Mais il semble qu'il y ait des preuves plus fortes, qu'il n'est pas nécessaire que la semence du mâle entre dans la matrice pour rendre la femme féconde. Dans les matrices de femelles de plusieurs animaux disséquées après l'accouplement, on n'a point trouvé de cette liqueur.

On ne sauroit cependant nier qu'elle n'y entre quelquefois. Un fameux Anatomiste * en a trouvé en abondance dans la matrice d'une Genisse qui venoit de recevoir le Taureau. Et quoiqu'il y ait peu de ces exemples, un seul cas où l'on a trouvé la semence dans la matrice

---

* *Verheyen.*

matrice, prouve mieux qu'elle y entre, que la multitude des cas où l'on n'y en a point trouvé, ne prouve qu'elle n'y entre pas.

Ceux qui prétendent que la femence n'entre pas dans la matrice, croient que verfée dans le vagin, ou feulement répandue fur fes bords, elle s'infinue dans les vaiffeaux dont les petites bouches la reçoivent & la répandent dans les veines de la femelle. Elle eft bientôt mêlée dans toute la maffe du fang; elle y excite tous les ravages qui tourmentent les femmes nouvellement enceintes: mais enfin la circulation du fang la porte jufqu'à l'ovaire, & l'œuf n'eft rendu fécond qu'après que tout le fang de la femelle a été, pour ainfi dire, fécondé.

De quelque maniere que l'œuf foit fécondé; foit que la femence du mâle, portée immédiatement jufqu'à lui, le pénetre; foit que délayée dans la maffe du fang, elle n'y parvienne que par les routes de la circulation: cette femence, ou cet efprit féminal mettant en mouvement les parties du petit fœtus qui font déja toutes formées dans l'œuf, les difpofe à fe développer. L'œuf jufques-là fixement attaché à l'ovaire, s'en détache; il tombe dans la cavité de la trompe, dont l'extremité appellée le pavillon, embraffe alors l'ovaire pour le recevoir. L'œuf parcourt, foit par fa feule pefanteur, foit plus vraifemblablement par quelque mouvement periftaltique de la trompe, toute la longueur du canal qui le conduit enfin dans la matrice. Semblable aux graines des plantes ou des arbres, lorfqu'elles font reçues dans une terre propre à les faire végéter, l'œuf pouffe des racines qui pénétrant jufques dans la fubftance de la matrice, forment une maffe qui lui eft intimement attachée, appellée le *Placenta*. Au-deffus, elles ne forment plus qu'un long cordon, qui allant aboutir au nombril du fœtus, lui porte les fucs deftinés à fon accroiffement. Il vit ainfi du fang de fa mere, jufqu'à ce que n'ayant plus befoin de cette communication, les vaiffeaux qui attachent le placenta à la matrice fe deffechent, s'obliterent, & s'en féparent.

L'enfant alors plus fort & prêt à paroitre au jour, dechire la double membrane dans laquelle il étoit enveloppé, comme on voit le poulet parvenu au terme de fa naiffance, brifer la coquille de l'œuf qui le tenoit renfermé. Qu'une efpece de dureté qui eft dans la coquille des œufs des oiseaux, n'empêche pas de comparer à leurs œufs, l'enfant renfermé dans son enveloppe. Les œufs de plusieurs animaux, des Serpens, des Lézards, & des Poissons n'ont point cette dureté & ne sont recouverts que d'une enveloppe molasse & flexible.

Quelques animaux confirment cette analogie, & rapprochent encore la génération des animaux qu'on appelle *Vivipares* de celle des *Ovipares*. On trouve dans le corps de leurs femelles, en même tems des œufs incontestables, & des petits déja debarassés de leur enveloppe *. Les œufs de plusieurs animaux n'éclosent que long-tems après qu'ils sont sortis du corps de la femelle : les œufs de plusieurs autres éclosent auparavant. La nature ne semble-t-elle pas annoncer par-là qu'il y a des especes où l'œuf n'éclôt qu'en sortant de la mere; mais que toutes ces générations reviennent au même?

CHAPITRE IV.

SYSTEME DES ANIMAUX SPERMATIQUES.

Les Physiciens & les Anatomistes qui en fait de systeme, sont toujours faciles à contenter, étoient contens de celui-ci : ils croyoient, comme s'ils l'avoient vu, le petit fœtus formé dans l'œuf de la femelle, avant aucune opération du male: mais ce que l'imagination voyoit ainsi dans l'œuf, les yeux l'apperçurent ailleurs. Un jeune Physicien ** s'avisa d'examiner au microscope, cette liqueur qui n'est pas d'ordinaire l'objet des yeux attentifs & tranquilles. Mais quel spectacle merveilleux, lorsqu'il y découvrit des animaux vivans! Une goutte étoit un océan où nageoit une multitude innombrable de petits poissons dans mille directions différentes.

Il mit au même microscope des liqueurs semblables sorties de différens animaux, & toujours même merveille: foule d'animaux vivans de figures seulement différentes. On chercha dans le sang & dans toutes les autres liqueurs du corps, quelque chose de semblable: mais on n'y découvrit rien, quelle que fût la force du microsco-

---

* Mem. de l'Ac. des Scienc. an. 1727. p. 32.   ** *Hartsoiker*.

croſcope; toujours des mers déſertes dans leſquelles on n'appercevoit pas le moindre ſigne de vie.

On ne put gueres s'empêcher de penſer que ces animaux découverts dans la liqueur ſéminale du mâle, étoient ceux qui devoient un jour le reproduire: car malgré leur petiteſſe infinie & leur forme de poiſſons, le changement de grandeur & de figure coute peu à concevoir au Phyſicien, & ne coute pas plus à exécuter à la nature. Mille exemples de l'un & de l'autre, ſont ſous nos yeux, d'animaux dont le dernier accroiſſement ne ſemble avoir aucune proportion avec leur état au tems de leur naiſſance, & dont les figures ſe perdent totalement dans des figures nouvelles. Qui pourroit reconnoître le même animal, ſi l'on n'avoit ſuivi bien attentivement le petit ver, & le hanneton ſous la forme duquel il paroît enſuite? Et qui croiroit que la plûpart de ces mouches parées des plus ſuperbes couleurs, euſſent été auparavant de petits inſectes rampans dans la boue, ou nageans dans les eaux?

Voilà donc toute la fécondité qui avoit été attribuée aux femelles, rendue aux mâles. Ce petit ver qui nage dans la liqueur ſéminale, contient une infinité de générations de pere en pere. Il a ſa liqueur ſéminale dans laquelle nagent des animaux d'autant plus petits que lui, qu'il eſt plus petit que le pere dont il eſt ſorti: & il en eſt ainſi de chacun de ceux-là à l'infini. Mais quel prodige, ſi l'on conſidere le nombre & la petiteſſe de ces animaux! Un homme qui a ébauché ſur cela un calcul, trouve dans la liqueur ſéminale d'un brochet, dès la premiere génération, plus de brochets qu'il n'y auroit d'hommes ſur la terre, quand elle ſeroit par tout auſſi habitée que la Hollande.

Mais ſi l'on conſidere les générations ſuivantes, quel abyſme de nombre & de petiteſſe! D'une génération à l'autre, les corps de ces animaux diminuent dans la proportion de la grandeur d'un homme à celle de cet atome qu'on ne découvre qu'au meilleur microſcope; leur nombre augmente dans la proportion de l'unité, au nombre prodigieux d'animaux répandus dans cette liqueur.

Richeſſe immenſe, fécondité ſans bornes de la nature: n'êtes-vous pas ici une prodigalité? Et ne peut-on pas vous reprocher trop d'appareil & de dépenſe ? De cette multitude prodigieuſe de petits animaux qui nagent dans la liqueur ſéminale, un ſeul parvient à l'humanité: rarement la femme la mieux enceinte met deux enfans au jour, preſque jamais trois. Et quoique les femelles des autres animaux, en portent un plus grand nombre, ce nombre n'eſt preſque rien en comparaiſon de la multitude des animaux qui nageoient dans la liqueur que le mâle a répandue. Quelle deſtruction, quelle inutilité paroît ici!

Sans diſcuter lequel fait le plus d'honneur à la nature, d'une œconomie préciſe, ou d'une profuſion ſuperflue; queſtion qui demanderoit qu'on connût mieux ſes vues, ou plutôt les vues de celui qui la gouverne; nous avons ſous nos yeux des exemples d'une pareille conduite, dans la production des arbres & des plantes. Combien de milliers de glands tombent d'un chêne, ſe deſſechent ou pourriſſent, pour un très-petit nombre qui germera & produira un arbre! Mais ne voit-on pas par-là même, que ce grand nombre de glands n'étoit pas inutile; puiſque ſi celui qui a germé n'y eût pas été, il n'y auroit eu aucune production nouvelle, aucune génération?

C'eſt ſur cette multitude d'animaux ſuperflus, qu'un Phyſicien chaſte & religieux * a fait un grand nombre d'experiences, dont aucune à ce qu'il nous aſſure, n'a jamais été faite aux dépens de ſa famille. Ces animaux ont une queue, & ſont d'une figure aſſez ſemblable à celle qu'a la grenouille en naiſſant, lorſqu'elle eſt encore ſous la forme de ce petit poiſſon noir appellé Têtard dont les eaux fourmillent au printems. On les voit d'abord dans un grand mouvement: mais il ſe rallentit bientôt; & la liqueur dans laquelle ils nagent, ſe réfroidiſſant, ou s'évaporant, ils périſſent. Il en périt bien d'autres dans les lieux mêmes où ils ſont dépoſés. Ils ſe perdent dans ces labyrinthes. Mais celui qui eſt deſtiné à devenir un homme, quelle route prend-il? Comment ſe métamorphoſe-t-il en fœtus?

Quelques lieux imperceptibles de la membrane intérieure de la matrice, ſeront les ſeuls propres à recevoir le petit animal, & à lui procurer les ſucs néceſſaires pour ſon accroiſſement. Ces lieux dans la matrice de la femme ſeront plus rares que dans les matrices

* Leewoek.

des animaux qui portent plusieurs petits. Le seul animal ou les seuls animaux spermatiques qui rencontreront quelqu'un de ces lieux, s'y fixeront, s'y attacheront par des filets qui formeront le *placenta*, & qui l'unissant au corps de la mere, lui portent la nourriture dont il a besoin : les autres périront comme les grains semés dans une terre aride. Car la matrice est d'une étendue immense pour ces animalcules. Plusieurs milliers périssent sans pouvoir trouver aucun de ces lieux ou de ces petites fosses destinées à les recevoir.

La membrane dans laquelle le fœtus se trouve, sera semblable à une de ces enveloppes qui tiennent différentes sortes d'insectes sous la forme de *Chrysalides*, dans le passage d'une forme à une autre.

Pour comprendre les changemens qui peuvent arriver au petit animal renfermé dans la matrice; nous pouvons le comparer à d'autres animaux qui éprouvent d'aussi grands changemens, & dont ces changemens se passent sous nos yeux. Si ces métamorphoses méritent encore notre admiration, elles ne doivent plus du moins nous causer de surprise.

Le Papillon, & plusieurs especes d'animaux pareils, sont d'abord une espece de ver : l'un vit des feuilles des plantes, l'autre caché sous terre, en ronge les racines. Après qu'il est parvenu à un certain accroissement sous cette forme, il en prend une nouvelle; il paroît sous une enveloppe qui resserrant & cachant les différentes parties de son corps, le tient dans un état si peu semblable à celui d'un animal, que ceux qui élevent des vers à soie, l'appellent *Feve* ; les naturalistes l'appellent *Chrysalide* à cause de quelques taches dorées dont il est quelquefois parsemé. Il est alors dans une immobilité parfaite; dans une létargie profonde qui tient toutes les fonctions de sa vie suspendues. Mais dès que le terme où il doit revivre, est venu, il déchire la membrane qui le tenoit enveloppé; il étend ses membres, déploie ses ailes, & fait voir un papillon ou quelqu'autre animal semblable.

Quelques-uns de ces animaux, ceux qui sont si redoutables aux jeunes beautés qui se promenent dans les bois, & ceux qu'on voit voltiger sur le bord des ruisseaux avec de longues ailes, ont été auparavant des petits poissons; ils ont passé la premiere partie de leur
vie

vie dans les eaux : & ils n'en fortent que lorfqu'ils font parvenus à leur derniere forme.

Toutes ces formes que quelques Phyficiens malhabiles, ont prifes pour de véritables métamorphofes, ne font cependant que des changemens de peau. Le papillon étoit tout formé, & tel qu'on le voit voler dans nos jardins, fous le déguifement de la chenille.

Peut-on comparer le petit animal qui nage dans la liqueur féminale, à la chenille, ou au ver? Le fœtus dans le ventre de la mere, enveloppé de fa double membrane, eft-il une efpece de chryfalide? Et en fort-il, comme l'infecte, pour paroître fous fa derniere forme?

Depuis la chenille jufqu'au papillon ; depuis le ver fpermatique jufqu'à l'homme, il femble qu'il y ait quelqu'analogie. Mais le premier état du papillon n'étoit pas celui de chenille : la chenille étoit déja fortie d'un œuf, & cet œuf n'étoit peut-être déja lui-même qu'une efpece de chryfalide. Si l'on vouloit donc pouffer cette analogie en remontant, il faudroit que le petit animal fpermatique fût déja forti d'un œuf, mais quel œuf! De quelle petiteffe devroit-il être! Quoi qu'il en foit, ce n'eft ni le grand ni le petit qui doit ici caufer de l'embarras.

CHAPITRE V.

SYSTEME MIXTE DES OEUFS, ET DES ANIMAUX SPERMATIQUES.

La plûpart des Anatomiftes ont embraffé un autre fyfteme, qui tient des deux fyftemes précédens, & qui allie les animaux fpermatiques avec les œufs. Voici comment ils expliquent la chofe.

Tout le principe de vie réfidant dans le petit animal, l'homme entier y étant contenu, l'œuf eft encore néceffaire : c'eft une maffe de matiere propre à lui fournir fa nourriture & fon accroiffement. Dans cette foule d'animaux dépofés dans le vagin, ou lancés d'abord dans la matrice, un plus heureux, ou plus à plaindre que les autres, nageant, rampant dans les fluides dont toutes ces parties font mouillées, parvient à l'embouchure de la trompe, qui le conduit jufqu'à l'ovaire l'ovaire. Là, trouvant un œuf propre à le recevoir, & à le nourrir, il le perce, il s'y loge, & y reçoit les premiers degrés de son accroiffement. C'eft ainfi qu'on voit différentes fortes d'infectes s'infinuer dans les fruits dont ils fe nourriffent. L'œuf piqué fe détache de l'ovaire, tombe par la trompe dans la matrice, où le petit animal s'attache par les vaiffeaux qui forment le placenta.

CHAPITRE. VI.

OBSERVATIONS FAVORABLES ET CONTRAIRES AUX OEUFS.

On trouve dans les Mémoires de l'Académie Royale des Siences,* des obfervations qui paroiffent très-favorables au fyfteme des œufs ; foit qu'on les confidere comme contenans le fœtus, avant même la fécondation ; foit comme deftinés à fervir d'aliment & de premier afyle au fœtus.

La Defcription que M. Littre nous donne d'un ovaire qu'il difféqua, mérite beaucoup d'attention. Il trouva un œuf dans la trompe ; il obferva une cicatrice fur la furface de l'ovaire qu'il prétend avoir été faite par la fortie d'un œuf. Mais rien de tout cela n'eft fi remarquable que le fœtus qu'il prétend avoir pu diftinguer dans un œuf encore attaché à l'ovaire.

Si cette obfervation étoit bien fûre, elle prouveroit beaucoup pour les œufs. Mais l'Hiftoire même de l'Académie de la même année, la rend fufpecte, & lui oppofe avec équité des obfervations de M. Mery qui lui font perdre beaucoup de fa force.

Celui-ci pour une cicatrice que M. Littre avoit trouvée fur la furface de l'ovaire, en trouva un fi grand nombre fur l'ovaire d'une femme, que fi on les avoit regardées comme caufées par la fortie des œufs, elles auroient fuppofé une fécondité inouïe. Mais, ce qui eft bien plus fort contre les œufs, il trouva dans l'épaiffeur même de la matrice, une véficule toute pareille à celles qu'on prend pour des œufs.

* Année 1701. pag. 109.

Quelques observations de M. Littre, & d'autres Anatomistes, qui ont trouvé quelquefois des fœtus dans les trompes, ne prouvent rien pour les fœtus: le fœtus, de quelque maniere qu'il soit formé, doit se trouver dans la cavité de la matrice; & les trompes ne sont qu'une partie de cette cavité.

M. Mery n'est pas le seul Anatomiste qui ait eu des doutes sur les œufs de la femme, & des autres animaux vivipares: plusieurs Physiciens les regardent comme une chimere. Ils ne veulent point reconnoître pour de véritables œufs, ces vésicules dont est formée la masse que les autres prennent pour un ovaire. Ces œufs qu'on a trouvés quelquefois dans les trompes, & même dans la matrice, ne sont à ce qu'ils prétendent, que des especes d'hydatides.

Des expériences devroient avoir décidé cette question, si en Physique il avoit jamais rien de décidé. Un Anatomiste qui a fait beaucoup d'observations sur les femelles des lapins, GRAAF qui les a disséquées après plusieurs intervalles de tems écoulés depuis qu'elles avoient reçu le mâle, prétend avoir trouvé au bout de vingt-quatre heures des changemens dans l'ovaire; après un intervalle plus long, avoir trouvé les œufs plus altérés; quelque tems après, des œufs dans la trompe; dans les femelles disséquées un peu plus tard, des œufs dans la matrice. Enfin il prétend qu'il a toujours trouvé, aux ovaires, les vestiges d'autant d'œufs détachés, qu'il en trouvoit dans les trompes ou dans la matrice. *

Mais un autre Anatomiste aussi exact, & tout au moins aussi fidele, quoique prévenu du systeme des œufs, & même des œufs prolifiques, contenans déja le fœtus avant la fécondation; VERHEYEN a voulu faire les mêmes expériences, & ne leur a point trouvé le même succès. Il a vu des altérations ou des cicatrices à l'ovaire: mais il s'est trompé lorsqu'il a voulu juger par elles, du nombre des fœtus qui étoient dans la matrice.

* *Regnerus de Graaf*, de mulierum organis.

CHAPITRE VII.

EXPERIENCES DE HARVEY.

Tous ces syſtemes ſi brillans, & mème ſi vraiſemblables que nous venons d'expoſer, paroiſſent détruits par des obſervations qui avoient été faites auparavant, & auxquelles il ſemble qu'on ne ſauroit donner trop de poids : ce ſont celles de ce grand homme à qui l'anatomie devroit plus qu'à tous les autres par ſa ſeule découverte de la circulation du ſang.

Charles I. Roi d'Angleterre, Prince curieux, amateur des Sciences, pour mettre ſon Anatomiſte, à portée de découvrir le myſtere de la génération, lui abandonna toutes les Biches & les Daimes de ſes Parcs. HARVEY en fit un maſſacre ſavant : mais ſes expériences nous ont-elles donné quelque lumiere ſur la génération ? Ou n'ont-elles pas plutôt répandu ſur cette matiere des ténebres plus épaiſſes ?

HARVEY immolant tous les jours au progrès de la Phyſique, quelque biche dans le tems où elles reçoivent le mâle ; diſſéquant leurs matrices, & examinant tout avec les yeux les plus attentifs, n'y trouva rien qui reſſemblât à ce que GRAAF prétend avoir obſervé, ni avec quoi les ſyſtemes dont nous venons de parler, paroiſſent pouvoir s'accorder.

Jamais il ne trouva dans la matrice, de liqueur ſéminale du mâle ; jamais d'œuf dans les trompes ; jamais d'altération au prétendu ovaire, qu'il appelle comme pluſieurs autres Anatomiſtes, le *Teſticule* de la femelle.

Les premiers changemens qu'il apperçut dans les organes de la génération, furent à la matrice : il trouva cette partie enflée & plus molle qu'à l'ordinaire. Dans les quadrupedes elle paroit double ; quoiqu'elle n'ait qu'une ſeule cavité, ſon fond forme comme deux réduits que les Anatomiſtes appellent ſes *Cornes*, dans leſquelles ſe trouvent les fœtus. Ce furent ces endroits principalement qui parurent les plus altérés. HARVEY obſerva pluſieurs excroiſſances ſpongieuſes qu'il compare aux bouts des tétons des femmes. Il en coupa quelques-unes qu'il trouva parſemées de petits points blancs

blancs enduits d'une matiere visqueuse. Le fond de la matrice qui formoit leurs parois, étoit gonflé & tuméfié comme les levres des enfans, lorsqu'elles ont été piquées par des abeilles, & tellement molasse qu'il paroissoit d'une consistence semblable à celle du cerveau. Pendant les deux moix de Septembre & d'Octobre, tems auquel les Biches reçoivent le cerf tous les jours, & par des expériences de plusieurs années, voilà tout ce que Harvey découvrit, sans jamais appercevoir dans toutes ces matrices, une seule goutte de liqueur séminale. Car il prétend s'être assuré qu'une matiere purulente qu'il trouva dans la matrice de quelque Biche, séparée du Cerf depuis vingt jours, n'en étoit point.

Ceux à qui il fit part de ses observations, prétendirent, & peut-être le craignit-il lui-même, que les Biches qu'il disséquoit, n'avoient pas été couvertes. Pour les convaincre, ou s'en assurer, il en fit renfermer douze après le Rut dans un parc particulier; Il en disséqua quelques unes, dans lesquelles il ne trouva pas plus de vestiges de la semence du mâle, qu'auparavant; les autres porterent des Faons. De toutes ces expériences, & de plusieurs autres faites sur des femelles de lapins, de chiens, & autres animaux, Harvey conclut que la semence du mâle ne séjourne ni même n'entre dans la matrice.

Au mois de Novembre, la tumeur de la matrice étoit diminuée, les coroncules spongieuses devenues flasques. Mais ce qui fut un nouveau spectacle, des filets déliés étendus d'une corne à l'autre de la matrice, formoient une espece de réseau semblable aux toiles d'araignée; & s'insinuant entre les rides de la membrane interne de la matrice, ils s'entrelassoient autour des caroncules à peu près comme on voit la *Pie-mere* suivre & embrasser les contours du cerveau.

Ce réseau forma bientôt une poche, dont les dehors étoient enduits d'une matiere fœtide: le dedans lisse & poli, contenoit une liqueur semblable au blanc d'œuf, dans laquelle nageoit une autre enveloppe sphérique remplie d'une liqueur plus claire & cristalline. Ce fut dans cette liqueur qu'on apperçut un nouveau prodige. Ce ne fut point un animal tout organisé, comme on le devroit attendre des systemes précedens: ce fut le principe d'un animal; *un*

Point vivant * avant qu'aucune des autres parties fuffent formées. On le voit dans la liqueur criftalline fauter & battre, tirant fon accroiffement d'une veine qui fe perd dans la liqueur où il nage ; il battoit encore, lorfqu' expofé aux rayons du foleil, HARVEY le fit voir au Roi.

Les parties du corps viennent bientôt s'y joindre; mais en différent ordre, & en différens tems. Ce n'eft d'abord qu'un mucilage divifé en deux petites maffes, dont l'une forme la tête, l'autre le tronc. Vers la fin de Novembre le fœtus eft formé ; & tout cet admirable ouvrage, lorfqu'il paroît une fois commencé, s'acheve fort promptement. Huit jours après la premiere apparence du Point vivant, l'animal eft tellement avancé, qu'on peut diftinguer fon fexe. Mais encore un coup cet ouvrage ne fe fait que par parties: celles du dedans font formées avant celles du dehors; les vifceres & les inteftins font formés avant que d'être couverts du *Thorax* & de l'*Abdomen;* & ces dernieres parties deftinées à mettre les autres à couvert, ne paroiffent ajoutées que comme un toit à l'édifice.

Jufqu'ici l'on n'obferve aucune adhérence du fœtus au corps de la mere. La membrane qui contient la liqueur criftalline dans laquelle il nage, que les Anatomiftes appellent l'*Amnios*, nage elle-même dans la liqueur que contient le *Chorion* qui eft cette poche que nous avons vue fe former d'abord; & le tout eft dans la matrice, fans aucune adhérence.

Au commencement de Décembre, on découvre l'ufage des caroncules fpongieufes dont nous avons parlé qu'on obferve à la furface interne de la matrice, & que nous avons comparées aux bouts des mammelles des femelles. Ces caroncules ne font encore collées contre l'enveloppe du fœtus que par le mucilage dont elles font remplies: mais elles s'y uniffent bientôt plus intimement en recevant les vaiffeaux que le fœtus pouffe, & fervent de bafe au Placenta.

Tout le refte n'eft plus que différens degrés d'accroiffement que le fœtus reçoit chaque jour. Enfin le terme où il doit naître, étant venu, il rompt les membranes dans lefquelles il étoit enveloppé: le Placenta fe détache de la matrice; & l'animal fortant du corps de

la

---

* Punctum faliens.

la mere, paroît au jour. Les femelles des animaux mâchant elles-mêmes le cordon des vaiſſeaux qui attachoient le fœtus au Placenta, détruiſent une communication devenue inutile ; les Sages femmes font une ligature à ce cordon, & le coupent.

Voilà quelles furent les obſervations de Harvey. Elles paroiſ-ſent ſi peu compatibles avec le ſyſteme des œufs & celui des animaux ſpermatiques, que ſi je les avois rapportées avant que d'expoſer ces ſyſtemes, j'aurois craint qu'elles ne prévinſſent trop contr'eux, & n'empêchaſſent de les écouter avec aſſez d'attention.

Au lieu de voir croître l'animal par l'*Intus-ſuſception* d'une nouvelle matiere, comme il devroit arriver s'il étoit formé dans l'œuf de la femelle, ou ſi c'étoit le petit ver qui nage dans la ſemence du mâle ; ici c'eſt un animal qui ſe forme par la *Juxta-poſition* de nouvelles parties. Harvey voit d'abord ſe former le ſac qui le doit contenir : & ce ſac, au lieu d'être la membrane d'un œuf qui ſe dilateroit, ſe fait ſous ſes yeux, comme une toile dont il obſerve les progrès. Ce ne ſont d'abord que des filets tendus d'un bout à l'autre de la matrice ; ces filets ſe multiplient, ſe ſerrent, & forment enfin une véritable membrane. La formation de ce ſac eſt une merveille qui doit accoutumer aux autres.

Harvey ne parle point de la formation du ſac intérieur dont, ſans doute, il n'a pas été témoin : mais il a vu l'animal qui y nage, ſe former. Ce n'eſt d'abord qu'un point ; mais un point qui a la vie, & autour du quel toutes les autres parties venant s'arranger forment bientôt un animal. *

CHAPITRE VIII.

SENTIMENT DE HARVEY SUR LA GENERATION.

Toutes ces expériences ſi oppoſées aux ſyſtemes des œufs, & des animaux ſpermatiques, parurent à Harvey détruire le ſyſteme du mélange des deux ſemences : parce que ces liqueurs ne ſe trouvoient point dans la matrice. Ce grand homme deſeſpérant de donner

* Guillelm. Harvey. *De Cervarum & Damarum coitu.* Exercit. LXVI.

donner une explication claire & distincte de la génération, est réduit à s'en tirer par des comparaisons : il dit que la femelle est rendue féconde par le mâle, comme le fer, après qu'il a été touché par l'aimant, acquiert la vertu magnétique, il fait sur cette imprégnation, une dissertation plus Scholastique que Physique; & finit par comparer la matrice fécondée, au cerveau, dont elle imite alors la substance. *L'une conçoit le fœtus, comme l'autre les idées qui s'y forment;* explication étrange qui doit bien humilier ceux qui veulent pénétrer les secrets de la nature!

C'est presque toujours à de pareils résultats que les recherches les plus approfondies conduisent. On se fait un système satisfaisant, pendant qu'on ignore les circonstances du phénomene qu'on veut expliquer : dès qu'on les découvre, on voit l'insuffisance des raisons qu'on donnoit, & le système s'évanouit. Si nous croyons savoir quelque chose, ce n'est que parce que nous sommes fort ignorans.

Notre esprit ne paroît destiné qu'à raisonner sur les choses que nos sens découvrent. Les microscopes & les lunettes nous ont pour ainsi dire, donné de nouveaux sens au-dessus de notre portée; tels qu'ils appartiendroient à des intelligences superieures, & qui mettent sans cesse la nôtre en défaut.

CHAPITRE IX.

TENTATIVES POUR ACCORDER LES OBSERVATIONS AVEC LE SYSTEME DES OEUFS.

Mais seroit-il permis d'altérer un peu les observations de HARVEY? Pourroit-on les interpréter d'une maniere qui les rapprochât du système des œufs, ou des vers spermatiques? Pourroit-on supposer que quelque fait eût échappé à ce grand homme? Ce seroit, par exemple, qu'un œuf détaché de l'ovaire, fût tombé dans la matrice, dans le tems que la premiere enveloppe se forme, & s'y fût renfermé; que la seconde enveloppe ne fût que la membrane propre de cet œuf dans lequel seroit renfermé le petit fœtus, soit que l'œuf le contînt avant même la fécondation, comme le
préten-

dent ceux qui croient les œufs prolifiques, soit que le petit fœtus y fût entré sous la forme de ver. Pourroit-on croire enfin que Harvey se fût trompé dans tout ce qu'il nous raconte de la formation du fœtus ; que des membres déja tout formés, lui eussent échappé à cause de leur mollesse, & de leur transparence, & qu'il les eût pris pour des parties nouvellement ajoutées, lorsqu'ils ne faisoient que devenir plus sensibles par leur accroissement ? La premiere enveloppe, cette poche que Harvey vit se former de la maniere qu'il le raconte, seroit encore fort embarrassante; son organisation primitive auroit-elle échappé à l'Anatomiste, ou se seroit-elle formée de la seule matiere visqueuse qui sort des mamelons de la matrice, comme les peaux qui se forment sur le lait?

CHAPITRE X.

TENTATIVES POUR ACCORDER CES OBSERVATIONS AVEC LE SYSTEME DES ANIMAUX SPERMATIQUES.

Si l'on vouloit rapprocher les observations de Harvey du systeme des petits vers; quand même, comme il le prétend, la liqueur qui les porte, ne seroit pas entrée dans la matrice, il seroit assez facile à quelqu'un d'eux de s'y être introduit, puisque son orifice s'ouvre dans le vagin. Pourroit-on maintenant proposer une conjecture qui pourra paroître trop hardie aux Anatomistes ordinaires, mais qui n'étonnera pas ceux qui sont accoutumés à observer les procédés des insectes, qui sont ceux qui sont les plus applicables ici. Le petit ver introduit dans la matrice n'auroit-il point tissu la membrane qui forme la premiere enveloppe ? Soit qu'il eût tiré de lui-même les fils que Harvey observa d'abord, & qui étoient tendus d'un bout à l'autre de la matrice ; soit qu'il eût seulement arrangé sous cette forme la matiere visqueuse qu'il y trouvoit. Nous avons des exemples qui semblent favoriser cette idée. Plusieurs insectes, lorsqu'ils sont sur le point de se métamorphoser, commencent par filer ou former de quelque matiere étrangere, une enveloppe dans laquelle ils se renferment; c'est ainsi que le ver à soie forme sa co-

que.

que. Il quitte bientôt fa peau de ver, & celle qui lui fuccede, & celle de feve, ou de chryfalide, fous laquelle tous fes membres font comme emmaillotés, & dont il ne fort que pour paroître fous la forme de papillon.

Notre ver fpermatique, après avoir tiffu fa premiere enveloppe, qui répond à la coque de foie, s'y renfermeroit, s'y dépouilleroit, & feroit alors fous la forme de chryfalide, c'eft-à-dire, fous une feconde enveloppe qui ne feroit qu'une de fes peaux. Cette liqueur criftalline renfermée dans cette feconde enveloppe, dans laquelle paroît le point animé, feroit le corps même de l'animal; mais tranfparent comme le criftal, & mou jufqu'à la fluidité, & dans lequel HARVEY auroit méconnu l'organifation. La mer jette fouvent fur les bords des matieres glaireufes & tranfparentes qui ne paroiffent pas beaucoup plus organifées que la matiere dont nous parlons, & qui font cependant de vrais animaux. La premiere enveloppe du fœtus, le chorion, feroit fon ouvrage; la feconde, l'amnios, feroit fa peau.

Mais eft-on en droit de porter de pareilles atteintes à des obfervations auffi authentiques, & de les facrifier ainfi à des analogies & à des fyftemes? Mais auffi dans des chofes qui font fi difficiles à obferver, ne peut-on pas fuppofer que quelques circonftances foient échappées au meilleur obfervateur?

CHAPITRE XI.

VARIETÉS DANS LES ANIMAUX.

L'analogie nous délivre de la peine d'imaginer de chofes nouvelles & d'une peine encore plus grande, qui eft de demeurer dans l'incertitude. Elle plaît à notre efprit: mais plaît-elle tant à la nature?

Il y a fans doute quelqu'analogie dans les moyens que les différentes efpeces d'animaux emploient pour fe perpétuer: car malgré la variété infinie qui eft dans la nature, les changemens n'y font jamais fubits. Mais dans l'ignorance où nous fommes, nous courons toujours rifque de prendre pour des efpeces voifines, des efpeces

ces si éloignées, que cette analogie qui d'une espece à l'autre, ne change que par des nuances insensibles, se perd, ou du moins est méconnoissable dans les especes que nous voulons comparer.

En effet, quelles variétés n'observe-t-on pas dans la maniere dont différentes especes d'animaux se perpétuent!

L'impétueux Taureau, fier de sa force, ne s'amuse point aux caresses: il s'élance à l'instant sur la Genisse, il pénetre profondément dans ses entrailles, & y verse à grands flots, la liqueur qui doit la rendre féconde.

La Tourterelle, par de tendres gémissemens, annonce son amour: mille baisers, mille plaisirs, précedent le dernier plaisir.

Un insecte à longues ailes * poursuit sa femelle dans les airs: il l'attrape; ils s'embrassent, ils s'attachent l'un à l'autre; & peu embarrassés alors de ce qu'ils deviennent, les deux amans volent ensemble, & se laissent emporter aux vents.

Des animaux ** qu'on a longtems méconnus, qu'on a pris pour des Galles, sont bien éloignés de promener ainsi leurs amours. La femelle sous cette forme si peu ressemblante à celle d'un animal, passe la plus grande partie de sa vie, immobile & fixée contre l'écorce d'un arbre. Elle est couverte d'une espece d'écaille qui cache son corps de tous côtés; une fente presqu'imperceptible, est pour cet animal, la seule porte ouverte à la vie. Le mâle de cette étrange créature, ne lui ressemble en rien: c'est un moucheron dont elle ne sauroit voir les infidélités, & dont elle attend patiemment les caresses. Après que l'insecte ailé a introduit son aiguillon dans la fente, la femelle devient d'une telle fécondité, qu'il semble que son écaille & sa peau, ne soient plus qu'un sac rempli d'une multitude innombrable de petits.

La Galle-insecte n'est pas la seule espece d'animaux dont le mâle vole dans les airs, pendant que la femelle sans ailes, & de figure toute différente, rampe sur la terre. Ces Diamans dont brillent les buissons pendant les nuits d'automne, les vers luisans sont les femelles d'insectes ailés, qui les perdroient vraisemblablement

dans

---

* La demoiselle, *Perla* en latin.
** Hist. des Insect. de M. de Reaumur, Tome IV. pag. 34.

dans l'obscurité de la nuit, s'ils n'étoient conduits par le petit flambeau qu'elles portent. *

Parlerai-je d'animaux dont la figure inspire le mépris & l'horreur ? Oui, la nature n'en a traité aucun en marâtre. Le crapaud tient sa femelle embrassée pendant des mois entiers.

Pendant que plusieurs animaux sont si empressés dans leurs amours, le timide poisson en use avec une retenue extreme : sans oser rien entreprendre sur la femelle, ni se permettre le moindre attouchement, il se morfond à la suivre dans les eaux : & se trouve trop heureux d'y féconder ses œufs après qu'elle les y a jettés.

Ces animaux travaillent-ils à la génération d'une maniere si désintéressée ? Ou la délicatesse de leurs sentimens supplée-t-elle à ce qui paroît leur manquer ? Oui, sans doute, un regard peut etre une jouissance; tout peut faire le bonheur de celui qui aime. La nature a le même intérêt à perpétuer toutes les especes : elle aura inspiré à chacune le même motif ; & ce motif dans toutes, est le plaisir. C'est lui qui dans l'espece humaine, fait tout disparoître devant lui ; qui malgré mille obstacles qui s'opposent à l'union de deux cœurs, mille tourmens qui doivent la suivre, conduit les amans au but que la nature s'est proposée. **

Si les poissons semblent mettre tant de délicatesse dans leur amour, d'autres animaux poussent le leur jusqu'à la débauche la plus effrénée. La Reine abeille a un sérail d'amans, & les satisfait tous. Elle cache envain la vie qu'elle mene dans l'intérieur de ses murailles; envain elle en avoit imposé même au savant Swarmerdam : un illustre observateur *** s'est convaincu par ses yeux de ses prostitutions. Sa fécondité est proportionnée à son intempérance ; elle devient mere de 30 & 40 mille enfans.

Mais la multitude de ce peuple, n'est pas ce qu'il y a de plus merveilleux : c'est de n'être point restreint à deux sexes, comme

les

---

* Hist. de l'Ac. des Scienc. an. 1723. pag. 9.

**   -   -   -   *Ita capta lepore,*
Illecebrisque tuis omnis natura animantum,
Te sequitur cupide, quo quamque inducere pergis.   Lucret. Lib. I.

*** *Hist. des Insect. de M. de Réaumur*, Tom. V. pag. 504.

les autres animaux. La famille de l'abeille eſt compoſée d'un très petit nombre de femelles deſtinées chacune à être Reine, comme elle, d'un nouvel eſſain; d'environ deux mille mâles, & d'un nombre prodigieux de Neutres, de mouches ſans aucun ſexe, eſclaves malheureux qui ne ſont deſtinés qu'à faire le miel, nourrir les petits, dès qu'ils ſont éclos, & à entretenir par leur travail, le luxe & l'abondance dans la ruche.

Cependant il vient un tems où ces eſclaves ſe révoltent contre ceux qu'ils ont ſi bien ſervis. Dès que les mâles ont aſſouvi la paſſion de la Reine, il ſemble qu'elle ordonne leur mort, & qu'elle les abandonne à la fureur des neutres. Plus nombreux de beaucoup que les mâles, ils en font un carnage horrible: & cette guerre ne finit point que le dernier mâle de l'eſſain n'ait été exterminé.

Voilà une eſpece d'animaux bien différens de tous ceux dont nous avons juſqu'ici parlé. Dans ceux-là deux individus formoient la famille, s'occupoient & ſuffiſoient à perpetuer l'eſpece: ici la famille n'a qu'une ſeule femelle; mais le ſexe du mâle paroît partagé entre des milliers d'individus; Et des milliers encore beaucoup plus nombreux, manquent de ſexe abſolument.

Dans d'autres eſpeces au contraire, les deux ſexes ſe trouvent réunis dans chaque individu. Chaque limaçon a tout à la fois les parties du mâle & celles de la femelle: ils s'attachent l'un à l'autre, ils s'entrelacent par de longs cordons, qui ſont leurs organes de la génération, & après ce double accouplement, chaque limaçon pond ſes œufs.

Je ne puis omettre une ſingularité qui ſe trouve dans ces animaux. Vers le tems de leur accouplement, la Nature les arme chacun d'un petit Dard formé d'une matiere dure & cruſtacée *. Quelque tems après, ce Dard tombe de lui-même, ſans doute après l'uſage auquel il a ſervi. Mais quel eſt cet uſage? Quel eſt l'office de cet organe paſſager? Peut-être cet animal ſi froid & ſi lent dans toutes ſes opérations a-t-il beſoin d'être excité par ces piquures? Des gens glacés par l'âge, ou dont les ſens étoient émouſſés, ont eu quelquefois

recours

* *Heiſter de Cochleis.*

Oeuv. de Maupert.

recours à des moyens aussi violens, pour reveiller en eux l'amour. Malheureux! qui tâchez par la douleur d'exciter des sentimens qui ne doivent naître que de la volupté; restez dans la létargie & la mort; épargnez-vous des tourmens inutiles : ce n'est pas de votre sang que Tibulle a dit que Venus étoit née *. Il falloit profiter dans le tems, des moyens que la nature vous avoit donnés pour être heureux : ou si vous en avez profité, n'en poussez pas l'usage au de là des termes qu'elle a prescrits. Au lieu d'irriter les fibres de votre corps, consolez votre ame de ce qu'elle a perdu.

Vous seriez cependant plus excusable encore que ce jeune homme qui, dans un mélange bisarre de superstition & de galanterie, se dechire la peau de mille coups, aux yeux de sa maîtresse pour lui donner des preuves des tourmens qu'il peut souffrir pour elle, & des assurances des plaisirs qu'il lui fera gouter.

Je ne finirois point si je parlois de tout ce que l'attrait de cette passion a fait imaginer aux hommes pour leur en faire excéder ou prolonger l'usage. Innocent limaçon, vous êtes peut-être le seul pour qui ces moyens ne soient pas criminels; parce qu'ils ne sont chez vous que les effets de l'ordre de la nature. Recevez, & rendez mille fois les coups de ces Dards dont elle vous a armés. Ceux qu'elle a réservés pour nous, sont des soins & des regards.

Malgré ce privilége qu'a le limaçon de posséder tout à la fois les deux sexes, la nature n'a pas voulu qu'ils pussent se passer les uns des autres; deux sont necessaires pour perpétuer l'espece **.

Mais voici un Hermaphrodite bien plus parfait. C'est un petit insecte trop commun dans nos jardins, que les Naturalistes appellent *Puceron*. Sans aucun accouplement, il produit son semblable, accouche d'un autre puceron vivant. Ce fait merveilleux ne devroit pas être cru s'il n'avoit été vu par les Naturalistes les plus fideles, & s'il n'étoit constaté par M. de Reaumur à qui rien n'échappe de ce qui est dans la nature, mais qui n'y voit jamais que ce qui y est.

On

---

* - - - *Is sanguine natam*
Is Venerem & rapido sentiat esse mari. Tibull. Lib. I. Eleg. II.
** *Mutuis animis, amant, amantur.* Catull. Carm. XLIII.

On a pris un puceron fortant du ventre de fa mere ou de fon pere; on l'a foigneufement féparé de tout commerce avec aucun autre, & on l'a nourri dans un vafe de verre bien fermé; on l'a vu accoucher d'un grand nombre de pucerons. Un de ceux-ci a été pris fortant du ventre du premier, & renfermé comme fa mere: il a bientôt fait comme elle d'autres pucerons. On a eu de la forte, cinq générations bien conftatées fans aucun accouplemet. Mais ce qui peut paroître une merveille auffi grande que celle-ci, c'eft que les mêmes pucerons qui peuvent engendrer fans accouplement, s'accouplent auffi fort bien quand ils veulent. *

Ces animaux qui en produifent d'autres, étant féparés de tout animal de leur efpece, fe feroient-ils accouplés dans le ventre de leur mere: ou lorfqu'un puceron en s'accouplant, en féconde un autre, féconderoit-il à la fois plufieurs générations? Quelque parti qu'on prenne, quelque chofe qu'on imagine; toute analogie eft ici violée.

Un ver aquatique appellé *Polype* a des moyens encore plus furprenans pour fe multiplier. Comme un arbre pouffe des branches, un Polype pouffe de jeunes polypes: ceux-ci lorfqu'ils font parvenus à une certaine grandeur, fe détachent du tronc qui les a produits: mais fouvent avant que de s'en détacher, ils en ont pouffé eux-mêmes de nouveaux: & tous ces defcendans de différens ordres, tiennent à la fois au polype ayeul. L'illuftre auteur de ces découvertes, a voulu examiner fi la génération naturelle des polypes fe réduifoit à cela; & s'ils ne s'étoient point accouplés auparavant. Il a employé pour s'en affurer, les moyens les plus ingénieux & les plus affidus: il s'eft précautionné contre toutes les rufes d'amour, que les animaux les plus ftupides favent quelquefois mettre en ufage auffi bien, & mieux que les plus fins. Le réfultat de toutes fes obfervations a été que la génération de ces animaux, fe fait fans aucune efpece d'accouplement.

Mais cela pourroit-t-il furprendre, lorfqu'on faura quelle eft l'autre maniere dont les Polypes fe multiplient? Parlerai-je de ce prodige; & le croira-t-on? Oui, il eft conftant par des expériences

& des

* Hift. des Infect. de M. de Reaumur, pag. 523.

& des témoignages qui ne permettent pas d'en douter. Un animal pour se multiplier, n'a besoin que d'être coupé par morceaux : le tronçon auquel tient la tête, reproduit une queue; celui auquel la queue est restée, reproduit une tête; & les tronçons sans tête & sans queue, reproduisent l'une & l'autre. Hydre plus merveilleux que celui de la fable; on peut le fendre dans sa longueur, le mutiler de toutes les façons; tout est bientôt réparé; & chaque partie est un animal nouveau. *

Que peut-on penser de cette étrange espece de génération; de ce principe de vie répandu dans chaque partie de l'animal? Ces animaux ne seroient-ils que des amas d'embrions tout prêts à se développer, dès qu'on leur feroit jour? Ou des moyens inconnus reproduisent-ils tout ce qui manque aux parties mutilées? La nature qui dans tous les autres animaux, a attaché le plaisir à l'acte qui les multiplie, feroit-elle sentir à ceux-ci quelque espece de volupté lorsqu'on les coupe par morceaux?

CHAPITRE XII.

REFLEXIONS SUR LES SYSTEMES DE DEVELOPPEMENS.

La plupart des Physiciens modernes, conduits par l'analogie de ce qui se passe dans les plantes, où la production apparente des parties, n'est que le développement de ces parties déja formées dans la graine ou dans l'oignon; & ne pouvant comprendre comment un corps organisé seroit produit; ces Physiciens veulent réduire toutes les générations à de simples développemens. Ils croient plus simple de supposer que tous les animaux de chaque espece, étoient contenus déja tous formés dans un seul pere, ou une seule mere, que d'admettre aucune production nouvelle.

Ce n'est point la petitesse extreme dont devroient être les parties de ces animaux, ni la fluidité des liqueurs qui y devroient circuler, que je leur objecterai : mais je leur demande la permission d'approfondir

---

* Philosoph. Transact. No. 567. L'Ouvrage va paroître dans lequel M. TREMBLEY donne au Public toutes ses découvertes sur ces animaux.

dir un peu plus leur sentiment, & d'examiner 1°. Si ce qu'on voit dans la production apparente des plantes, est applicable à la génération des animaux ? 2°. Si le systeme du développement, rend la Physique plus claire qu'elle ne seroit en admettant des productions nouvelles.

Quant à la premiere question ; il est vrai qu'on apperçoit dans l'oignon de la Tulipe, les feuilles & la fleur déja toutes formées, & que sa production apparente n'est qu'un véritable développement de ces parties : mais à quoi cela est-il applicable, si l'on veut comparer les animaux aux plantes ? Ce ne sera qu'à l'animal déja formé. L'oignon ne sera que la Tulipe même ; & comment pourroit-on prouver que toutes les Tulipes qui doivent naitre de celle-ci, y sont contenues ? Cet exemple donc des plantes, sur lequel ces Physiciens comptent tant, ne prouve autre chose, si ce n'est qu'il y a un état pour la plante, où sa forme n'est pas encore sensible à nos yeux, mais où elle n'a besoin que du développement & de l'accroissement de ses parties, pour paroître. Les animaux ont bien un état pareil : mais c'est avant cet état, qu'il faudroit savoir ce qu'ils étoient ; enfin quelle certitude a-t-on ici de l'analogie entre les plantes & les animaux ?

Quant à la seconde question, si le systeme du développement rend la Physique plus lumineuse qu'elle ne seroit en admettant de nouvelles productions ; il est vrai qu'on ne comprend point comment à chaque génération, un corps organisé, un animal se peut former : mais comprend-on mieux comment cette suite infinie d'animaux contenus les uns dans les autres, auroit été formée tout à la fois ? Il me semble qu'on se fait ici une illusion ; & qu'on croit résoudre la difficulté en l'éloignant. Mais la difficulté demeure la même, à moins qu'on n'en trouve une plus grande à concevoir comment tous ces corps organisés auroient été formés les uns dans les autres, & tous dans un seul, qu'à croire qu'ils ne sont formés que successivement.

DESCARTES a cru comme les anciens, que l'homme étoit formé du mélange des liqueurs que répandent les deux sexes. Ce grand Philosophe dans son traité de l'homme, a cru pouvoir expliquer, comment par les seules loix du mouvement & de la fermentation, il se formoit, un cœur, un cerveau, un nez, des yeux; &c.*

Le sentiment de Descartes sur la formation du fœtus, par le mélange de ces deux semences, a quelque chose de remarquable, & qui préviendroit en sa faveur, si les raisons morales pouvoient entrer ici pour quelque chose. Car on ne croira pas qu'il l'ait embrassé par complaisance pour les anciens, ni faute de pouvoir imaginer d'autres systemes.

Mais si l'on croit que l'Auteur de la nature, n'abandonne pas aux seules loix du mouvement, la formation des animaux; si l'on croit qu'il faille qu'il y mette immédiatement la main, & qu'il ait créé d'abord tous ces animaux contenus les uns dans les autres: que gagnera-t-on à croire qu'il les a tous formés en même tems? Et que perdra la Physique, si l'on pense que les animaux ne sont formés que successivement. Y a-t-il même, pour Dieu, quelque différence entre le tems que nous regardons comme le même, & celui qui se succede?

CHAPITRE XIII.

RAISONS QUI PROUVENT QUE LE FOETUS PARTICIPE EGALEMENT DU PERE ET DE LA MERE.

Si l'on ne voit aucun avantage, aucune simplicité plus grande à croire que les animaux, avant la génération, étoient déja tous formés les uns dans les autres, qu'à penser qu'ils se forment à chaque génération; si le fond de la chose, la formation de l'animal demeure pour nous également inexplicable: des raisons très-fortes font voir que chaque sexe y contribue également. L'enfant naît tantôt avec les traits du pere, tantôt avec ceux de la mere; il naît avec leurs défauts & leurs habitudes, & paroît tenir d'eux jusqu'aux inclinations & aux qualités de l'esprit. Quoique ces ressemblances ne s'observent pas toujours, elles s'observent trop souvent, pour qu'on puisse les attribuer à un effet du hasard: & sans doute, elles ont lieu plus souvent qu'on ne peut le remarquer.

Dans

---

* L'homme de DESCARTES, & la formation du fœtus, pag. 127.

Dans des especes différentes, ces ressemblances sont plus sensibles. Qu'un homme noir épouse une femme blanche, il semble que les deux couleurs soient mêlées ; l'enfant naît olivâtre, & est mi-parti avec les traits de la mere, & ceux du pere.

Mais dans des especes plus différentes, l'altération de l'animal qui en naît, est encore plus grande. L'âne & la Jument forment un animal qui n'est ni cheval ni âne, mais qui est visiblement un composé des deux. Et l'altération est si grande, que les organes du mulet sont inutiles pour la génération.

Des expériences plus poussées, & sur des especes plus différentes, feroient voir encore vraisemblablement, de nouveaux monstres. Tout concourt à faire croire que l'animal qui naît, est un composé des deux semences.

Si tous les animaux d'une espece, étoient déja formés & contenus dans un seul pere ou une seule mere, soit sous la forme de vers, soit sous la forme d'œufs, observeroit-on ces alternatives de ressemblances ? Si le fœtus étoit le ver qui nage dans la liqueur séminale du pere, pourquoi ressembleroit-il quelquefois à la mere ? S'il n'étoit que l'œuf de la mere, que sa figure auroit-elle de commun avec celle du pere ? Le petit cheval déja tout formé dans l'œuf de la jument, prendroit-il des oreilles d'âne, parce qu'un âne auroit mis les parties de l'œuf en mouvement ?

Croira-t-on, pourra-t-on imaginer que le ver spermatique, parce qu'il aura été nourri chez la mere, prendra sa ressemblance & ses traits ? Cela seroit-il beaucoup plus ridicule, qu'il ne le seroit de croire que les animaux dussent ressembler aux alimens dont ils se sont nourris, ou aux lieux qu'ils ont habités.

CHAPITRE XIV.

SYSTEMES SUR LES MONSTRES.

On trouve dans les Mémoires de l'Academie des Sciences, une longue dispute entre deux Hommes célebres qui à la maniere dont on combattoit, n'auroit jamais été terminée sans la mort d'un des combattans. La queſtion étoit ſur les Monſtres. Dans toutes les eſpeces, on voit ſouvent naître des animaux contrefaits; des animaux à qui il manque quelques parties, ou qui ont quelques parties de trop. Les deux Anatomiſtes convenoient du ſyſteme des œufs. Mais l'un vouloit que les monſtres ne fuſſent jamais que l'effet de quelqu'accident arrivé aux œufs: l'autre prétendoit qu'il y avoit des œufs originairement monſtrueux, qui contenoient des monſtres auſſi bien formés que les autres œufs contenoient des animaux parfaits.

L'un expliquoit aſſez clairement comment les deſordres aririvés dans les œufs, faiſoient naître des monſtres: il ſuffiſoit que quelques parties dans le tems de leur molleſſe, euſſent été détruites dans l'œuf par quelque accident, pour qu'il naquît un *Monſtre par défaut*, un enfant mutilé. L'union ou la confuſion des deux œufs, ou de deux germes d'un même œuf, produiſoit les *Monſtres par excès*, les enfans qui naiſſent avec des parties ſuperflues. Le premier degré de monſtres ſeroit deux Gemeaux ſimplement adhérens l'un à l'autre, comme on en a vu quelquefois. Dans ceux là aucune partie principale des œufs n'auroit été détruite. Quelques parties ſuperficielles des fœtus déchirées dans quelque endroit, & repriſes l'une avec l'autre, auroient cauſé l'adhérence des deux corps. Les monſtres à deux têtes ſur un ſeul corps, ou à deux corps ſous une ſeule tête, ne differeroient des premiers, que parce que plus de parties dans l'un des œufs, auroient été détruites: dans l'un, toutes celles qui formoient un des corps; dans l'autre, celles qui formoient une des têtes, Enfin un enfant qui a un doigt de trop, eſt un monſtre compoſé de deux œufs, dans l'un deſquels toutes les parties, excepté ce doigt, ont été détruites.

L'adverſaire plus anatomiſte que raiſonneur, ſans ſe laiſſer éblouir d'une eſpece de lumiere que ce ſyſtéme répand, n'objectoit à cela que des monſtres dont il avoit lui-même diſſéqué la plupart, & dans leſquels il avoit trouvé des monſtruoſités, qui lui paroiſſoient inexpliquables par aucun deſordre accidentel.

Les raiſonnemens de l'un tentérent d'expliquer ces deſordres: les monſtres de l'autre ſe multipliérent; à chaque raiſon que M.
de

de Lemery alléguoit, c'étoit toujours quelque nouveau monftre à combattre que lui produifoit M. de Winfslow.

Enfin on en vint aux raifons Métaphyfiques. L'un trouvoit du fcandale à penfer que Dieu eût créé des germes originairement monftrueux: l'autre croyoit que c'étoit limiter la puiffance de Dieu, que de la reftreindre à une régularité & une uniformité trop grande.

Ceux qui voudroient voir ce qui a été dit fur cette difpute, le trouveroient dans les Mémoires de l'Academie. *

Un fameux Auteur Danois a eu une autre opinion fur les Monftres: il en attribuoit la production aux Cometes. C'eft une chofe curieufe, mais bien honteufe pour l'efprit humain, que de voir ce grand Medecin traiter les Cometes comme des *abcès* du Ciel, & prefcrire un régime pour fe préferver de leur contagion. * *

CHAPITRE XV.
DES ACCIDENS CAUSÉS PAR L'IMAGINATION DES MERES.

Un Phénomene plus difficile encore, ce me femble, à expliquer, que les monftres dont nous venons de parler; ce feroit cette efpece de monftres caufés par l'imagination des Meres; ces enfans auxquels les meres auroient imprimé la figure de l'objet de leur frayeur, de leur admiration, ou de leur defir. On craint d'ordinaire qu'un negre, qu'un finge, ou tout autre animal dont la vue peut furprendre ou effrayer, ne fe préfente aux yeux d'une femme enceinte. On craint qu'une femme en cet état, defire de manger quelque fruit, ou qu'elle ait quelqu'appétit qu'elle ne puiffe pas fatisfaire. On raconte mille hiftoires d'enfans qui portent les marques de tels accidens.

Il me femble que ceux qui ont raifonné fur ces Phénomenes, en ont confondu deux fortes abfolument différentes.

Qu'une

---

* Mem. de l'Acad. Royale des Sciences années 1724. 1733. 1734. 1738 et 1740.
* * Th. Bartholini de Cometâ, Confilium Medicum, cum Monftrorum in Daniâ natorum hiftoriâ.

Qu'une femme troublée par quelque passion violente, qui se trouve dans un grand péril, qui a été épouvantée par un animal affreux, accouche d'un enfant contrefait; il n'y a rien que de très-facile à comprendre. Il y a certainement entre le fœtus & sa mere, une communication assez intime, pour qu'une violente agitation dans les esprits où dans le sang de la mere, se transmette dans le fœtus, & y cause des desordres auxquels les parties de la mere pouvoient résister, mais auxquels les parties trop délicates du fœtus succombent. Tous les jours nous voyons ou éprouvons de ces mouvemens involontaires qui se communiquent de bien plus loin que de la mere à l'enfant qu'elle porte. Qu'un homme qui marche devant moi, fasse un faux pas; mon corps prend naturellement l'attitude que devroit prendre cet homme pour s'empêcher de tomber. Nous ne saurions guéres voir souffrir les autres, sans ressentir une partie de leurs douleurs, sans éprouver des révolutions quelquefois plus violentes que n'éprouve celui sur lequel le fer & le feu agissent. C'est un lien par lequel la nature a attaché les hommes les uns aux autres. Elle ne les rend d'ordinaire compatissans, qu'en leur faisant sentir les mêmes maux. Le plaisir & la douleur sont les deux maîtres du Monde. Sans l'un, peu de gens s'embarrasseroient de perpétuer l'espece des hommes: si l'on ne craignoit l'autre, plusieurs ne voudroient pas vivre.

Si donc ce fait tant rapporté est vrai; qu'une femme soit accouchée d'un enfant dont les membres étoient rompus aux mêmes endroits où elle les avoit vu rompre à un criminel; il n'y a rien, ce me semble, qui doive beaucoup surprendre, non plus que dans tous les autres faits de cette espece.

Mais il ne faut pas confondre ces faits avec ceux où l'on prétend que l'imagination de la mere, imprime au fœtus la figure de l'objet qui l'a épouvantée, ou du fruit qu'elle a desiré de manger. La frayeur peut causer de grands desordres dans les parties molles du fœtus: mais elle ne ressemble point à l'objet qui l'a causée. Je croirois plutôt que la peur qu'une femme a d'un tigre, fera perir entierement son enfant, ou le fera naître avec les plus grandes difformités, qu'on ne me fera croire que l'enfant puisse naître

mouche-

moucheté, ou avec des griffes, à moins que ce ne foit un effet du hafard qui n'ait rien de commun avec la frayeur du tigre. De même l'enfant qui naquit roué, eft bien moins prodige que ne le feroit celui qui naîtroit avec l'empreinte de la cerife qu'auroit voulu manger fa mere; parce que le fentiment qu'une femme éprouve par le defir ou par la vue d'un fruit, ne reffemble en rien à l'objet qui excite ce fentiment.

Cependant rien n'eft fi fréquent que de rencontrer de ces fignes qu'on prétend formés par les envies des meres. Tantôt c'eft une cerife, tantôt c'eft un raifin, tantôt c'eft un poiffon. J'en ai obfervé un grand nombre: mais j'avoue que je n'en ai jamais vu qui ne pût être facilement réduit à quelqu'excroiffance ou quelque tache accidentelle. J'ai vu jufqu'à une fouris fur le cou d'une Demoifelle dont la mere avoit été épouvantée par cet animal; une autre portoit au bras un Poiffon que fa mere avoit eu envie de manger. Ces animaux paroiffoient à quelques-uns parfaitement deffinés : mais pour moi, l'un fe réduifit à une tache noire & velue de l'efpece de plufieurs autres qu'on voit quelquefois placées fur la joue, & auxquelles on ne donne aucun nom, faute de trouver à quoi elles reffemblent. Le Poiffon ne fut qu'une tache grife. Le rapport des meres, le fouvenir qu'elles ont d'avoir eu telle crainte ou tel defir, ne doit pas beaucoup embarraffer: elles ne fe fouviennent d'avoir eu ces defirs ou ces craintes, qu'après qu'elles font accouchées d'un enfant marqué; leur mémoire alors leur fournit tout ce qu'elles veulent, & en effet il eft difficile que dans un efpace de neuf mois, une femme n'ait jamais eu peur d'aucun animal, ni envie de manger d'aucun fruit.

CHAPITRE XVI.

DIFFICULTÉS SUR LES SYSTEMES DES OEUFS, ET DES ANIMAUX SPERMATIQUES.

Il eft tems de revenir à la maniere dont fe fait la génération. Tout ce que nous venons de dire, loin d'éclaircir cette matiere, n'a peut-être fait qu'y répandre plus de doutes. Les faits merveilleux de toutes parts se sont découverts, les systemes se sont multipliés: & il n'en est que plus difficile, dans cette grande variété d'objets, de reconnoître l'objet qu'on cherche.

Je connois trop les défauts de tous les systemes que j'ai proposés, pour en adopter aucun : je trouve trop d'obscurité répandue sur cette matiere, pour oser former aucun systeme. Je n'ai que quelques pensées vagues que je propose plutôt comme des questions à examiner, que comme des opinions à recevoir; je ne serai ni surpris, ni ne croirai avoir lieu de me plaindre, si on les rejette. Et comme il est beaucoup plus difficile de découvrir la maniere dont un effet est produit, que de faire voir qu'il n'est produit, ni de telle, ni de telle maniere: je commencerai par faire voir qu'on ne sauroit raisonnablement admettre ni le systeme des œufs ni celui des Animaux spermatiques.

Il me semble donc que ces deux systemes sont également incompatibles avec la maniere dont Harvey a vu le fœtus se former.

Mais l'un & l'autre de ces deux systemes me paroissent encore plus sûrement détruits par la ressemblance de l'enfant, tantôt au pere, tantôt à la mere : & par les animaux mi-partis qui naissent des deux especes différentes.

On ne sauroit peut-être expliquer comment un enfant de quelque maniere que le pere & la mere contribuent à sa génération, peut leur ressembler: mais de ce que l'enfant ressemble à l'un & à l'autre, je croix qu'on peut conclurre que l'un & l'autre ont eu également part à sa formation.

Nous ne rapellerons plus ici le sentiment de Harvey qui réduisoit la conception de l'enfant dans la matrice, à la comparaison de la conception des idées dans le cerveau. Ce qu'a dit, sur cela, ce grand homme, ne peut servir qu'à faire voir combien il trouvoit de difficulté dans cette matiere; ou à faire écouter plus patiemment toutes les idées qu'on peut proposer, quelque étranges qu'elles soient.

Ce qui paroît l'avoir le plus embarrassé, & l'avoir jetté dans cette comparaison, ç'a été de ne jamais trouver la semence du Cerf dans la matrice de la Biche. Il a conclu de-là que la semence n'y entroit point. Mais étoit-il en droit de le conclurre ? Les intervalles du tems
qu'il

qu'il a mis entre l'accouplement de ces animaux & leur diffection, n'ont-ils pas été beaucoup plus longs qu'il ne falloit pour que la plus grande partie de la femence entrée dans la matrice, eût le tems d'en reffortir, ou de s'y imbiber.

L'expérience de Verheyen qui prouve que la femence du mâle ientre quelquefois dans la matrice, eft prefqu'une preuve qu'elle y entre toujours, mais qu'elle y demeure rarement en affez grande quantité, pour qu'on puiffe l'y appercevoir.

Harvey n'auroit pu obferver qu'une quantité fenfible de femence: & de ce qu'il n'a pas trouvé dans la matrice de femence en telle quantité, il n'eft pas fondé à affurer qu'il n'y en eût aucunes gouttes répandues fur une membrane déja toute enduite d'humidité. Quand la plus grande partie de la femence reffortiroit auffi-tôt de la matrice; quand même il n'y en entreroit que très-peu, cette liqueur mêlée avec celle que la femelle répand, eft peut-être beaucoup plus qu'il n'en faut, pour donner l'origine au fœtus.

Je demande donc pardon aux Phyficiens modernes, fi je ne puis admettre les fyftemes qu'ils ont fi ingénieufement imaginés. Car je ne fuis pas de ceux qui croient qu'on avance la Phyfique en s'attachant à un fyfteme malgré quelque phénomene qui lui eft évidemment incompatible; & qui, ayant remarqué quelqu'endroit d'où fuit néceffairement la ruine de l'édifice, achevent cependant de le bâtir, & l'habitent avec autant de fécurité, que s'il étoit le plus folide.

Malgré les prétendus œufs, malgré les petits animaux qu'on obferve dans la liqueur féminale; je ne fai s'il faut abandonner le fentiment des anciens fur la maniere dont fe fait la génération; fentiment auquel les expériences de Harvey font affez conformes. Lorfque nous croyons que les anciens ne font demeurés dans telle ou telle opinion, que parce qu'ils n'avoient pas été auffi loin que nous: nous devrions peut-être plutôt penfer que c'eft parce qu'ils avoient été plus loin; & que des expériences d'un tems plus reculé leur avoient fait fentir l'infuffifance des fyftemes dont nous nous contentons.

Il eft vrai que lorfqu'on dit, que le fœtus eft formé du mélange des deux femences, on eft bien éloigné d'avoir expliqué cette formation. Mais l'obfcurité, qui refte, ne doit pas être imputée à la maniere dont nous raisonnons. Celui qui veut connoître un objet trop éloigné, quoiqu'il ne le decouvre que confusément, réussit mieux que celui qui voit plus distinctement des objets qui ne sont pas celui-là.

Quoique je respecte infiniment Descartes, & que je croie, comme lui, que le fœtus est formé du mélange des deux semences, je ne puis croire que personne soit satisfait de l'explication qu'il en donne, ni qu'on puisse expliquer par une mécanique intelligible, comment un animal est formé du mélange de deux liqueurs. Mais quoique la maniere dont ce prodige se fait, demeure cachée pour nous, je ne l'en crois pas moins certain.

CHAPITRE XVII.

CONIECTURES SUR LA FORMATION DU FOETUS.

Dans cette obscurité sur la maniere dont le fœtus est formé du mélange des deux liqueurs, nous trouvons des faits qui sont peut-être plus comparables à celui-là, que ce qui se passe dans le cerveau. Lorsque l'on mêle de l'argent & de l'esprit de nître avec du mercure & de l'eau, les parties de ces matieres viennent d'elles-mêmes s'arranger pour former une végétation si semblable à un arbre, qu'on n'a pu lui en refuser le nom *.

Depuis la découverte de cette admirable végétation, l'on en a trouvé plusieurs autres: l'une dont le fer est la base, imite si bien un arbre, qu'on y voit non-seulement un tronc, des branches & des racines; mais jusqu'à des feuilles & des fruits **. Quel miracle, si une telle végétation se formoit hors de la portée de notre vue! La seule habitude diminue le merveilleux de la plupart des phénomenes de la nature ***. On croit que l'esprit les comprend, lorsque les yeux y sont accoutumés : mais pour le Philosophe, la difficulté reste. Et tout ce qu'il doit conclurre, c'est qu'il y a des faits certains

* Arbre de Diane.
** *Voyez* Mém. de l'Acad. Royale des Scienc. ann. 1706. pag. 415.
*** *Quid non in miraculo est, cum primum in notitiam venit ?* C.Plin.Nat. h. L.VII.C.I.

tains dont il ne sauroit connoître les causes; & que ses sens ne lui sont donnés que pour humilier son esprit.

On ne sauroit gueres douter qu'on ne trouve encore plusieurs autres productions pareilles, si on les cherche, ou peut-être lorsqu'on les cherchera le moins. Et quoique celles-ci paroissent moins organisées que les corps de la plupart des animaux, ne pourroient-elles pas dépendre d'une même mécanique & de quelques lois pareilles? Les lois ordinaires du mouvement y suffiroient-elles, ou faudroit-il appeller au secours des forces nouvelles?

Ces forces tout incompréhensibles qu'elles sont, semblent avoir pénétré jusques dans l'Académie des Sciences où l'on pese tant les nouvelles opinions avant que de les admettre. Un des plus illustres Membres de cette Compagnie, dont nos sciences regretteront long tems la perte; * un de ceux qui avoit pénétré le plus avant dans les secrets de la nature, avoit senti la difficulté d'en réduire les opérations aux lois communes du mouvement, & avoit été obligé d'avoir recours à des forces qu'il crut qu'on recevroit plus favorablement sous le nom de *Rapports*, mais Rapports qui font que *toutes les fois que deux substances qui ont quelque disposition à se joindre l'une avec l'autre, se trouvent unies ensemble; s'il en survient une troisieme qui ait plus de rapport avec l'une des deux, elle s'y unit en faisant lâcher prise à l'autre* * *

Je ne puis m'empêcher d'avertir ici, que ces forces & ces rapports ne sont autre chose que ce que d'autres Philosophes plus hardis appellent *Attraction*. Cet ancien terme reproduit de nos jours, effaroucha d'abord les Physiciens qui croyoient pouvoir expliquer sans lui tous les phénomenes de la nature. Les Astronomes furent ceux qui sentirent les premiers le besoin d'un nouveau principe pour les mouvemens des corps celestes, & qui crurent l'avoir découvert dans ces mouvemens mêmes. La chymie en a depuis reconnu la nécessité; & les chymistes les plus fameux aujourd'hui, admettent l'Attraction, & l'étendent plus loin que n'ont fait les astronomes.

Pourquoi, si cette force existe dans la Nature, n'auroit-elle pas lieu dans la formation du corps des animaux? Qu'il y ait dans chacune

---

* M. *Geoffroy*.   * * Mem. de l'Acad. des Scienc. ann. 1718. p. 102.

cune des femences, des parties destinées à former le cœur, la tête, les entrailles, les bras, les jambes; & que ces parties aient chacune un plus grand rapport d'union avec celle qui pour la formation de l'animal doit être sa voisine, qu'avec tout autre; le fœtus se formera: & fût-il encore mille fois plus organisé qu'il n'est, il se formeroit.

On ne doit pas croire qu'il n'y ait dans les deux femences, que précisement les parties qui doivent former un fœtus, ou le nombre de fœtus que la femelle doit porter: chacun des deux sexes y en fournit sans doute, beaucoup plus qu'il n'est nécessaire. Mais les deux parties qui doivent se toucher, étant une fois unies, une troisieme qui auroit pu faire la même union, ne trouve plus sa place, & demeure inutile. C'est ainsi, c'est par ces opérations répétées, que l'enfant est formé des parties du pere & de la mere, & porte souvent des marques visibles qu'il participe de l'un & de l'autre.

Si chaque partie est unie à celles qui doivent être ses voisines, & ne l'est qu'à celles-là, l'enfant naît dans sa perfection. Si quelques parties se trouvent trop éloignées, ou d'une forme trop peu convenable, ou trop foibles de rapport d'union, pour s'unir à celles auxquelles elles doivent être unies; il naît *un monstre par défaut*. Mais s'il arrive que des parties superflues trouvent encore leur place, & s'unissent aux parties dont l'union étoit déja suffisante, voila *un monstre par excès*.

Une remarque sur cette derniere Espece de Monstres est si favorable à notre systeme qu'il semble qu'elle en soit une Demonstration. C'est que les parties superflues se trouvent toujours aux mêmes endroits que les parties nécessaires. Si un Monstre a deux Têtes, elles sont l'une & l'autre placées sur un même cou, ou sur l'union de deux Vertebres; s'il a deux corps ils sont joints de la même maniere. Il y a plusieurs exemples d'hommes qui naissent avec des Doigts surnumeraires: mais c'est toujours à la main ou au pied qu'ils se trouvent. Or si l'on veut que ces Monstres soient le produit de l'union de deux Oeufs, ou de deux Fœtus, croira-t-on que cette union se fasse de telle maniere que les seules parties de l'un des deux qui se conservent se trouvent toujours situées aux mêmes lieux

que

que les parties semblables de celui qui n'a souffert aucune destruction ? J'ai veu une Merveille plus décisive encore sur cette matiere. C'est le squelette d'un espece de Géant qui n'a d'autre difformité, qu'une Vertebre de trop; placée dans la suite des autres Vertebres, & formant avec elles une même Epine *. Croira-t-on, pourra-t-on penser que cette Vertebre soit le reste d'un Fœtus?

Si l'on veut que les Monstres naissent de Germes originairement Monstrueux, la difficulté sera-t-elle moindre? pourquoi les Germes Monstrueux observeront-ils cet ordre dans la Situation de leurs parties? pourquoi des oreilles ne se trouveront-elles jamais aux pieds, ni des doigts à la Tête?

Quant aux Monstres humains à Tête de Chat, de Chien, de Cheval &c. J'attendrai à en avoir veu pour expliquer comment ils peuvent être produits. J'en ai examiné plusieurs qu'on disoit tels; mais tout se reduisoit à quelques traits difformes : je n'ai jamais trouvé dans aucun Individu de partie qui appartint incontestablement à une autre Espece qu'à la Sienne : Et si l'on me faisoit voir quelque Minotaure, ou quelque Centaure, je croirois plutôt des Crimes que des prodiges.

Il semble que l'idée que nous proposons sur la formation du fœtus, satisferoit mieux qu'aucune autre aux phénomenes de la génération; à la ressemblance de l'enfant, tant au pere qu'à la mere; aux animaux mixtes qui naissent des deux especes différentes; aux monstres tant par excès que par défaut : enfin cette idée paroît la seule qui puisse subsister avec les observations de HARVEY.

CHA-

---

* Ce squelette singulier est à Berlin dans la salle Anatomique de l'Academie Royale des sciences et Belles Lettres. En voicy la Description que M. Buddæus professeur d'Anatomie m'a envoyée.

En conformité de vos ordres, que j'ai reçus hier, j'ai l'honneur de vous mander très humblement qu'il y a effectivement dans notre Amphitheatre un squelete, qui a une Vertebre de trop. Il est d'une grandeur de 7 pieds, & S. M. le feu Roi l'a envoyé ici pour le garder à cause de sa vareté; Je l'ai examiné avec soin, et il se trouve que la Vertebre surnumeraire doit être rangée à celles des Lombes. Les Vertebres du Col ont leurs marques particulieres, dont on les connoit très aisément ; ainsi elle n'appartient surement pas à elles, moins encore à celles du Dos, puisque les Cotes les caracterisent. La premiere Vertebre des Lombes a sa conformité naturelle, par rapport à son union avec la douzieme du Dos, & la derniere des Lombes a sa figure ordinaire pour s'appliquer à l'Os sacrum. Ainsi qu'il faut chercher la surnumeraire entre le reste des Vertebres des Lombes; c'est à dire entre la premiere et la derniere Lombaire.

CHAPITRE XVIII.

CONIECTURES SUR L'USAGE DES ANIMAUX SPERMATIQUES.

Mais ces petits animaux qu'on découvre au microscope, dans la semence du mâle, que deviendront-ils ? A quel usage la nature les aura-t-elle destinés ? Nous n'imiterons point quelques Anatomistes qui en ont nié l'existence : il faudroit être trop mal-habile à se servir du microscope, pour ne les pouvoir appercevoir. Mais nous pouvons très-bien ignorer leur emploi. Ne peuvent-ils pas être de quelqu'usage pour la production de l'animal, sans être l'animal même ? Peut-être ne servent-ils qu'à mettre les liqueurs prolifiques en mouvement ; à rapprocher par-la des parties trop éloignées ; & à faciliter l'union de celles qui doivent se joindre, en les faisant se présenter diversement les unes aux autres.

J'ai cherché plusieurs fois avec un excellent microscope, s'il n'y avoit point des animaux semblables dans la liqueur que la femme répand. Je n'y en ai point vu. Mais je ne voudrois pas assurer pour cela, qu'il n'y en eût pas. Outre la liqueur que je regarde comme prolifique dans les femmes, qui n'est peut-être qu'en fort petite quantité, & qui peut-être demeure dans la matrice ; elles en répandent d'autres sur lesquelles on peut se tromper, & mille circonstances rendront toujours cette expérience douteuse. Mais quand il y auroit des animaux dans la semence de la femme, ils n'y feroient que le même office qu'ils font dans celle de l'homme. Et s'il n'y en a pas, ceux de l'homme suffisent apparemment pour agiter & pour mêler les deux liqueurs.

Que cet usage auquel nous imaginons que les animaux spermatiques pourroient être destinés, ne vous étonne point : la nature outre ses agens principaux pour la production de ses ouvrages, emploie quelquefois des ministres subalternes. Dans les Isles de l'Archippel, on éleve avec grand soin, une espece de moucherons qui travaillent à la fécondation des figues. *

* Voyez le Voyage du Lev. de Tournefort.

FIN DE LA PREMIERE PARTIE.

SECONDE PARTIE,
VARIETÉS
DANS L'ESPECE HUMAINE.

CHAPITRE PREMIER.
DISTRIBUTION DES DIFFERENTES RACES D'HOMMES SELON LES DIFFERENTES PARTIES DE LA TERRE.

Si les premiers hommes blanc qui en virent de noirs, les avoient trouvés dans les forêts, peut-être ne leur auroient-ils pas accordé le nom d'hommes. Mais ceux qu'on trouva dans de grandes villes, qui étoient gouvernés par de sages Reines, * qui faisoient fleurir les Arts & les Sciences, dans des tems où presque tous les autres peuples étoient des barbares; ces Noirs-là, auroient bien pu ne pas vouloir regarder les Blancs comme leurs freres.

Depuis le Tropique du Cancer jusqu'au Tropique du Capricorne l'Afrique n'a que des habitans noirs. Non-seulement leur couleur les distingue, mais ils different des autres hommes par tous les traits de leur visage : des nez larges & plats, de grosses levres, & de la laine au lieu de cheveux, paroissent constituer une nouvelle espece d'hommes. **

Si l'on s'éloigne de l'Equateur vers le Pôle Antarctique, le Noir s'éclaircit, mais la laideur demeure: on trouve ce vilain peuple qui habite la pointe Méridionale de l'Afrique. ***

Qu'on remonte vers l'Orient: on verra des peuples dont les traits se radoucissent, & deviennent plus réguliers, mais dont la couleur est aussi noire que celle qu'on trouve en Afrique.

Après

---

* Diodor de Sicile. Liv. 3.
** Æthiopes maculant orbem, tenebrisque figurant,
   Per fuscas hominum gentes.   Manil. Lib. IV. vers. 723.
*** Les HOTTENTOTS.

Après ceux-là un grand peuple basanné est distingué des autres peuples par des yeux longs, étroits & placés obliquement.

Si l'on passe dans cette vaste partie du monde qui paroît séparée de l'Europe, de l'Afrique & de l'Asie, on trouve comme on peut croire, bien de nouvelles variétés. Il n'y a point d'hommes blancs: cette terre peuplée de nations rougeâtres & basanées de mille nuances, se termine vers le Pôle Antarctique par un Cap & des Isles habitées, dit-on, par des Géans. Si l'on en croit les relations de plusieurs voyageurs, on trouve à cette extrémité de l'Amérique une race d'hommes dont la hauteur est presque double de la nôtre.

Avant que de sortir de notre continent, nous aurions pu parler d'une autre espece d'hommes bien différens de ceux-ci. Les habitans de l'extrémité Septentrionale de l'Europe sont les plus petits de tous ceux qui nous sont connus: les Lappons du côté du Nord, les Patagons du coté du Midi paroissent les termes extremes de la race des hommes.

Je ne finirois point, si je parlois des habitans des îles qu'on rencontre dans la mer des Indes, & de celles qui sont dans ce vaste Océan, qui remplit l'intervalle entre l'Asie & l'Amérique. Chaque peuple, chaque nation y a sa forme comme sa langue. *

Si l'on parcouroit toutes ces îles, on trouveroit peut-être dans quelques-unes des habitans bien plus embarrassans pour nous que les Noirs; auxquels nous aurions bien de la peine à refuser ou à donner le nom d'hommes. Les habitans des forêts de Borneo dont parlent quelques voyageurs, si semblables d'ailleurs aux hommes, en pensent-ils moins pour avoir des queues de singes? Et ce qu'on n'a fait dépendre ni du blanc ni du noir dépendra-t-il du nombre des vertebres?

Dans cet Istme qui sépare la mer du Nord de la mer pacifique, on dit ** qu'on trouve des hommes plus blancs que tous ceux que nous connoissons: leurs cheveux seroient pris pour la laine la plus blanche; leurs yeux trop foibles pour la lumiere du jour, ne s'ou-

vrent

---

* *Adde sonos totidem vocum, totidem insere linguas,*
Et mores pro sorte pares, ritusque locorum.   Manil. Lib. IV. vers. 731.
** Voyage de Wafer, description de l'Istme de l'Amérique.

vient que dans l'obſcurité de la nuit. Ils ſont dans le genre des hommes ce que ſont parmi les oiſeaux, les chauveſouris & les hiboux. Quand l'aſtre du jour a diſparu, & laiſſé la nature dans le deuil & dans le ſilence; quand tous les autres habitans de la terre accablés de leurs travaux, ou fatigués de leurs plaiſirs, ſe livrent au ſommeil; le Darien s'éveille, loue ſes Dieux, ſe réjouit de l'abſence d'une lumiere inſupportable, & vient remplir le vuide de la nature. Il écoute les cris de la chouette avec autant de plaiſir que le berger de nos contrées entend le chant de l'alouette, lorſqu'à la premiere Aube, hors de la vue de l'épervier elle ſemble aller chercher dans la nue le jour qui n'eſt pas encore ſur la terre: elle marque par le battement de ſes ailes, la cadence de ſes ramages; elle s'éleve & ſe perd dans les Airs; on ne la voit plus, qu'on l'entend encore: ſes ſons qui n'ont plus rien de diſtinct, inſpirent la tendreſſe & la rêverie; ce moment réunit la tranquillité de la nuit avec les plaiſirs du jour. Le Soleil paroît: il vient rapporter ſur la terre le mouvement & la vie, marquer les heures, & deſtiner les différens travaux des hommes. Les Dariens n'ont pas attendu ce moment: ils ſont déja tous retirés. Peut-être en trouve-t-on encore à table quelques-uns qui après avoir accablé leur eſtomac de ragouts, épuiſent leur eſprit en traits & en pointes. Mais le ſeul homme raiſonnable qui veille, eſt celui qui attend midi pour un rendez-vous: c'eſt à cette heure, c'eſt à la faveur de la plus vive lumiere qu'il doit tromper la vigilance d'une mere, & s'introduire chez ſa timide amante.

Le phénomene le plus remarquable, & la loi la plus conſtante, ſur la couleur des habitans de la terre, c'eſt que toute cette large bande qui ceint le globe d'Orient en Occident, qu'on appelle la Zone torride, n'eſt habitée que par des peuples noirs, ou fort baſannés. Malgré les interruptions que la mer y cauſe, qu'on la ſuive à travers l'Afrique, l'Aſie & l'Amérique; ſoit dans les îles ſoit dans les continens, on n'y trouve que des nations noires: car ces hommes nocturnes dont nous venons de parler, & quelques blancs qui naiſſent quelquefois, ne méritent pas qu'on faſſe ici d'exception.

En s'éloignant de l'Equateur, la couleur des peuples s'éclaircit par nuances. Elle eſt encore fort brune au-delà du Tropique; &

l'on ne la trouve tout-à-fait blanche que lorsqu'on s'avance dans la Zone tempérée. C'est aux extrémités de cette Zone qu'on trouve les peuples les plus blancs. La Danoise aux cheveux blonds éblouit par sa blancheur le voyageur étonné: il ne sauroit croire que l'objet quil voit, & l'Afriquaine qu'il vient de voir, soient deux femmes.

Plus loin encore vers le Nord, & jusques dans la Zone glacée, dans ce pays que le Soleil ne daigne pas éclairer en hiver, où la terre, plus dure que le foc, ne porte aucune des productions des autres pays; dans ces affreux climats, on trouve des teints de lis & de roses. Riches contrées du midi, terres du Perou & du Potosi, formez l'or dans vos mines, je n'irai point l'en tirer; Golconde filtrez le suc précieux qui forme les diamans & les rubis; ils n'embelliront point vos femmes, & font inutiles aux nôtres. Qu'ils ne servent qu'à marquer tous les ans le poids & la valeur d'un Monarque * imbécille, qui pendant qu'il est dans cette ridicule balance perd ses états & sa liberté.

Mais dans ces contrées extremes, où tout est blanc & où tout est noir, n'y a-t-il pas trop d'uniformité? Et le mélange ne produiroit-il pas des beautés nouvelles? C'est sur les bords de la Seine qu'on trouve cette heureuse variété. Dans les Jardins du Louvre, un beau jour de l'Eté, vous verrez tout ce que la terre entiere peut produire de merveilles.

Une brune aux yeux noirs brille de tout le feu des beautés du midi; des yeux bleus adoucissent les traits d'une autre : ces yeux portent par-tout où ils sont les charmes de la blonde. Des cheveux châtains paroissent être ceux de la Nation. La Françoise n'a ni la vivacité de celles que le Soleil brûle, ni la langueur de celles qu'il n'échauffe pas: mais elle a tout ce qui les fait plaire. Quel éclat accompagne celle-ci! Elle paroît faite d'albâtre, d'or & d'azur: j'aime en elle jusqu'aux erreurs de la Nature, lorsqu'elle a un peu outré la couleur de ses cheveux. Elle a voulu la dédommager par une nouvelle teinte de blanc d'un tort qu'elle ne lui a point fait.

Beautés

---

* Le Grand Mogol se fait peser tous les ans : & les poids qu'on met dans la balance, sont des diamans & des rubis. Il vient d'être déthroné par Kouli-Can, & réduit à être Vassal des Rois de Perse.

Beautés qui craignez que ce soit un défaut, n'ayez point recours à la poudre; laissez s'étendre les roses de votre teint; laissez-les porter la vie jusques dans vos cheveux... J'ai vu des yeux verds dans cette foule de beautés, & je les reconnoissois de loin: ils ne ressembloient ni à ceux des nations du Midi, ni à ceux des nations du Nord.

Dans ces Jardins délicieux, le nombre des beautés surpasse celui des fleurs: & il n'en est point qui aux yeux de quelqu'un ne l'emporte sur toutes les autres. Cueillez de ces fleurs, mais n'en faites pas des bouquets: voltigez amans, parcourez-les toutes, mais revenez toujours à la même, si vous voulez gouter des plaisirs qui remplissent votre cœur.

CHAPITRE II.

EXPLICATION DU PHÉNOMENE DES DIFFERENTES COULEURS, DANS LES SYSTEMES DES OEUFS ET DES VERS.

Tous ces peuples que nous venons de parcourir, tant d'hommes divers, sont-ils sortis d'une même mere? Il ne nous est pas permis d'en douter.

Ce qui nous reste à examiner, c'est comment d'un seul individu, il a pu naître tant d'especes si différentes. Je vais hasarder sur cela quelques conjectures.

Si les hommes ont été d'abord tous formés d'œuf en œuf, il y auroit eu dans la premiere mere, des œufs de différentes couleurs qui contenoient des suites innombrables d'œufs de la même espece, mais qui ne devoient éclorre que dans leur ordre de developpement après un certain nombre de générations, & dans les tems que la providence avoit marqués pour l'origine des peuples qui y étoient contenus. Il ne seroit pas impossible qu'un jour la suite des œufs blancs qui peuplent nos régions, venant à manquer, toutes les nations Européennes changeassent de couleur: comme il ne seroit pas impossible aussi que la source des œufs noirs étant épuisée, l'Ethiopie n'eût plus que des habitans blancs. C'est ainsi que dans une

carriere

carriere profonde, lorfque la veine de marbre blanc eft épuifée, l'on ne trouve plus que des pierres de différentes couleurs qui fe fuccedent les unes aux autres. C'eft ainfi que des races nouvelles d'hommes peuvent paroître fur la terre, & que les anciennes peuvent s'éteindre.

Si l'on admettoit le fyfteme des vers ; fi tous les hommes avoient d'abord été contenus dans ces animaux qui nageoient dans la femence du premier homme, on diroit des vers, ce que nous venons de dire des œufs : le Ver pere des Negres contenoit de ver en ver tous les habitans de l'Ethiopie ; le ver Darien, le ver Hottentôt, & le ver Patagon avec tous leurs defcendans étoient déja tous formés, & devoient peupler un jour les parties de la terre où l'on trouve ces peuples.

CHAPITRE. III.

PRODUCTIONS DE NOUVELLES ESPECES.

Ces fyftemes des œufs & des vers ne font peut-être que trop commodes pour expliquer l'origine des Noirs & des Blancs : ils expliqueroient même comment des efpeces différentes pourroient être forties de mêmes individus. Mais on a vu dans la differtation précédente quelles difficultés on peut faire contre.

Ce n'eft point au blanc & au noir que fe réduifent les variétés du genre humain : on en trouve mille autres ; & celles qui frappent le plus notre vue, ne coutent peut-être pas plus à la Nature que celles que nous n'appercevons qu'à peine. Si l'on pouvoit s'en affurer par des expériences décifives, peut-être trouveroit-on auffi rare de voir naître avec des yeux bleus un enfant dont tous les ancêtres auroient eu les yeux noirs, qu'il l'eft de voir naître un enfant blanc de parens negres.

Les enfans d'ordinaire reffemblent à leurs parens : & les variétés même avec lefquelles ils naiffent, font fouvent des effets de cette reffemblance. Ces variétes, fi on les pouvoit fuivre, auroient peut-être leur origine dans quelqu'ancêtre inconnu. Elles fe perpétuent

pétuent par des générations répétées d'individus qui les ont : & s'effacent par des générations d'individus qui ne les ont pas. Mais, ce qui est peut-être encore plus étonnant, c'est après une interruption de ces variétés, de les voir reparoître ; de voir l'enfant qui ne ressemble ni à son pere ni à sa mere, naître avec les traits de de son ayeul. Ces faits, tout merveilleux qu'ils sont, sont trop fréquens pour qu'on les puisse révoquer en doute.

La Nature contient le fonds de toutes ces variétés: mais le hazard ou l'art les mettent en œuvre. C'est ainsi que ceux dont l'industrie s'applique à satisfaire le gout des curieux, sont, pour ainsi dire, créateurs d'especes nouvelles. Nous voyons paroître des races de chiens, de pigeons, de serins qui n'étoient point auparavant dans la nature. Ce n'ont été d'abord que des individus fortuits; l'art & les générations répétées en ont fait des especes. Le fameux Lyonnès crée tous les ans quelqu'espece nouvelle, & détruit celle qui n'est plus à la monde. Il corrige les formes, & varie les couleurs: il a inventé les especes de l'*Arlequin*, du *Mopse*, &c.

Pourquoi cet art se borne-t-il aux animaux? pourquoi ces sultans blasés dans des serrails qui ne renferment que des femmes de toutes les especes connues, ne se font-ils pas faire des especes nouvelles? Si j'étois réduit comme eux au seul plaisir que peuvent donner la forme & les traits, j'aurois bien-tôt recours à ces variétés. Mais quelques belles que fussent les femmes qu'on leur feroit naître, ils ne connoîtront jamais que la plus petite partie des plaisirs de l'amour, tandis qu'ils ignoreront ceux que l'esprit & le cœur peuvent faire gouter.

Si nous ne voyons pas se former parmi nous de ces especes nouvelles de beautés, nous ne voyons que trop souvent des productions qui pour le Physicien sont du même genre; des races de louches, de boiteux, de goutteux, de phtisiques : & malheureusement il ne faut pas pour leur établissement une longue suite de générations. Mais la sage nature, par le dégout qu'elle a inspiré pour ces défauts, n'a pas voulu qu'ils se perpétuassent : les beautés sont plus sûrement héréditaires, la taille & la jambe que nous admirons, sont l'ouvrage de plusieurs générations, où l'on s'est appliqué à les former.

Un Roi du nord est parvenu à élever & embellir sa nation. Il avoit un gout excessif pour les hommes de haute taille & de belle figure: il les attiroit de par tout dans son royaume; la fortune rendoit heureux tous ceux que la nature avoit formés grands. On voit aujourd'hui un exemple singulier de la puissance des Rois. Cette nation se distingue par les tailles les plus avantageuses & par les figures les plus regulieres. C'est ainsi qu'on voit s'élever une forêt au dessus de tous les bois qui l'environnent, si l'œil attentif du maître s'applique à y cultiver des arbres droits & bien choisis. Le chêne & l'orme parés des feuillages les plus verds, poussent leurs branches jusqu'au ciel : l'aigle seule en peut atteindre la cime. Le successeur de ce Roi embellit aujourd'hui la forêt par les lauriers, les myrthes & les fleurs.

Les Chinois se sont avisés de croire qu'une des plus grandes beautés des femmes, seroit d'avoir des piés sur lesquels elles ne pussent pas se soutenir. Cette nation si attachée à suivre en tout les opinions, & le gout de ses ancêtres, est parvenue à avoir des femmes avec des piés ridicules. J'ai vu des mules de Chinoises, où nos femmes n'auroient pu faire entrer qu'un doigt de leur pié. Cette beauté n'est pas nouvelle. Pline d'après Eudoxe parle d'une nation des Indes dont les femmes avoient le pié si petit, qu'on les appelloit piés-d'autruches. * Il est vrai qu'il ajoute que les hommes avoient le pié long d'une coudée : mais il est à croire que la petitesse du pié des femmes a porté à l'exagération sur la grandeur de celui des hommes. Cette nation n'étoit-elle point celle des Chinois, peu connue alors? Au reste on ne doit pas attribuer à la Nature seule la petitesse du pié des Chinoises : pendant les premiers tems de leur enfance, ont tient leurs piés serrés pour
les

---

* *C. Plin. Natur. Hist. Lib. 7. Cap. 2.*

les empêcher de croître. Mais il y a grande apparence que les Chinoises naissent avec des piés plus petits que les femmes des autres nations. C'est une remarque curieuse à faire & qui merite l'attention des voyageurs.

Beauté fatale, desir de plaire, quels desordres ne causez-vous pas dans le monde! Vous ne vous bornez pas à tourmenter nos cœurs: vous changez l'ordre de toute la Nature. La jeune Françoise qui se moque de la Chinoise, ne la blâme que de croire qu'elle en sera plus belle en sacrifiant la grace de la demarche à la petitesse pu pié: car au fond elle ne trouve pas que ce soit payer trop cher quelque charme que de l'acquerir par la torture & la douleur. Elle-même dès son enfance a le corps renfermé dans une boîte de baleine, ou forcé par une croix de fer, qui la gêne plus que toutes les bandelettes qui serrent le pié de la Chinoise. Sa tête herissée de papillotes pendant la nuit, au lieu de la molesse de ses cheveux, ne trouve pour s'appuyer que les pointes d'un papier dur: elle y dort tranquillement, elle se repose sur ses charmes.

CHAPITRE IV.

DES NEGRES-BLANCS.

J'oublierois volontiers ici le phénomene que j'ai entrepris d'expliquer: j'aimerois bien mieux m'occuper du reveil d'Iris que de parler du petit Monstre dont il faut que je vous fasse l'histoire.

C'est un enfant de 4. ou 5. ans qui a tous les traits des Negres, & dont une peau très-blanche & blafarde ne fait qu'augmenter la laideur *. Sa tête est couverte d'une laine blanche tirant sur le roux. Ses yeux d'un bleu clair paroissent blessés de l'éclat du jour. Ses mains grosses & mal faites ressemblent plutôt aux pattes d'un animal qu'aux mains d'un homme. Il est né à ce qu'on assure de pere & mere Afriquains, & très-noirs.

* Il fut apporté à Paris en 1744.

L'Academie des Sciences de Paris fait mention * d'un monstre pareil qui étoit né à Surinam, de race Afriquaine. Sa mere étoit noire & affuroit que le pere l'étoit auffi. L'Hiftorien de l'Academie paroît revoquer ce dernier fait en doute; ou plutôt paroît perfuadé que le pere étoit un Negre-blanc. Mais je ne crois pas que cela fût néceffaire: il fuffifoit que cet enfant eût quelque Negre-blanc parmi fes ayeux, ou peut-être étoit-il le premier Negre-blanc de fa race.

Madame la Comteffe de V** qui a un cabinet remplie de curiofités les plus merveilleufes de la nature, mais dont l'efprit s'étend bien au-delà: a le protrait d'un Negre de cette efpece. Quoique celui qu'il repréfente, qui eft actuellement en Efpagne & que Milord M** m'a dit avoir vu, foit bien plus âgé que celui qui eft à Paris, on lui voit le même teint, les mêmes yeux, la même phyfionomie.

On m'a affuré qu'on trouvoit au Senegal des familles entieres de cette efpece; & que dans les familles noires, il n'étoit ni fans exemple ni même fort rare de voir naître des Negres-blancs.

L'Amerique & l'Afrique ne font pas les feules parties du monde, où l'on trouve de ces fortes de monftres: l'Afie en produit auffi. Un homme auffi diftingué par fon mérite, que par la place qu'il a occupée dans les Indes Orientales, mais furtout refpectable par fon amour pour la vérité, M. du Mas, a vu parmi les Noirs, des blancs dont la blancheur fe tranfmettoit de pere en fils. Il a bien voulu fatisfaire fur cela ma curiofité. Il regarde cette blancheur comme une maladie de la peau **; c'eft felon lui un accident, mais un accident qui fe perpétue & qui fubfifte pendant plufieurs générations.

J'ai été charmé de trouver les idées d'un homme auffi éclairé, conformes à celles que j'avois fur ces efpeces de monftres. Car qu'on

* Hift. de l'Acad. Royal. de Sc. 1734.
** Ou plutôt de la Membrane Réticulaire, qui eft la partie de la peau dont la teinte fait la couleur des Noirs.

qu'on prenne cette blancheur pour une maladie, ou pour tel accident qu'on voudra, ce ne fera jamais qu'une varieté heréditaire qui fe confirme ou s'efface par une fuite de générations.

Ces changemens de couleur font plus fréquens dans les animaux que dans les hommes. La couleur noire eft auffi inhérente aux corbeaux & aux merles, qu'elle l'eft aux Negres: j'ai cependant vû plufieurs fois des merles & des corbeaux blancs. Et ces variétés formeroient vraifemblablement des efpeces fi on les cultivoit. J'ai vu des contrées où toutes les poules étoient blanches. La blancheur de la peau liée d'ordinaire avec la blancheur de la plume a fait préferer ces poules aux autres; & de génération en génération, on eft parvenu à n'en voir plus éclorre que de blanches.

Au refte il eft fort probable que la différence du blanc au noir fi fenfible à nos yeux eft fort peu de chofe pour la nature. Une légere alteration à la peau de cheval le plus noir y fait croître du poil blanc, fans aucun paffage par les couleurs intermédiaires.

Si l'on avoit befoin d'aller chercher ce qui arrive dans les plantes pour confirmer ce que je dis ici; ceux qui les cultivent vous diroient que toutes ces efpeces de plantes & d'arbriffeaux pennachés qu'on admire dans nos jardins, font dues à des variétés devenues héréditaires qui s'effacent fi l'on neglige d'en prendre foin *.

CHAPITRE V.

ESSAI D'EXPLICATION DES PHENOMENES PRÉCÉDENS.

Pour expliquer maintenant tous ces Phénomenes: la production des variétés accidentelles; la fucceffion de ces variétés d'une génération à l'autre; & enfin l'établiffement ou la deftruction des efpe-

---

* *Vidi lecta diu, & multo fpectata labore,*
Degenerare tamen: ni vis humana quot annis
Maxima quæque manu legeret: Virg. Georg. Lib. 2.

eſpeces: voici ce me ſemble ce qu'il faudroit ſuppoſer. Si ce que je vais vous dire vous revolte, je vous prie de ne le regarder que comme un effort que j'ai fait pour vous ſatisfaire. Je n'eſpere point vous donner des explications complettes de Phénomenes ſi difficiles: ce ſera beaucoup pour moi ſi je conduis ceux-ci juſqu'à pouvoir être liés avec d'autres Phénomenes dont ils dépendent.

Il faut donc regarder comme des faits qu'il ſemble, que l'expérience nous force d'admettre.

1°. *Que la liqueur ſéminale de chaque eſpece d'animaux contient une multitude innombrable de parties propres à former par leurs aſſemblages des animaux de la même eſpece.*

2°. *Que dans la liqueur ſéminale de chaque individu, les parties propres à former des traits ſemblables à ceux de cet individu, ſont celles qui d'ordinaire ſont en plus grand nombre, & qui ont le plus d'affinité; quoiqu'il y en ait beaucoup d'autres pour des traits différens.*

3°. *Quant à la matiere dont ſe formeront dans la ſemence de chaque Animal des parties ſemblables à cet Animal; Ce ſeroit une conjecture bien hardie, mais qui ne ſeroit peut-être pas deſtituée de toute vraiſemblance, que de penſer que chaque partie fournit ſes Germes.* L'Expérience pourroit peut-être éclaircir ce point, ſi l'on eſſayoit pendant long-tems de mutiler quelques Animaux de génération en génération: peut-être verroit on les parties retranchées diminuer peu à peu; peut-être les verroit-on à la fin s'anéantir.

Les ſuppoſitions précédentes paroiſſent neceſſaires; & étant une fois admiſes, il ſemble qu'on pourroit expliquer tous les Phénomenes que nous avons veus ci-deſſus.

Les parties Analogues à celles du pere & de la Mere, étant les plus nombreuſes, & celles qui ont le plus d'affinité, ſeront celles qui s'uniront le plus ordinairement: & elles formeront des animaux ſemblables à ceux dont ils ſeront ſortis.

Le hazard, ou la diſette des traits de famille feront quelquefois d'autres aſſemblages: & l'on verra naître de parens noirs un enfant
blanc

blanc; ou peut-être même un noir, de parens blancs, quoique ce dernier Phénomene foit beaucoup plus rare que l'autre.

Je ne parle ici que de ces naiffances fingulieres où l'enfant né d'un pere & d'une mere de même efpece auroit des traits qu'il ne tiendroit point d'eux: car dès qu'il y a mélange d'efpeces, l'expérience nous apprend que l'enfant tient de l'une & de l'autre.

Ces unions extraordinaires de parties qui ne font pas les parties analogues à celles des parens, font véritablement des monftres pour le téméraire qui veut expliquer les merveilles de la Nature. Ce ne font que des beautés pour le fage qui fe contente d'en admirer le fpectacle.

Ces productions ne font d'abord qu'accidentelles: les parties originaires des ancêtres fe retrouvent encore les plus abondantes dans les femences: après quelques générations ou dès la génération fuivante, l'efpece originaire reprendra le deffus; & l'enfant au lieu de reffembler à fes pere & mere reffemblera à des ancêtres plus éloignés. * Pour faire des efpeces des races qui fe perpétuent, il faut vraifemblablement que ces générations foient répétées plufieurs fois; il faut que les parties propres à faire les traits originaires, moins nombreufes à chaque génération fe diffipent, ou reftent en fi petit nombre qu'il faudroit un nouveau hazard pour reproduire l'efpece originaire.

Au refte quoique je fuppofe ici que le fonds de toutes ces variétés fe trouve dans les liqueurs féminales mêmes, je n'exclus pas l'influence que le climat & les alimens peuvent y avoir. Il femble que la chaleur de la Zone torride foit plus propre à fomenter les parties qui rendent la peau noire, que celles qui la rendent blanche: Et je ne fai jufqu'où peut aller cette influence du climat ou des alimens, après de longues fuites de fiecles.

Ce feroit affurement quelque chofe qui meriteroit bien l'attention des Philofophes, que d'éprouver fi certaines fingularités artificielles

---

* C'eft ce qui arrive tous les jours dans les familles. Un enfant qui ne reffemble ni à fon pere ni à fa mere, reffemblera à fon ayeul.

ficielles des animaux ne passeroient pas après plusieurs générations aux animaux qui naîtroient de ceux-là. Si des queues ou des oreilles coupées de génération en génération ne diminueroient pas, ou même ne s'anéantiroient pas à la fin.

Ce qu'il y a de sûr, c'est que toutes les variétés qui pourroient caractériser des especes nouvelles d'animaux & de plantes, tendent à s'éteindre: ce sont des écarts de la nature dans lesquels elle ne persevere que par l'art ou par le regime. Ses ouvrages tendent toujours à reprendre le dessus.

CHAPITRE VI.

QU'IL EST BEAUCOUP PLUS RARE QU'IL NAISSE DES ENFANS NOIRS DE PARENS BLANCS, QUE DE VOIR NAITRE DES ENFANS BLANCS DE PARENS NOIRS. QUE LES PREMIERS PARENS DU GENRE HUMAIN ETOIENT BLANCS. DIFFICULTE' SUR L'ORIGINE DES NOIRS LEVE'E.

De ces naissances subites d'enfans blancs au milieu de peuples noirs on pourroit peut-être conclurre que le blanc est la couleur primitive des hommes, & que le noir n'est qu'une variété devenue héréditaire depuis plusieurs siécles, mais qui n'a point entierement effacé la couleur blanche qui tend toujours à reparoître. Car on ne voit point arriver le Phénomene opposé: l'on ne voit point naître d'ancêtres blancs des enfans noirs.

Je sai qu'on a prétendu que ce prodige étoit arrivé en France; mais il est si destitué de preuves suffisantes qu'on ne peut raisonnablement le croire. Le gout de tous les hommes pour le merveilleux doit toujours rendre suspects les prodiges lorsqu'ils ne sont pas invinciblement constatés. Un enfant naît avec quelque difformité, les femmes qui le reçoivent en font aussi-tôt un monstre affreux: sa peau est plus brune qu'à l'ordinaire, c'est un Negre. Mais tous ceux qui ont vu naître les enfans Negres, savent qu'ils ne naissent point noirs; & que dans les premiers tems de leur
vie,

vie, l'on auroit peine à les diftinguer des autres enfans. Quand donc dans une famille blanche il naîtroit un enfant negre, il demeureroit long-tems incertain qu'il le fût: on ne penferoit point d'abord à le cacher, & l'on ne pourroit dérober, du moins les premiers mois de fon exiftence, à la notorieté publique, ni cacher enfuite ce qu'il feroit devenu; fur-tout fi l'enfant appartenoit à des parens confidérables. Mais le negre qui naîtroit parmi le peuple, lorfqu'il auroit une fois pris toute fa noirceur, fes parens ne pourroient ni ne voudroient le cacher: ce feroit un prodige que la curiofité du public leur rendroit utile; & la plupart des gens du peuple aimeroient autant leur fils noir que blanc.

Or fi ces Prodiges arrivoient quelquefois, la probabilité qu'ils arriveroient plutôt parmi les enfans du peuple que parmi les enfans des grands, eft immenfe; & dans le rapport de la multitude du peuple, pour un enfant noir d'un grand Seigneur, il faudroit qu'il nâquît mille enfans noirs parmi le peuple. Et comment ces faits pourroient-ils être ignorés; comment pourroient-ils être douteux?

S'il naît des enfans blancs parmi les peuples noirs; fi ces Phénomenes ne font pas même fort rares parmi les peuples peu nombreux de l'Afrique & de l'Amérique; combien plus fouvent ne devroit-il pas naître des Noirs parmi les peuples innombrables de l'Europe, fi la nature amenoit auffi facilement l'un & l'autre de ces hafards? Et fi nous avons la connoiffance de ces Phénomenes lorfqu'ils arrivent dans des pays fi éloignés, comment fe pourroit-il faire qu'on en ignorât de femblables s'ils arrivoient parmi nous?

Il me paroît donc démontré que s'il naît des noirs de parens blancs, ces naiffances font incomparablement plus rares que les naiffances d'enfans blancs de parens noirs.

Cela fuffiroit peut-être pour faire penfer que le blanc eft la couleur des premiers hommes; & que ce n'eft que par quelque accident que le noir eft devenu une couleur héréditaire aux grandes familles qui peuplent la Zone torride; parmi lefquelles cependant la couleur primitive n'eft pas fi parfaitement effacée qu'elle ne reparoiffe quelquefois.

Cette difficulté donc fur l'origine des Noirs tant rebattue & que quelques gens voudroient faire valoir contre l'hiftoire de la Genefe qui nous apprend que tous les peuples de la terre font fortis d'un feul pere & d'une feule mere; cette difficulté eft levée fi l'on admet un fyftême qui eft au moins auffi vraifemblable que tout ce qu'on avoit imaginé jufqu'ici pour expliquer la génération.

CHAPITRE VII.

CONIECTURE POURQUOI LES NOIRS NE SE TROUVENT QUE DANS LA ZONE TORRIDE; ET LES NAINS ET LES GÉANS VERS LES POLES.

On voit encore naître, & même parmi nous, d'autres monftres qui vraifemblablement ne font que des combinaifons fortuites des parties des femences ou des effets d'affinités trop puiffantes ou trop foibles entre ces parties: des hommes d'une grandeur exceffive, & d'autres d'une petiteffe extrême font des efpeces de monftres, mais qui feroient des peuples fi l'on s'appliquoit à les multiplier.

Si ce que nous rapportent les voyageurs, des terres magellaniques & des extremités feptentrionales du monde, eft vrai; ces races de Géans & de Nains s'y feroient établies ou par la convenance des climats, ou plutôt, parce que dans les tems où elles commençoient à paroître, elles auroient été chaffées dans ces régions par les autres hommes qui auroient craint ces Coloffes ou méprifé ces Pigmées.

Que des Géans que des Nains que des Noirs foient nés parmi les autres hommes, l'orgueil ou la crainte auront armé contre eux la plus grande partie du genre humain; & l'efpece la plus nombreufe aura relegué ces races difformes dans les climats de la terre les moins habitables. Les Nains fe feront retirés vers le Pole arctique: les Géans auront été habiter les terres de Magellan : les Noirs auront peuplé la Zone torride.

CHAPITRE DERNIER.

CONCLUSION DE CET OUVRAGE: DOUTES ET QUESTIONS.

Je n'espere pas que l'Ebauche de systeme que nous avons proposé pour expliquer la formation des Animaux, plaise à tout le monde: je n'en suis pas fort satisfait moi-même; & n'y donne que le degré d'assentiment qu'elle merite. Je n'ai fait que proposer des Doutes & des Conjectures. Pour decouvrir quelque chose sur une matiere aussi obscure, voici quelques Questions qu'il faudroit auparavant resoudre, & que vraisemblablement on ne resoudra jamais.

I.

Cet instinct des Animaux qui leur fait rechercher ce qui leur convient, & fuir ce qui leur nuit, n'appartient-il point aux plus petites parties dont l'animal est formé? Cet instinct quoique dispersé dans les parties des semences, et moins fort dans chacune, qu'il ne l'est dans tout l'animal, ne suffit-il pas cependant pour faire les unions nécessaires entre ces parties? puisque nous voyons que dans les animaux tout formés, il fait mouvoir leurs membres. Car quand on diroit que c'est par une mechanique intelligible que ces mouvemens s'exécutent: quand on les auroit tous expliqués par les tensions & les relachemens que l'affluence, ou l'absence des esprits ou du sang causent aux muscles; il faudroit toujours en revenir au mouvement même des esprits & du sang qui obéit à la volonté. Et si la volonté n'est pas la vraie cause de ces mouvemens, mais simplement une cause occasionnelle, ne pourroit-on pas penser que l'instinct seroit une cause semblable des mouvemens & des unions des petites parties de la matiere? ou qu'en vertu de quelqu'harmonie préétablie, ces mouvemens seroient toujours d'accord avec les volontés.

II.

Cet instinct, comme l'esprit d'une Republique, est-il repandu dans toutes les parties qui doivent former le corps? ou, comme dans un Etat Monarchique, n'appartient-il qu'à quelque partie indivisible.

Dans

Dans ce cas, cette partie ne seroit-elle pas ce qui constitue proprement l'essence de l'animal; pendant que les autres ne seroient que des enveloppes ou des especes de vetemens?

III.

A la mort cette partie ne survivroit-elle pas? Et degagée de toutes les autres, ne conserveroit-elle pas inalterablement son essence? toujours prête à produire un animal; ou pour mieux dire, à reparoitre revetue d'un nouveau corps? après avoir été dissipée dans l'air, ou dans l'eau, cachée dans les feuilles des plantes, ou dans la chair des animaux, se conserveroit-elle dans la semence de l'animal qu'elle devroit reproduire?

IV.

Cette partie ne pourroit-elle jamais reproduire qu'un animal de la même espece? Ou ne pourroit-elle point produire toutes les especes possibles, par la seule diversité des combinaisons des parties aux quelles elle s'uniroit? *

---

* Non omnis moriar; multaque pars mei
   Vitabit Libitinam.   Q. Hor. Carm. Lib. III.

FIN DE LA SECONDE PARTIE.

DISCOURS

DISCOURS ACADEMIQUES.

HARANGUE
PRONONCÉE
PAR Mr. DE MAUPERTUIS
DANS L'ACADEMIE FRANÇOISE
LE JOUR DE SA RECEPTION.

Pourquoi me trouve-je icy transporté tout à coup? Pourquoi m'avez-vous tiré de la secheresse & de l'obscurité des sciences, qui ont jusqu'ici fait ma principale Etude, pour m'accorder une place si eclatante? Avez-vous voulu par la récompense la plus flateuse, couronner des travaux étrangers à cette Illustre Compagnie, seulement parce que vous croyiez que ce que j'avois fait, étoit utile? ou (ce qui me flatteroit bien davantage) avez-vous voulu ne point regarder mes travaux comme étrangers?

Je m'arrete, Messieurs, à cette derniere idée, elle me fait trop d'honneur pour qu'on ne m'excuse pas, si je m'en laisse éblouir. Mes occupations & les vôtres étoient du même genre, & ne différoient que par le plus ou le moins d'étendue des carrieres que nous parcourions, & par l'inégalité de nos talents. Celui qui ne connoit l'Academicien François, que comme appliqué à adopter ou à proscrire des mots harmonieux ou barbares, n'a pas d'idée de ses occupations.

pations. Mais on fait tort au Géométre, si l'on croit que tout son Art se borne à mesurer des lignes, des surfaces & des corps: lors même qu'on lui accorde d'élever ses recherches jusques dans les Cieux & de calculer les distances & les mouvemens des Astres.

Ce n'est ni sur les mots ni sur les lignes; c'est sur les idées que l'Academicien & le Géométre travaillent; c'est à examiner leurs rapports, que l'un & l'autre s'applique; Etude immense & le fondement de toutes nos connoissances.

La seule différence, Messieurs, que je trouve entre ces deux genres de Savans, c'est que l'un renfermé dans des bornes etroites, ne se permet l'usage que d'un petit nombre d'idées, qui sont les plus simples, & qui frappent le plus uniformément tous les esprits: l'autre dans le champ le plus vaste, exerce ses calculs sur les idées les plus subtiles & les plus variées.

Il faut l'avouer; (& c'est une justice que l'eclat de vos occupations ne peut m'empecher de rendre à mes anciennes études) cette timidité du Géométre, cette simplicité des objets qu'il considere, fait qu'il marche d'un pas plus sûr. Une lumiere mediocre, si elle n'est pas suffisante pour faire des decouvertes, lui suffit pour eviter l'erreur: & quelle lumiere ne faut-il point, pour porter sur les sujets les plus compliqués, des jugemens tels que ceux que vous portez?

Si l'on admire celui qui decouvre la force qui fait mouvoir les corps; qui en calcule les effets; & qui determine tous les mouvemens qu'elle doit produire: Quel Probleme, ou plutôt quelle foule de Problemes n'a pas resolu celui qui connoit bien toutes les forces qui font mouvoir le coeur: qui en proportionne l'action aux différens sentimens qu'il y veut exciter; qui peut y faire naître l'amour ou la haine, l'esperance ou le desespoir; y verser comme il veut la tristesse ou la joye?

L'un exerce une espece d'empire sur la matiere, l'autre domine sur les esprits; mais sans doute l'un & l'autre a des regles: & ces regles sont fondées sur les mêmes principes. Ce ne sont ni les lignes, ni les cercles tracés par le Géométre; c'est la justesse de ses raisonnemens qui lui decouvre les vérités qu'il cherche: ce n'est point le son des mots, ni une syntaxe rigoureuse; c'est la même

justesse

justesse qui fait que le Poëte ou l'Orateur dispose des coeurs à son gré. Et ce qu'on appelle du terme obscur de *génie*, est-ce autre chose qu'un calcul plus rapide & plus sûr de toutes les circonstances d'un Probleme?

Le Géométre & l'Academicien se servent des mêmes moyens pour parvenir à leur but; cependant ils ne doivent pas donner la même forme à leurs Ouvrages. L'un peut montrer ses calculs, parce qu'ils ne sont pas plus arides que l'objet même qu'il considere; l'autre doit cacher son Art, & ne doit pas laisser appercevoir les traces d'un travail, qui terniroit l'éclat des sujets qu'il traite.

Si tout ce que j'ai dit, Messieurs, pour rapprocher de vos occupations l'étude du Géométre, ne suffisoit pas; j'en appellerois à l'expérience. Et en m'oubliant tout à fait ici (car je n'ai garde de penser que je puisse être comparé à ceux dont je vais parler) je ferois remarquer que les plus grands Hommes de l'Antiquité, les Platons & les Aristoteles, étoient à la fois Poëtes, Orateurs, Philosophes, Géométres; & réunissoient ces différentes parties que l'insuffisance des esprits tient d'ordinaire separées, sans que ce soit aucune incompatibilité qui les separe. Dans les mêmes Volumes où nous admirons la science de ces grands Hommes en Mathematiques & en Physique, nous trouvons des traités excellens sur la Poësie, sur l'Eloquence; & nous voyons qu'ils possedoient tous les genres d'écrire.

Après la longue nuit dans laquelle les Lettres & les Sciences furent éclipsées, depuis ces tems reculés jusqu'à nous, on les vit tout à coup reparoître, & presque toujours réunies dans les grands Hommes.

Descartes, Géométre profond & Metaphysicien sublime, nous a laissé des Ouvrages dans lesquels on auroit admiré le style, si le fond des choses ne s'étoit emparé de toute l'admiration.

Loke après avoir lié le plus intimément avec la Logique, la Science de l'esprit humain, a presque reduit l'une & l'autre à n'être qu'une espece de Grammaire; & a fait voir que c'étoit dans ce préliminaire de toutes les sciences, qu'il falloit chercher la solution de la plupart des questions qu'on regarde comme les plus sublimes.

Je trouverois bien d'autres exemples de ces hommes qui n'étoient pas moins éloquens, que grands Philofophes & excellens Géométres.

Je citerois, peut-etre, Newton même, comme un homme éloquent. Car pour les matieres qu'il traite, la fimplicité la plus auftere, & la précifion la plus rigoureufe, ne font-elles pas une efpece d'Eloquence? ne font-elles pas mêmes l'Eloquence la plus convenable?

Je parcours ici les différens païs: car ces efprits deftinés à éclairer les autres, paroiffent comme les Aftres qui font repandus dans les différentes Regions du Ciel. Ces efprits, en effet, au deffus de la mefure ordinaire, ne repréfentent ceux d'aucune nation, & n'appartiennent qu'à l'Univers.

Un de ces grands Hommes, un de ceux qui a le plus réuni de fciences différentes, Leibnitz avoit formé le projet d'une Langue univerfelle, d'une langue que tous les Peuples parlaffent, ou du moins dans laquelle les Savans de toutes les Nations puffent s'entendre. Alexandre ne trouva pas le monde entier affés grand; il auroit voulu des Royaumes & des Peuples plus nombreux, pour multiplier fes conquêtes: Leibnitz non moins ambitieux, fembloit vouloir multiplier fes Lecteurs.

Projet véritablement vafte & digne de fon génie! Mais fe peut-il éxécuter? & même retireroit-on d'une Langue univerfelle tous les avantages qu'il femble qu'on en doive attendre?

Les Mathematiciens ont une efpéce de Langue qu'on peut regarder comme univerfelle. Dans les Langues ordinaires, chaque caractere eft l'element d'une infinité de mots qui repréfentent des idées qui n'ont rien de commun entr'elles. Dans l'Algebre chaque caractere repréfente une idée: & les idées felon qu'elles font plus ou moins complexes, font exprimées par des combinaifons plus ou moins chargées de ces mêmes caracteres.

Tous les Géométres de quelque païs qu'ils foient, entendent cette Langue; lors même qu'ils ne font pas en état de juger de la vérité des propofitions qu'elle exprime.

Mais

Mais cet avantage qu'elle a d'être si facilement entendue, elle ne le doit pas seulement au principe sur lequel elle est fondée; elle le doit aussi au petit nombre d'idées qu'elle entreprend de représenter. Un langage aussi borné ne suffiroit pas pour les peuples les plus grossiers.

Une Nation fameuse se sert d'une Langue, ou plutôt d'une écriture qui paroît fondée sur le même principe que l'Algebre, & propre comme elle à être une Langue universelle. Mais l'esprit de cette Nation, & la longue suite de siecles pendant lesquels elle a cultivé les sciences, ont tellement multiplié ses caracteres, qu'ils font pour celui qui les veut déchiffrer, une étude trop longue & trop penible.

Si la sterilité rend la Langue des uns peu utile pour un commerce général d'idées, l'abondance rendra la Langue des autres d'un usage trop difficile: & il semble qu'on trouvera toujours l'un ou l'autre de ces deux obstacles, qui s'opposeront à l'établissement d'une langue universelle.

Mais sans s'arreter à ces grands projets, qui semblent toujours avoir quelque chose de chimerique: une Langue dont l'usage soit si étendu, qu'il n'y ait aucune Contrée dans les quatre parties du monde, où l'on ne trouve des gens qui la parlent, ne procurera-t-elle pas à peu près les mêmes avantages?

Fixer la signification des mots, rendre simples & faciles les regles de la Grammaire, produire dans cette Langue d'excellens Ouvrages en tout genres; ce sont là, Messieurs, des moyens sûrs pour y parvenir, & des moyens que vous pratiqués avec le plus heureux succès. Si de plus cette Langue est celle d'une Nation puissante, qui par ses conquetes & par son commerce, force ses voisins & les peuples éloignés à l'apprendre, ce sont encore de nouveaux moyens qui la rendront plus étendue. C'est ainsi que le Cardinal de Richelieu, par votre établissement, autant que par le haut degré de puissance où il porta la Monarchie, avoit destiné la Langue Françoise à être la Langue de tous les Peuples. Elle le devint sous le Régne de Louis le Grand; Régne sous lequel la Nation devint la premiere Nation de l'Univers.

Les Lettres & les Sciences, si l'on ne veut pas les regarder comme des causes, seront toujours des marques de la grandeur & de la felicité des Peuples: & l'ignorance & la barbarie, des signes certains de leur misere.

J'ai vû ces Peuples, qui habitent les dernieres contrées du monde vers le Pole arctique: à qui l'intemperie du Ciel ne laisse ni la tranquillité ni le loisir nécessaires pour cultiver & multiplier leurs idées; sans cesse occupés à se défendre d'un froid mortel, ou à chercher dans les forets de quoi soutenir une misérable vie, leur esprit est aussi stupide, que leur corps est difforme : ils connoissent à peine les choses les plus communes. Combien de nouvelles idées auroit-il fallu leur donner, pour leur faire entendre que ce que nous étions venus chercher dans leur païs, étoit la décision d'une grande question sur la Figure de la Terre, de quelle utilité seroit cette decouverte, & de quels moyens nous nous servions pour y parvenir. Ces Habitans de la Zone glacée, qui ne savoient pas le nom de leur Roi, apprirent celui de *Louis:* mais étoient-ils capables de comprendre quels sont les avantages des Peuples soumis à un Roi, qui par de sages Loix assure leurs biens & leur repos; qui employe les uns à défendre ou à étendre les frontieres de ses Provinces; qui charge les autres du Commerce & des Arts; qui veut qu'il y en ait qui ne soient occupés que des speculations & des sciences; & qui, en les rendant tous utiles, sait les rendre tous heureux.

DISCOURS

DISCOURS

PRONONCÉ

DANS L'ACADEMIE ROYALE DES SCIENCES
ET BELLES LETTRES

LE JOUR DE LA NAISSANCE DU ROI.

MESSIEURS.

Dans ce Jour qui eſt l'Epoque de notre Bonheur, & qui ſera une Epoque d'admiration pour tous les Peuples, & pour tous les tems, l'Académie ne ſuivra point un uſage que la grandeur du ſujet lui défend: Elle n'entreprendra point de célébrer les vertus de FREDERIC: mais qu'il lui ſoit permis de faire éclater ſa reconnoiſſance pour les bienfaits dont il la comble. Il ne faut que parcourir l'Hiſtoire de cette Compagnie, pour connoître ce qu'elle lui doit.

FREDERIC premier la fonda, & ne négligea rien de ce qui pouvoit contribuer à ſon luſtre. Avec quel reſpect ne dois-je pas prononcer le nom de l'Homme qu'il mit à ſa tête? Avec quelle crainte ne dois-je pas penſer que j'occupe ici la place qu'a occupée le grand *Leibnitz?*

C'eſt un avantage qu'a cette Compagnie ſur toutes les autres Académies de l'Europe, qu'elle a paru d'abord avec tout l'éclat auquel les autres ne ſont parvenuës que par degrés. Toutes ont eu des commencemens obſcurs: Elles ſe ſont formées peu à peu, & ont formé leurs grands Hommes: un grand Homme forma la nôtre; & elle fut célébre dès ſa naiſſance. Dès le premier Volume qu'elle publia, l'on vit qu'elle ne cedoit à aucune des Societés ſavantes qui l'avoient devancé.

Il faut l'avouër, ses progrès ne répondirent pas à ses commencemens. Soit que la Societé Royale se reposât trop sur son origine, soit que la mort de *Leibnitz* l'eut accablée, on vit bientôt ses travaux se rallentir.

Pendant cet état d'inaction, les autres Académies ne perdoient pas un moment. En Angleterre le seul goût de la Nation, en France ce même goût excité par les récompenses, produisoit tous les jours quelque nouvelle découverte. Une noble émulation entre les deux Nations devint à la fin une espece de guerre. Chacune, fiere de ses succès, se piqua de ne rien tenir de son Emule. Cette disposition dans les Esprits, peut-être autant que l'Amour de la Verité, fit que chaque Nation partit de ses principes, & se fit une Philosophie opposée en tout à la Philosophie de l'autre.

La fameuse dispute sur la figure de la Terre s'eleva : *Newton* assura qu'elle étoit applatie, *Cassini* soutint qu'elle étoit allongée : aucun des deux partis ne voulut ceder : la Dispute dura quarante ans.

S'il n'eut été question que d'une simple Théorie, on les auroit peut-être laissé disputer. Mais la chose parut si importante pour la Géographie, & la Navigation, qu'un Prince, né pour la gloire & le bonheur de ses Peuples, la voulut faire décider.

Le moyen le plus sûr étoit de mesurer les degrés du Meridien, vers l'Equateur & vers le Pole. Mais quelle entreprise ! quelle dépense ! quel attirail d'instrumens il falloit porter dans des païs deserts & sauvages ! *Louis* ordonna, & toutes les difficultés furent vaincuës.

Les Anglois eurent l'avantage d'avoir le mieux conjecturé sur cette question : la France eut la gloire de l'avoir décidée ; & de l'avoir décidée en leur faveur. J'espere qu'on m'excusera de m'être un peu étendu sur cette matiere, si l'on pense à ce que je crois lui devoir : sans mon voyage au Pole, mon nom vraisemblablement n'auroit jamais été connu du Roi.

J'étois entré d'assez bonne heure dans une Académie, dont l'objet est le progrès des sciences : une autre Académie, qui s'applique particulierement à la perfection des Arts du Poëte & de l'Orateur, m'avoit fait l'honneur de m'admettre parmi les Hommes illustres

qui

qui la composent. Mais je n'eusse jamais pensé, que je dûsse occuper une place si éclatante dans une Compagnie, qui rassemble tous les genres & tous les Talens; que je fusse destiné à présider à Vos travaux, & à les porter au pied du Trône.

La Societé Royale de Prusse étoit demeurée tranquille, malgré les mouvemens qu'avoit causés l'émulation des deux Nations, & avoit paru insensible à leurs progrès : Elle avoit vu même sans s'émouvoir une nouvelle Académie se former dans des Climats, reculés bien au delà des limites qui semblent assignées aux Sciences. Un Prince, Créateur de sa Nation, avoit cru ne pouvoir achever son Ouvrage, s'il n'établissoit une Académie dans son Empire.

Pendant que les Sciences s'étendoient dans toutes les parties de l'Europe, elles languissoient à Berlin : un Régne uniquement militaire les en avoit presque bannies. La considération qu'on leur donne les peut faire fleurir : mais le peu de cas qu'on en fait, les détruit bien plus sûrement. Ce sont des fleurs qu'une longue culture fait éclorre, & qu'un mauvais souffle fane d'abord.

La Societé Royale avoit éprouvé ce souffle fatal. Elle attendoit un évenement, qui devoit lui rendre tout son lustre.

Un Prince chéri des Muses, comme des Destinées, devoit monter sur le Throne : Celui qui, s'il fût né dans une autre condition, eut été l'ornement de l'Academie, devoit devenir le Maitre de l'Etat.

Cet heureux jour arrive : on va voir renaître les Sciences, les Lettres & les Beaux-Arts. Mais quel nouvel évenement vient éloigner nos espérances ? FREDERIC a d'anciens droits sur une Province, & le tems est venu de les reclamer. Ce n'est point une ambitieuse envie d'aquerir de nouveaux Etats, ce n'est point cette fureur guerriere, glorieuse quelquefois pour les Rois, mais presque toujours funeste aux Peuples ; c'est l'Amour de la justice, ce qu'il doit à sa Maison & à soi-meme, qui le met à la tête de son Armée.

Quels prodiges ne firent pas les Troupes Prussiennes dans les Champs de *Molwitz*, de *Czaslaw*, de *Friedeberg* & de *Sorr*, & jusques sous les murs de *Dresde* ; Cinq Batailles gagnées assurent au

Roi

Roi la poſſeſſion de Païs, plus grands que ceux qui lui étoient diſputés. Laſſé de vaincre, il dicte la Paix.

La Poſterité racontera ces faits, & s'en étonnera. Pour nous qui cherchons à découvrir les rapports entre les évenemens & les cauſes, nous ne voyons rien ici qui doive nous ſurprendre: la prudence, la valeur, la grandeur du génie de FREDERIC, nous annonçoient tout ce que nous avons vû arriver. Cette partie d'empire qu'il ſemble que l'Etre ſuprême ait voulu laiſſer à la Fortune, le Hazard de la Guerre, n'eſt le plus ſouvent qu'un mot, inventé pour excuſer les Généraux imprudens.

Pourquoi faut-il que le reſpect m'arrête? Pourquoi ne puis-je laiſſer voir des Lettres, écrites la veille de ces jours qui décident du ſort des Etats? Pourquoi ne puis-je les laiſſer comparer à celles que le plus grand Philoſophe, & le plus bel Eſprit des Romains, écrivit dans ſes jours les plus tranquilles.

C'eſt dans ces eſpeces de confidences qu'on connoit le grand homme, mieux que par le gain d'une Bataille. L'action la plus heroïque peut n'être qu'un mouvement généreux, dont il n'y a peut-être gueres d'homme qui ne ſoit capable. Le métier même de Heros eſt quelquefois un état forcé, dans lequel le Prince a été jetté par de veritables paſſions, & eſt retenu par les circonſtances. Mais cette tranquillité d'ame au moment des plus grands perils; ces ſentimens d'humanité, qui n'admettent les excès de la guerre, que comme les moyens néceſſaires de la paix, ce ſont là des caractères du veritable Heros, de celui qui eſt né Heros, & qui l'eſt tous les inſtans de ſa vie.

FREDERIC revient. De quelles acclamations, & de quels cris de joye les airs retentiſſent! Eſt-ce une Armée qui marche avec ces Canons, ces Drapeaux, ces Etendarts? Trophées, qui coutez toujours trop cher, allez parer nos Temples, ou remplir nos Arſenaux: demeurez y renfermés pour jamais.

La Guerre n'étoit pas terminée, que le Roi formoit les projets, qui devoient faire le bonheur de ſes Peuples: pendant la Paix, il n'eſt pas moins occupé de ce qui les rend invincibles. Il ſoutient,
il

il perfectionne cette Discipline, qui distingue le Soldat Prussien de tous les autres Soldats du monde; qui le rend si terrible sur le Champ de bataille, & si retenu dans les Villes. Cet Art, par lequel ses mouvemens s'exécutent, semble être passé jusques dans son Ame: un mot, un geste, change sa fureur en humanité: ses ennemis l'ont éprouvé cent fois; dès qu'ils ont été vaincus, ils n'ont plus vû en lui que de la compassion & des secours.

Une telle discipline ne peut se soutenir que par des soins continus. Tandis que nos Frontieres sont si loin reculées, que nos Villes sont fortifiées d'inaccessibles Remparts, l'Armée toujours sous les Armes est aussi exercée, & aussi vigilante que si l'ennemi étoit aux portes. Tous les jours l'Officier Prussien voit sa troupe, telle qu'elle est au moment du combat; le Roi lui-même s'en fait un devoir; il vient de dicter les depêches à ses Ministres, il va faire exercer ses Soldats; avant la fin du jour, il aura écouté tous les Requêtes des Citoyens.

La Guerre a assez rendu les Prussiens formidables: C'est à la Justice à les rendre heureux. Des Loix, peut-être défectueuses, mais sûrement obscures, faisoient naître & prolongeoient les procès. Une forme établie pour assurer à chacun sa fortune, pouvoit quelquefois la lui faire perdre. Le Roi, Juge de son Peuple, avoit remarqué le défaut des Loix: quelquefois elles se déclaroient pour celui que condamnoit l'Equité naturelle. La justice du Prince peut alors y remedier: mais aucun Tribunal ne le peut, tant que la Loi subsiste.

FREDERIC entreprend de faire cesser les désordres qui naissent de ces contradictions, de réformer les abus, & de juger les Loix-mêmes. On pourroit comprendre l'importance de cette nouvelle Legislation, par le choix seul des Magistrats à qui il la confie.

Ses soins s'étendent à tout. Il veut que dans des Maisons destinées au pauvre, le laborieux trouve la récompense de son travail, le fainéant le châtiment de sa paresse; mais que l'un & l'autre vive.

Parlerons-nous de ces Canaux qui portent l'abondance dans les Provinces les plus éloignées? de tant d'établissemens pour le progrès

grès des Arts & du Commerce? de ces superbes Edifices, dont la Capitale est embellie? de ces magnifiques Spectacles donnés au Peuple? de cet Azyle pour ces Soldats, qui ne peuvent plus servir leur Patrie, que par l'exemple de ce qu'il faut sacrifier pour elle?

Quelque plaisir que vous ayez à m'entendre, je serois trop long, si j'indiquois seulement tout ce que FREDERIC a fait dans six ans de Régne.

Je me borne, Messieurs, à ce qui nous regarde plus particulierement. Il rappelle les Muses: cette Compagnie reprend sa premiere vigueur. Il lui donne de nouveaux Titres, de nouveaux Réglemens, une nouvelle vie: Il la rassemble dans son Palais, & se déclare son Protecteur.

Phisicien, Géométre, Philosophe, Orateur, cultivez vos talens sous les yeux d'un tel Maitre. Vous n'aurez que son loisir; & ce loisir n'est que quelques instans: mais les instans de FREDERIC valent des années.

DES DEVOIRS
DE
L'ACADEMICIEN.
DISCOURS
PRONONCÉ DANS L'ACADEMIE ROYALE DES SCIENCES ET BELLES LETTRES.

MESSIEURS.

Lorsque j'entreprens ici de parler des Devoirs de l'Academicien, je n'aurois qu'à dire ce que vous faites, pour avoir presque dit ce que vous devez faire: & j'aurois pu donner cette forme à mon Discours, si je n'avois eu à craindre un air d'oftentation qu'on auroit pu me reprocher, malgré le peu de part que j'ai à votre gloire & à vos travaux. Je parlerai donc ici des Devoirs de l'Academicien en général: Si vous y trouvez votre Eloge, ceux qui ne sont pas de ce corps y trouveront ce qui peut les rendre dignes d'en être.

Mais avant que de parler de Devoirs à des hommes libres, tels que sont les Citoyens de la République des Lettres; quelle est donc la Loi qui les peut obliger? Pourquoi le Philosophe renoncera-t-il à cette liberté à laquelle il semble qu'il ait tout sacrifié, pour s'assujettir à des devoirs? pour se fixer à des occupations réglées & d'un certain genre? Il faut sans doute qu'il y trouve quelqu'avantage; & cet avantage quel est-il?

C'est celui que les hommes retirent de toutes les Societés: c'est le secours mutuel que se prêtent tous ceux qui en sont les membres. Chaque Societé possede un Bien commun, où chaque particulier puise beaucoup plus qu'il ne contribue.

Q'un homme qui s'applique aux Sciences, veuille se suffire à lui-même; qu'il ne veuille emprunter d'aucun autre les connoissances dont il a besoin; quand même je supposerai qu'il ait tout le Génie possible; avec quelle peine, avec quelle lenteur, ne fera-t-il pas ses progrès! quel tems ne perdra-t-il pas à découvrir des verités qu'il auroit connuës tout d'abord, s'il eut profité du secours d'autri? Il aura épuisé ses forces avant que d'être arrivé au point d'où il eut pû partir. Combien celui qui, aidé des lumieres de ceux qui l'ont devancé & de celles de ses Contemporains, reserve toute sa vigueur pour les seules difficultés qu'ils n'ont pas resoluës, combien celui-là n'est-il pas plus en état de les résoudre?

Tous ces secours qu'on trouve dispersés dans les ouvrages & dans le commerce des Savants, l'Academicien les trouve rassemblés dans une Academie; il en profite sans peine dans la douceur de la Société; & il a le plaisir de les devoir à des confreres & à des Amis. Ajoutons-y ce qui est plus important encore; il acquert dans nos Assemblées cet Esprit Academique, cette espece de sentiment du vrai, qui le lui fait découvrir par tout où il est, & l'empeche de le chercher là où il n'est pas. Combien différens Auteurs ont hazardé de systèmes dont la discussion Academique leur auroit fait connoître le faux! Combien de Chimeres qu'ils n'auroient osé produire dans une Academie!

Je ne vous ai cité ici M. M. que les avantages immediats que chaque Academicien trouve dans son Association à une Academie: c'étoit par ceux-là que je devois commencer en parlant à des Philosophes. Il y en a d'autres, qui, s'ils ne sont pas des moyens directs, doivent être de puissants motifs pour exciter les gens de Lettres: c'est la Protection dont les Souverains honorent les Academies, & les graces qu'ils répandent sur ceux qui s'y distinguent. Ici la nôtre a un avantage qu'aucune autre ne peut lui disputer. Je ne parle point de la magnificence avec laquelle le Roi récompense vos travaux, ni du superbe Palais qu'il vous destine: il employe des moyens plus sûrs pour la gloire de son Academie. Ces Ouvrages que nous avons si souvent admirés dans des jours tels que celui-ci, seront des Monumens éternels de l'estime qu'il a pour elle, & du cas qu'il fait de ses occupations. Voilà

Voilà M. M. les avantages que chaque Academicien retire du corps dont il fait partie: voilà les motifs qui le doivent exciter dans la carriere des Sciences : & combien puissamment ne doivent pas agir sur vous tant de motifs reünis! Les Devoirs même que l'Academie vous impose sont-ils autre chose que ce que l'Amour seul des Sciences vous feroit faire? Trouveriez-vous trop de contrainte dans l'Academie de l'Europe la plus libre?

Tous les phénomenes de la Nature, toutes les Sciences Mathematiques, tous les genres de litterature, sont soumis à vos recherches: & dès-la cette Compagnie embrasse un Champ plus vaste que la plupart des autres Academies: mais il est certains sanctuaires dans lesquels il n'est permis à aucune de pénétrer: votre Fondateur même, tout sublime & tout profond qu'il étoit, tout exercé qu'il étoit dans ces routes, n'osa y conduire ses premiers disciples. Les Legislateurs de toutes les Academies, en leur livrant la Nature entiere des Corps, leur ont interdit celle des Esprits, & la speculation des premieres causes : Un Monarque qui a daigné dicter nos loix, un Esprit plus vaste, plus sûr peut-être aussi de votre prudence, n'a rien voulu vous interdire.

Quant à notre Discipline Academique, il n'y a aucune Académie dans l'Europe dont les Réglemens exigent si peu. Car il ne seroit pas juste de faire entrer dans cette Comparaison des Sociétés sur lesquelles ni l'œil ni les bienfaits du Souverain n'ont jamais aucune influence.

Notre Académie embrasse dans quatre Departemens toutes les Sciences. Chaque Classe concourt avec égalité au progrès de chacune: cependant la diversité de leurs objets admet de la diversité dans la maniere de les traiter.

La premiere de nos Classes, celle de *la Philosophie Expérimentale*, comprend toute l'histoire naturelle, toutes les connoissances pour lesquelles on a besoin des yeux, des mains, & de tous les sens. Elle considere les corps de l'Univers revêtus de toutes leurs propriétés sensibles; Elle compare ces propriétés, elle les lie ensemble, & les deduit les unes des autres. Cette Science est toute fondée sur l'Expérience. Sans elle le raisonnement toujours exposé à porter à faux

faux fe perd en fyftèmes qu'elle dément. Cependant l'Expérience a befoin auffi du raifonnement; il épargne au Phyficien le tems & la peine; il lui fait faifir tout à coup certains rapports qui le difpenfent de plufieurs opérations inutiles; & lui permet de tourner toute fon application vers les phénomenes décififs.

Que le Phyficien s'applique donc à examiner foigneufement les Expériences faites par les autres: qu'il n'ait pas plus d'indulgence pour les fiennes propres: qu'il n'en tire que des conféquences legitimes: & furtout, qu'également éloigné de l'oftentation qui fait produire le Merveilleux, & du Miftere qui tient caché l'Utile, il les expofe à fes Confreres avec toutes leurs circonftances.

Nous voyons plus d'un Academicien que je pourrois citer ici pour modeles; qui connoiffent également l'art de faire les Expériences les plus delicates, & celui d'en tirer les conféquences les plus ingénieufes: qui malgré les plus grandes occupations, & les occupations les plus utiles de la Cour & de la Ville, trouvent des heures pour nous donner d'excellents ouvrages, & font les premiers & les plus affidus dans nos Affemblées.

Notre Claffe de *Mathematique* eft la feconde. La premiere confidéroit les corps revêtus de toutes leurs propriétés fenfibles: celleci les dépouille de la plupart de ces propriétés pour faire un examen plus fevere & plus fûr de celles qui y reftent. Les corps ainfi dépouillés ne préfentent plus au Géométre que de l'Etendue & des nombres: & ceux que des diftances immenfes mettent hors de la portée de plufieurs de fes fens, n'en paroiffent que plus foumis à fes fpeculations & à fes calculs.

La Géométrie, qui doit fon origine à fon utilité, & que les premiers Géométres appliquérent avec tant de fuccès aux befoins de la vie, ne fut enfuite pendant plufieurs fiecles qu'une fpeculation fterile, & un efpece de jeu d'efprit. Trop bornée à fes abftractions elle fe contentoit d'exercer fon art fur des bagatelles difficiles, & n'ofa le porter jufqu'aux phénomenes de la Nature. L'heureufe révolution qui s'eft faite prefque de nos jours dans les Sciences, la rendit plus audacieufe. On vit la Géométrie expliquer tous les phénomenes du Mouvement, & quelle partie n'eft-ce pas de la Philofophie naturelle?

telle ? On la vit fuivre le Rayon de la Lumiere dans l'efpace des Cieux, à travers tous les corps qu'il pénétre, calculer toutes les Merveilles qui naiffent de fes réfléxions & de fes réfractions : foit pour nous faire découvrir des objets que leur immenfe éloignement déroboit à nos yeux, foit pour nous rendre fenfibles ceux qui par leur extreme petiteffe ne pouvoient être apperceus. On vit le Géométre déterminant par des dimenfions exactes la grandeur & la figure du Globe que nous habitons, marquer au Géographe la veritable pofition de tous les lieux de la Terre, enfeigner au Navigateur des Regles fûres pour y arriver. On vit les fciences Mathematiques s'appliquer à tous les Arts utiles ou agréables.

La marche du Géométre eft fi déterminée, fes pas font pour ainfi dire fi comptés, qu'il ne refte que peu de confeils à lui donner.

Le premier c'eft, dans le choix des fujets auxquels il s'applique, d'avoir plus en vuë l'utilité des Problemes que leur difficulté. Combien de Géométres, s'il eft permis de les appeler de ce nom, ont perdu leur tems dans la Recherche de la Quadrature d'une Courbe qui ne fera jamais tracée !

Le fecond confeil, c'eft, dans les Problemes phyfico-mathematiques, que le Géométre réfout, de fe reffouvenir toujours des abftractions qu'il a faites : que fes folutions ne font juftes qu'autant qu'il n'y auroit dans les corps que ce petit nombre de propriétés qu'il y confidere : & que comme il n'y a peut-être point dans la Nature de corps qui foient réduits à ces feules propriétés, il doit fur ceux qui ont été les objets de fes calculs, confulter encore l'expérience, pour decouvrir fi des propriétés dont il a fait abftraction, ou dont il a ignoré la préfence, n'alterent pas les effets de celles qu'il y a confervées.

En fuivant ces confeils, le Géométre mettra fon art à l'abri du reproche d'inutilité : & le juftifiera aux yeux de ceux qui pour ne le pas connoître affés, lui imputent des défauts qu'il ne faut attribuer qu'à l'ufage mal-habile qu'on en fait.

La Claffe de *Philofophie fpeculative* eft la troifiéme. La *Philofophie expérimentale* avoit examiné les corps tels qu'ils font ; revêtus

de

de toutes leurs propriétés sensibles: *La Mathematique* les avoit dépouillé de la plus grande partie de ces propriétés: *La Philosophie speculative* considere des objets qui n'ont plus aucune propriété des corps.

L'Etre suprème, l'Esprit humain, & tout ce qui appartient à l'Esprit est l'objet de cette science. La Nature des corps mêmes, entant que représentés par nos perceptions, si encore ils sont autre chose que ces perceptions, est de son ressort.

Mais c'est une remarque fatale, & que nous ne sçaurions nous empecher de faire: Que plus les objets sont intéressans pour nous, plus sont difficiles & incertaines les connoissances que nous pouvons en acquerir! Nous serons exposés à bien des erreurs, & à des erreurs bien dangereuses, si nous n'usons de la plus grande circonspection dans cette science qui considère les Esprits. Gardons-nous de croire qu'en y employant la même methode, ou les mêmes mots qu'aux sciences mathematiques, on y parvienne à la même certitude. Cette certitude n'est attachée qu'à la simplicité des objets que le Géometre considere, qu'à des objets dans lesquels il n'entre que ce qu'il a voulu y supposer.

Si je vous expose ici toute la grandeur du péril des spéculations qui concernent l'Etre suprème, les premieres Causes, & la Nature des Esprits, ce n'est pas M. M. que je veuille vous détourner de ces Recherches. Tout est permis au Philosophe, pourvû qu'il traite tout avec l'Esprit philosophique, c'est à dire, avec cet Esprit qui mesure les différens degrés d'Assentiment: qui distingue l'Evidence, la probabilité, le doute: & qui ne donne ses spéculations que sous celui de ces différens aspects qui leur appartient.

Si la plupart des objets que la Philosophie spéculative considere, paroissent trop au dessus des forces de notre Esprit, certaines parties de cette science sont plus à notre portée. Je parle de ces Devoirs qui nous lient à l'Etre suprème, aux autres Hommes, & à nous-mêmes: de ces loix auxquelles doivent être soumises toutes les Intelligences: vaste champ, & le plus utile de tous à cultiver! Appliquezpliquez-y vos soins & vos veilles: mais n'oubliez jamais, lorsque l'évidence vous manquera, qu'une autre lumiere aussi sûre encore doit vous conduire.

La quatriéme de nos Classes réünit tous les différens objets de deux célébres Academies d'un Royaume où l'abondance des grands Hommes les a tant multipliées. Je parle de notre Classe *de Belles Lettres*, qui comprend les Langues, l'Histoire & tous les genres de Litterature: depuis les premiers Elémens de cet art qui apprend à former des sons & des signes pour exprimer les pensées, jusqu'à l'usage le plus étendu qu'on en peut faire.

Cet Art le plus merveilleux de tous, le plus utile sans doute, fut dans ses commencemens sans doute un art très simple. Le peu de besoins que sentirent les premiers hommes, n'exigea pas un grand nombre de mots ni de signes pour les exprimer. Ce ne fut qu'après le succès de ce premier essai qu'ils desirérent de se communiquer des idées moins communes, & qu'ils commencérent à connoître les charmes de la conversation. Combien fallut-il de tems, combien s'ecoulérent de siecles avant qu'ils sçussent peindre aux yeux la conversation même!

La premiere Langue des hommes s'étoit déjà vraisemblablement diversifiée, lorsqu'ils passérent de la parole à l'Ecriture. Les Familles étant devenuës des Nations, chacune par des suites différentes d'idées se forma non seulement de mots différens, mais des manieres de s'exprimer différentes: les langues vinrent de cette diversité; & tous ces enfans d'un même Père si dispersés, & après tant de générations, ne purent plus lorsqu'ils se retrouvoient se reconnoître ni s'entendre.

Un beau projet seroit, non de les faire revenir à leur Langue paternelle, la chose n'est pas possible, mais de leur former une Langue plus régulière que toutes nos langues qui ne se sont formées que peu à peu, plus facile, & qui pût être entenduë de tous.

Oeuv. de Maupert.   O o   Ce

Ce Probleme qui a été plus d'une fois proposé, fut l'objet de notre Academie dès sa naissance *: Un habile homme entreprit l'ouvrage: un plus habile le regarda comme possible, & ne l'entreprit pas **. Ce n'est pas ici le lieu d'exposer les pensées qui me sont venues sur ce sujet.

La multiplicité des objets de cette classe ne me permet pas non plus de donner pour chacun des regles ni des conseils. Je me bornerai à faire connoitre la raison du choix de la langue dans laquelle nos Ouvrages paroissent, s'il est encore nécessaire de prouver que ce que celui qui est l'Ame de notre Academie a ordonné, étoit le plus convenable.

L'Utilité des Academies ne se renferme pas dans les limites de chaque Nation. Une Academie possede de ces hommes destinés à éclairer le monde entier; toutes les Nations doivent avoir part à leurs découvertes; & il faut les leur communiquer dans la langue la plus universelle. Or personne je crois ne refusera cet avantage à la nôtre, qui semble être aujourdhui plutôt la langue de l'Europe entiere que la langue des François.

Si quelqu'autre pouvoit lui disputer l'universalité, ce seroit la Latine. Cette langue il est vrai est repandue par tout: mais morte, & par tout reservée pour un petit nombre de savans, on n'est sûr de la bien parler qu'autant qu'on employe des Phrases entieres des anciens Auteurs: & dès qu'on s'en écarte, on forme un jargon heterogene dont l'ignorance seule empeche de sentir le ridicule.

Il se trouve encore pour justifier le choix de notre langue d'autres raisons qui ne sont pas moins fortes: ce sont la perfection de la langue même, l'abondance que nos progrès dans tous les arts & dans toutes les sciences y ont introduite, la facilité avec laquelle on peut s'y exprimer avec justesse sur toutes sortes de sujets, le nombre inombrable d'excellens Livres écrits dans cette langue. Si les Grecs & les Latins nous ont donné les premiers modeles, ces modeles ont été surpassés dans plusieurs genres, & dans tous tellement multipliés que

* *Solbrig.*   ** *Leibnitz.*

que nos Ouvrages peuvent aujourd'hui servir de modeles aux Ecrivains de toutes les Nations.

Si l'on peut faire un reproche à notre langue, c'est celui qu'on fit à la langue des Romains, lorsqu'après avoir atteint sa plus grande perfection, elle vint à perdre sa noble simplicité pour cette subtilité vaine qu'on appelle si improprement *Bel Esprit*.

Certaines gens ne sçauroient encore pardonner à un Auteur françois, d'avoir refusé *le Bel Esprit* aux Allemans *. S'ils savoient mieux ce qu'on entend d'ordinaire par *Bel Esprit*, ils verroient qu'ils ont peu lieu de se plaindre. Ce n'est le plus souvent que l'art de donner à une pensée commune un tour sententieux: *c'est*, dit un des plus grands hommes de l'Angleterre, *l'art de faire paroître les choses plus ingénieuses qu'elles ne sont* **.

Quelques Auteurs Allemans se sont vangés en refusant aux François l'Erudition & la Profondeur: la vangeance auroit été plus juste, si nous abandonnant le Bel Esprit, ils s'étoient contentés de dire que nous en faisons trop de cas. Mais si ces Auteurs entendent par l'Erudition qu'ils refusent aux François un fatras de citations Latines, Grecques, & Hebraïques, un style diffus & embarrassé, on leur saura gré du reproche & l'on s'applaudira du défaut.

Cette netteté & cette précision qui caractérisent les Auteurs françois, depend sans doute autant du génie de la langue, que la langue a dependu, elle même du Tour d'Esprit de ceux qui l'ont parlée les premiers & qui en ont posé les régles. Mais ce sont ces avantages qui la rendent si universelle, qui font qu'un Monarque dont le gout est le suffrage le plus décisif, la parle & l'écrit avec tant d'elegance, & veut qu'elle soit la langue de son Academie.

J'ai parcouru ici toutes les différentes sciences auxquelles nous nous appliquons: & n'ai point parlé d'une qui fut un des principaux objets de cette Compagnie lors de son établissement.

Le premier Réglement de la Societé Royale portoit, qu'une de ses Classes devoit s'appliquer *à l'Etude de la Religion & à la con-*

---

* *Bouhours.* ** *Bacon.*

verſion des Infideles : Article plus ſingulier par la manière dont il étoit préſenté qu'il ne l'eſt peut-être en effet. Notre Réglement moderne ne charge aucune Claſſe en particulier de cette occupation : mais ne peut-on pas dire que toutes y concourent ?

Ne trouve-t-on pas dans l'étude des Merveilles de la Nature, des preuves de l'Exiſtence d'un Etre ſuprême ?

Quoi de plus capable de nous faire connoître ſa ſageſſe, que les vérités Géométriques ; que ces Loix éternelles par leſquelles il régit l'Univers ?

La philoſophie ſpeculative ne nous fait-elle pas voir la néceſſité de ſon Exiſtence ?

Enfin l'étude des Faits nous apprend, qu'il s'eſt manifeſté aux hommes d'une maniere encor plus ſenſible ; qu'il a exigé d'eux un culte, & le leur a preſcrit.

ELOGE

ELOGE
DE
M. DE KEYSERLINGK.

*T*hierri Baron de Keyserlingk, Chevalier de l'Ordre de St. Jean, Colonel de Cavallerie & Adjudant Général du Roy, nâquit le 5. Juillet 1698. à Octen, Terre héréditaire de la famille en Courlande. Ses Ancêtres paternels, originaires de Westphalie, furent de ces anciens Chevaliers, qui, après avoir apporté le Christianisme en Courlande, s'y établirent. Le Pére de Thierry fut Jean Ernest, Baillif de Durben; sa Mére, Dorothée Amelie de la Chiese, d'une ancienne & illustre famille d'Italie.

Thierry n'étoit que dans sa neuviéme année, lorsque son Pére mourut. Les soins de sa Mére continuérent son Education. On découvroit en lui de grands talens: on s'appliqua à les cultiver. Et quoique l'usage de son païs destinât presque nécessairement un homme de sa naissance au métier des armes, on voulut qu'il fut propre à tout.

On l'envoya à Königsberg, où il fit tant de progrès qu'à l'âge de 17. ans, quatre harangues prononcées dans un même jour, en Grec, en Latin, en François & en Allemand, le firent recevoir Membre de l'Université. Son travail n'en fut que plus assidu. La Philosophie, les Mathematiques, l'Eloquence & la Poësie l'occupérent tout à la fois, & il réüssit dans toutes.

Pendant qu'il avoit acquis toutes les connoissances qui peuvent orner l'esprit, il s'étoit formé dans tous les exercices. Ces arts qui autrefois étoient toute la science de la Noblesse, sont encore en quelque sorte une partie de nos sciences. Si l'adresse du corps, la Danse,

Danſe, la Muſique, ne ſuppoſent qu'une certaine juſteſſe dans la proportion des organes, l'art d'en juger, le goût, ſans lequel on n'y excelle jamais, approche bien du reſſort de l'eſprit.

Ce fut alors, en 1720, que le jeune *Keyſerlingk* entreprit de ſatisfaire la paſſion qu'il avoit de voyager. Les Voyages ſont en Allemagne la derniére partie de l'Education, & ils devroient l'être par tout. Ce ſont eux qui achevent ce caractére d'Univerſalité, que doit avoir commencé l'Education des Colléges. Le Grec & le Latin forment l'homme de tous les tems : Les Voyages font l'homme de tous les païs.

M. de *Keyſerlingk* vint à Berlin, & commença par cette Capitale à exécuter ſon projet de viſiter les principales Cours de l'Allemagne. Continuant enſuite ſon voyage par la Hollande, il arriva à Paris; dans cette Ville immenſe, où tant d'Etrangers abordent, mais où les ſeuls Etrangers tels que lui, deviennent Citoyens.

Après y avoir fait un ſéjour de deux ans, il revint à Berlin, où le feu Roi lui donna une Lieutenance dans le Régiment du Margrave Albert : Quelques années après une Compagnie : Et pour mettre tous ſes talens en valeur, il le plaça auprès du Prince Royal.

Des circonſtances particuliéres l'éloignérent bientôt de ſon Maître, & le firent retourner à ſon Régiment. Mais l'abſence ne lui fit rien perdre ; & dès que le Prince fût devenu Roi, M. de *Keyſerlingk* trouva ſa fortune auſſi avancée, que s'il avoit paſſé ſa vie à lui faire ſa Cour. Il fut auſſi-tôt Colonel, Adjudant Général, & pourvû d'une penſion conſidérable.

Après tout ce que nous avons dit de ſon eſprit, on doit s'être fait une idée des qualités de ſon coeur. Car la vertu eſt-elle autre choſe, que la juſteſſe de l'eſprit appliquée aux moeurs? Ce n'étoit point un ſentiment tranquille que celui qu'il avoit pour le Roi, c'étoit une véritable paſſion dont il étoit tranſporté. Il vouloit que tout le monde le vit, le connût & l'aimât. Auſſi quel ſoin ne prenoit-il pas, dès qu'un Etranger paroiſſoit à la Cour, pour le mettre à portée de contempler ce Monarque! A l'amour pour ſon Prince, ſe joignoit un autre motif qui n'étoit pas moins noble, le plaiſir de rendre ſervice ; plaiſir ſi puiſſant ſur M. de *Keyſerlingk*, qu'on peut dire

dire qu'il s'y livroit fans referve; & que fi l'on peut lui faire quelque reproche, c'eft d'en avoir fait une habitude trop univerfelle.

Un tel Caractére fuppofe un coeur fenfible, & fon coeur l'étoit. Il fut touché des charmes de la jeune Comteffe de Schlieben, fille de M. le Grand Veneur, & Dame d'honneur de la Reine; & l'époufa en 1742. Il faut tout ce qu'il trouvoit en elle, la vertu, la beauté, les talens, pour excufer un Philofophe qui facrifie fa liberté.

Ses occupations domeftiques ne rallentirent point fon goût pour les Lettres & pour les Beaux Arts; il les cultiva toujours, comme s'ils euffent été fon unique reffource. On peut juger du talent qu'il avoit pour la Poëfie par quelques piéces de fa compofition; Mais, peut-être encore mieux, par les Traductions de quelques Odes d'Horace en Vers François, & par celle de la Boucle de Cheveux de Pope. Pour bien traduire de tels Ouvrages, il faut que l'Imitateur ait autant de génie que celui qu'il imite, & qu'il facrifie fans ceffe la partie qui regarde l'Invention; que toujours capable de créer, toujours il s'en abftienne; & qu'il cache la gêne où il eft pour s'en abftenir.

En 1743. M. de *Keiferlingk* devint Membre de cette Academie. Sa fanté, trop prodiguée dans fa jeuneffe, s'affoibliffoit depuis quelque tems; elle fe dérangea tout à fait. Les douleurs de la Goute vinrent exercer fa patience. Enfin, après avoir lutté long-tems contre tous fes maux, il mourut le 13. Août 1745.

Le Roi fentit toute la perte qu'il faifoit. Il verfa des larmes fur fa cendre. Il continua fes Bienfaits à fa Veuve; il daigna prendre un foin particulier de l'Enfant qu'il laiffoit au Berceau. Voilà jufqu'où s'etend le pouvoir des Rois contre la mort.

ELOGE

ELOGE
DE
M. DE BORCK.

Gaspard Guillaume de Borck, fils de *George Matthias*, Chancelier de la nouvelle Marche, & d'*Elizabeth Marie de Blanckenbourg*, de la Maison de Friedland dans la Grande Pologne, nâquit à *Gersdorff* le 30. Août 1704.

Si nos Mémoires ne devoient être leus qu'en Allemagne, nous ne parlerions point ici de la Famille de Borck; tout le Monde sçait le rang qu'elle y tient. Les Historiens de Poméranie les plus célébres prétendent que, dès le V. Siecle, elle étoit établie dans cette Province, qu'elle défendit pendant plus de 600. ans contre les Venedes. Son origine se perd dans ces tems, où la Barbarie ne conservoit aucune Epoque.

Depuis que la Poméranie devenuë Chrétienne eut quelque connoissance des Lettres, on trouve le nom des *Borck* dans tous les anciens Monumens, & on les y voit jouïr de plusieurs des Droits de la Souveraineté.

Les guerres qu'ils entreprirent en Pologne, & contre les Ducs de Poméranie, leur furent funestes; Ils perdirent leurs Villes & leurs Chateaux, & furent réduits dans un état, où leurs ennemis n'en eurent plus rien à craindre. Depuis ce tems, le mérite & la vertu ont sans cesse concouru à rendre à cette famille son ancienne splendeur. Les *Borcks*, devenus sujets de la Maison Régnante, ont toujours occupé les premieres charges de l'Etat & de l'Armée.

Celui dont nous parlons maintenant, *Gaspard Guillaume*, eut à peine achevé ses Etudes, qu'il fut destiné aux Affaires Etrangeres, & nommé presqu'en même tems pour aller à la Cour de Dannemarck.

Dans

Dans une grande jeuneffe il avoit tous les talents du Miniftre; mais cette Cour pria le Roi d'en envoyer un, dont l'age les fuppofât.

En 1731. il fut envoyé à Brunswick, féliciter le Duc Louis Rodolphe fur fon Avénement à la Régence, & fut bientôt après chargé de négocier le mariage du Prince Royal, avec la Princeffe Elizabeth Chriftine, aujourd'hui notre Reine.

Il fut depuis continuellement employé dans diverfes Négociations, tantôt à la Cour de Dresde, tantôt à celle de Brunswick, jufqu'à ce qu'en 1735. il partit pour l'Angleterre. Il fut peu agréable dans cette Cour, & y fut peu utile à fon Maître. Il n'y a guéres d'Art, où le Talent fuffife pour réuffir; mais celui du Négociateur dépend encore plus des circonftances qu'aucun autre.

Il fut nommé en 1738. Miniftre Plénipotentiaire à Vienne, où il demeura, jufqu'à ce que les juftes prétentions du Roy fur la Silefie ayant brouillé les deux Cours, il fut rapellé à Berlin, & placé auffitôt dans le Miniftére de tous le plus important.

Toute l'Europe aujourd'hui ne forme qu'un Corps, par la rélation qu'ont entr'eux les différens Etats qui la compofent. Mais dans ce corps, chaque partie a fes intérêts propres, & n'eft occupée que de fon aggrandiffement. Elle voudroit l'acquerir aux dépens de toutes les autres, devenir la Tête, ou le Corps entier. De quel défordre une telle ambition ne feroit-elle pas fuivie, fi une fage Politique n'en arrêtoit l'impetuofité; ne tenoit toutes les forces dans un certain équilibre, & tous les Membres dans une jufte proportion. Le Génie heureux, à qui il eft permis de s'élever jufques là, femble partager avec la Divinité l'Empire du Monde. Ce fut dans cette fcience que M. de *Borck* eut le bonheur de trouver un Maître tel que le Roy, & un Collegue tel que M. le Comte de *Podewils*. Le nouveau Miniftre y apportoit une parfaite connoiffance des intérêts de toutes les Puiffances, une imagination féconde, & un grand courage d'efprit.

Il avoit fait dans fa jeuneffe d'excellentes Etudes, qu'il avoit cultivées à travers toutes fes diverfes occupations. Les heures qu'il donnoit aux Mufes, ont valu à fa Nation des Traductions eftimées de la Pharfale de Lucain, & de quelques Pieces du Theatre Anglois. L'Hiftoire moderne de l'Europe qu'il poffedoit, eft du reffort du

Miniftre: mais il y joignoit toute l'erudition d'un Savant dans l'Hiftoire & les Langues de l'Antiquité. Il eut pu être Miniftre de Cefar, fans acquerir de nouvelles connoiffances, & prefque fans s'appercevoir, qu'il changeoit de Maître.

Lorfque l'Academie en 1744. prit une nouvelle forme, il en fut un des quatre Curateurs. Ce ne fut point pour lui un vain Titre; fon amour pour cette Compagnie, & fon goût pour toutes les Sciences qui en font l'objet, l'attirérent fouvent dans nos Affemblées, où fes lumieres nous étoient auffi utiles, que la Sageffe de fon Adminiftration.

Nous n'avons encore parlé que des Talents, parlons maintenant de l'Homme. L'Etat, & l'Academie, fçavent ce qu'ils ont perdu; c'eft ici que je fens toute la perte que j'ai faite.

Je n'examine point, s'il eft vrai qu'il y ait d'autres principes pour les Hommes d'Etat que pour les Particuliers; fi, quand l'intérêt de toute une Nation pourroit juftifier de telles exceptions, elles ne feroient pas toujours, pour l'Etat même, plus préjudiciables qu'utiles. Ce qu'il y a de fûr, c'eft qu'en cas qu'on en admette l'ufage, il doit fe tenir étroitement renfermé dans fa Sphére, & ne jamais fe répandre dans la Societé. Dans ce métier perilleux, où il eft fi difficile de marquer les bornes entre la Prudence & la Diffimulation; où le Public même paroît prêt à pardonner l'habitude de les confondre, M. de *Borck* conferva le cœur le plus droit & le plus franc. De ce Cabinet impénétrable, où fon Efprit s'étoit occupé des foins les plus importans, & des fpéculations les plus pénibles, il fortoit avec la férénité que donne la fatisfaction d'un travail heureux. Le Miniftre difparoiffoit; on ne trouvoit plus dans le refte de la journée que l'homme de la meilleure compagnie, & du commerce le plus fincere & le plus fûr.

Au commencement de Mars 1747. il fut attaqué d'une inflammation d'entrailles. Il connoiffoit la dépendance où eft ce foible corps que nous animons, de tout le refte de l'Univers: il fupporta fes douleurs, & vit arriver la Mort, en homme accoutumé à facrifier fes intérêts à des intérêts fupérieurs.

ELOGE

ELOGE
DE
M. LE MARECHAL DE SCHMETTAU.

C'eſt à ceux qui écriront l'hiſtoire à faire paſſer à la poſterité les Actions Militaires d'un des plus habiles Généraux que l'Allemagne ait eus: Pour nous qui devons faire connoître M. le Maréchal *de Schmettau* ſous un autre aſpect, nous ne toucherons cette partie qu'autant qu'il ſera néceſſaire pour qu'on ſçaché, que celui qui a contribué au gain de tant de Batailles & à la priſe de tant de Villes, étoit le même homme qui a toujours protegé les Arts, cultivé les ſciences, & auquel cette Académie doit tant.

Ce ſeroit une grande erreur de croire qu'il y ait quelque incompatibilité entre les différentes parties qui forment un grand homme, quoiqu'il ſoit ſi rare de les trouver enſemble. On ſe fait de l'homme de guerre je ne ſçai quelle idée qui ſemble exclure l'Etude & la meditation; comme ſi une des Sciences les plus difficiles pouvoit s'en paſſer; ou comme ſi les qualités de l'Eſprit qui ne ſervent qu'à étendre & éclairer le courage, pouvoient l'éteindre.

Peut-être, les Sciences ſeroient-elles moins néceſſaires à celui qui n'offre que ſon bras dans une Armée: mais celui qui doit la commander, celui qui diſpoſe ces Operations d'où dépend le ſort des Peuples & des Etats, peut-il avoir trop de connoiſſances? La Science des Evenemens paſſés lui enſeigne, ce qu'il doit faire dans les Evenemens préſents; l'Eſprit Mathematique le prévoit & le calcule.

Samuel de Schmettau nâquit à Berlin le 26. Mars de l'année 1684. Son Pére fut *Samuel de Schmettau*, Conſeiller privé ſous le Régne de FREDERIC I. & ſa Mére *Marie de la Fontaine Vicard*. Si un homme qui eſt parvenu aux derniers honneurs de ſon Etat avoit

encor

encor besoin d'autres Titres ; nous dirions ici que ses Ancêtres d'ancienne Noblesse Hongroise, ayant servi sous le Roi Matthias Corvin lorsqu'il porta la guerre en Boheme & en Silesie, s'étoient établis dans le Comté de Gletz : Que la famille pardit ses Titres dans les guerres de Hongrie & d'Allemagne ; & que l'Empereur Leopold I. y suppléa, en lui faisant expédier de nouvelles Patentes par lesquelles sa Noblesse étoit reconnue, confirmée & renouvellée.

Il reçut une Education proportionnée à sa naissance, & aux talents qu'on découvroit en lui ; & s'attacha surtout à l'Etude des Mathematiques, de la Géographie, & de l'Histoire. A peine avoit-il atteint l'âge de 15. ans que son goût pour les Armes détermina ses parens à l'envoyer en Dannemarck, où *Guillaume de Schmettau* son Oncle qui commandoit un Régiment de Cuirassiers, le fit entrer Cadet aux Gardes : le premier Siége qu'il vit, fut celui de Tonningen.

Il fut fait Enseigne en 1700 ; & marcha avec le Corps d'Armée que le Dannemarck fournissoit à l'Angleterre & à la Hollande dans les Païs-bas ; où il se trouva au Siége de Keiserwert, à la retraite de Nimegue & à l'attaque du Chateau de Grevenbruck, qui fut emporté l'épée à la main, de même que Weerzet Stoekhem.

Au Siége de Ruremonde il fut blessé sur la brêche de la Citadelle, mais il fut assez tôt guéri pour se trouver au Siége de Huy ; puis à l'action d'Eckeren, & servit au Siége de Bonn comme Ingégenieur Volontaire sous le Général Cœhorn. En 1703. il fut fait Lieutenant dans le Régiment de Schmettau Dragons du Margrave d'Anspach ; il marcha avec ce Régiment qui fut de l'Armée du Prince Héréditaire de Hesse-Cassel depuis Roy de Suede, sur le haut Rhin, & se trouva à la Bataille de Spirback.

En 1704. il fut fait Capitaine & servit en cette qualité à l'affaire de Schellemberg, au siége de Rain, & à la Bataille de Hochstet : cette Bataille lui valut une Compagnie. Aux siéges de Landau & de Trarbach il servit comme Ingénieur Volontaire.

L'année d'après il fut à la prise des Lignes de Nerwinde, au siége de S. Loen, & en 1706. à la Bataille de Ramilli où il fut blessé.

Il se trouva pourtant aux siéges d'Ostende, de Menin, d'Oudenarde, jusqu'en 1707. où il ne se passa rien de remarquable dans cette Armée.

En 1708. il fut à la Bataille d'Oudenarde; au siége de Lisle, & à l'affaire de Winendall: & présenta au Roi de Pologne le plan de l'attaque de Lisle qu'il avoit levé sous les yeux de ce Prince. Il fut ensuite des siéges de Gand & de Bruges: & en 1709. à celui de Tournay il fut fait Major, & Aide de Camp du Prince Héréditaire de Hesse. Ce fut à ce siége qu'il fit connoissance avec le Comte de Schulembourg qui fut ensuite Maréchal des Troupes Venitiennes; & que se forma entre eux cette amitié qui a duré jusqu'à la mort. L'Amitié de tels hommes que leur métier & leurs talents rendent nécessairement rivaux, est le plus grand éloge qu'on puisse faire d'eux. Celle de M. le Comte de Schulembourg lui procura l'avantage d'être connu du Prince Eugene. Il fut à la Bataille de Malplaquet & au siége de Mons: Et l'année d'après aux siéges de Douay, de Bethune, de St. Venant, & d'Aire.

En 1711. il fut fait Lieutenant Colonel, & se trouva au passage des Lignes d'Arleux, & au siége de Bouchain: En 1712. au siége du Quesnoy, à l'investissement de Landrecy, & à l'affaire de Denain. Il fit en 1714. la Campagne du Rhin comme Volontaire à la suite du Prince Eugene; & après la Paix d'Utrecht, le Régiment de Schmettau étant passé au service de Saxe, il entra avec ce Régiment dans le même service.

Charles XII. Roy de Suede lui envoya en 1715. la Patente de Quartier-Maître Général, & lui donnoit un Régiment de Dragons: mais comme la Lettre du Prince de Hesse qui contenoit la Patente ne lui parvint, que lorsque les Saxons étoient en marche, il ne put profiter de cette offre, & fut du siége de Stralsund & de la descente dans l'Isle de Rugen.

Le siége fini, entre les années 1715. & 1716., il marcha en Pologne avec le Régiment qu'il commandoit, & remporta en quatre Occasions des avantages sur les Polonois confédérés. La première fut à Werucoff, où avec ce seul Régiment qui n'étoit que de 400 hommes, il en défit 5000, prit au Régimentaire Gniesadoffsky qui les commandoit 4 Canons, tout son bagage, 200 prisoniers, & 360

Chevaux. La seconde fut près de Cunitz où le partisan Gurzeffsky avec 1000 Chevaux voulut surprendre le Régiment de Schmettau & celui de Flemming; le partisan fut battu, & on lui fit 100 prisoniers. La troisième fut auprès de Plonsky ou le même Gurzeffsky s'étoit joint au Général Steinflicht avec 2000 Chevaux pour attaquer l'Arriere-Garde Saxone; ils furent battus & poursuivis. La quatrième fut à la Bataille de Kowallewo dans la Prusse Polonoise où les Saxons sous les ordres du Général Bosen défirent si bien l'Armée Polonoise & Lithuaniene que la Paix se fit.

M. *de Schmettau* avoit donné par écrit au Maréchal Flemming la première idée de cette affaire; & immédiatement après qu'elle fut finie, Sa Majesté Polonoise le fit Colonel & l'employa dans l'Artillerie. Il fut la même année envoyé vers Frederic Guillaume Roi de Prusse qui lui donna l'ordre *de la Générosité*.

En 1717. le Roy Auguste l'envoya servir comme Volontaire en Hongrie, où il s'acquit tellement l'estime du Prince Eugene que dès ce tems le Prince voulut le faire entrer au service de l'Empereur. Il ne put accepter cette offre; & après le siége & la Bataille de Belgrade il retourna en Saxe. L'année d'après le Roy le renvoya en Hongrie, & le chargea d'y conduire le Corps de Troupes Saxonnes que le Duc de Weissenfels commandoit. Le Colonel Stojentin de ce Corps y étant mort, son Régiment fut donné à M. *de Schmettau*.

Pendant l'hyver, les Saxons ayant eu leurs Quartiers en Hongrie, M. *de Schmettau* se trouva à Vienne; où le Prince Eugene ayant renouvellé ses propositions lui offrit la charge de Quartier-Maître Général & de Général-Major, avec le premier Régiment qui viendroit à vacquer. Le Roy de Pologne lui permit d'accepter ces offres, & il entra en 1719. au service de l'Empereur.

Il partit aussi-tôt pour se rendre en Sicile sous les ordres du Comte Mercy, & se trouva à la Bataille de Francavilla. Il eut là beaucoup de part à tous les mouvements de l'Armée, & dirigea les attaques devant Messine qui fut prise.

La guerre de Sicile étant finie, M. de *Schmettau* ne demeura pas oisif: La paix ne faisoit que changer ses occupations. L'Empereur le chargea de lever la Carte de toute la Sicile: & l'année d'après d'après il préfenta à S. M. cette Carte, à laquelle il avoit joint un état exact du Commerce de ce Royaume, & des difpofitions à faire pour en augmenter les Revenus & fortifier les Places. Il fit alors plufieurs voyages en Hongrie : conféroit avec le Comte Mercy à Temeswar, avec le Duc de Würtemberg à Belgrade; & étoit confulté par l'un & par l'autre pour les fortifications de ces deux places. Il fut auffi envoyé vifiter les fortereffes de Croatie, & les chemins vers Buchary & la Mer Adriatique.

En 1730., fur l'apparence de troubles en Italie, l'Empereur y fit marcher des troupes : & M. de *Schmettau* ayant été nommé pour y fervir comme Général de Bataille; le Comte Daun le commanda avec un Corps dans la Lunigiana pour empêcher la Defcente des Efpagnols. Les affaires ayant tourné en Négociations, M. de *Schmettau* revint l'année d'après à Vienne avec une Carte excellente de tout le Païs.

La Corfe s'étant révoltée en 1732., il paffa dans cette Isle, fous les ordres du Prince Louis de Würtemberg, qui lui donna la moitié du Corps d'Armée pour attaquer les Rebelles du côté de la Baftie, pendant qu'il les attaqueroit lui-même du côté de Calvi. Ces Opérations eurent tant de fuccès qu'en peu de mois tous les Rebelles furent foumis : & le Prince Louïs eut la générofité d'en faire tout l'honneur à M. de *Schmettau*. La République de Genes lui marqua fa reconnoiffance par un préfent confiderable.

L'année d'après ayant été nommé pour fervir fous les ordres du Duc Ferdinand Albert de Brunswick, il affembla le Corps d'Armée à Pilfen & marcha par la Baviere au Rhin. S. M. I. lui donna alors le Régiment d'Infanterie qu'avoit eu M. d'Ogilvi. Etant arrivé au Rhin, il conftruifit par ordre de S. A. S. les Lignes de Mühlberg qui furent achevées au Printems de 1734., mais que le Prince Eugene ne jugea pas à propos de défendre.

Il fut cette année déclaré Feld-Maréchal-Lieutenant, faifant le fervice comme tel, & en même tems comme Général Quartier-Maître. La Campagne finie, le Prince Eugene le laiffa pour commander dans ces Quartiers l'hyver de 1734. à 1735. La Swabe, le Haut Rhin & la Franconie lui firent alors l'honneur de l'affocier à leur Corps de Nobleffe immédiate de l'Empire. En

En 1735. il fut fait Feld-Zeug-Meifter, mais le Prince Eugene voulut qu'il gardât en même tems la charge de Quartier-Maître Général. Il fut chargé cet hyver de garantir la Swabe, & de mettre Brifac & Fribourg en état de fe défendre.

La guerre finie avec la France, il retourna à Vienne où il étoit queftion de guerre contre les Turcs : Il fut admis aux Conférences qu'on tenoit fur ce fujet, & vouloit qu'on commençât par le fiége de Widin, & non par celui de Niffa. On ne fuivit point fon avis; mais on l'envoya vifiter les frontieres; & en 1737. il eut ordre d'affembler un Corps d'Armée à Vipalanka, & de joindre avec ce Corps la grande Armée à Barakin.

Mrs. de Philippi & de Kevenhüller, quoique moins anciens Feld-Zeug-Meifters que M. de *Schmettau*, ayant été faits Feld-Maréchaux; il fe plaignit, & il fut décidé qu'il commanderoit l'Infanterie fans être fous leurs ordres. Pendant les différentes Opérations de cette Campagne il tomba dangereufement malade à Georgofcheffsky, & fut obligé de fe faire porter en Litiere à Belgrade, & de là à Bude où il paffa l'hyver.

Il n'étoit pas encore gueri, qu'il alla à Carlsbad & à Glogow pour changer d'air : il s'y rétablit, & arriva à Vienne lorfque le Commandant de Belgrade venoit d'écrire que la place étoit fur le point de fe rendre. L'Empereur fit venir M. de *Schmettau*; & lui ordonna de tacher de fe jetter dans Belgrade & de le fauver. Il s'y rendit auffitôt; & fit de fi bonnes difpofitions que depuis le 24. Aout qu'il y étoit entré, perfonne ne douta plus de la confervation de cette place. Mais la paix s'étant faite le 1. Septembre, M. de Neuperg comme Plénipotentiaire & M. de Wallis comme commandant l'Armée lui ordonnérent de la remettre aux Turcs.

Après la reddition de Belgrade il fut chargé d'en faire rafer les fortifications. Pendant qu'il y étoit occupé, les Janiffaires fe révoltérent contre leur Bacha; M. de *Schmettau* fit prendre les armes à fa garnifon, & ayant marché contre eux, les força de fe foumettre à leur Chef. Il fit plus; comme il apprit que l'emeute venoit d'une faute de payement, il prêta au Bacha de quoi les appaifer. Cette conduite généreufe reçut à Vienne l'approbation qu'elle méritoit. Il fut

fut nommé Principal Commissaire de l'Empereur pour régler les Limites des deux Empires.

Charles VI. mourut; & M. *de Schmettau* se rendit à Vienne. Là ne trouvant pas les choses disposées pour lui aussi favorablement qu'il l'avoit espéré, il pria S. A. R. le Duc Régent, aujourd'huy Empereur, de lui accorder sa protection pour entrer au service de la République de Venise. S. A. R. écrivit au Maréchal de Schulembourg, & celui-cy répondit par une Lettre fort obligeante pour M. *de Schmettau:* mais la République ne prit point sur cela de résolution. Il fut cependant élevé au grade de Feld-Maréchal. En 1741. il retourna à Carlsbad; & s'étant plaint à la Cour de plusieurs Griefs sur lesquels il n'obtint point la satisfaction qu'il desiroit, il se rendit en Saxe, d'où il renvoya la démission de son Régiment & de toutes ses Charges pour entrer au service de Sa Majesté Prussienne dont il étoit né sujet.

Le Roy reçut avec plaisir un homme qui avoit donné tant de preuves de sa capacité; lui donna la charge de Grand-Maître de l'Artillerie avec une grosse pension; & quelque temps après l'honora de l'Ordre de *l'Aigle noir*, & l'employa dans deux occasions importantes: L'une auprès de l'Empereur Charles VII. qui accorda à sa Famille la dignité de Comte, l'autre en France.

Le Roy dont les Armes avoient été si constamment victorieuses, eut à peine fini la guerre, qu'il tourna ses soins vers tous les autres genres de gloire. Faire fleurir dans sa Capitale les Arts & les Sciences qui y languissoient depuis longtems, lui parut digne de son attention: mais il ne suffisoit pas d'exciter les talens, il falloit déraciner un ancien préjugé qui les avoit presque avilis. L'homme le plus propre à remplir l'un & l'autre de ces objets étoit M. le Maréchal de *Schmettau;* ainsi ce fut lui que S. M. choisit pour cela.

Personne n'ignore aujourd'huy combien les diverses Compagnies sçavantes, établies dans la plûpart des grandes Villes de l'Europe, ont été utiles pour les progrès des Sciences. Et la Société Royale de Berlin n'avoit point cédé aux autres, avant qu'elle fut tombée dans cet état de langueur où le Régne précedent uniquement militaire l'avoit mis.

M. le Maréchal de *Schmettau* crut que l'établiſſement d'une nouvelle Académie auroit quelque choſe de plus glorieux que le rétabliſſement de l'ancienne Société. Il commença par former une Société nouvelle qui, quoique preſque toute compoſée des Membres de la première, devoit en quelque ſorte repréſenter la Société principale, dans laquelle l'ancienne devoit être fonduë pour former l'Académie.

Il eût peut-être été plus naturel de conſerver à cette Compagnie ſon ancienne origine; & qu'elle ne ſe fut trouvée qu'une ſuite perfectionnée de cette Société, brillante d'abord, qui s'étoit ſoutenuë par elle-même pendant longtems, & dont le luſtre n'avoit été terni que par des cauſes qu'on ne pouvoit lui imputer. Mais M. le Maréchal de *Schmettau* crut, & avec raiſon, qu'une Compagnie formée pendant le Régne & ſous les yeux d'un Roy, qui à des titres plus glorieux ne dédaigne pas de joindre celui de Savant, ſeroit plus illuſtrée par cette Epoque; & qu'avec le nom de FREDERIC ſon Fondateur, elle iroit plus ſurement juſqu'aux ſiécles les plus reculés.

La Nouvelle Société fut donc formée: Elle eut un Réglement particulier; elle tint ſes premières Aſſemblées chez M. le Maréchal de *Schmettau*, & chez M. de Borck; & enfin le Roy lui donna une Sale dans le Château. Le jour de ſon inauguration fut célebré par une Aſſemblée publique, où M. le Marquis d'Argens lut un diſcours ſur l'utilité des Académies, & M. de Francheville une Ode ſur le bonheur dont alloient jouïr les Sciences.

Cette nouvelle Compagnie étoit à peine établie qu'il fut queſtion d'y faire entrer l'ancienne Société: Et la choſe ſe fit par un Réglement nouveau, qui ne conſidéroit plus les deux Compagnies que comme un ſeul Corps dont l'adminiſtration fut remiſe à quatre Curateurs, Mrs. de *Schmettau*, de Viereck, de Borck, & de Gotter, qui préſidoient tour à tour par trimeſtre. Une des premières Délibérations régla que les Mémoires ne paroîtroient plus qu'en François.

Tel étoit l'état de l'Académie, lorſque le Roy me fit l'honneur de m'en confier l'Adminiſtration. S. M. ayant remarqué pluſieurs choſes défectueuſes dans ſa forme, m'ordonna de lui préſenter ſur cela mes réfléxions & mes vuës. Je portai au Roy le Plan d'un Réglement plus ſimple: Dans lequel le département de chaque Claſſe étoit

étoit marqué d'une manière moins vague; le nombre des Académiciens fixé; quelques Officiers superflus étoient supprimés; & le nombre des Penfionaires étoit tellement proportionné aux Revenus de l'Académie, qu'au lieu de plufieurs petites penfions qu'on avoit répanduës fur un trop grand nombre, chaque penfion à l'avenir plus confidérable, fût un objet fuffifant aux befoins & au genre de vie d'un Philofophe.

Le Roy non feulement approuva le projet que j'avois l'honneur de lui préfenter: Mais S. M. le fimplifia encor; & je dirois qu'Elle le perfectionna, fi elle n'avoit inféré elle-même dans le nouveau Réglement des Articles trop honorables pour moi.

M. le Maréchal de *Schmettau* avoit donné la première forme à l'Académie, & jufques-là en avoit eu prefque toute l'adminiftration. En reconnoiffant l'étenduë de fes lumieres, fon Ardeur pour le progrès des Sciences, & toutes les obligations que l'Académie lui a, je ne diffimulerai point que la diverfité de nos vuës n'ait caufé quelquefois entre nous des Contrarietés.

Son Efprit toûjours actif, quoique foulagé par les nouveaux Ordres du Roy, de l'Adminiftration de l'Académie, formoit fans ceffe pour elle de nouveaux projets, auxquels je ne pouvois pas toûjours me livrer. Celui qui caufa enfin une efpece de froideur entre nous fut fa *Méridienne*. Cette affaire a fait trop de bruit à Berlin & dans les Païs étrangers pour que je puiffe me difpenfer d'en parler, & de faire connoître les raifons qui me forçoient de m'oppofer à ce projet.

L'étenduë de l'Efprit, l'habitude d'exécuter des chofes difficiles, trompent quelquefois dans la comparaifon des objets avec les moyens pour les remplir. M. le Maréchal de *Schmettau*, frappé des grandes Opérations que la France avoit faites pour déterminer la *Figure de la Terre*, & faifant moins d'attention au nombre d'habiles Aftronomes que la France avoit, & aux fommes immenfes qu'elle y avoit employées, vouloit que nous entrepriffions un Ouvrage pareil, ou même plus confidérable: Que nous mefuraffions une Méridienne depuis la Mer Baltique jufqu'à la Méditerannée; & que nous reçuffions pour Aides dans ce travail tous les Mathematiciens des Païs voifins, qu'il invitoit par des Lettres circulaires à fe rendre avec leurs

Inftrumens aux lieux des opérations. Il avoit des Connoiffances peu communes dans la Géographie: mais j'ofe dire qu'il ne connoiffoit pas affez les difficultés d'un pareil Ouvrage fi on l'exécute avec précifion, ni le péril fi c'eft avec peu d'exactitude. Non feulement la Théorie de la Terre, & les Elémens de l'Aftronomie tiennent à ces Mefures, mais les Régles de la Navigation, & la vie des Navigateurs en dépendent.

Un tel Ouvrage eft plutôt le dernier chef-d'oeuvre d'une Académie formée depuis longtems que le coup d'effay d'une Académie naiffante: Et nous étions bien éloignés de pouvoir nous flatter de le bien exécuter. Ce n'eft pas cependant que nous manquaffions d'habiles Aftronomes; mais c'eft qu'un ou deux Aftronomes ne fuffifent pas pour de telles entreprifes: & qu'accepter le fecours de tous ces Mathematiciens Volontaires, quand même ils feroient venus, étoit une chofe trop hazardeufe.

Mon refpect pour M. le Maréchal de *Schmettau*, l'affurance où j'étois de fes bonnes intentions, ma reconnoiffance pour le bien qu'il avoit fait à nos Sciences, m'entrainoient à tout ce qu'il propofoit: mais le zéle pour la Gloire de l'Académie me foutint; & je m'oppofai à une entreprife qui l'expofoit trop.

M. le Maréchal de *Schmettau* ne cédoit pas à une première oppofition. Il revint fouvent à la charge, & renouvelloit tous les jours la peine que j'avois de ne pouvoir être de fon avis. Enfin il fembla qu'il eut abandonné fon premier deffein; & qu'il l'eut réduit à lever une Carte de l'Allemagne meilleure que celles qu'on a. Pour cet Ouvrage où la précifion fuffifante n'approchoit pas de celle qui doit être apportée aux Opérations de la grande Géographie, M. le Marchéal de *Schmettau* étoit pourvu d'Inftrumens affez exacts, & avoit fous fes ordres un affez grand nombre d'Ingénieurs; enfin la chofe n'intéreffoit plus l'honneur de l'Académie. Je me prêtai donc à ce qu'il voulut: Il commença l'Ouvrage en allant lui-même à Caffel faire faire fous fes yeux les premiers Triangles de fa Carte: un Ordre du Roy qui n'approuva pas cette Opération, en arrêta le cours.

Peu de tems après M. le Maréchal de *Schmettau* tomba malade; & les travaux encore plus que les années avoient tellement ruïné son tempérament qu'il ne put se rétablir. Ses forces diminuérent de jour en jour; & son Corps dépérissoit sans que son Esprit parût recevoir la moindre altération. Je le vis peu de jours avant sa mort; & malgré de très grandes douleurs, il parloit de toutes choses avec la même justesse & la même sagacité qu'il avoit toujours eües. Il les conserva jusqu'au dernier Moment; & après s'être acquitté de tous les devoirs de sa Religion, il mourut le 18. Août 1751., agé de 67. ans.

Ce n'est pas à nous à juger de ses Talens dans la Guerre: Nous nous sommes contentés de faire un recit abrégé de ses Campagnes: Toute l'Europe l'a regardé comme un de ses meilleurs Généraux.

Mais on peut dire que c'étoit un esprit très vaste, plein de courage pour entreprendre, & de moyens pour réüssir. Son Génie s'étendoit à tout: la langue Françoise ne lui étoit pas familiere: il la parloit peu correctement: cependant lorsqu'il racontoit, on eut cru qu'il la possedoit, & on l'eut pris pour un homme fort éloquent: c'est qu'il avoit la véritable éloquence, l'art de peindre vivement, & de mettre chaque chose à sa place. Il ne se bornoit pas aux récits de guerre dans lesquels ce qu'il avoit à raconter, le servoit si bien; sa conversation étoit égale dans tous les genres, & jusqu'à celui des reparties ne lui étoit pas échapé.

Sa taille étoit haute & bien proportionnée: les qualités de son Esprit se trouvoient peintes sur son Visage; & la sérénité & l'enjoüement y ajoutoient tout ce qui rend une Physionomie agréable.

Il avoit été marié deux fois. La première, avec Demoiselle *Françoise de Bayer* qui lui laissa trois enfans; un fils qui est Lieutenant d'Artillerie, & deux filles dont l'une est Madame la Baronne *le Fort*, & l'autre est Chanoinesse dans le Chapitre d'*Heilig-Grab* Il se remaria en 1740. avec Demoiselle *Marie Anne de Riffer* dont il a eu deux fils & deux filles. A la mort de son Mari, le Roy lui a accordé une Pension considérable: & quoique Madame la Maréchale *de Schmettau* ait bien tout ce qu'il faut pour exciter l'envie, la Cour & la Ville ont également applaudi au Bienfait du Roy.

Sa place de Curateur de l'Académie a été remplie par M. *de Redern*, Maréchal de la Cour de la Reine Mére; & celle de M. *de Redern* l'a été par M. *de Cagnoni*, Conseiller Privé du département des Affaires Etrangeres.

Ce seroit icy le lieu de marquer la reconnoissance que nous devons à M. le Général *de Schmettau*, qui nous a fourni le Journal des Campagnes de son Frère: Mais nous avons à nous en plaindre; il a eu la modestie de nous échaper dans une Histoire où il devoit naturellement se trouver, & où il a eu grande part lui-même.

RELATION D'UN VOYAGE
FAIT
DANS LA LAPPONIE
SEPTENTRIONALE,
POUR TROUVER UN ANCIEN MONUMENT.

RELATION D'UN VOYAGE
FAIT
DANS LA LAPPONIE
SEPTENTRIONALE,
POUR TROUVER UN ANCIEN MONUMENT.

A mon retour de Lapponie, je rendis compte au Public des Obfervations qui faifoient l'objet principal de notre Voyage, de celles par lefquelles nous avions déterminé la figure de la Terre. Voici une Obfervation d'un genre différent.

Pendant que nous étions à *Pello*, où fe termine l'Arc du Meridien que nous avons mefuré, les Finnois, & les Lappons, nous parlérent fouvent d'un Monument, qu'ils regardent comme la merveille de leur païs, & dans lequel ils croient qu'eft renfermée la Science de toutes les choses qu'ils ignorent. Ce Monument devoit être situé à 25. ou 30. Lieuës au Nord, au milieu de cette vaste forêt, qui sépare la Mer de Bottnie de l'Ocean.

Pour y arriver, il falloit se faire traîner sur la neige, par des Rennes, dans ces perilleuses voitures, qu'on appelle *Pulkas*, dont j'ai donnée la description dans la Rélation de nos Observations. Quoique nous fussions au Mois d'Avril, il falloit risquer de se voir geler dans des deserts, où il n'y avoit plus d'esperance de trouver d'azile. Tout cela devoit s'entreprendre sur la foi des Lappons.

J'ai presque honte de dire que je l'entrepris. L'inutilité d'un séjour, que nous étions forcés de prolonger dans ces Païs jusqu'au tems qui permettoit notre retour; la curiosité de pénétrer jusqu'au centre de la Lapponie; la plus legere esperance de voir le seul Monument de cette espece, qui soit peut-être au monde; enfin, l'habitude où nous étions de la peine & du péril, pourront m'excuser.

Je résolus donc de partir, & j'eus l'avantage d'être accompagné de M. *Celsius*, qui joignoit au plus grand savoir dans l'Astronomie, une érudition profonde des langues du Nord, & qui s'étoit fait une étude particuliere des inscriptions Runiques, & de toutes les Antiquités de son païs.

On sera peut-être bien aise de savoir comment on voyage dans la Lapponie. Dès le commencement de l'hyver, on marque avec des branches de Sapin les chemins, qui doivent conduire aux lieux fréquentés. A peine les Traineaux, & les *Pulkas*, ont foulé la premiere neige qui couvre ces chemins, & ont commencé à les creuser, que de nouvelle neige que le vent répand de tous cotés, les releve, & les tient de niveau avec le reste de la Campagne, ou du Lac, ou du Fleuve. Les nouvelles Voitures qui passent, refoulent de nouveau cette neige, que d'autre neige vient bientôt recouvrir; & ces chemins, alternativement creusés par les Voitures, & recouverts par le vent, qui met par tout la neige de niveau, quoiqu'ils ne paroissent pas plus élevés que le reste du terrein, sont cependant des especes de Chaussées, ou de Ponts formés de neige foulée, desquels si l'on s'egare à droite, ou à gauche, on tombe dans des abîmes de neige.

On

On est donc fort attentif à ne pas sortir de ces chemins, & d'ordinaire ils sont creusés vers le milieu, d'une espece de sillon, formé par tous les *Pulkas* qui y passent.

Mais dans le fond de la forest, dans les lieux qui ne sont pas fréquentés, il n'y a point de tel chemin. Les Finnois, & les Lappons, ne se trouvent que par quelques marques faites aux arbres. Les Rennes enfoncent quelquefois jusqu'aux cornes dans la neige: & si dans ces lieux on étoit pris par quelqu'un de ces orages, pendant lesquels la neige tombe dans une si grande abondance, & est jettée de tous cotés par le vent avec tant de fureur, qu'on ne peut voir à deux pas de soi, il seroit impossible de reconnoitre le chemin qu'on a tenu, ni celui qu'on cherche; & l'on périroit infailliblement, sur tout si, comme nous, on ne s'étoit pas muni de Tentes, pour parer une partie de l'orage. Lorsque nous fumes en chemin, nos Lappons, fort fertiles en contes merveilleux, nous firent sur cela plusieurs histoires, de gens qui avoient été enlevés en l'air par ces ouragans, avec leurs *Pulkas* & leurs Rennes, & jettés, tantot contre des Rochers, tantot au milieu des Lacs.

Je partis de *Pello* le 11. Avril, & arrivai le soir à *Kengis*, qui en est éloigné de 12. ou 15. lieuës de France; je ne m'y arrêtai point, parce que je voulois approcher le plus qu'il étoit possible du lieu, où je devois trouver des Rennes qu'on devoit tenir prêtes. Je fis donc encore cinq lieuës, & vins coucher à *Pellika*; c'est une des maisons qui forment le Village de *Payala*. Dans ces Contrées, les Villages ne sont plus composés que de deux ou trois maisons, éloignées l'une de l'autre de quelques lieuës. Je trouvai là six Rennes avec leurs *Pulkas*; mais, comme nous pouvions faire encore trois lieuës en traineaux, je gardai nos Chevaux jusqu'au lendemain, pour nous mener à *Erckiheicki*, où j'envoyai les Rennes m'attendre.

Dans ces malheureux Climats, brulés sans cesse pendant l'Eté par les rayons du Soleil, qui ne se couche point; plongés ensuite pendant l'hyver dans une nuit profonde & continuelle, on ne croiroit point trouver un azile aussi agréable que celui que nous trouvâmes.

La maison de *Pelika*, malgré la distance où elle est du monde habité, étoit une des meilleures que j'aie rencontré dans ce païs.

Nous y'étendimes des peaux d'Ours & de Rennes, sur lesquelles nous nous préparâmes par un peu de repos à un voyage très rude pour le lendemain.

Longtems avant le lever du Soleil, je partis de *Pelika* le 12. Avril 1737. & arrivai bientôt à *Erckiheicki*, où je n'arrêtai que le tems nécessaire pour quiter nos traineaux, & nous faire lier dans nos *Pulkas*; précaution sans laquelle, lorsque le Renne court, on ne resteroit pas longtems dans la voiture. Mais dans le tems où nous étions, cette précaution contre la rapidité des Rennes étoit bien inutile. Ce n'étoient plus ces Cerfs indomptables, qui m'avoient, l'Eté passé, traîné si vite sur le fleuve, & qui m'avoient précipité du haut d'*Avasaxa*. * Leurs cornes veluës alors n'étoient plus que des os blancs & secs, qu'on auroit pris pour des costes d'animaux, morts depuis longtems. Les os leur perçoient la peau, & elles ne paroissoient pas capables de nous traîner à cent pas.

La cause de ce changement étoit la différence des Saisons. Quand elles me menérent sur *Avasaxa*, elles revenoient de *Norvege*, où pendant l'Eté elles n'ont rien à faire que paître & s'engraisser; c'est alors que je ne conseillerai à personne de voyager en *Pulka*. Mais dans le tems où nous étions, après tous les travaux de l'hyver, & le retour des foires de Lapponie, nous n'avions à craindre des Rennes que d'être laissés en chemin: s'il est difficile d'arrêter cet animal, quand il est dans sa force, il n'est pas plus facile de le faire marcher, dans le tems de son épuisement.

Nous allions ainsi traînés à travers une forêt, où nous avions 8. ou 9. lieuës à faire. Il n'y avoit aucun chemin qui conduisît où nous voulions aller, ce qui augmentoit beaucoup le travail des Rennes. Il falloit à tous moments les laisser reposer, & leur donner de la mousse, que nous avions portée avec nous. Cette mousse est toute leur nourriture. Les Lappons la mêlent avec de la neige & de la glace, & en forment des pains fort durs, qui servent en même tems de fourrage, & de boisson, à ces animaux, qui les rongent avec avidité. Malgré cela, il nous fallut laisser un Renne en chemin; on l'attache au pied d'un arbre, & on lui laisse quelqu'un de ces pains.

Nous

---

* *Montagne, où nous avons fait des observations.*

Nous étions nous-mêmes fort fatigués par l'incommodité de la posture où l'on est dans les *Pulkas;* le seul délassement que nous eumes pendant cet ennuieux voyage, étoit de voir sur la neige les traces des différentes sortes d'Animaux, dont la forest est remplie. On distingue aisément, & l'on connoit chacune; & l'on est surpris du nombre d'Animaux différents, qui se trouvent avoir passé, dans un fort petit espace, pendant quelques jours.

Nous trouvâmes sur notre route plusieurs piéges tendus aux Hermines, & dans quelques uns, des Hermines prises. Sur un petit arbre coupé à la hauteur de la neige, les Lappons attachent horizontalement une buche, recouverte d'une autre, qui laisse à l'Hermine un petit passage, mais qui est prête à tomber sur elle, & qui l'ecrase, lorsqu'elle va pour manger l'appast qu'on y a mis.

C'est de cette maniere qu'on prend les Hermines, dont la Chasse est très abondante en Lapponie. Ces animaux en Eté sont couleur de Canelle, & n'ont de blanc que le ventre, & le bord des oreilles: nous en avons plusieurs fois rencontré de telles sur le bord des lacs & des fleuves, où je crois qu'elles pêchent le poisson, dont elles sont fort avides: quelquefois même nous en avons trouvé, qui nageoient au milieu de l'au. En Hyver elles sont toutes blanches, & c'est ainsi qu'étoient celles que nous trouvâmes prises dans ces piéges. Cependant à mon depart de *Torneo,* une Hermine familiere que j'avois chés moi, avoit deja perdu dans quelques endroits sa blancheur: & à mon retour, quelques jours après, je la trouvai toute grise. Il est vrai, que si c'est le froid qui, par quelque cause que ce soit, les blanchit, celles qui étoient dans la Campagne pouvoient être plus longtems blanches, que celle qui étoit renfermée à la maison. Peut-être aussi celles que nous trouvâmes dans ces piéges, y étoient-elles prises depuis longtems; car, comme on peut croire, les animaux morts se conservent gelés tout l'hyver. Dans les paquets d'Hermines que les Lappons vendent la peau retournée, il s'en trouve toujours plusieurs de grises, ou de tachées de gris, qu'on n'employe point dans les fourrures.

Nous arrivâmes à une heure après midi, au Lac *Keyma,* situé au pied d'une petite Montagne, appellée *Windso.* Nous y montâmes;

c'étoit

c'étoit là que devoit être le Monument que nous cherchions; mais il étoit enséveli dans la neige. Nos Lappons le cherchérent long-tems, sans le pouvoir trouver, & je commençois à me repentir d'avoir entrepris un voyage si pénible, sur des indices si suspects, lorsqu'à force de fouïller, on découvrit ce que nous cherchions. Je fis ôter la neige, & allumer un grand feu pour fondre le reste, afin que nous puissions bien voir ce Monument.

C'est une pierre, dont une partie de forme irréguliere sort de terre de la hauteur d'un pied & demi, & a environ trois pieds de long. Une de ses faces étoit assés droite, & forme un plan qui n'est pas tout à fait vertical, mais qui fait un angle aigu avec le plan horizontal. Sur cette face on voit deux lignes fort droites, de traits dont la longueur est d'un peu plus d'un pouce, & qui sont taillés assés profondément dans la pierre, comme seroient des coches qu'on auroit faites dans du bois avec la hache, ou avec le ciseau, étant toutes beaucoup plus larges à la superficie, & se terminant au fond par des angles aigus.

Au bas, & hors de ces deux lignes, sont quelques caracteres plus grands. Malgré toutes les marques que ces traits semblent donner, d'avoir été gravés avec le fer, je n'oserois assurer, s'ils sont l'ouvrage des hommes, ou le jeu de la Nature.

Je laisse à ceux qui ont fait une plus grande étude des anciens Monumens, ou qui seront plus hardis que moi, à décider cette question. Si la ressemblance de plusieurs de ces traits entre eux, & même de plusieurs qui se trouvent écrits tout de suite, ne paroît pas convenir à des caracteres; je ne voudrois pas cependant en conclurre que de tels traits ne pussent signifier quelque chose. Si l'on veut écrire en chifres Arabes, un, onze, cent onze &c. on verra combien on peut former de sens différens avec un seul caractere.

Les plus anciennes Inscriptions de la Chine ne sont composées que de deux caracteres; & l'on ne peut douter que ces Inscriptions ne soient l'ouvrage des hommes, & ne contiennent un sens: quand elles ne feroient, comme on le pense avec beaucoup de vraisemblance, qu'une Arithmetique. Si l'on consulte la tradition du Païs, tous les Lappons assurent que ces caracteres sont une Inscription fort ancienne,

cienne, qui contient de grands secrets: mais quelle attention peut-on faire à ce que debitent sur des Antiquités, des gens qui ne savent pas leur âge, & qui le plus souvent ne connoissent pas leur Mére?

M. *Brunnius*, leur Curé, parle de ce Monument dans une Dissertation qu'il a fait imprimer, sur la Ville de *Torneo*, & les Païs voisins: il le regarde comme une Inscription Runique, & dit qu'on y voyoit autrefois trois Couronnes, que le tems a effacées. Mais M. *Celsius*, fort savant dans la langue Runique, ne put lire ces caracteres, & les trouva différens de ceux de toutes les Inscriptions, qui subsistent en Suéde: & quant aux Couronnes, s'il y en a eu, le tems les a tellement effacées, qu'il n'en reste aucun vestige.

La pierre, sur laquelle ces lignes sont gravées, est composée de différentes couches; les caracteres sont écrits sur une espece de caillou, pendant que le reste, & surtout entre les deux lignes, paroit être d'une pierre plus molle, & feuilletée.

Quoi qu'il en soit, nous copiâmes, M. *Celsius* & moi, séparément, & avec grand soin, tout ce que nous pumes discerner, tel qu'on le voit ici.

Quand ce ne seroit qu'un jeu de la Nature, la réputation qu'a cette pierre dans ce Païs, méritoit que nous en donnassions la description.

Cette

Cette pierre n'a affurément la beauté des Monumens de la Grece, & de Rome: mais, fi ce qu'elle contient eft une Infcription, cette Infcription a vraifemblablement l'avantage d'être la plus ancienne de l'Univers. Le Païs où elle fe trouve, n'eft habité que par une efpece d'hommes, qui vivent en bêtes dans les forêts. On ne croira guères, qu'ils aient jamais eu aucun évenement mémorable à tranfmettre à la pofterité; ni, quand ils l'auroient eu, qu'ils en euffent connu les moyens. On ne fauroit non plus fuppofer que ce Païs, dans la pofition où il eft, ait eu autrefois d'autres habitans plus civilifés. L'horreur du Climat, & la fterilité de la Terre, l'ont deftiné à ne pouvoir être la retraite que de quelques miferables, qui n'en connoiffoient aucun autre.

Il femble donc, que notre Infcription auroit du être gravée dans des tems, où ce païs fe trouvoit fitué fous un autre Climat; & avant quelqu'une de ces grandes Révolutions, qu'on ne fauroit douter qui ne foient arrivées à la Terre. La pofition qu'a aujourd'hui fon Axe par rapport au plan de l'Ecliptique, fait que la Lapponie ne reçoit que très obliquement les rayons du Soleil; elle eft condamnée par là à un hiver long, & funefte aux hommes, & à toutes les productions de la Nature; fa terre eft fterile & deferte.

Mais il n'a pas fallu peut-être un grand mouvement dans les Cieux, pour lui caufer tous ces malheurs. Ces Régions ont été peut-être autrefois celles que le Soleil regardoit le plus favorablement; les Cercles Polaires ont pu être ce que font aujourd'hui les Tropiques; & la Zone Torride a peut-être rempli la place, occupée aujourdhui par les Zones tempérées. Mais comment la fituation de l'axe de la Terre auroit-elle été changée? Si l'on confidére les mouvemens des corps Celeftes, on ne voit que trop de caufes, capables de produire de tels changemens, & de bien plus grands encore.

Si la connoiffance de l'Anatomie, de toutes les parties, & de tous les refforts, qui font mouvoir nos Corps, fait que ceux qui la poffedent, s'etonnent que la machine puiffe fubfifter fi longtems; on peut dire la même chofe de l'étude de l'Aftronomie. La connoiffance des mouvemens celeftes nous découvre bien des caufes, qui appor-

apporteroient, non feulement à notre Terre, mais au fyfteme général du Monde, des changemens confidérables.

La variation dans l'obliquité de l'Ecliptique, que plufieurs Aftronomes croyent démontrée par les Obfervations des Anciens, comparées aux nôtres, pourroit feule, après de longues fuites de fiecles, avoir produit des changemens, tels que ceux dont nous parlons. L'obliquité, fous laquelle le plan de l'Equateur de la Terre coupe aujourdhui le plan de l'Ecliptique, qui n'eft que de $23°\frac{1}{2}$ pourroit n'être que le refte d'une obliquité plus grande, pendant laquelle les Poles fe feroient trouvés dans les Zones temperées, ou dans la Zone Torride, & auroient vu le Soleil à leur Zenith.

Que ce foit de tels changemens, ou des changemens plus fubits qu'on fuppofe; il eft certain qu'il y en a eu. Les empreintes de poiffons, les poiffons mêmes pétrifiés, qu'on trouve dans les Terres les plus éloignées de la Mer, & jufques fur les fommets des Montagnes, font des preuves inconteftables que ces lieux ont été autrefois fubmergés.

L'Hiftoire Sacrée nous apprend, que les Eaux ont autrefois couvert les plus hautes Montagnes. Il feroit bien difficile de concevoir une telle inondation, fans le déplacement du Centre de gravité de la Terre, & de fes Climats.

Si l'on ne veut point avoir recours à ces changemens, on pourroit trouver l'origine de l'Infcription de *Windfo*, dans quelque evenement auffi fingulier que notre Voyage. Une Infcription qui contiendra l'hiftoire de l'Opération, que nous étions allés faire dans ces païs, fera peut-être un jour quelque chofe d'auffi obfcur, que l'eft celle-ci: & fi toutes les Sciences étoient perduës, qui pourroit alors découvrir, qui pourroit imaginer, qu'un tel Monument fut l'ouvrage des François; & que ce qu'on y verroit gravé, fut la mefure des degrés de la Terre, & la détermination de fa figure?

J'abandonne mes réfléxions, & le Monument, aux conjectures qu'on voudra faire, & je reprens le fil de mon voyage. Après que nous eumes copié ce que nous trouvâmes fur la Pierre, nous nous embarquâmes dans nos *Pulkas*, pour retourner à *Erckibeicki*. Cette marche fut encore plus ennuyeufe qu'elle n'avoit été le matin ; la pofture dans les *Pulkas* eft fi incommode, qu'au bout de quelques heures on croit avoir le corps brifé ; cependant nous y avions été continuellement, depuis quatre heures du matin jufqu'à une heure après midi. Le retour fut encore plus long ; nos Rennes s'arrêtoient à tous momens ; la moufle que nous avions portée avoit été toute mangée, & il falloit leur en chercher. Lorfque la neige eft en pouffiere, comme elle eft jufqu'au Printems, quoiqu'elle couvre partout la terre jufqu'à de bien plus grandes profondeurs, un Renne dans un moment avec fes pieds s'y creufe une écurie ; & balayant la neige de tous cotés, découvre la moufle qui eft cachée au fond. On prétend que cet animal a un inftinct particulier, pour trouver cette moufle couverte de tant de neige, & qu'il ne fe trompe jamais, lorfqu'il fait fon trou : mais l'état où étoit alors la fuperficie de la neige, m'empêcha d'eprouver fi ce qu'on dit fur cela eft faux. Dès que cette fuperficie a été frappée des rayons d'un Soleil, affés chaud pour en fondre & unir les parties, la gelée qui reprend auffitôt, la durcit & en forme une croute qui porte les hommes, les Rennes, & même les Chevaux. Quand une fois cette croute couvre la neige, les Rennes ne peuvent plus la creufer pour aller chercher deffous leur nourriture ; il faut que les Lappons la leur brifent, & c'eft là toute la récompenfe des fervices que ces Animaux leur rendent.

Les Rennes méritent que nous en difions ici quelque chofe. Ce font des efpeces de Cerfs, dont les cornes fort rameufes jettent leurs branches fur le front. Ces animaux femblent deftinés par la Nature, à remplir tous les befoins des Lappons. Ils leur fervent de Chevaux, de Vaches, & de Brebis.

On attache le Renne à un petit Bateau, appellé *Pulka*, pointu par devant pour fendre la neige ; & un homme, moitié affis, moitié couché dans cette voiture, peut faire la plus grande diligence, pourvu qu'il ne craigne, ni de verfer, ni d'être à tous momens fubmergé dans la neige.

La Chair des Rennes est excellente à manger, fraiche, ou séchée. Le lait des femelles est un peu acre, mais aussi gras que la crême du lait des Vaches; il se conserve longtems gelé, & les Lappons en font des fromages, qui seroient meilleurs, s'ils étoient faits avec un peu plus d'art & de propreté.

La peau des Rennes fait des vêtements de toute espece. Celle des plus jeunes, couverte d'un poil jaunâtre, un peu frisé, est une pelisse extrémement douce, dont les Finnoises doublent leurs habits. Aux Rennes d'un âge un peu plus avancé, le poil brunit, & l'on fait alors de leurs peaux ces Robes, connuës par toute l'Europe sous le nom de *Lappmudes*; on les porte le poil en dehors, & elles sont un vêtement fort leger & fort chaud. La peau du vieux Renne s'apprête comme celle du Cerf & du Daim, & fait les plus beaux gands, les plus belles Vestes, & les plus beaux Ceinturons. Les Lappons filent en quelque façon les nerfs, & les boyaux des Rennes, en les roulant, & ne se servent guéres d'autre fil. Enfin, pour que tout en soit utile, les Lappons sacrifient les Cornes des Rennes à leurs Dieux.

Etant revenus à *Pellika*, après beaucoup de fatigue, de froid, & d'ennui; nous en repartîmes le 13. de grand matin & arrivâmes vers les 9. heures à *Kengis*.

Cet endroit, quoiqu'assés miserable, est un peu plus connu que les autres, par des forges de Fer qui y sont. La matiere y est portée, ou plutôt traînée, pendant l'hyver par des Rennes, des mines de *Junesvando*, & de *Swappawara*. Ces forges ne travaillent qu'une petite partie de l'année, la glace ne permettant pas l'hyver aux roües, de faire mouvoir les soufflets & les marteaux. *Kengis* est situé sur les bords d'un bras du fleuve de *Torneo*, qui a devant *Kengis* une Cataracte epouventable, qu'aucun bateau ne peut passer. C'étoit le plus beau spectacle que de voir les glaçons & l'écume se précipiter avec violence, & former une Cascade, dont les bords sembloient de cristal. Après avoir diné chés le Prêtre de *Kengis*, M. *Antilius*, nous en partîmes, & vinmes le même soir coucher à *Pello*, dans la maison que nous avions tant habitée, & que vraisemblablement nous revoyons pour la derniere fois.

En revenant de *Kengis*, nous rencontrâmes sur le fleuve plusieurs Caravannes de Lappons, qui apportoient jusqu'à *Pello*, les peaux & les poissons qu'ils avoient troqués aux foires de la haute Lapponie, avec les Marchands de *Torneo*. Ces Caravannes forment de longues files de *Pulkas*: le premier Renne est conduit par un Lappon à pied, qui traîne le premier *Pulka*, auquel est attaché le second Renne, & ainsi de suite, jusqu'à 30. & 40. qui passent tous précisément par ce petit sillon, tracé dans la neige par le premier, & creusé par tous les autres.

Lorsque les Rennes sont las, & que les Lappons ont choisi le lieu où ils veulent camper; ils forment un grand cercle de tous les Rennes attachés à leurs *Pulkas*. Chacun se couche dans la neige au milieu du fleuve, & leurs Lappons leur distribuent la mousse. Ceux-ci ne sont pas plus difficiles à accommoder; plusieurs se contentoient d'allumer du feu, & de se coucher sur le fleuve, pendant que leurs femmes, & leurs petits enfans, tiroient des *Pulkas* quelques poissons qui devoient faire leur soupé; quelques autres dressoient des especes de Tentes, qui sont bien des logemens dignes des Lappons: ce ne sont que de misérables haillons, d'une grosse Etoffe de laine, que la fumée a rendu aussi noire que si elle étoit teinte. Elle entoure quelques piquets, qui forment un cône, dont la pointe reste découverte, & sert de cheminée. Là les plus voluptueux, étendus sur quelques peaux de Rennes & d'Ours, passent leur tems à fumer du Tabac, & à mépriser les occupations des autres hommes.

Ces peuples n'ont point d'autres demeures que des Tentes; tous leurs biens consistent dans leurs Rennes, qui ne vivent que d'une mousse, qui ne se trouve pas partout. Lorsque leur troupeau en a dépouillé le sommet d'une Montagne, ils sont obligés de le conduire sur quelqu'autre, & de vivre ainsi toujours errans les déserts.

Leur forest, affreuse en Hyver, est encore moins habitable en Eté : une multitude innombrable de Mouches de toute espece, infecte l'air; elles poursuivent les hommes, & les sentant de très loin, forment bientôt autour de chacun qui s'arrête, une Atmosphere si noire qu'on ne s'y voit pas : il faut pour l'eviter, changer

conti-

continuellement de place, & n'avoir aucun repos; ou brulant des arbres verts, exciter une fumée épaisse, qui n'écarte les mouches qu'en devenant aussi insupportable aux hommes qu'à elles: enfin, on est quelquefois obligé de se couvrir la peau de la Résine qui coule des Sapins. Ces Mouches font des piquûres cruelles, & plusieurs font plutôt de véritables playes, dont le sang coule par grosses goutes.

Pendant le tems de la plus grande fureur de ces Insectes, qui est celui des deux mois que nous avons passés à faire nos triangles dans la forest, les Lappons fuyent avec leurs Rennes vers les côtes de l'Ocean, où ils en sont delivrés.

Je n'ai point encore parlé de la figure, ni de la taille, des Lappons; sur lesquels on a debité tant de fables. On a exagéré leur petitesse, mais on ne sauroit avoir exagéré leur laideur. La rigueur, & la longueur d'un Hyver, contre lequel ils n'ont aucune autre précaution, que ces misérables Tentes, dont je viens de parler, sous lesquelles ils font un feu terrible, qui les brule d'un coté pendant que l'autre coté gele; un court Eté, mais pendant lequel ils sont sans relâche brulés des rayons du Soleil; la sterilité de la terre, qui ne produit, ni bled, ni fruit, ni légumes, paroissent avoir fait dégénérer la Race humaine dans ces Climats.

Quant à leur taille, ils sont plus petits que les autres hommes, quoique leur petitesse n'aille pas au point, où l'ont fait aller quelques Voyageurs, qui en font des Pigmées. Parmi le grand nombre de Lappones, & de Lappons, que j'ai vus, je mesurai une femme qui me paroissoit agée de 25. à 30. ans, & qui allaitoit un enfant qu'elle portoit dans une ecorce de Bouleau. Elle paroissoit de bonne santé, & d'une taille bien proportionnée, selon l'idée que je m'étois faite des proportions de leur taille; elle avoit 4. pieds, 2. pouces, 5. lignes de hauteur, & c'étoit certainement une des plus petites que j'aye vu, sans que cependant sa petitesse parût difforme, ni extraordinaire, dans le païs. On peut s'être trompé sur la petitesse des Lappons, & sur la grosseur de leur tête, si l'on n'a pas fait une observation, que j'ai faite, malgré l'ignorance où ils sont presque tous eux-mêmes sur leur âge. Les Enfans qui, dès la grande jeunesse, ont déjà les traits

traits défigurés, & quelquefois l'air de petits vieillards, commencent de très bonne heure à conduire les *Pulkas*, & à s'occuper des mêmes travaux que leurs péres. Je crois que la plûpart des Voyageurs ont jugé de la taille des Lappons, & de la grosseur de leur tête, par celle des Enfans; & c'est sur quoi j'ai souvent pensé moi-même me tromper. Ce n'est pas que je veüille nier que les Lappons adultes ne soient en général plus petits que les autres hommes; mais je crois qu'on a diminué leur taille, dans les rélations qu'on en a faites, par l'erreur dont je viens de parler, ou peut-être seulement, par le penchant qu'on a pour le merveilleux. Il m'a paru, qu'en général il y avoit la tête entre eux & nous; & c'est une grande différence.

Un Païs tout voisin de la Lapponie, avoit produit dans le genre opposé une veritable merveille. Le Géant que nous avons vu à Paris en 1735. étoit né dans un Village peu éloigné de *Torneo*. L'Academie des Sciences l'ayant fait mesurer, on trouva sa hauteur de 6. pieds, 8. pouces, 8. lignes. Ce Colosse étoit formé d'autant de matiere, qu'il en faudroit pour quatre ou cinq Lappons.

LETTRE
SUR LE PROGRES
DES SCIENCES.

LETTRE
SUR LE PROGRES
DES SCIENCES.

L'Ouvrage le plus confiderable du Chancellier Bacon, eft le traité *de augmentis Scientiarum* qu'il dedia à fon Roy, comme au Prince de ce tems là le plus capable d'en faire ufage. Je n'ai garde de vouloir comparer ce petit nombre de pages à ce qu'a fait ce grand homme, auquel dans les ouvrages les plus longs on ne peut pas reprocher la prolixité: Ce que je me propofe eft bien différent de ce qu'il s'étoit propofé. Il confidera toute la connoiffance humaine comme un Edifice dont les fciences devoient former les différentes parties; il rangea chaque partie dans fon ordre, & fit voir fa dependance avec les autres & avec le tout. Examinant enfuite ce qui pouvoit manquer à chacune, il le fit avec toute la profondeur de fon Efprit, mais dans toute la généralité qui convenoit à la grandeur de fon plan. Je ne veux icy que fixer vos regards fur quelques recherches utiles pour le genre humain, curieufes pour les favans, & dans lefquelles l'état où font actuellement les fciences, femble nous mettre à portée de rëuffir.

Comme personne ne sçait mieux que vous jusqu'où s'étendent nos connoissances, personne aussi ne jugeroit mieux de ce qui y reste à désirer, ni des moyens pour le remplir, si des soins encor plus importans permettoient à vôtre vuë de se tourner toute de ce côté là: mais puisque un Esprit tel que le vôtre se doit à tout, & ne se doit à chaque chose qu'à proportion du degré d'utilité dont elle est, permettez moi de vous envoyer ces reflexions sur les progrès dont il me semble qu'actuellement les sciences auroient le plus de besoin: afinque si vous portez sur les choses que je propose, le même jugement que moi, vous puissiez en mettre quelques unes en exécution. Quel tems pour cela seroit plus propre que celui où le plus grand Monarque, après tant de Victoires remportées sur ses Ennemis, fait jouir ses Peuples du repos & de l'abondance de la paix; & les a comblés de tant de sortes de bonheur, que rien ne peut plus être ajouté à sa gloire, que par des moyens dont la nature est d'être inépuisables.

Il y a des sciences, sur lesquelles la volonté des Rois n'a point d'influence immédiate: elle n'y peut procurer d'avancement qu'autant que par les avantages qu'elle attache à leur étude, elle multiplie le nombre & les efforts de ceux qui s'y appliquent. Mais il en est d'autres qui pour leur progrès ont un besoin nécessaire du pouvoir des Souverains; ce sont toutes celles qui exigent de plus grandes depenses que ne peuvent faire les particuliers, où des expériences qui dans l'ordre ordinaire ne seroient pas pratiquables. C'est ce que je crois qu'on pourroit faire pour le progrès de ces sciences, que je prends la liberté de vous proposer.

Terres Australes. Tout le monde sçait que dans l'hemisphere meridional il y a un espace inconnu, où placer une nouvelle partie du monde plus grande qu'aucune des quatre autres: & aucun Prince n'a la curiosité de faire decouvrir si ce sont des Terres où des mers qui remplissent cet espace, dans un Siécle, où la navigation est portée à un si haut point de perfection! Voici quelques reflexions à faire sur cette matiére.

Comme dans tous ce qui est connu du Globe, il n'y a aucun espace d'une aussi vaste étendue que cette plage inconnue, qui soit tout occupé par la Mer, il y a beaucoup plus de probabilité qu'on y trouy trouvera des Terres, qu'une Mer continue. A cette reflexion générale on pourroit ajouter les relations de tous ceux qui naviguant dans l'hemisphere meridional, ont apperceu des pointes, des Caps, & des Signes certains d'un continent dont ils n'étoient pas éloignés. Le nombre des Journaux qui en font mention est trop grand, pour les citer icy; quelques uns de ces Caps les plus avancés font déja marqués sur les Cartes.

La Compagnie des Indes de France envoya il y a quelques années, chercher des Terres Auſtrales entre l'Amerique & l'Afrique; Le Capitaine Lozier qui étoit chargé de cette expédition naviguant vers l'Eſt entre ces deux parties du monde, trouva pendant une route de 48. degrés des Signes continuels de terres voiſines & apperçut enfin vers le 52. degré de Latitude un Cap où les glaces l'empécherent de debarquer.

Si l'on ne cherchoit des Terres Auſtrales que dans la vuë d'y trouver un port pour la navigation des Indes Orientales, comme c'étoit l'objet de la Compagnie, on pourroit faire voir qu'on n'avoit pas pris les meſures les plus juſtes pour cette entrepriſe, qu'on l'a trop tôt abandonnée, & l'on pourroit auſſi donner quelques conſeils pour mieux reüſſir: mais comme on ne doit pas borner la découverte des Terres Auſtrales à l'utilité d'un tel port; & qu'au contraire je crois que ce ſeroit un des moindres objets qui devroit la faire entreprendre; Les Terres ſituées à l'Eſt du Cap de Bonne Eſpérance mériteroient beaucoup plus d'être cherchées que celles qui ſont entre l'Amerique & l'Afrique.

En effet on voit par les Caps qui ont été apperçus, que les Terres Auſtrales au delà de l'Afrique s'approchent beaucoup plus de l'Equateur, & qu'elles s'étendent juſqu'à ces Climats où l'on trouve les productions les plus prétieuſes de la nature.

Il ſeroit difficile de faire des conjectures un peu fondées ſur les productions & ſur les habitans de ces Terres; mais il y a une remarque bien capable de picquer la curioſité, qui pourroit faire ſoupçonner qu'on y trouveroit des choſes fort différentes de celles qu'on trouve dans les quatre autres parties du monde. On eſt aſſuré que trois de ces parties, l'Europe, l'Afrique & l'Aſie, ne forment qu'un
seul

feul Continent; l'Amérique y eſt peut-être jointe: Mais ſi elle en eſt ſeparée, & que ce ne ſoit que par quelque detroit il aura toujours pû y avoir une communication entre ces quatre parties du Monde; les mêmes plantes, les mêmes Animaux, les mêmes hommes auront du s'y étendre de proche en proche autant que la différence des Climats leur aura permis de vivre, & de ſe multiplier, & n'auront reçu d'alterations que celles que cette différence aura pû leur cauſer. Mais il n'en eſt pas de même des eſpeces qui peuvent s'être trouvées dans les terres Auſtrales; elles n'ont pû ſortir de leur Continent. On a fait pluſieurs fois le tour du Globe, & l'on a toujours laiſſé ces Terres du même coté; il eſt certain qu'elles ſont abſolument iſolées, & qu'elles forment pour ainſi dire un nouveau monde à part, dans lequel on ne peut prévoir ce qui ſe trouveroit. La découverte de ces Terres pourroit donc offrir de grandes utilités pour le commerce, & de merveilleux ſpectacles pour la Phyſique.

Au reſte les Terres Auſtrales ne ſe bornent pas à ce grand Continent ſitué dans l'hemiſphere meridional. Il y a vraiſemblablement entre le Japon & l'Amerique un grand nombre d'Isles dont la découverte pourroit être bien importante. Croira-t-on que ces prétieuſes Epices devenues néceſſaires à toute l'Europe, ne croiſſent que dans quelques unes de ces Isles dont une ſeule nation s'eſt emparée? Elle même peut-être en connoit bien d'autres qui les produiſent également, mais qu'elle a grand interêt de ne pas faire connoître.

C'eſt dans les Isles de cette Mer que les Voyageurs nous aſſurent qu'ils ont vû des hommes ſauvages, des hommes velus, portant des queues, une eſpece mitoyenne entre les ſinges & nous. J'aimerois mieux une heure de converſation avec eux qu'avec le plus bel Eſprit de l'Europe.

Mais ſi la Compagnie des Indes s'attachoit a chercher pour ſa navigation quelque port dans les Terres Auſtrales entre l'Amerique & l'Afrique, je ne crois pas qu'elle dût être rebutée par le peu de ſuccès de ſa prémiere entrepriſe: il me ſemble au contraire que la Relation du voyage du Capitaine Lozier, pourroit engager la Compagnie à la pourſuivre. Car il s'eſt aſſuré de l'exiſtence de ces

Terres

Terres, il les a vuës, s'il n'en a pû approcher de plus près; ç'a été par des obstacles qui pouvoient être evités ou vaincus.

Ce furent les Glaces qui l'empechérent d'atterrir. Il fut surpris d'en trouver au 50. degré de Latitude pendant le Solstice d'Eté. Il devoit savoir que toutes choses d'ailleurs égales, dans l'hemisphere meridional le froid est plus grand en hiver, & le chaud plus grand en Eté, que dans l'hemisphere septentrional: parce que quoique sous une même latitude pour l'un & l'autre hemisphere la position de la sphere soit la même, les distances de la Terre au Soleil ne sont pas les mêmes dans les saisons correspondantes. Dans notre hemisphere, l'hiver arrive lorsque la Terre est à sa plus petite distance du Soleil, & cette circonstance diminue la force du froid: Dans l'hemisphere Austral au contraire l'hiver arrive lorsque la Terre est à son plus grand éloignement du Soleil, & cette circonstance augmente la force du froid. Mais il eut été encor plus nécessaire de penser, que dans tous les lieux où la sphere est oblique, les tems les plus chauds n'arrivent qu'après le solstice d'Eté, & qu'ils arrivent d'autant plus tard que les Climats sont plus froids. Cela est connu de tous les Physiciens est de tous ceux qui ont voyagé vers les Poles. Dans l'hemisphere septentrional, on voit souvent couvertes encor de glaces au solstice des mers où un mois après on n'en trouveroit pas un Atome; on y ressent de grandes chaleurs, & c'est dans ce tems là ou dans celui qui lui répond dans l'hemisphere opposé, qu'il faut entreprendre d'approcher des Terres voisines des Poles. Dans ces Climats, dès que les glaces commencent une fois à fondre, elle fondent très vite & en peu de jours la mer en est delivrée. Si donc au-lieu d'arriver au tems du solstice aux Latitudes où M. Lozier cherchoit ses Terres, il fut arrivé un mois plus tard, j'ai peine à croire qu'il eut trouvé aucune glace.

Au reste les glaces ne sont point pour aborder des Terres, des obstacles invincibles. Si elles sont flotantes, les pecheurs de Baleines & tous ceux qui ont fait des navigations dans le Nord, sçavent qu'elles n'empechent pas de naviguer: & quand aux glaces qui tiennent aux terres, les habitans des bords des Golfes de Finlande & de Bottnie ont tout l'hiver des routes sur ces glaces, & s'y font souvent des chemins par preférence à ceux qu'ils pourroient fe faire fur la Terre. Les Peuples du Nord ont encore une pratique affés fimple & affés feure lorfqu'ils font obligés de fejourner fur des glaces qui commencent à fe brifer; c'eft d'y tranfporter des Bateaux legers, qu'ils trainent par tout où ils vont, & dans lefquels ils peuvent aller d'une glace à l'autre.

Toutes ces chofes font fort connues dans les Païs du Nord. Et fi ceux que la Compagnie des Indes avoit envoyés chercher les Terres Auftrales euffent eu plus de connoiffance du Phyfique de ces Climats, & des reffources qu'on y employe, il eft à croire, qu'en arrivant plus tard, ils n'auroient pas trouvé de glaces; ou que les glaces qu'ils trouvérent ne les auroient pas empechés, d'aborder une terre qui felon leur Rélation n'étoit éloignée d'eux que d'une ou de deux Lieues.

Patagons. Ce n'eft point donner dans les vifions ni dans une curiofité ridicule que de dire que cette Terre des Patagons fituée à l'extrémité Auftrale de l'Amerique mériteroit d'être examinée. Tant de Relations dignes de foi nous parlent de ces Geans, qu'on ne fçauroit guères raifonnablement douter qu'il n'y ait dans cette region des hommes dont la taille eft fort différente de la nôtre. Les Transactions Philofophiques de la Societé Royale de Londres parlent d'un Crane qui devoit avoir appartenu à un de ces Geans, dont la taille par une comparaifon très exacte de cet os avec les nôtres, devoit être de dix ou douze pieds. A examiner philofophiquement la chofe, on peut s'étonner qu'on ne trouve pas entre tous les hommes que nous connoiffons la même varieté de grandeur qu'on obferve dans plufieurs autres efpeces. Pour ne s'écarter que le moins qu'il eft poffible de la nôtre, d'un fapajou à un gros finge, il y a plus de différence que du plus petit Lappon au plus grand de ces Geans dont les Voyageurs nous ont parlé.

Ces hommes mériteroient fans doute d'être connus: la grandeur de leur corps feroit peut être la moindre chofe à obferver: leurs idées, leurs connoiffances, leurs hiftoires feroient bien encor d'une autre curiofité.

Après

Après la decouverte des Terres Auſtrales, il en eſt une autre *Paſſage* tout oppoſée qui ſeroit à faire dans les Mers du Nord. C'eſt celle *par le Nord.* de quelque paſſage qui rendroit le Chemin des Indes beaucoup plus court que celui que tiennent les vaiſſeaux qui ſont juſqu'ici obligés de doubler les pointes meridionales de l'Afrique ou de l'Amerique. Les Anglois, les Hollandois, les Danois ont ſouvent tenté de decouvrir ce paſſage, dont l'utilité n'eſt pas douteuſe; mais la poſſibilité en eſt encor indéciſe. On a cherché ce paſſage au Nord-Eſt & au Nord-Oueſt ſans l'avoir pu trouver: Cependant ces tentatives, infructueuſes pour ceux qui les ont faites, ne le ſont pas pour ceux qui voudront pourſuivre cette recherche. Elles ont appris que s'il y a un paſſage par l'un ou l'autre de ces deux cotés où on l'a cherché, il doit être extremement difficile. Il faudroit paſſer par des detroits qui dans ces Mers Septentrionales ſont preſque toujours bouchés par les glaces.

L'Opinion à laquelle ſont revenus ceux qui ont cherché ce paſſage, eſt que ce ſeroit par le Nord même qu'il le faudroit tenter. Dans la crainte d'un trop grand froid ſi l'on s'élevoit trop vers le Pole, l'on ne s'eſt point aſſés éloigné des Terres, & l'on a trouvé les Mers fermées par les glaces; ſoit que les lieux par où l'on vouloit paſſer ne fuſſent en effet que des Golfes, ſoit que ce fuſſent de véritables detroits. C'eſt un eſpece de paradoxe de dire que plus près du Pole, on eut trouvé moins de glaces & un Climat plus doux. Mais outre quelques Rélations qui aſſurent que les Hollandois s'étant fort approchés du Pole avoient en effet trouvé une Mer ouverte & tranquille & un air temperé, la Phiſique & l'Aſtronomie le peuvent faire croire. Si ce ſont de vaſtes Mers qui occupent les regions du Pole, on y trouvera moins de glaces que dans des lieux moins ſeptentrionaux, où les Mers ſeront reſſerrées par les Terres: & la préſence continuelle du Soleil ſur l'horizon pendant ſix mois peut cauſer plus de chaleur que ſon peu d'élévation n'en fait perdre.

Je croirois donc que ce ſeroit par le Pole même qu'il faudroit tenter ce paſſage. Et dans le même tems qu'on pourroit eſperer de faire

faire une Decouverte d'une grande utilité pour le commerce, c'en seroit une curieuse pour la connoissance du Globe que de savoir si ce point autour duquel il tourne est sur la Terre ou sur la Mer? D'y observer les Phénomenes de l'Aimant dans la source d'où ils semblent partir; d'y décider si les Aurores Boreales sont causées par une matière lumineuse qui s'echappe du Pole, ou du moins si le Pole est toujours inondé de la matière de ces Aurores?

Je ne parle point icy de certaines difficultés attachées à cette navigation. Plus on approche du Pole, plus les secours qu'offre la science du Pilote diminuent; Et au Pole même plusieurs cessent tout à fait. On pourroit donc eviter ce point fatal; mais si l'on y étoit arrivé, il faudroit commencer sa route en quelque sorte au hazard jusqu'à ce qu'on s'en fut éloigné d'une distance qui permit de reprendre l'usage des regles de la navigation: Je ne m'étens pas sur cela; je ne me suis proposé que de vous parler des Decouvertes qui m'ont paru les plus importantes; c'est après le choix que vous en ferez qu'on pourroit discuter les moyens qu'on croiroit les plus convenables pour l'exécution. Mais si un grand Prince destinoit tous les ans deux ou trois Vaisseaux à ces entreprises; la depense seroit peu considérable; independament du Succès elle seroit utile pour former les Capitaines & les Pilotes à tous les évenemens de la navigation; & il ne seroit guères possible qu'entre tant de choses qui restent inconnues sur nôtre Globe on ne parvint à quelque grande Decouverte.

Observations sur les variations de l'Aimant. Lorsqu'on considere l'usage qu'on fait de la Direction de l'Aimant vers le Pole, on ne peut guères s'empecher de croire que cette merveilleuse proprieté lui a été donnée pour conduire le Navigateur. Mais cette proprieté qui n'est encor connue qu'imparfaitement nous procurant déja tant d'utilité, il y a grande apparence qu'elle nous en procureroit encor d'avantage si elle étoit entierement connue.

La Direction de l'Aimant en général vers le Pole nous sert à diriger nos routes; mais les écarts de cette direction, soumis sans doute à quelque Loi encor peu connue, seront vraisemblablement
de

de nouveaux moyens que la nature reserve au navigateur pour lui faire connoitre le point du Globe où il se trouve.

L'Angleterre autrefois, donna à M. Halley le commandement d'un vaisseau destiné aux progrès des sciences maritimes. Après une navigation dans les deux Hemispheres, ce grand Astronome ebaucha sur le Globe le Trait d'une ligne dans laquelle toutes les aiguilles aimantées se dirigeoient exactement au Nord; & de laquelle en s'écartant, on voyoit croître leurs Declinaisons. Une telle ligne bien constatée pourroit en quelque sorte suppléer à ce qui nous manque pour la connoissance des Longitudes sur Mer. Par la Declinaison de l'aiguille observée dans chaque lieu, l'on jugeroit de la position orientale ou occidentale de ce lieu.

D'autres Géographes ont cru que la ligne de M. Halley n'étoit pas unique sur le Globe; qu'il s'en trouvoit encore quelqu'autre qui avoit le même avantage. Comme la Declinaison de l'aimant varie dans un même lieu, ces lignes sans Declinaison ne doivent pas demeurer dans une position constante: mais si comme il est vraisemblable, leur mouvement est régulier, & si nous parvenons à le connoître, leur utilité sera toujours la même. Il faut avouer que les travaux de M. Halley n'ont pas amené la chose à sa perfection: mais peut-on esperer que de si grandes entreprises s'achevent dans une premiere tentative? Et pour une Decouverte d'une telle importance peut-on épargner les moyens?

On ne sauroit donc trop recommander aux Navigateurs de faire partout où ils pourront, les observations les plus exactes sur la Declinaison de l'aiguille aimantée: Ces Observations leur sont déja nécessaires pour connoître la vraye direction de leur route; Et ils les font: mais ils ne les font pas avec assez de soin.

Les différentes inclinaisons de l'aiguille en différents Lieux, ont fait penser à d'habiles Hydrographes, qu'on en pourroit encor tirer quelque nouveau moyen pour connoître sur Mer les Lieux où l'on est. Ces observations sont encor plus difficiles à exécuter que celles de la Declinaison, & ne peuvent guéres se faire sur Mer avec l'exactitude nécessaire; Mais il faudroit les faire sur la Terre dans toutes les différentes Régions: Car autre chose est de faire des observations pour decouvrir une Théorie, où d'en faire pour se servir d'une Théorie déja connue.

Oeuv. de Maupert.   U u   Telles

Continent de l'Afrique. Telles font les principales découvertes à tenter par Mer. Il en eſt d'autres dans les Terres qui mériteroient auſſi qu'on les entreprit. Ce Continent immenſe de l'Afrique ſitué dans les plus beaux Climats du Monde, autrefois habité par les nations les plus nombreuſes & les plus puiſſantes, rempli des plus ſuperbes Villes; tout ce vaſte continent nous eſt preſque auſſi peu connu que les Terres Auſtrales. Nous arrivons ſur ſes bords, nous n'avons jamais pénétré dans l'intérieur du Païs. Cependant ſi l'on conſidere ſa poſition dans les mêmes Climats que les lieux de l'Amerique les plus fertiles en Or & en Argent: ſi l'on penſe aux grandes richeſſes de l'ancien monde qui en étoient tirées, à l'or même que quelques ſauvages ſans induſtrie nous apportent; on pourra croire que les découvertes qui ſe feroient dans le Continent de l'Afrique ne ſeroient pas infructueuſes pour le Commerce. Si on lit ce que les anciennes hiſtoires nous rapportent des Sciences & des Arts des peuples qui l'habitoient, ſi l'on conſidere les merveilleux monumens qu'on en voit encor dès qu'on aborde aux rivages de l'Egypte, on ne pourra douter que ce Païs ne fut bien digne de notre curioſité.

Pyramides & Cavités. Ce n'eſt pas ſans raiſon qu'on a compté parmi les merveilles du monde, ces maſſes prodigieuſes de Terre & de Pierres, dont l'uſage pourtant paroît ſi frivole, ou du moins nous eſt reſté ſi inconnu. Les Egyptiens au lieu de vouloir inſtruire les autres Peuples ſemblent n'avoir jamais penſé qu'à les étonner: il n'eſt cependant guéres vraiſemblable que ces Pyramides enormes n'ayent été deſtinées qu'a renfermer un Cadavre; Elles cachent peut-être les monumens les plus ſinguliers de l'hiſtoire & des ſciences de l'Egypte. On raconte qu'un Caliphe curieux fit tant travailler pour en ouvrir une, qu'on parvint à y decouvrir une petite route qui conduit à une ſalle, dans laquelle on voit encor un Coffre de Marbre ou un eſpece de Cercueil: mais quelle partie, ce qu'on à decouvert occupe-t-il d'un tel Edifice? n'eſt-il pas fort probable que bien d'autres choſes y ſont renfermées? L'uſage de la poudre rendroit aujourd'hui facile le bouleverſement total d'une de ces Pyramides, & le Grand Seigneur les abandonneroit ſans peine à la moindre curioſité d'un Roy de France.

J'ai-

J'aimerois cependant bien mieux que les Rois d'Egypte eussent *College des* employé ces millions d'hommes qui ont élevé les Pyramides dans les *Sciences* airs, à creuser dans la Terre des Cavités dont la profondeur répon- *Etrangeres.* dît à ce qu'ils avoient de Gigantesque dans leurs ouvrages. Nous ne connoissons rien de la Terre intérieure, nos plus profondes mines' entament à peine sa prémiere écorce. Si l'on pouvoit parvenir au Noyau, il est à croire qu'on trouveroit des matieres fort différentes de celles que nous connoissons, & des phénomènes bien singuliers. Cette force tant disputée qui repandue dans tous les corps explique si bien la nature, n'est encor connue que par des expériences faites à la superficie de la Terre; il seroit à souhaiter qu'on pût en exami- ner les phénomènes dans ces profondes Cavités.

Nous ne pouvons guères douter que plusieurs Nations des plus éloignées n'ayent bien des connoissances qui nous seroient utiles. Quand on considere cette longue suite de siécles pendant lesquels les Chinois, les Indiens, les Egyptiens nous ont devancés dans les sciences, & les ouvrages de l'art qui nous viennent de leur Païs, on ne peut s'empecher de regretter qu'il n'y ait pas plus de communica- tion entre eux & nous. Un College où l'on trouveroit rassemblés des hommes de ces Nations, bien instruits dans les sciences de leur Païs, qu'on instruiroit dans la langue du nôtre, seroit sans doute un bel établissement, & ne seroit pas fort difficile. Peut-être n'en fau- droit-il pas exclure les nations les plus sauvages.

Toutes les Nations de l'Europe conviennent de la nécessité de *Ville* cultiver une langue qui, quoique morte depuis longtems, se trouve *Latine.* encor aujourd'hui la langue de toutes la plus universelle, mais que le plus souvent il faut aller chercher chez un Prestre ou chés un Me- decin. Si quelque Prince vouloit, il lui seroit facile de la faire revivre: il ne faudroit que confiner dans une même Ville, tout le Latin de son Païs; ordonner qu'on n'y prechât, qu'on n'y plaidât, qu'on n'y jouât la Comedie qu'en Latin. Je crois bien que le Latin qu'on y parleroit ne seroit pas celui de la Cour d'Auguste, mais aussi ce ne seroit pas celui des Polonois. Et la jeunesse qui viendroit de bien des Païs de l'Europe dans cette Ville, y apprendroit dans un an plus de Latin qu'elle n'en apprend dans cinq ou six ans dans les Colleges.

Astronomie.   Il semble qu'on ne tire point assés d'avantages de ces magnifiques Observatoires, de ces excellens Instrumens, de ce grand nombre d'Observateurs habiles qu'on a dans différens lieux de l'Europe. La pluspart des Astronomes croient leur Art fini; & ne font plus que repeter par une espece de routine les observations des hauteurs du Soleil, de la Lune, et de quelque Etoile, avec leurs passages par le Meridien. Ces Observations ont bien leur utilité; mais il seroit à souhaiter que les Astronomes sortissent de ces limites.

On croyoit que les Etoiles qu'on appelle fixes étoient toujours vuës dans les mêmes points du Ciel: des Observations plus soigneuses & plus exactes faites dans ces derniers tems nous ont appris qu'outre l'apparence du mouvement qui resulte de la précession des Equinoxes, les Etoiles avoient encor un autre mouvement apparent. Quelque Astronome précipité en conclut une parallaxe pour l'orbe annuel: un plus habile, celui-là même qui avoit decouvert ce mouvement, en fit voir l'indépendance avec la parallaxe ; & en trouva la véritable cause dans la combinaison du mouvement de la Lumiere avec le mouvement de la Terre. Le même M. Bradley a decouvert encor l'apparence d'un nouveau mouvement à peine sensible, qu'il attribue avec beaucoup de probabilité à l'action de la Lune sur le Sphéroide terrestre. Mais n'y a t-il point un mouvement réel dans quelques Etoiles ? Quelques Astronomes en ont déja decouvert où soubçonné; & il est à croire que si l'on s'appliquoit davantage à cette recherche on en decouvriroit davantage: soit que ces Etoiles soyent assés deplacées par les Planètes où Cometes qui peuvent faire autour leurs revolutions, soit que quelques unes soyent peut être elles mêmes des Planètes lumineuses de quelque Corps Central opaque où invisible pour nous.

Enfin n'y auroit-il point quelque Etoile réellement fixe, dont le mouvement apparent nous decouvriroit la parallaxe de l'orbe annuel ? La trop grande distance où les Etoiles sont de la Terre cache cette parallaxe dans celles qu'on a observées: mais est-ce une preuve qu'aucune des autres ne la pourroit laisser appercevoir ? On s'est attaché aux Etoiles les plus lumineuses comme à celles qui étant les plus proches de la Terre seroient les plus propres à cette decouverte :

verte: mais pourquoi les a-t-on cru les plus proches? Ce n'eſt que parce qu'on les à ſuppoſées toutes de la même grandeur & de la même matière: mais qui nous a dit que leur matière & leur grandeur fuſſent pour toutes les mêmes. L'Etoile la plus petite ou la moins brillante pourroit être celle qui eſt la plus proche de nous.

Si dans ces Païs où il y a un nombre ſuffiſant d'Obſervateurs, on diſtribuoit à chacun un certain eſpace du Ciel, une Zone de deux ou trois degrés parallele à l'Equateur, dans laquelle chacun examinât bien toutes les Etoiles qui s'y trouvent, vraiſemblablement on découvriroit bien des phénomènes inattendus.

Revenons autour de nôtre Soleil. Nous voyons *Saturne* avec cinq ſatellites, *Jupiter* avec quatre, *la Terre* avec un ; Il eſt aſſés probable que ſur ſix planètes, trois ayant des Satellites, les trois autres n'en ſont pas abſolument dépourvûës. On a déja cru en appercevoir quelqu'un autour de *Venus*: ces Obſervations n'ont point eu de Suite; mais on ne devoit pas les abandonner.

Rien n'avanceroit plus ces Decouvertes que la perfection des Teleſcopes. Je ne crois pas qu'on pût promettre de trop grandes recompenſes à ceux qui parviendroient à en faire de ſupérieurs à ceux qu'on a déja. On a ſi ſouvent fait voir que la connoiſſance de la Longitude ſur Mer dependroit d'un tel Teleſcope, ou d'un Horloge qui conſerveroit l'égalité de ſon mouvement malgré l'agitation du vaiſſeau, ou d'une Théorie exacte de la Lune, qu'il me paroît ſuperflu d'en parler encor : mais je ne ſçaurois m'empecher de dire, qu'on ne ſçauroit trop encourager ceux qui ſeroient en état de perfectionner quelqu'un de ces inſtrumens.

La France a fait la plus grande choſe qui ait jamais été faite pour les ſciences, lorſqu'elle a envoyé à l'Equateur & au Pole des troupes de Mathematiciens pour decouvrir la figure de la Terre. La derniere entrepriſe pour determiner la Parallaxe de la Lune par des obſervations faites en même tems à l'extrémité meridionale de l'Afrique & dans les parties ſeptentrionales de l'Europe peut être comparée à la prémiere. Mais il eſt à ſouhaiter qu'on ne manque pas cette occaſion de lier enſemble les ſolutions de ces grands problemes, qui en effet ont entr'eux un rapport très immediat.

Parallaxe de la Lune & ſon rapport à la Figure de la Terre.

Les mesures des degrés du Meridien prises en France à de trop petites distances les unes des autres, n'avoient pu faire connoître la figure de la Terre, parce qu'outre qu'elles ne pouvoient donner que les courbures du Meridien aux lieux observés, les différences qui s'y trouvoient étoient trop peu considérables pour qu'on y pût compter. Les mesures qu'on a prises des degrés du Meridien séparés par de grandes distances, comme de la France au Perou, ou en Lapponie, n'ont pas à la vérité ce dernier défaut; mais elles ont une partie de la même insuffisance. Elles n'ont donné avec certitude que les différentes courbures du Meridien dans ces Lieux : & ne sçauroient nous assurer que dans les intervalles qui les separent, cette courbure suive aucune des Loix qu'on a supposées.

Enfin on ne sçauroit par toutes ces observations connoître les Cordes des Arcs aux extremités desquels elles ont été faites : ce qui pourtant est nécessaire si l'on veut être assuré de la figure de la Terre. Car le Meridien pourroit avoir telles figures que quoiqu'à des Latitudes données, les courbures fussent telles qu'on les à trouvées, les Cordes de ces Arcs fussent pourtant fort différentes de ce qu'on à conclu. Et après toutes les operations faites à l'Equateur, en France, & au Cercle Polaire, la Corde de l'Arc compris entre Quito & Paris, & celle de l'Arc compris entre Paris & Pello, pourroient être l'une à l'autre dans un rapport si différent de celui qu'on a supposé d'après les courbures, que la figure de la Terre s'écarteroit beaucoup de celle qu'on croit qu'Elle a.

Il y a plus : c'est qu'aucune mesure n'ayant été prise dans l'Hemisphere Meridional, on pourroit douter que cet Hemisphere fut semblable à l'autre ? Si la Terre ne seroit point formée de deux demi Spheroïdes inégaux appuyés sur une même base.

Les Observations de la parallaxe de la Lune peuvent lever tous ces doutes, en determinant le rapport des Cordes des différens Arcs du Meridien. Car ces Cordes étant les bases des Triangles formés par les deux lignes tirées de leurs extremités à la Lune; des Observations de la Lune faites dans trois points du même Meridien donneront immediatement le rapport de ces Cordes. Un Observateur étant au Cap de Bonne Esperance, & l'autre à Pello, il en faudroit un troifiéme, qu'on pourroit placer à Tripoli, ou en Candie. Et je crois qu'il ne faudroit pas manquer cette circonftance, qui dans le même tems qu'elle feroit fort utile pour confirmer la parallaxe de la Lune, ferviroit à faire connoître la figure de la Terre mieux qu'on ne l'a encor connue.

C'eft une chofe qu'on a déja fouvent propofée, qui a eu même l'approbation de quelques Souverains, & qui cependant eft reftée fans exécution: que dans le chatiment des Criminels, dont l'objet jufqu'ici n'eft que de rendre les hommes meilleurs, ou peut-être feulement plus foumis aux Loix, on fe propofât encor des utilités d'un autre genre. Ce ne feroit que remplir plus complétement l'objet de ces chatimens, qui eft en général le Bien de la Societé. *Utilités du fupplice des Criminels.*

On pourroit par là s'inftruire fur la poffibilité ou l'impoffibilité de plufieurs opérations que l'art n'ofe entreprendre: & de quelle utilité n'eft pas la Decouverte d'une operation qui fauve toute une efpece d'hommes abandonnés fans efpérance à de longues douleurs & à la mort?

Pour tenter ces nouvelles operations, il faudroit que le Criminel en préférât l'expérience au genre de mort qu'il auroit merité: il paroîtroit jufte d'accorder la grace à celui qui y furvivroit; fon crime étant en quelque façon expié par l'utilité qu'il auroit procurée.

Il y a peu d'hommes condamnés à la mort qui ne lui preferaffent l'operation la plus douloureufe, & celle même où il y auroit le moins d'efpèrance: Cependant le fuccès de l'operation & l'humanité exigeant qu'on diminuât les douleurs & le peril le plus qu'il feroit poffible, il faudroit qu'on s'exerçât d'abord fur des Cadavres, enfuite fur les animaux, fur tout fur ceux dont les parties ont le plus de conformité avec celles de l'homme; Enfin fur le Criminel.

Je ne prefcris point ici les operations par lefquelles on devroit commencer: ce feroit fans doute par celles auxquelles la nature ne fupplée jamais, & pour lefquelles jufqu'ici l'Art n'a point de remede. Un Rein pierreux par exemple caufe les douleurs les plus cruelles que ni l'une ni l'autre ne peuvent guerir: L'Ulcere d'un autre partie fait fouffrir aux femmes des maux affreux pour lefquels on ne connoît aucun remede. Qu'eft ce qu'on ne pourroit pas alors tenter?

ne pourroit-on pas même essayer d'oter ces parties? On delivreroit ces infortunés de leurs maux; où on ne leur feroit perdre qu'une vie pire que la mort, en leur laissant jusqu'à la fin l'Espèrance.

Je sçai quelles oppositions trouvent toutes les nouveautés : on aime mieux croire l'art parfait que travailler à le perfectionner. Les gens de l'Art eux mêmes traiteront d'impossibles toutes les operations qu'ils n'ont pas faites, où qu'ils n'ont pas vuës décrites dans leurs Livres. Mais qu'ils entreprennent; & ils se trouveront peut-être plus habiles ou plus heureux qu'ils ne croyent: la nature par des moyens qu'ils ignorent travaillera toujours de concert avec eux. Je ferai moins étonné de leur timidité que je ne le suis de l'audace de celui qui le premier à ouvert la Vessie pour y aller chercher la pierre; de celui qui à fait un trou au Crane; de celui qui à osé percer l'oeil.

Je verrois volontiers la vie des Criminels servir à ces operations, quelque peu qu'il y eut d'espèrance de réussir : Mais je croirois même qu'on pourroit sans scrupule l'exposer pour des connoissances d'une utilité plus éloignée. Peut-être feroit on bien de Decouvertes sur cette merveilleuse union de l'Ame & du Corps, si l'on osoit en aller chercher les liens dans le cerveau d'un homme vivant. Qu'on ne se laisse point emouvoir par l'air de cruauté qu'on pourroit croire trouver ici; un homme n'est rien comparé à l'espece humaine; un criminel est moins que rien.

Il y a dans le Royaume des Scorpions, des Araignées, des Salamandres, des Crapauts, & plusieurs especes de Serpens. On redoute également tous ces animaux: cependant il est très vraisemblable qu'ils ne font pas tous également à craindre: mais il est vrai aussi qu'on n'a point assés d'expériences sur lesquelles on puisse compter pour distinguer ceux qui font nuisibles de ceux qui ne le sont pas. Il en est ainsi des Plantes: plusieurs passent pour des poisons qui ne seroient peut-être que des alimens ou des remedes; mais sur lesquelles on demeure dans l'incertitude. On ne sait point encor si l'Opium pris dans la plus forte doze fait mourir ou dormir? On ignore si cette plante qu'on voit croître dans nos champs sous le nom de Cigue est ce poison doux & favori des Anciens, si propre

à terà terminer le jours de ceux qu'il falloit retrancher de la société sans qu'il méritassent d'être punis. Rien ne cause plus de terreur que la morsure d'un Chien enragé : cependant les remedes qu'on y employe, & dont on croit avoir éprouvé le succès peuvent très raisonnablement faire douter de la realité de ce poison, dont la frayeur, peut-être a causé les effets les plus funestes. La vie des Criminels ne seroit-elle pas bien employée à des expériences qui servissent dans tous ces cas, à rassurer, ou préserver, ou guérir?

Nous nous mocquons, avec raison, de quelques Nations qu'un respect mal entendu pour l'humanité a privées des connoissances qu'elles pouvoient tirer de la dissection des Cadavres : nous sommes peut-être ici encor moins raisonnables, si nous ne tirons pas toute l'utilité d'une peine dont le Public pourroit retirer de grands avantages, & avantageuse même à celui qui la souffriroit.

On reproche souvent aux Medecins d'être trop temeraires; moi je leur reprocherois de n'être pas assez hardis. Il ne sortent point assez d'un petit Cercle de medicamens qui n'ont point les vertus qu'ils leur supposent; & n'en éprouvent jamais d'autres qui peut-être les auroient. C'est au hazard & aux Nations sauvages qu'on doit les seuls Specifiques qui soyent connus; la science des Medecins n'en a pas trouvé un. *Observations sur la Medecine.*

Quelques remedes singuliers qui paroissent avoir eu quelque fois de bons succès, ne semblent point avoir été assez pratiqués. On prétend avoir guéri des malades en les arrosant d'eau glacée; on en guériroit peut-être en les exposant au plus grand degré de chaleur. On cherche ici à les faire transpirer, en Egypte on les couvre de poix pour empecher la Transpiration. Tout cela mériteroit d'être éprouvé.

Un Géométre proposoit une fois que pour degager quelque partie ou le sang se trouveroit en trop grande abondance, ou pour le faire couler dans d'autres parties, on se servît de la force centrifuge. Le pirouettement & la machine qu'il falloit pour cela firent rire une grave assemblée, & sur tout les Medecins qui s'y trouvoient; il auroit mieux vallu en faire l'expérience.

Oeuv. de Maupert.

Les Japponnois ont un genre de Medecine fort différente de la nôtre. Au lieu de ces poudres & de ces pilulles dont nos Medecins farciffent leurs malades, les Medecins Japponnois tantôt le percent d'une longue aiguille, tantôt lui brulent différentes parties du Corps: Et un homme d'efprit, bon obfervateur, & qui s'entendoit à la medecine * avouë qu'il a vû ces remedes operer des Cures merveilleufes. On a fait en Europe quelques Effais du Moxa qui eft la brulûre; mais ces expériences ne me paroiffent point avoir été affez pouffées: & dans l'état ou eft la medecine, je crois que celle du Jappon mériteroit autant d'être expérimenté que la nôtre.

J'avouerai que le cas font rares où le Medecin devroit éprouver fur un malade des moyens de guérir nouveaux & dangereux: mais il eft des cas pourtant où ille faudroit. Dans ces maladies qui attaquent une Province, ou toute une nation, qu'eft ce que le Medecin ne pourroit pas entreprendre? Il faudroit qu'il tentât les remedes & les traitemens les plus finguliers, & les plus hazardeux. Mais il faudroit que ce ne fut qu'avec la permiffion d'un Magiftrat éclairé, qui auroit égard à l'état phyfique & moral du malade fur lequel fe feroit l'expérience.

Je croirois fort avantageux que chaque efpece de maladie fut affignée à certains Medecins qui ne s'occupaffent que de celle là. Chaque partie de nos befoins les plus groffiers a un certain nombre d'ouvriers qui ne travaillent que pour Elle: La confervation & le rétabliffement de nos corps dependent d'un art plus difficile & plus compliqué que ne le font enfemble tous les autres arts; & toutes les parties en font confiées à un feul!

Différens Medecins qui traitent la petite verole tout différemment ont à peu près le même nombre de bons & de mauvais fuccès; & ce nombre eft encor affez le même dans ceux dont la maladie eft abandonnée à la nature: n'eft ce pas une preuve certaine que pour cette maladie, non feulement on n'a point encor trouvé de remede fpecifique, mais qu'on n'a pas encor trouvé de traitement qui y foit d'aucune utilité? N'eft ce pas la preuve que ces Cures que le Medecin croit obtenir de fon Art, ne font dues qu'à la nature qui a guéri le malade quel qu'ait été le traitement?

* *Kampfer.*

Je fçai que les Medecins diront que les maladies recevant des variétés du temperament & de plufieurs circonftances particulieres du malade, la même ne doit pas toujours être traitée de la même maniere. Cela peut être vrai dans quelques cas très rares : mais en général ce n'eft qu'une excufe pour cacher le défaut de l'Art. Quelles font les variétés de temperament qui changent les effets du Kinkina fur la fiévre ? & qui rendent un autre remede préférable ? La Medecine eft bien éloignée d'être au point où l'on pourroit deduire le traitement des maladies de la connoiffance des caufes & des effets: Le meilleur Medecin eft celui qui raifonne le moins & qui obferve le plus.

Après ces expériences, qui intéreffent immediatement l'efpece humaine, en voicy d'autres qui peuvent encor y avoir quelque rapport, qu'on pourroit faire fur les animaux. On ne regardera pas fans doute cette partie de l'Hiftoire naturelle comme indigne de l'attention d'un Prince ni des recherches d'un Philofophe, lorfqu'on penfera au gout qu'Alexandre eut pour elle & à l'homme qu'il chargea de la perfectionner. Nous avons encor le refultat de ce travail, mais on peut dire qu'il ne répond guères à la grandeur du Prince ni du Philofophe. Quelques Naturaliftes modernes ont mieux réuffi : ils nous ont donné des Defcriptions plus exactes, & ont rangé dans un meilleur ordre les claffes des animaux. Ce n'eft donc pas là ce qui manque aujourd'hui à l'hiftoire naturelle ; & quand cela y manqueroit, ce ne feroit pas ce que je fouhaiterois le plus qu'on y fuppleât. Tous ces traités des animaux que nous avons, les plus methodiques même, ne forment que des Tableaux agréables à la vuë : pour faire de l'hiftoire naturelle une véritable fcience, il faudroit qu'on s'appliquât à des recherches qui nous fiffent connoître, non la figure particuliere de tel ou tel animal, mais les procedés généraux de la nature dans fa production & fa confervation.

Expériences fur les Animaux.

Ce travail n'eft pas abfolument de ceux qui ne peuvent être entrepris fans la protection & les bienfaits du Souverain : plufieurs de ces expériences ne feroient pas audeffus de la portée des fimples particuliers ; & nous avons quelques ouvrages qui l'ont bien fait voir : cependant il y a de ces expériences qui exigeroient de grandes depenfes ;

depenſes; & toutes peut-être auroient beſoin d'une certaine Direction, qui ne laiſſât pas les Phiſiciens dans un vague qui eſt le plus grand obſtacle aux Decouvertes.

Les Menageries des Princes, dans leſquelles ſe trouvent des animaux d'un grand nombre d'eſpeces feroient déja pour ce genre de ſciences des fonds dont il feroit facile de tirer beaucoup d'utilité. Il ne faudroit qu'en donner la Direction à d'habiles Naturaliſtes, & leur preſcrire les expériences.

On pourroit éprouver dans ces menageries ce qu'on raconte des troupes de différens animaux, qui raſſemblés par la ſoif ſur les bords des fleuves de l'Afrique, y font dit-on ces alliances bizarres d'où reſultent frequemment des Monſtres. Rien ne feroit plus curieux que ces expériences: cependant la negligence ſur cela eſt ſi grande qu'il eſt encor douteux ſi le Taureau s'eſt jamais joint avec une Aneſſe, malgré tout ce qu'on dit des *Jumars*.

Les ſoins d'un Naturaliſte laborieux & éclairé feroient naître bien des curioſités en ce genre, en faiſant perdre aux animaux par l'éducation, l'habitude, & le beſoin, la repugnance que les eſpeces différentes ont d'ordinaire les unes pour les autres. Peut-être même parviendroit-on à rendre poſſibles des générations forcées qui feroient voir bien des merveilles. On pourroit d'abord tenter ſur une même eſpece ces unions artificielles ; & peut-être dès le prémier pas rendroit-on en quelque ſorte la fécondité à des individus qui par les moyens ordinaires paroiſſent ſteriles; mais on pourroit encor pouſſer plus loin les expériences ; & juſque ſur les éſpeces que la nature porte le moins à s'unir. On verroit peut-être de là naître bien des monſtres, des animaux nouveaux, peut-être même des eſpeces entieres que la nature n'a pas encor produites.

Il y a des monſtres de deux ſortes: l'une eſt le reſultat des ſemences de différentes Eſpeces qui ſe ſont melées : l'autre de parties toutes formées qui ſe ſont unies aux parties d'un Individu d'une eſpece différente. Les monſtres de la premiere ſorte ſe trouvent parmi les Animaux; les monſtres de la ſeconde ſorte, ne ſe trouvent juſqu'ici que parmi les Arbres. Quelques Botaniſtes prétendent être parvenus

venus à faire parmi les Vegetaux des monstres de la prémiere sorte; seroit-il impossible de parvenir à faire sur les animaux des monstres de la seconde?

On connoit la production des pattes de l'Ecrevisse, de la queue du Lezard, de toutes les parties du Polype. Est-il probable que cette merveilleuse proprieté n'appartienne qu'à un petit nombre d'animaux dans lesquels on le connoit? On ne sauroit trop multiplier sur cela les expériences; peut-être ne depend-il que de la manière de separer les parties de plusieurs autres animaux, pour les voir se reproduire.

Les observations microscopiques de M. de Buffon & de M. Needham nous ont découvert une nouvelle nature, & semblent nous mettre en droit d'esperer bien de nouvelles merveilles. Elles sont si curieuses & si importantes, que quoique l'expérience ait fait voir qu'elles n'étoient pas audessus de la portée des particuliers, elles mériteroient cependant d'être encouragées par le gouvernement: qu'on y appliquât plusieurs observateurs; qu'on leur distribuât les différentes matieres à observer; & qu'on proposât un prix pour l'Opticien qui leur auroit fourni le meilleur Microscope. *Observations Microscopiques.*

Avec nos bois, nos charbons, toutes nos matieres les plus combustibles, nous ne pouvons augmenter les Effets du feu que jusqu'à un certain degré; qui n'est que peu de chose, si on le compare aux degrés de chaleur que la Terre semble avoir éprouvés, ou à celui que quelques Cometes éprouvent dans leur perihelie. Les feux les plus violens de nos Chimistes ne sont peut-être que de trop foibles agents pour former & décomposer les Corps. Et delà viendroit que nous prendrions pour l'union la plus intime, ou pour la derniere décomposition possible, ce qui ne seroit que des mélanges imparfaits, ou des séparations grossieres de quelques parties. La Decouverte du Miroir d'Archimedes que vient de faire M. de Buffon, nous fait voir qu'on pourroit construire des Tours brulantes, ou des Amphitheatres chargés de Miroirs, qui produiroient un feu dont la violence n'auroit pour ainsi dire d'autres Limites que celles qu'a le Soleil même. *Miroirs brulants.*

Passons

Expériences Metaphysiques.

Paſſons à des expériences d'un autre genre: Les précedentes ne regardent que les Corps; il en eſt d'autres à faire ſur les Eſprits, plus curieuſes encor & plus intéreſſantes.

Le Sommeil eſt une partie de nôtre Etre, le plus ſouvent en pure perte pour nous: quelquefois pourtant les ſonges rendent cet état auſſi vif que la veille. Ne pourroit-on point trouver l'art de procurer de ces ſonges? L'Opium remplit d'ordinaire l'Eſprit d'images agréables: on raconte de plus grandes merveilles encor de certains breuvages des Indes: Ne pourroit-on pas faire ſur cela des expériences? N'y auroit-il pas encor d'autres moyens de modifier l'Ame? Soit dans les tems où Elle eſt abſolument privée du commerce des objets extérieurs, ſoit dans les inſtants où ce commerce eſt affoibli ſans être entierement interrompu. Dans ces momens qui n'appartiennent ni à la veille ni au Sommeil, où la plus legere circonſtance change l'Etat de l'Ame, où elle ſent encor & ne raiſonne point, ne pourroit-on pas lui cauſer bien des illuſions, qui repandroient peut-être du jour ſur la maniere dont Elle eſt unie avec le Corps?

Nos Expériences ordinaires commencent par les ſens; c'eſt à dire par les extremités de ces filets merveilleux qui portent leurs impreſſions au Cerveau. Des expériences qui partiroient de l'origine de ces filets faites ſur le Cerveau même, ſeroient vraiſemblablement plus inſtructives. Des bleſſures ſingulieres en ont fourni quelques unes: mais il ne ſemble pas qu'on ait beaucoup profité de ces occaſions rares; & l'on auroit plus de moyens de pouſſer les expériences, ſi l'on s'y ſervoit de ces hommes condamnés à une Mort douloureuſe & certaine pour qui elles ſeroient une eſpece de grace. On trouveroit peut-être par la le moyen, s'il en eſt, pour guerir les foux.

On verroit des conſtitutions de cerveau bien différentes des nôtres, ſi l'on pouvoit avoir quelque commerce avec ces Geants des Terres Auſtrales, ou avec ces hommes velus portant des queues, dont nous avons parlé.

On conçoit aſſez en général comment les Langues ſe ſont formées: Des beſoins mutuels entre des hommes qui avoient les mêmes organes ont produit des Signes communs pour ſe les faire com-

comprendre. Mais les différences extremes qu'on trouve aujourd'hui dans ces manieres de s'exprimer, viennent-elles des alterations que chaque Pere de famille a introduites dans une langue d'abord commune à tous ? Ou ces manieres de s'exprimer ont-elles été originairement différentes ? Deux ou trois Enfans dès le plus bas âge élevés enſemble ſans aucun commerce avec les autres hommes, ſe feroient aſſûrement une langue, quelque bornée qu'elle fût. Ce ſeroit une choſe capable d'apporter de grandes lumieres ſur la queſtion précedente, que d'obſerver ſi cette nouvelle langue reſſembleroit à quelqu'une de celles qu'on parle aujourd'hui; & de voir avec laquelle elle paroîtroit avoir le plus de conformité. Pour que l'expérience fut complete, il faudroit former pluſieurs ſocietés pareilles ; & les former d'Enfans de différentes nations, & dont les Parents parlaſſent les langues les plus différentes ; car la naiſſance eſt déja une eſpece d'éducation : & voir ſi les langues de ces différentes ſocietés auroient quelque choſe de commun & à quel point elles ſe reſſembleroient ? Il faudroit ſur tout éviter que ces petits Peuples appriſſent aucune autre langue ; & faire enſorte que ceux qui s'appliqueroient à cette recherche appriſſent la leur.

Cette expérience ne ſe borneroit pas à nous inſtruire ſur l'origine des langues : elle pourroit nous apprendre bien d'autres choſes ſur l'origine des idées mêmes, & ſur les notions fondamentales de l'Eſprit humain. Il y a aſſez longtems que nous écoutons des Philoſophes dont la ſcience n'eſt qu'une habitude & un certain pli de l'Eſprit, ſans que nous en ſoyons devenus plus habiles : Ces Philoſophes naturels, nous inſtruiroient peut-être mieux ; ils nous donneroient du moins leurs connoiſſances ſans les avoir ſophiſtiquées.

Après tant de ſiécles écoulés, pendant leſquels malgré les efforts des plus grands hommes, nos connoiſſances metaphiſiques n'ont pas fait le moindre progrès, il eſt à croire que s'il eſt dans la nature qu'elles en puiſſent faire quelqu'un, ce ne ſçauroit être que par des moyens nouveaux & auſſi extraordinaires que ceux-cy.

Après vous avoir parlé de ce qu'on pourroit faire pour le progrès des ſciences, je dirai un mot de ce qu'il ſeroit peut-être auſſi à propos d'empecher. Un grand nombre de gens deſtitués des con- *Recherches à interdire.*

connoissances nécessaires pour juger des moyens & du but de ce qu'ils entreprennent, mais flattés par des recompenses imaginaires, passent leur vie sur trois problemes qui sont les Chimeres des sciences : je parle de la *Pierre Philosophale*, de la *Quadrature du Cercle & du Mouvement perpetuel*. Les Academies sçavent le tems qu'elles perdent à examiner les prétendues decouvertes de ces pauvres gens ; mais ce n'est rien au prix de celui qu'ils perdent eux-mêmes, de la depense qu'ils font, & des peines qu'ils se donnent. On pourroit leur défendre la recherche de la Pierre Philosophale comme leur ruine ; les avertir que la Quadrature du Cercle poussée au delà de ce qu'on a, seroit inutile ; & les assurer que le Mouvement perpetuel est impossible.

RÉFLEXIONS PHILOSOPHIQUES

SUR

L'ORIGINE DES LANGUES

ET

LA SIGNIFICATION
DES MOTS.

SUR L'ORIGINE DES LANGUES ET LA SIGNIFICATION DES MOTS.

I.

Les signes par lesquels les Hommes ont désigné leurs premières Idées ont tant d'influence sur toutes nos connoissances, que je crois que des Recherches sur l'origine des Langues, & sur la manière dont elles se sont formées, méritent autant d'attention, & peuvent être aussi utiles dans l'Etude de la Philosophie que d'autres methodes qui bâtissent souvent des Systemes sur des mots dont on n'a jamais approfondi le sens.

II.

On voit assés que je ne veux pas parler ici de cette étude des Langues dont tout l'objet est de savoir que ce qu'on appelle *Pain* en France s'apelle *Bread* à Londres; plusieurs Langues ne paroissent être que des Traductions les unes des autres; les expressions des

Idées y font coupées de la même maniere, & dès lors la comparaifon de ces Langues entre elles ne peut rien nous apprendre. Mais on trouve des Langues, fur tout chés les peuples fort éloignés qui femblent avoir été formées fur des plans d'idées fi différents des nôtres, qu'on ne peut prefque pas traduire dans nos Langues ce qui a été une fois exprimé dans celles là. Ce feroit de la comparaifon de ces Langues avec les autres, qu'un Efprit philofophique pourroit tirer beaucoup d'utilité.

III.

Cette étude eft importante non feulement par l'influence que les Langues ont fur nos connoiffances; mais encore parce qu'on peut retrouver dans la conftruction des Langues des veftiges des prémiers pas qu'a fait l'efprit humain. Peut-être fur cela les *jargons* des peuples les plus fauvages pourroient nous être plus utiles que les Langues des nations les plus exercées dans l'art de parler; & nous apprendroient mieux l'hiftoire de nôtre efprit. A peine fommes nous nés, que nous entendons répeter une infinité de mots qui expriment plutôt les préjugés de ceux qui nous environnent, que les prémières Idées qui naiffent dans notre efprit: nous retenons ces mots; nous leur attachons des Idées confufes; & voilà bientôt nôtre provifion faite pour tout le refte de notre vie, fans que le plus fouvent nous nous foyons avifés d'approfondir la vraye valeur de ces mots; ni la fûreté des connoiffances qu'ils peuvent nous procurer, ou nous faire croire que nous poffedons.

IV.

Il eft vrai que, excepté ces Langues qui ne paroiffent que les Traductions des autres, toutes les autres étoient fimples dans leurs commencemens. Elles ne doivent leur origine qu'à des hommes fimples & groffiers qui ne formèrent d'abord que le peu de fignes dont ils avoient béfoin pour exprimer leurs prémières Idées. Mais bientôt les Idées fe combinèrent les unes avec les autres, & fe multiplièrent; on multiplia les mots, & fouvent même au delà du nombre des Idées.

V. Cepen-

V.

Cependant ces nouvelles expreſſions qu'on ajouta, dépendirent beaucoup des prémières qui leur ſervirent de Baſes. Et de là eſt venu que dans les mêmes contrées du Monde, dans celles où ces Baſes ont été les mêmes, les eſprits ont fait aſſés le même chemin, & les ſciences ont pris à peu près le même Tour.

VI.

Puiſque les Langues ſont ſorties de cette prémière ſimplicité; & qu'il n'y a peut-être plus au monde de peuple aſſés ſauvage pour nous inſtruire dans la recherche d'une vérité pure que chaque génération a obſcurcie: Et que d'un autre côté les prémiers moments de mon exiſtence ne ſçauroient me ſervir dans cette récherche; que j'ai perdu totalement le ſouvenir de mes prémières Idées, de l'étonnement que me cauſa la veüe des objects lorſque j'ouvris les yeux pour la première fois, & des prémiers Jugements que je portai dans cet âge où mon Ame plus vuide d'Idées m'auroit été plus facile à connoître qu'elle ne l'eſt aujourd'hui, parce qu'elle étoit, pour ainſi dire, plus *elle même;* puiſque, dis-je, je ſuis privé de ces moyens de m'inſtruire; & que je ſuis obligé de recevoir une infinité d'expreſſions établies, ou du moins de m'en ſervir, tâchons d'en connoître le ſens, la force & l'étendüe: Remontons à l'origine des Langues, & voyons par quels dégrés elles ſe ſont formées.

VII.

Je ſuppoſe qu'avec les mêmes facultés que j'ai d'appercevoir & de raiſonner, j'euſſe perdu le ſouvenir de toutes les perceptions que j'ai eües juſqu'ici, & de tous les raiſonnements que j'ai faits: qu'après un ſommeil, qui m'auroit fait tout oublier, je me trouvaſſe ſubitement frappé de perceptions telles que le hazard me les préſenteroit; que ma prémière perception fût, par Ex. celle que j'éprouve aujourd'hui, lorſque je dis, *je vois un Arbre;* qu'enſuite j'euſſe la même perception que j'ai aujourd'hui lorſque je dis, *je vois un Cheval.* Dès que je recevrois ces preceptions, je verrois auſſitôt que l'une n'est pas l'autre, je chercherois à les distinguer, & comme je n'aurois point de Langage formé, je les distinguerois par quelques marques & pourrois me contenter de ces expressions A & B, pour les mêmes choses que j'entens aujourd'hui, lorsque je dis, *je vois un Arbre, je vois un Cheval*.

Recevant ensuite de nouvelles perceptions je pourrois toutes les désigner de la sorte; & lorsque je dirois par exemple R, j'entendrois la même chose que j'entens aujourd'hui, lorsque je dis, *je vois la Mer*.

VIII.

Mais parmi ce grand nombre de perceptions, dont chacune auroit son signe, j'aurois bientôt peine à distinguer à quel signe chaque perception appartiendroit; & il faudroit avoir recours à un autre Langage. Je remarquerois que certaines perceptions ont quelque chose de semblable, & une même manière de m'affecter que je pourrois comprendre sous un même signe. Par Ex. dans les perceptions précédentes, je remarquerois que chacune des deux premières a certains caractères qui sont les mêmes, & que je pourrois désigner par un signe commun: c'est ainsi que je changerois mes premières Expressions simples A & B en celles-cy CD, CE, qui ne différeroient des premières que par cette nouvelle convention, & qui répondroient aux perceptions que j'ai maintenant lorsque je dis, *je vois un Arbre, je vois un Cheval*.

IX.

Tant que les caractères semblables de mes perceptions demeureroient les mêmes, je les pourrois désigner par le seul signe C; mais j'observe que ce signe simple ne peut plus subsister lorsque je veux désigner les perceptions, *je vois deux Lyons, je vois trois Corbeaux*: Et que pour ne désigner dans ces perceptions par un même signe que ce qu'elles ont d'entièrement semblable, il faut subdiviser ces signes, & augmenter le nombre de leurs parties : je marquerai donc les deux perceptions *je vois deux Lyons, je vois trois Corbeaux* par
CGH,

CGH, & CIK, & j'acquerrerai ainfi des fignes pour des parties de ces perceptions qui pourroient entrer dans la compofition des fignes dont je me fervirai pour exprimer d'autres perceptions qui auront des parties femblables à celles des deux perceptions précedentes.

X.

Ces Caractères H & K qui repondent à *Lyons* & *Corbeaux*, ne pourront fuffire que tant que je n'aurai point à faire la defcription de *Lyons*, & de *Corbeaux*; car fi je veux analyfer ces parties de perceptions il faudra encore fubdivifer les Signes.

XI.

Mais le Caractere C qui répond à *je vois*, fubfiftera dans toutes les perceptions de ce genre; & je ne le changerai que lorfque j'aurai à défigner des perceptions en tout différentes, comme celles-cy *j'entens des Sons, je fens des fleurs* &c.

XII.

C'eft ainfi que fe font formées les Langues: & comme les Langues une fois formées peuvent induire dans plufieurs erreurs, & altérer toutes nos connoiffances, il eft de la plus grande importance de bien connoître l'origine des prémières propofitions, ce qu'elles étoient avant les Langages établis, ou ce qu'elles feroient fi l'on avoit établi d'autres Langages. Ce que nous appellons nos fciences depend fi intimément des manieres dont on s'eft fervi pour défigner les perceptions, qu'il me femble que les queftions & les propofitions feroient toutes différentes fi l'on avoit établi d'autres expreffions des prémières perceptions.

XIII.

Il me femble qu'on n'auroit jamais fait n'y queftions, n'y propofitions, fi l'on s'en étoit tenu aux prémières expreffions fimples A, B, C, D, &c. Si la mémorie avoit été affés forte pour pouvoir
defigner

déſigner chaque perception par un ſigne ſimple, & retenir chaque ſigne, ſans le confondre avec les autres, il me ſemble qu'aucune des queſtions qui nous embarraſſent tant aujourd'hui, ne ſeroit jamais même entrée dans notre Eſprit ; & que dans cette occaſion plus que dans aucune autre, on peut dire que la mémoire eſt oppoſée au jugement.

Après avoir compoſé, comme nous avons dit les expreſſions, de différentes parties, nous avons méconnu notre ouvrage ; nous avons pris chacune des parties des expreſſions, pour des choſes, nous avons combiné les choſes entr'elles, pour y decouvrir des rapports de convenance ou d'oppoſition, & de là eſt né, ce que nous appellons *Nos ſciences*.

Mais qu'on ſuppoſe pour un moment, un peuple qui n'auroit qu'un nombre de perceptions aſſés petit, pour pouvoir les exprimer toutes par des caractères ſimples : croira-t-on que de tels hommes euſſent aucune Idée des queſtions & des propoſitions qui nous occupent ? Et quoique les Sauvages & les Lappons ne ſoyent pas encore dans le cas d'un auſſi petit nombre d'Idées qu'on le ſuppoſe ici, leur Exemple ne prouve-t-il pas le contraire ?

Au-lieu de ſuppoſer ce peuple dont le nombre de perceptions ſeroit ſi reſervé ; ſuppoſons en un autre, qui auroit autant de perceptions, que nous, mais qui auroit une mémoire aſſés vaſte pour les déſigner toutes par des ſignes ſimples, independants les uns des autres & qui les auroit en effêt déſignées par de tels ſignes : ces Hommes ne ſeroient-ils pas dans le cas des prémiers dont nous venons de parler ?

Voici un exemple des embarras où ont jetté les Langages établis.

XIV.

Dans les Denominations qu'on a données aux perceptions dans l'établiſſement de nos langues, comme la multitude des ſignes ſimples ſurpaſſoit trop l'étendüe de la mémoire, & auroit jetté à
tous

tous moments dans la confusion, on a donné des signes généraux aux parties qui se trouvoient plus souvent dans les perceptions; & l'on a désigné les autres par des signes particuliers dont on pouvoit faire usage dans tous les signes composés des expressions où ces mêmes parties se trouvoient, on évitoit par là la multiplication des signes simples. Lorsqu'on a voulu analyser les preceptions, on a veu que certaines parties se trouvent communes à plusieurs, & plus souvent répétées que les autres; on a regardé les prémières comme des sujets sans lesquels les dérnières ne pouvoient subsister. Par Ex. dans cette partie de perception que j'apelle *Arbre*, on a veu qu'il se trouvoit quelque chose de commun à *Cheval*, à *Lyon*, à *Corbeau*. &c. pendant que les autres choses varioient dans ces différentes perceptions.

On a formé pour cette partie uniforme dans les différentes perceptions un signe général, & on l'a regardé comme la *Base* ou le *Sujet*, sur lequel resident les autres parties de perceptions qui s'y trouvent le plus souvent jointes: par opposition à cette partie uniforme des perceptions, on a designé les autres parties plus sujettes à varier par un autre signe général: & c'est ainsi qu'on s'est formé l'Idée de *Substance*, attribué à la partie uniforme des perceptions, & l'Idée de *Mode* qu'on attribüe aux autres.

XV.

Je ne sçai pas s'il y a quelque autre différence entre les substances, & les modes. Les Philosophes ont voulu établir ce caractère distinctif que les prémières se peuvent concevoir seules, & que les autres ne le sçauroient, & ont besoin de quelque support pour être conçues. Dans *Arbre*, ils ont crû que la partie de cette perception qu'on appelle *étendüe* & qu'on trouve aussi dans *Cheval*, *Lyon*, &c. pouvoit être prise pour cette *Substance*, & les autres parties comme *couleur*, *figure &c.* qui différent dans *Arbre*, dans *Cheval*, dans *Lyon*; ne devoient être regardées que comme des *Modes*. Mais je voudrois bien qu'on examinât, si en cas que tous les objets du monde fussent verds, on n'auroit pas eu la même raison de prendre la *Verdeur* pour *substance*.

Oeuv. de Maupert.   Z z   XVI.

XVI.

Si l'on dit qu'on peut depouiller l'Arbre de sa *Verdeur* & qu'on ne le peut pas de son *Etendue*. Je répons que cela vient de ce que dans le langage établi, on est convenu d'apeller *Arbre* ce qui a une certaine figure independamment de sa verdeur. Mais si la langue avoit un mot tout différent pour exprimer un Arbre sans verdeur & sans feuilles, & que le mot *Arbre* fut nécessairement attaché à la verdeur, il ne seroit pas plus possible d'en retrancher la verdeur que l'etendue.

Si la perception que j'ai d'*Arbre* est bien fixée, & limitée, on ne scauroit en rien retrancher sans le detruire. Si elle n'est composée que d'*Etendue*, *Figure*, & *Verdeur*, & que je la depouille de *Verdeur* & *Figure*, il ne restera qu'une perception vague d'étendue. Mais n'aurois-je pas pu par de semblables abstractions depouiller l'*Arbre* de l'*Etenduë* & de la *Figure*, & ne seroit-il pas resté tout de même, une idée vague de *Verdeur* ?

XVII.

Rien n'est plus capable d'authoriser mes doutes sur la question que je fais ici, que de voir que tous les hommes ne s'accordent pas sur ce qu'ils appellent *Substance*, & *Modes*. Qu'on interroge ceux qui n'ont point frequenté les écoles; & l'on verra par l'Embarras où ils seront pour distinguer ce qui est *Mode* & ce qui est *Substance*, si cette distinction paroît être fondée sur la nature des choses.

XVIII.

Mais si l'on rejette le jugement de ces sortes de personnes, ce qui ne me paroît pas trop raisonnable ici, où l'on doit plutôt consulter ceux qui ne sont imbus d'aucune Doctrine, que ceux qui ont embrassé déja des systemes; si l'on ne veut écouter que les Philosophes, on verra qu'ils ne sont pas eux mêmes d'accord sur ce qu'il faut prendre pour *Substance*, & pour *Mode*. Ceux-ci prennent l'*Espace* pour une Substance, & croyent qu'on le peut concevoir seul independamment de la *Matière*, ceux-là n'en font qu'un *Mode*,

& cro-

& croyent qu'il ne ſauroit ſubſiſter ſans la matière. Les uns ne regardent la *Penſée* que comme le *Mode* de quelqu'autre *Subſtance*, les autres la prennent pour la Subſtance elle-même.

XIX.

Si l'on trouve les idées ſi différentes chés des Hommes d'un même païs & qui ont longtems raiſonné enſemble, que ſeroit ce ſi nous nous tranſportions chés des nations fort éloignées dont les ſavants n'euſſent jamais eu de communication avec les nôtres? & dont les prémiers hommes euſſent bâti leur Langue ſur d'autres principes, je ſuis perſuadé que ſi nous venions tout à coup à parler une Langue commune dans laquelle chacun voudroit traduire ſes idées, on trouveroit de part & d'autre des raiſonnements bien étranges, ou plûtôt qu'on ne s'entendroit point du tout. Je ne crois pas cependant que la Diverſité de leur Philoſophie vint d'aucune diverſité dans les prémières perceptions, mais je crois qu'elle viendroit du Langage accoutumé de chaque nation, *de cette Deſtination des ſignes aux différentes parties des perceptions; Deſtination dans laquelle il entre beaucoup d'arbitraire & que les prémiers hommes ont pû faire de pluſieurs manières différentes: mais qui une fois faite de telle manière, jette dans telle ou telle propoſition, & a des influences continuelles ſur toutes nos connoiſſances.*

XX.

Revenons au point où j'en étois demeuré, à la formation de mes prémières notions. J'avois déjà établi des ſignes pour mes perceptions, j'avois formé une Langue, inventé des mots généraux & particuliers d'où étoient nés les genres, les eſpèces, les individus. Nous avons veu comment les différences qui ſe trouvoient dans les parties des mes perceptions m'avoient fait changer mes expreſſions ſimples A & B qui répondoient d'abord à *je vois un Arbre*, & *je vois un Cheval*; comment j'étois venu à des ſignes plus compoſés CD, CE, dont une partie, qui répondoit à *je vois*, demeuroit la même dans les deux propoſitions pendant que les parties exprimées par D, & par E, qui répondoient *à un Arbre*, & *à un Cheval* avoient changé;

changé; j'avois encore plus compofé mes fignes, lorfqu'il avoit fallu exprimer des perceptions plus différentes comme *je vois deux Lyons*, *je vois trois Corbeaux*, mes fignes étoient devenus pour ces deux perceptions CGH, & CIK; enfin on voit comment le béfoin m'avoit fait étendre, & compofer les fignes de mes prémières perceptions, & commencer un Langage.

XXI.

Mais je remarque que certaines perceptions, au-lieu de différer par leurs parties, ne différent que par un efpèce d'affoibliffement dans le tout, ces perceptions ne paroiffent que des Images des autres & alors au lieu de dire CD, (*je vois un Arbre*) je pourrois dire c d, pour *j'ai veu un Arbre*.

XXII.

Quoique deux perceptions femblent être les mêmes, l'une fe trouve quelquefois jointe à d'autres perceptions qui me déterminent encore à changer leur expreffion. Si, par Ex. la perception c d, *j'ai vu un Arbre*, fe trouve jointe à ces autres, *je fuis dans mon Lit*, *j'ai dormi* &c. ces perceptions me feront changer mon expreffion c d, *j'ai veu un Arbre*, en γ δ, *j'ai refvé à un Arbre*.

XXIII.

Toutes ces perceptions fe reffemblent fi fort qu'elles ne paroiffent différer que par le plus ou le moins de force; & elles ne paroiffent être que de différentes Nuances de la même perception : ce n'eft que le plus ou le moins de nuances de la même perception, ou l'affociation de quelques autres perceptions qui me font dire *je vois un Arbre*, *je penfe à un Arbre*, *j'ai refvé à un Arbre* &c.

XXIV.

Mais j'eprouve une perception compofée de la repetition des perceptions précédentes, & de l'affociation de quelques circonftances qui lui donnent plus de force, & femblent lui donner plus de réalité;

réalité; j'ai la perception *j'ai veu un Arbre*, jointe à la perception, *j'étois dans un certain Lieu*: j'ai celle *j'ai retourné dans ce lieu, j'ai veu cet Arbre; j'ai retourné encore dans le même lieu, j'ai veu le même Arbre* &c. cette répétition & les circonstances qui l'accompagnent forment une nouvelle perception, *je verrai un Arbre toutes les fois que j'irai dans ce lieu:* enfin *il y a un Arbre.*

XXV.

Cette dernière perception transporte pour ainsi dire sa réalité sur son objet, & forme une proposition sur l'existence de l'Arbre comme independante de moi. Cependant on aura peut-être beaucoup de peine à y découvrir rien de plus que dans les propositions précédentes qui n'étoient que des signes de mes perceptions. Si je n'avois jamais eu qu'une seule fois chaque perception *je vois un Arbre, je vois un Cheval,* quelque vives que ces perceptions eussent été, je ne sçai pas si j'aurois jamais formé la proposition *il y a*; si ma mémoire eut été assés vaste pour ne point craindre de multiplier les signes de mes perceptions, & que je m'en fusse tenu aux expressions simples A, B, C, D, &c. pour chacune, je ne serois peut-être jamais parvenu à la proposition *il y a*, quoique j'eusse eu toutes les mêmes perceptions qui me l'ont fait prononcer. Cette proposition ne seroit-elle qu'un abrégé de toutes les perceptions *je vois, j'ai veu, je verrai &c.*

XXVI.

Dans le Langage ordinaire on dit, *il y a des Sons.* La plûpart des Hommes se représentent les sons comme quelque chose qui existe independament d'eux. Les Philosophes cependant ont remarqué que tout ce que les sons ont d'existence hors de nous n'est qu'un certain mouvement de l'air causé par les vibrations des corps sonores, & transmis jusqu'à notre oreille. Or cela, que j'apperçois lorsque je dis *j'entens des Sons*, ma perception, n'a certainement aucune ressemblance avec ce qui se passe hors de moi, avec le mouvement de ce corps agité: voilà donc une perception qui est du même genre que la perception *je vois*, & qui n'a hors de moi aucun objêt qui lui reſſemble. La perception *je vois un Arbre* n'eſt-elle pas dans le même cas? Quoique je puiſſe peut-être ſuivre plus loin ce qui ſe paſſe dans cette perception, quoique les expériences de l'Optique m'apprennent qu'il ſe peint une image de l'arbre ſur ma Retine, ni cette image, ni l'arbre ne reſſemblent à ma perception.

XXVII.

On dira peut-être qu'il y a certaines perceptions qui nous viennent de pluſieurs manières: celle-ci *je vois un Arbre* qui eſt dûe à ma veue, eſt encore confirmée par mon Toucher. Mais quoique le Toucher paroiſſe s'accorder avec la veue dans pluſieurs occaſions, ſi l'on examine bien l'on verra que ce n'eſt que par une Eſpéce d'habitude que l'un de ces ſens peut confirmer les perceptions qu'on acquiert par l'autre. Si l'on n'avoit jamais rien touché de ce qu'on a vû, & qu'on le touchât dans une nuit obſcure, ou les yeux fermés, on ne reconnoitroit pas l'objêt pour être le même. Les deux perceptions *je vois un Arbre*, *je touche un Arbre*, que j'exprime aujourd'hui par les ſignes C D, & P D, ne pourroient plus s'exprimer que par les ſignes C D, & P Q, qui n'auroient aucune partie commune & ſeroient abſolument différentes; la même choſe ſe peut dire des perceptions qui paroîtroient confirmées d'un plus grand nombre de manières.

XXVIII.

Les Philoſophes ſeront je crois preſque tous d'accord avec moi ſur ces deux derniers paragraphes, & diront ſeulement qu'il y a toujours hors de moi quelque choſe qui cauſe ces deux perceptions, *je vois un Arbre*, *j'entens des ſons*: mais je les prie de relire ce que j'ai dit ſur la force de la propoſition *il y a*, & ſur la manière dont on la forme. D'ailleurs que ſert-il de dire qu'il y a quelque choſe qui eſt cauſe que j'ai les perceptions je vois, je touche, j'entens, ſi jamais ce que je vois, ce que je touche, ce que j'entens ne lui reſſemble. J'avoüe qu'il y a une cauſe d'où dépendent toutes nos per-

perceptions, *parce que rien n'eſt comme il eſt ſans raiſon ſuffiſante.* Mais qu'elle eſt-elle cette cauſe? Je ne puis la pénétrer, puiſque rien de ce que j'ai ne lui reſſemble. Renfermons nous ſur cela dans les bornes, qui ſont preſcrites à notre intelligence.

XXIX.

On pourroit faire encore bien des queſtions ſur la ſucceſſion de nos perceptions. Pourquoi ſe ſuivent-elles dans un certain ordre? Pourquoi ſe ſuivent-elles de certains rapports les unes aux autres? Pourquoi la perception que j'ai, *je vais dans l'endroit où j'ai veu un Arbre*, eſt-elle ſuivie de celle *je vois un Arbre?* Découvrir la cauſe de cette Liaiſon, eſt vraiſemblablement une choſe au deſſus de notre portée.

XXX.

Mais il faut bien faire attention à ce que nous ne pouvons être nous mêmes les juges ſur la ſucceſſion de nos perceptions. Nous imaginons une *Durée* dans laquelle ſont repandues nos perceptions, & nous comptons la diſtance des unes aux autres par les parties de cette durée qui ſe ſont écoulées entre elles. Mais cette durée qu'eſt-elle? Le cours des aſtres, les Horloges, & ſemblables inſtruments auxquels je ne ſuis parvenu que comme je l'ai expliqué, peuvent-ils en être des méſures ſuffiſantes?

XXXI.

Il eſt vrai que j'ai dans mon eſprit la perception d'une certaine durée, mais je ne la connois elle-même que par le nombre de perceptions que mon ame y a placées.

Cette durée ne paroît plus la même, lorſque je ſouffre, lorſque je m'ennuye, ou lorſque j'ai du plaiſir; je ne puis la connoître que par la ſuppoſition que je fais que mes perceptiona ſe ſuivent toujours d'un pas égal. Mais ne pourroit-il pas s'etre écoulé des tems immenſes entre deux perceptions que je regarderois comme ſe ſuivant de fort près?

XXXII.

XXXII.

Enfin, comment connois-je les perceptions paſſées que par le ſouvenir, qui eſt une perception préſente? Toutes les perceptions paſſées ſont-elles autre choſe que des parties de cette perception préſente? Dans le prémier inſtant de mon Exiſtence, ne pourrois-je pas avoir une perception compoſée de mille autres comme paſ-ſées; & n'aurois-je pas le même droit que j'ai de prononcer ſur leur ſucceſſion.

ESSAY

ESSAY
DE
PHILOSOPHIE
MORALE.

Risum reputavi errorem:
& gaudio dixi:
Quid frustra deciperis.
Ecclesiast. Cap. II.

PREFACE.

Si j'avois à me défendre d'avoir dans l'Ouvrage suivant exposé quelqu'opinion hazardée, je n'aurois qu'à raconter comment il a vû le jour. Ce n'est point ici une Histoire d'Auteur qui cherche à faire valoir, ou à excuser son Livre; c'est l'exacte Vérité: Qu'ayant écrit ces Réfléxions pour moi & pour un très petit nombre d' Amis, je les envoyai à M. le Président Henault avec la plus sincere recommendation de ne les faire voir à personne: j'ignore de quelle manière on a abusé de sa confiance; mais je fus dans la plus grande surprise, lorsque j'appris que l'Ouvrage paroissoit à Paris, & y faisoit plus de bruit que peut être il ne merite. Puisqu'il m'est échappé; & que je ne le crois pas de nature à être désavoué, j'en donne ici une Edition plus correcte que celles qui ont paru, qui n'ont été faites que sur quelques Copies tirées à la hâte.

Peut-être, dans ce moment où je parois faire quelque cas de mon Ouvrage, me demandera-t-on pourquoi donc je n'avois pas voulu le publier? J'avoue ma foiblesse. Je crois vrai tout ce que j'ai dit, & je ne l'aurois pas dit sans cela, je crois même qu'il peut être utile: cependant je prévoyois qu'il pourroit être mal interpreté & me susciter des disputes; & j'avoue que quand j'eusse été sûr du triomphe, j'aimois encore mieux mon repos.

Tout homme qui écrit aujour d'hui est sûr de trouver deux sortes d'Adversaires; un petit nombre qui paroissent animés de l'Amour de la Vérité, un grand que la seule Malignité inspire: j'ai trouvé des uns & des autres. Je tacherai de satisfaire les premiers; les autres ne méritent pas qu'on leur réponde. Qu'importe en effet de sçavoir si telle où telle personne est de mes amis ou non?

Je respecte trop mes Lecteurs pour les entretenir long tems de moi: on ne peut d'ailleurs parler de soi sans prendre un air d'Hu-

milité

milité qui souvent est suspect, ou un air d'Ostentation qui toujours revolte. Cependant la maniere dont plusieurs Personnes ont attaqué mon Ouvrage me force à entrer ici dans quelques details. On l'a voulu représenter comme un fruit amer de la Melancolie. Le Public ne se met gueres en peine de savoir si je suis triste ou si je suis gai; cependant comme cette Idée pourroit prévenir contre l'Ouvrage même, il est peut-être à propos que ceux qui ne me connoissent point sçachent, que je ne l'ai écrit ni dans l'exil, ni dans le chagrin: Que ç'a été dans mes plus beaux jours, au milieu d'une brillante Cour; dans le Palais d'un Roi qui m'a placé dans un état fort au dessus de ce que j'aurois pû esperer. Si dans cette situation, j'ai trouvé encore des ennuis dans la vie, celà même ne doit-il pas me persuader qu'aucune vie n'en est exemte.

On a paru choqué du Plan de mon Ouvrage, comme si je m'étois proposé de faire haïr la vie. Le Poete ou l'Orateur qui par des peintures plus vives que fideles, voudroit repandre sur nos jours, plus de tristesse qu'il n'y en a, seroit blamable; mais le Philosophe qui compte & pése les peines & les plaisirs l'est-il? Et celui qui trouve mauvais qu'on lui présente ce calcul, ne ressemble-t-il pas à un homme derangé qui se fache, lorsque son Intendant lui fait voir le compte de sa depense & de ses revenus?

Nous lisons dans l'Histoire de la Philosophie qu'Hegesias avoit fait un livre où il représentoit si bien tous les Maux de la Vie, que plusieurs ne vouloient plus vivre après l'avoir lû. Ptolomée proscrivit le livre, & défendit à l'Auteur d'enseigner une telle doctrine. Il eut peut-être raison: ce seroit un Ouvrage pernicieux que celui qui nous peindroit trop vivement nos Maux, s'il ne nous présentoit en même tems les motifs qui nous les doivent faire supporter, & ne nous en indiquoit les remedes: mais certains Ouvrages, s'ils ne sont pas si dangereux, sont peut-être plus mal faits, dans lesquels après avoir deduit de la Philosophie toutes les raisons de haïr la vie, l'on tire d'une source toute différente les Motifs pour la supporter.

Je n'ai eu dans celui-ci que la verité pour objet, & que la Philosophie pour guide. Je n'ai fondé que sur elles le calcul que
j'ai

j'ai fait des Biens & des Maux; je n'ai tiré que d'elles les Moyens pour augmenter la fomme des uns & diminuer la fomme des autres. Et fi j'ai entrevu un but plus élevé que celui où fembloit tendre la route que je tenois, ce n'a été que le fil du raifonnement qui m'y a conduit.

Mon Ouvrage a eu un fort fort fingulier: les uns l'ont voulu faire paffer pour un Ouvrage d'impieté, les autres l'ont pris pour un Livre de Devotion: Il n'eft ni l'un ni l'autre. Les Theologiens veulent trop imperieufement interdire la faculté de raifonner; les Philofophes de ce tems croyent qu'on catechife, dès qu'on parle de Dieu. Ce contrafte dans les jugemens qu'on a portés me feroit affés croire que j'ai gardé un jufte milieu.

En effet; la fituation de mon Efprit étoit telle, que j'étois également éloigné du bonheur d'être Devot, & du malheur d'être Impie: & je me trouvois dans des circonftances où je pouvois avec la plus grande liberté écrire tout ce que je penfois.

Dans l'envie que j'avois de rendre cet Ouvrage le meilleur qu'il m'étoit poffible; avant que de le faire réimprimer, j'ai voulu attendre toutes les Critiques qui paroîtroient: je me les fuis fait foigneufement envoyer: voici quelques Articles que j'y ai trouvés qui m'ont paru meriter d'être éclaircis.

ECLAIRCISSEMENTS

I.

Quelques uns ont crû trouver un efpece de fcandale dans ce que j'ai dit (Chap. 3.) *Ne craignons donc point de comparer les plaifirs des Sens avec les plaifirs les plus intellectuels; ne nous faifons pas l'illufion de croire qu'il y ait des plaifirs d'une nature moins noble les uns que les autres; les plaifirs les plus nobles font ceux qui font les plus grands.*

Ceux qui ont critiqué ce Paragraphe avoient fans doute oublié, la definition que j'ai donnée du *Plaifir*: il eft certain que la perception agréable ne tire fa valeur que de fon *Intenfité* & de fa *Durée;*

rée & que dans cet inftant où je la confidere, celle qui naît des Paffions les plus brutales peut être comparée à celles que nous caufent les Vertus les plus pures. Il ne faut pas ici confondre *le Bonheur* avec *le Plaifir* : Le Bonheur, comme nous l'avons dit, eft la fomme des *Biens* qui refte après qu'on a retranché la fomme des *Maux*. Et loin que le Bonheur qui naîtroit de ces Paffions, pût être comparé à celui qui naît de la Vertu, on fait voir dans cet Ouvrage, que même il n'exifte pas comme *Quantité pofitive*; c'eft à dire que les *Biens* qui naiffent de ces Plaifirs feront toujours detruits & furpaffés par les Maux qui en feront les fuites. On peut donc nier la realité du Bonheur qu'on chercheroit dans les Plaifirs du Corps mais on ne peut pas nier la réalité de ces Plaifirs : on ne peut pas nier qu'ils ne puiffent être comparés aux Plaifirs de l'Ame, ni qu'ils ne puiffent même les furpaffer.

De plus grands Philofophes que ceux qui me veulent reprendre, pour avoir confondu le Plaifir avec le Bonheur, font tombés dans bien des fophismes & des contradictions. Leurs invectives contre les Plaifirs des Sens peuvent échauffer le coeur : Mais il fe trouvera auffi des efprits qui feront plus frappés des calculs froids & fecs que je donne que de declamations fondées fur de faux Principes.

II.

J'ai compris fous deux genres tous les Plaifirs & toutes les Peines : j'ai appellé *Plaifirs & Peines du Corps* toutes les Perceptions que l'Ame reçoit par l'impreffion des corps étrangers fur le nôtre ; j'ai appellé *Plaifirs & Peines de l'Ame* toutes les Perceptions que l'Ame reçoit fans l'entremife des Sens. Et j'ai reduit les Plaifirs de l'Ame à deux feuls objets ; à la pratique de *la Iuftice* & a la vûë de *la Verité* : Les Peines de l'Ame à avoir manqué l'un ou l'autre de ces objets. Un Ami refpectable a crû que mon enumeration n'étoit pas complete : qu'il y avoit des Plaifirs & des Peines qu'on ne pouvoit reduire ni à l'un ni à l'autre de mes deux genres.

Comme fûrement ce qui a arrêté l'Homme dont je parle en arrêteroit bien d'autres, & qu'apparemment je ne m'étois pas affés expliqué :

PREFACE.

pliqué: je reviens ici à examiner fi ma divifion des Plaifirs & des Peines comprend tout. Et je cherche dans l'exemple qui m'a été propofé, s'il y a quelque chofe qui ne vienne pas des fources que j'affigne, & qui faffe un genre à part; ou fi ce n'eft qu'un cas compofé de caufes comprifes dans mon enumeration.

La Mort m'a enlevé mon Ami: j'ai perdu un Homme qui me procuroit mille commodités; qui flattoit mes goûts & mes paffions; un objet qui plaifoit à mes yeux; une voix agréable à mon oreille: jufques là ma Peine n'appartient qu'au Corps.

Je regrette un Homme eclairé qui m'aidoit à decouvrir la Verité; un Homme vertueux qui m'entretenoit dans la pratique de la Iuftice: ma Peine appartient à l'Ame.

Et fi plufieurs de ces motifs fe trouvent combinés enfemble, ma Peine eft un fentiment mixte, qui fe rapporte à l'Ame & au Corps; & à chacun des deux plus ou moins felon la doze des motifs.

Si l'on analyfe de la forte les cas les plus compliqués; & qu'on fe fouvienne des définitions que j'ai données (Chap. 3.) on trouvera toujours que les Plaifirs & les Peines n'ont pas d'autres fources que celles que je leur ai affignées.

III.

On m'a reproché d'avoir parlé trop favorablement du *Suicide*. Confiderant le Suicide hors de la crainte & de l'efperance d'une autre Vie; je l'ai regardé comme un remede utile & permis. Le confiderant comme Chretien, je l'ai regardé comme l'action la plus criminelle ou la plus infenfée. Et tout cela me paroît fi evident, que je ne fcaurois rien dire qui puiffe en augmenter l'evidence. S'il n'y avoit rien au de là de cette Vie, il feroit fouvent convenable de la terminer: mais le malheur de notre condition préfente au-lieu de devoir nous en faire chercher le remede dans l'anéantiffement nous prouve au contraire que nous fommes deftinés à une Vie plus heureufe, dont l'efperance doit nous rendre celle-ci fupportable.

IV.

On m'a voulu faire un crime de ce que j'ai dit, *que la Religion n'étoit pas rigoureusement demontrable.* Je le repete; si elle étoit rigoureusement demontrable, tout le Monde la suivroit. Personne ne sort des écoles de Géometrie avec le moindre doute sur les propositions qu'il y a entendues : voyez parmi ceux qui sortent des Bancs de Theologie, combien il y en a de persuadés! Je l'ai dit: il faut ici que le coeur aide à persuader l'esprit. C'est ce qui me fait donner tant de poids à la preuve tirée du Bonheur que la Religion porte avec elle.

V.

Je n'ai plus qu'un mot à dire, & qui est presque inutile: C'est sur le Style de l'Ouvrage. On l'a trouvé triste & sec; j'avoue qu'il l'est: mais je ne crois pas qu'il dût être autrement. Quand j'aurois été capable de le parer de fleurs, la severité du Sujet ne le permettoit pas.

ESSAY
DE
PHILOSOPHIE
MORALE

CHAPITRE I.

CE QUE C'EST QUE LE BONHEUR
ET LE MALHEUR.

J'appelle *Plaisir*, toute Perception que l'Ame aime mieux éprouver que ne pas éprouver.

J'appelle *Peine*, toute Perception que l'Ame aime mieux ne pas éprouver qu'éprouver.

Toute Perception dans laquelle l'Ame voudroit se fixer, dont elle ne souhaite pas l'absence, pendant laquelle elle ne voudroit ni passer à une autre Perception, ni dormir; toute Perception telle est un *Plaisir*. Le Tems que dure cette Perception, est ce que j'appelle *Moment heureux*.

Oeuv. de Maupert.   B b b   Toute

Toute Perception que l'Ame voudroit éviter, dont elle souhaite l'absence, pendant laquelle elle voudroit passer à une autre, ou dormir, toute Perception telle, est une *Peine*. Le Tems que dure cette Perception est ce que j'appelle *Moment malheureux*.

Je ne sai s'il y a des Perceptions indifférentes, des Perceptions dont la présence ou l'absence soient parfaitement égales. Mais s'il y en a, il est évident qu'elles ne sçauroient faire des Moments heureux ni malheureux.

Dans chaque Moment heureux ou malheureux, ce n'est pas assez de considérer *la Durée*; il faut avoir égard à la Grandeur du Plaisir, ou de la Peine; j'appelle cette Grandeur *Intensité*. L'Intensité peut être si grande, que quoique la Durée fût fort courte, le Moment heureux ou malheureux équivaudroit à un autre dont la Durée seroit fort longue & dont l'Intensité seroit moindre. De même la Durée peut-être si longue, que quoique l'Intensité fût fort petite, le Moment heureux ou malheureux équivaudroit à un autre, dont l'Intensité seroit plus grande, & dont la Durée seroit moindre.

Pour avoir l'Estimation des Momens heureux ou malheureux, il faut donc avoir égard non seulement à la Durée, mais encore à l'Intensité du Plaisir ou de la Peine. Une Intensité double, & une Durée simple, peuvent faire un Moment égal à celui dont l'Intensité seroit simple, & la Durée double. En général, *l'Estimation des Momens heureux ou malheureux, est le Produit de l'Intensité du Plaisir ou de la Peine, par la Durée*. On peut aisément comparer les Durées; nous avons des instrumens qui les mesurent indépendamment des illusions que nous pouvons nous faire. Il n'en est pas ainsi des Intensités; on ne peut pas dire si l'Intensité d'un Plaisir ou d'une Peine est précisément double ou triple de l'Intensité d'un autre Plaisir ou d'une autre Peine.

Mais quoique nous n'ayons pas de mesure exacte pour les Intensités, nous sentons bien que les unes sont plus grandes que les autres; & nous ne laissons pas de les comparer. Chaque homme par un jugement naturel fait entrer l'Intensité & la Durée dans l'Estimation confuse qu'il fait des Momens heureux ou malheureux. Tantôt il préfére un petit Plaisir qui dure longtems, à un plus grand

qui

qui paſſe trop vîte: tantôt un Plaiſir très-grand & très-court, à un plus petit & plus long. Il en eſt ainſi de la Peine: quoique fort grande, elle peut être ſi courte, qu'on la ſouffrira plus volontiers qu'une plus petite & plus longue: & elle peut être ſi petite, que quoiqu'elle durât fort long-tems, on la préféreroit à une très-courte qui ſeroit trop grande. Chacun fait cette comparaiſon comme il peut: & quoique les calculs ſoient différens, il n'en eſt pas moins vrai que la juſte Eſtimation des Momens heureux ou malheureux eſt, comme nous l'avons dit, le Produit de l'Intenſité du Plaiſir ou de la Peine par la Durée.

Le *Bien* eſt une Somme de Momens heureux.

Le *Mal* eſt une Somme ſemblable de Momens malheureux.

Il eſt évident que ces Sommes, pour être égales, ne rempliront pas des intervalles de tems égaux. Dans celle où il y aura plus d'Intenſité, il y aura moins de Durée; dans celle où la Durée ſera plus longue, l'Intenſité ſera moindre. Ces Sommes ſont les elémens du Bonheur & du Malheur.

Le *Bonheur* eſt la Somme des Biens qui reſte, après qu'on en a retranché tous les Maux.

Le *Malheur* eſt la Somme des Maux qui reſte, après qu'on en a retranché tous les Biens.

Le Bonheur & le Malheur dépendent donc de la compenſation des Biens & des Maux. L'homme le plus heureux n'eſt pas toujours celui qui a eu la plus grande ſomme de Biens. Les Maux dans le cours de ſa vie ont diminué ſon Bonheur; & leur ſomme peut avoir été ſi grande, qu'elle a plus diminué ſon Bonheur, que la ſomme des Biens ne l'augmentoit. L'Homme le plus heureux eſt celui à qui, après la déduction faite de la ſomme des Maux, il eſt reſté la plus grande ſomme de Biens. Si la ſomme des Biens & la ſomme des Maux ſont égales, on ne peut appeller celui à qui il eſt echû un tel partage, heureux ni malheureux. Le Néant vaut ſon Etre. Si la ſomme des Maux ſurpaſſe la ſomme des Biens, l'homme eſt malheureux; plus ou moins, ſelon que cette ſomme ſurpaſſe plus ou moins l'autre. Son Etre ne vaut pas le Néant. Enfin ce n'eſt qu'après ce dernier calcul, qu'après la déduction faite des biens & des maux qu'on peut juger du bonheur ou du malheur.

Les Biens & les Maux étant les elémens du Bonheur ou du Malheur, tout nôtre soin devroit être employé à les bien connoître, & à tâcher de les comparer les uns aux autres; afin de préférer toujours le plus grand Bien, & d'éviter le plus grand Mal. Mais il se rencontre bien des difficultés dans cette comparaison; & chacun la fait à sa maniere.

L'un, pour quelques moments de delices, perd sa santé ou detruit sa fortune: l'autre, se refuse les plaisirs les plus vifs pour voir croître un trésor dont il ne jouira jamais. Celui-ci languit dans les longues douleurs de la pierre; celui-là se livre à la plus cruelle douleur pour en être delivré.

Et quoique les biens & les maux paroissent d'espéces fort différentes, on ne laisse pas de comparer les uns avec les autres, ceux qui semblent le plus hétérogênes: c'est ainsi que Scipion trouve dans une action généreuse, un Bien plus grand que dans tous les plaisirs qu'il peut goûter avec sa Captive.

Ce qui ajoute une nouvelle difficulté à la comparaison des Biens & des Maux, c'est le différent éloignement d'où on les considere. S'il faut comparer un bien éloigné avec un bien présent; ou un mal présent avec un mal éloigné, rarement fera-t-on bien cette comparaison. Cependant l'inégalité des distances ne cause de difficulté que dans la pratique: car l'avenir qui vraisemblablement est à notre portée par l'état de nôtre age & de nôtre santé, devroit être regardé à peu-près comme le présent.

Il y a encor une autre comparaison plus difficile, & qui n'est pas moins nécessaire: c'est celle du Bien avec le Mal. J'entens ici l'estimation du Mal qu'il faudroit raisonnablement souffrir pour équivaloir à tel ou tel Bien: ou l'estimation du bien dont il faudroit se priver, pour eviter tel ou tel Mal. Quoiqu'on ne puisse guéres faire cette comparaison avec justesse, il y a une infinité de cas où l'on sent qu'il est avantageux de souffrir un Mal pour jouir d'un Bien; ou de s'abstenir d'un Bien pour éviter un Mal. Si les Biens & les

Maux font vûs dans différens éloignemens, la comparaifon devient encor plus difficile.

C'eſt dans toutes ces comparaiſons que confiſte *la Prudence*. C'eſt par la difficulté de les bien faire qu'il y a ſi peu de gens prudens: & c'eſt des différentes manieres dont ces calculs ſe font, que réſulte la variété infinie de la conduite des hommes.

CHAPITRE II.

QUE DANS LA VIE ORDINAIRE LA SOMME DES MAUX SURPASSE CELLE DES BIENS.

Nous avons défini le Plaiſir, toute Perception que l'Ame aime mieux éprouver que ne pas éprouver; toute Perception, dans laquelle elle voudroit ſe fixer; pendant laquelle elle ne ſouhaite, ni le paſſage à une autre Perception, ni le ſommeil. Nous avons défini la Peine, toute Perception que l'Ame aimeroit mieux ne pas éprouver qu'éprouver; toute Perception qu'elle voudroit éviter, pendant laquelle elle ſouhaite le paſſage à une autre Perception, ou le ſommeil.

Si l'on examine la Vie d'après ces idées, on ſera ſurpris, on ſera effrayé, de voir combien on la trouvera remplie de Peines, & combien on y trouvera peu de Plaiſirs. En effet, combien rares ſont ces Perceptions, dont l'Ame aime la préſence? La Vie eſt-elle autre choſe qu'un ſouhait continuel de changer de Perception? elle ſe paſſe dans les déſirs; & tout l'intervalle qui en ſépare l'accompliſſement, nous le voudrions anéanti: ſouvent nous voudrions des jours, des mois, des ans entiers ſupprimés: nous n'acquerons aucun Bien qu'en le payant de notre Vie.

Si Dieu accompliſſoit nos déſirs; qu'il ſupprimât pour nous tout le tems que nous voudrions ſupprimé: le Vieillard ſeroit ſurpris de voir le peu qu'il auroit vecu. Peut-être toute la durée de la plus longue Vie ſeroit réduite à quelques heures.

Or tout ce tems dont on auroit demandé la ſuppreſſion, pour paſſer à l'accompliſſement de ſes déſirs; c'eſt à dire, pour paſſer de

Perceptions à d'autres, tout ce tems n'eſt compoſé que de Momens malheureux.

Il y a, je crois, peu d'Hommes, qui ne conviennent que leur Vie a été beaucoup plus remplie de ces Momens que de Momens heureux, quand ils ne confidéreroient dans ces Momens que la Durée: mais s'ils y font entrer l'Intenſité, la ſomme des Maux en ſera encore de beaucoup augmentée; & la Propoſition ſera encore plus vraye: *Que dans la Vie ordinaire la ſomme des Maux ſurpaſſe la ſomme des Biens.*

Tous les divertiſſemens des Hommes prouvent le Malheur de leur condition. Ce n'eſt que pour eviter des Perceptions facheuſes, que celui-ci joüe aux Echecs, que cet autre court à la Chaſſe: tous cherchent dans des occupations ſerieuſes, ou frivoles, l'oubli d'eux mêmes. Ces diſtractions ne ſuffiſent pas; ils ont recours à d'autres reſſources: les uns par des liqueurs ſpiritueuſes excitent dans leur Ame un tumulte, pendant lequel elle perd l'Idée qui la tourmentoit; les autres par la fumée des feuïlles d'une plante cherchent un étourdiſſement à leurs ennuis; les autres charment leurs Peines par un ſuc, qui les met dans une eſpece d'Extaſe. Dans l'Europe, l'Aſie, l'Afrique, & l'Amerique, tous les Hommes, d'ailleurs ſi divers ont cherché des remédes au Mal de vivre.

Qu'on les interroge; on en trouvera bien peu dans quelque condition qu'on les prenne, qui vouluſſent recommencer leur Vie telle qu'elle a été, qui vouluſſent repaſſer par tous les mêmes Etats dans leſquels ils ſe ſont trouvés. N'eſt ce pas l'aveu le plus clair qu'ils ont eu plus de Maux que de Biens?

Eſt-ce donc-là le Sort de la Nature humaine? Eſt-elle irrévocablement condamnée à un Deſtin ſi rigoureux? Ou a-t-elle des Moyens pour changer cette Proportion entre les Biens & les Maux? N'eſt-ce point le peu d'Uſage, ou le mauvais Uſage, que l'Homme fait de ſa Raiſon, qui rend cette Proportion ſi funeſte? Une Vie plus heureuſe ne ſeroit-elle point le prix de ſes Réflexions & de ſes Efforts?

CHAPITRE III.

REFLEXION SUR LA NATURE DES PLAISIRS ET DES PEINES.

Les Philosophes de tous les tems ont connu l'importance de la recherche du Bonheur, & en ont fait leur principale Etude. S'ils n'ont pas trouvé la vraye route qui y conduit, ils ont marché par des sentiers qui en approchent. En comparant ce qu'ils ont découvert dans les autres Sciences, avec les excellens préceptes qu'ils nous ont laissés pour nous rendre heureux, on s'étonnera de voir combien leurs progrès ont été plus grands dans cette Science que dans toutes les autres.

Je n'entrerai point dans le détail des Opinions de tous ces grands Hommes sur le Bonheur; ni des différences qui ont pu se trouver dans les Sentimens de ceux qui en général étoient de la même Secte. Cette discussion ne seroit qu'une espece d'Histoire, longue, difficile, incertaine, & surement inutile.

Les uns regardant le Corps, comme le seul instrument de notre Bonheur & de notre Malheur, ne connurent de Plaisirs que ceux qui dépendoient des impressions que les Objets extérieurs font sur nos Sens; ne connurent de peines que celles qui dépendoient d'impressions semblables.

Les autres donnant trop à l'Ame, n'admîrent que les Plaisirs & les Peines qu'elle trouve en elle même

Opinions outrées & également éloignées du vrai. Les impressions des Objets sur nos corps sont des sources de Plaisir & de Peine: les opérations de notre Ame en sont d'autres. Et tous ces Plaisirs, & toutes ces Peines, quoiqu' entrées par différentes portes, ont cela de commun qu'elles ne sont que des perceptions de l'Ame; dans lesquelles l'Ame se plaît, ou se deplaît, qui font des Momens heureux, ou malheureux.

Ne craignons donc point de comparer les Plaisirs des Sens avec les Plaisirs les plus intellectuels; ne nous faisons pas l'illusion de
croire

croire qu'il y ait des Plaisirs d'une nature moins noble les uns que les autres: les Plaisirs les plus nobles sont ceux qui sont les plus grands.

Quelques Philosophes allérent si loin qu'ils regardérent le Corps comme tout à fait etranger à nous; & prétendirent qu'on pouvoit parvenir à ne pas même sentir les accidens auxquels il est sujet.

Les autres ne se tromperoient pas moins, s'ils croïoient que les impressions des objets extérieurs sur le corps, pussent tellement occuper l'Ame qu'elles la rendissent insensible à ses refléxions.

Tous les Plaisirs & toutes les Peines appartiennent à l'Ame. Quelle que fut l'impression que fit un objet extérieur sur nos sens, jamais ce ne seroit qu'un Mouvement physique, jamais un plaisir ni une peine, si cette impression ne se faisoit sentir à l'Ame. Tous les plaisirs & toutes les peines ne sont que ses perceptions: la seule différence consiste en ce que les unes sont excitées par l'entremise des Objets extérieurs, les autres paroissent puisées dans l'Ame même. Cependant pour éviter la longueur, & pour m'exprimer de la maniere la plus usitée, j'appellerai les unes *Plaisirs* & *Peines du Corps;* les autres, *Plaisirs* & *Peines de l'Ame*.

Je ne nierai point que les Plaisirs & les Peines du Corps ne soyent de vrais plaisirs & de vrayes peines; ne fassent des Biens & des Maux. Quelque peu de rapport qu'on voye entre les perceptions de l'Ame & les mouvemens qui les font naître, on ne sçauroit en méconnoître la realité. Et le Philosophe qui disoit que la goutte n'étoit pas un mal, disoit une sottise, ou vouloit seulement dire qu'elle ne rendoit pas l'ame vicieuse, & alors disoit une chose bien triviale.

Les Plaisirs & les Peines du Corps sont donc sans contredit des sommes de momens heureux & de momens malheureux; des Biens & des Maux. Les Plaisirs & les Peines de l'Ame sont d'autres sommes pareilles: il ne faut négliger ni les unes ni les autres; il faut les calculer, & en tenir compte.

En examinant la nature des Plaisirs & des Peines du Corps, nous commencerons par une remarque bien affligeante: c'est que le Plaisir diminue par la Durée, & que la Peine augmente. La continuité

des

des impressions qui causent les Plaisirs du Corps, en affoiblit l'intensité; l'intensité des Peines est augmentée par la continuité des impressions qui les causent.

1. Q'on parcourre les plus grands Plaisirs que les objets extérieurs puissent nous procurer: on verra que, ou la sensation qu'ils excitent, est de nature à cesser fort promtement; ou que si elle dure, elle s'affoiblit, devient bientôt insipide, & même incommode, si elle dure trop longtems. Au contraire la douleur que causent les objets extérieurs, peut durer autant que la vie; & plus elle dure, plus elle devient insupportable. Si l'on doute de ceci, qu'on essaye de prolonger l'impression de quelque objet des plus agréables, on verra ce que le Plaisir devient: Que l'action du fer ou du feu sur notre Corps dure un peu; qu'on y tienne seulement des cantarides un peu trop longtems appliquées; & l'on verra à quel point peut s'accroître la Douleur.

2. Il n'y a que quelques parties du Corps qui puissent nous procurer des Plaisirs; toutes nous font éprouver la Douleur. Le bout du doigt, une dent, nous peuvent plus tourmenter, que l'organe des plus grands plaisirs ne peut nous rendre heureux.

3. Enfin il y a une autre consideration à faire. Le trop long, ou trop fréquent usage des objets qui causent les Plaisirs du Corps, conduit à des infirmités; & l'on n'en devient aussi que plus infirme par l'application continuée, ou repetée trop souvent, des Objets qui causent la Douleur. Il n'y a ici aucune espece de Compensation. La Mesure des Plaisirs que nôtre Corps nous peut faire gouter, est fixée & bien petite; si l'on y verse trop, on en est puni: la Mesure des Peines est sans bornes, & les Plaisirs même contribüent à la remplir.

Si l'on disoit que la Douleur a ses bornes; que comme le Plaisir, elle emousse le Sentiment, ou même le détruit tout à fait: cela n'a lieu que pour une Douleur extrême, une Douleur qui n'est point dans l'état ordinaire de l'Homme, & à laquelle aucune espece de Plaisir ne se peut comparer.

Par tout ce que nous venons de dire, on peut juger de la Nature des Plaisirs & des Peines du Corps, & de ce qu'on peut en attendre pour notre Bonheur. Examinons maintenant la nature des Plaisirs & des Peines de l'Ame.

Avant que d'entrer dans cet examen, il faut définir exactement ces Plaisirs & ces Peines; & ne les pas confondre avec d'autres affections de l'Ame, qui n'ont que le Corps pour Objet. Je m'explique. Je ne compte pas parmi les Plaisirs de l'Ame, le Plaisir qu'un Homme trouve à penser qu'il augmente ses richesses; ou celui qu'il ressent à voir son pouvoir s'accroître; si, comme il n'est que trop ordinaire, il ne rapporte ses richesses & son pouvoir qu'aux Plaisirs du Corps que ces moyens peuvent lui procurer. Les Plaisirs de l'Avare & de l'Ambitieux ne sont alors que des Plaisirs du Corps, vûs dans l'éloignement. De même nous ne prendrons pas pour des Peines de l'Ame, les Peines d'un Homme qui perd ses richesses, ou son pouvoir, si ce qui les lui fait regretter n'est que la vûe des Plaisirs du Corps qu'ils lui pouvoient procurer, ou la vûe des Peines du Corps auxquelles cette perte l'expose.

Après cette Définition il me semble que tous les Plaisirs de l'Ame se réduisent à deux genres de Perception: l'un qu'on éprouve par la Pratique de la *Justice*, l'autre par la Vûe de la *Verité*. Les Peines de l'Ame se reduisent à manquer ces deux Objets.

Je n'entreprens point de donner ici une définition absolüe de la justice, & n'ai pas besoin de le faire. J'entens seulement jusqu'ici par *Pratique de la Justice*, l'accomplissement de ce qu'on croit son Devoir, quel qu'il soit.

Il n'est pas non plus nécessaire de définir ici exactement la Verité. J'entens par *Vûe de la Verité*, cette Perception qu'on éprouve, lorsqu'on est satisfait de l'évidence avec laquelle on voit les choses.

Or ces deux Genres de Plaisir me paroissent d'une Nature bien opposée à celle des Plaisirs du Corps. 1°. Loin de passer rapidement, ou de s'affoiblir par la jouissance, les Plaisirs de l'Ame sont

dura-

durables; la Durée & la Répetition les augmentent. 2°. L'Ame les reſſent dans toute ſon Etendüe. 3°. La Jouiſſance de ces Plaiſirs, au lieu d'affoiblir l'Ame, la fortifie.

Quant aux Peines qu'on éprouve, lorſqu'on n'a pas ſuivi la Juſtice, ou lorſqu'on n'a pu découvrir la Verité, elles different encore extrémement des Peines du Corps. Il eſt vrai que l'Idée qu'on a manqué à ſon Devoir eſt une Peine très douloureuſe, mais il dépend toujours de nous de l'éviter: elle eſt elle-même ſon préſervatif; plus elle eſt ſenſible, plus elle nous éloigne du peril de la reſſentir. Pour la Peine qu'on éprouve dans la recherche d'une Verité, qu'on ne ſçauroit découvrir, l'Homme ſage ne s'attachera qu'à celles qui lui ſont utiles, & il découvrira celles-là facilement.

Mais me dira-t'on peut-être, ces Plaiſirs de l'Ame ne peuvent-ils pas procurer aux Hommes un ſort plus heureux que celui que vous nous avez depeint? N'y a-t-il donc pas des Sages dont la vie ſe paſſe dans la Practique de la *Juſtice* & dans la Contemplation de la *Verité?* je veux croire quil y en a. Mais outre les Peines du Corps auxquelles ils ſont toujours expoſés, ſi l'on compte les Ariſtides & les Neutons, on verra que ces Hommes ſont trop rares pour empecher que la Propoſition que nous avons établie ne ſoit vraye: que *dans la Vie ordinaire la Somme des Maux ſurpaſſe la Somme des Biens.*

CHAPITRE IV.

DES MOYENS POUR RENDRE NOTRE CONDITION MEILLEURE.

C'eſt par ces conſiderations, & non en niant, comme quelques Sophiſtes, la realité des Plaiſirs & des Peines du Corps, que nous devons nous conduire. Laiſſons notre Ame ouverte à quelques Perceptions agréables, qu'un uſage ſobre & circonſpect des Objets extérieurs y peut faire naître; mais ne laiſſons pas entrer cette foule d'ennemis qui menacent fa ruine. Ne difons pas que la Volupté n'eft pas un Bien; mais fouvenons nous toujours des Maux qu'elle traîne après elle.

Etant ainfi expofés par rapport à notre Corps à beaucoup plus de Peines que de Plaifirs: à des Peines que la Durée augmente, à des Plaifirs quelle diminüe: s'il nous étoit poffible de nous fouftraire entiérement aux impreffions des Objets extérieurs, de renoncer totalement aux Plaifirs de Sens, pour être affranchis de leurs Peines; ce feroit affurément le meilleur parti: il y a beaucoup plus à perdre qu'à gagner, en y reftant expofé. Mais comment éviter l'effet de ces impreffions? Nos Corps font partie du Monde phyfique: toute la Nature agit fur eux par des Loix invariables: & par d'autres loix que nous fommes également obligés de fubir, ces impreffions portent à l'Ame les Perceptions de Plaifir & de Peine.

Dans cet état qui paroit purement paffif, il nous refte cependant une arme pour parer les coups des Objets, ou pour en amortir l'effect. C'eft la liberté, cette force fi peu compréhenfible mais fi inconteftable; contre laquelle le Sophifte peut difputer, mais que l'honnête Homme reconnoit toujours dans fon coeur. Il peut avec elle lutter contre toute la Nature: & s'il ne peut pas toujours tout à fait vaincre, il peut du moins toujours n'être pas entierement vaincu: Arme fatale qu'il tourne fi fouvent contre lui-même!

Si l'Homme fçait faire ufage de fa Liberté, il fuira les Objets qui peuvent faire fur lui des impreffions funeftes: & fi ces impreffions font inévitables, elle lui fervira à en diminuer la force. Dans les états les plus cruels, il n'y a perfonne qui ne fente en lui même un certain Pouvoir qu'il peut exercer même contre la Douleur.

Si la Liberté peut nous préferver des impreffions dangereufes des Objets; fi elle peut nous défendre des Peines du Corps, & nous en difpenfer avec économie les Plaifirs, elle a bien un autre empire fur les Plaifirs & les Peines de l'Ame: c'eft là qu'elle peut triompher entierement.

Notre

DE PHILOSOPHIE MORALE. 389

Notre Vie n'est donc qu'une suite de Perceptions agréables & fâcheuses; mais dans laquelle les Perceptions fâcheuses l'emportent de beaucoup sur les Perceptions agréables. Le Bonheur & le Malheur de chacun dépendent des Sommes de Bien & de Mal que ces Perceptions font dans sa vie.

Cela posé; il n'y a que deux Moyens pour rendre notre Condition meilleure. L'un consiste à augmenter la Somme des Biens; l'autre à diminuer la Somme des Maux. C'est à ce Calcul que la Vie du Sage doit être employée.

Les Philosophes de l'Antiquité, qui avoient sans doute senti la verité de ceci, se partagérent en deux Classes. Les uns crurent que pour rendre notre condition meilleurre, il ne faloit qu'accumuler le plus de plaisirs qu'il étoit possible; les autres ne cherchérent qu'à diminuer les peines.

C'est là, ce me semble ce qui distingua essentiellement les deux fameuses Sectes des Epicuriens & des Stoiciens. Car c'est n'en pas avoir penetré l'Esprit que de ne pas avoir apperçu les différents Moyens que chacune se proposoit; & de faire consister leur différence dans la recherche de plaisirs plus grossiers, où plus purs. Je l'ai déja dit; tant qu'on ne considere que l'état présent, tous les Plaisirs sont du même Genre: celui qui naît de l'action la plus brutale, ne cede point à celui qu'on trouve dans la Pratique de la Vertu la plus épurée. Les Peines ne sont pas non plus de genre différent: celles qu'on ressent par l'application du fer & du feu, peuvent être comparées à celles qu'éprouve une Conscience criminelle. Toutes les Peines, tous les Plaisirs, ne font que des Perceptions de l'Ame, dont il faut seulement bien calculer l'Intensité & la Durée.

Ce qui caracterise donc les deux Sectes: c'est que l'une & l'autre reconnoissant, que le plus grand Bonheur est celui où la Somme des Biens, après la déduction de la Somme des Maux, demeuroit la plus grande; dans les Moyens que ces Sectes proposoient pour rendre notre condition meilleure, celle des Epicuriens avoit plus en vûe l'Augmentation de la Somme des Biens, & celle des Stoïciens la Diminution de la Somme des Maux.

Si nous avions autant de Biens à esperer que de Maux à craindre, l'un & l'autre Système seroient egalement fondés. Mais si l'on fait attention à ce que nous avons remarqué dans les Chapitres précedens sur les Plaisirs & les Peines, on verra combien il est plus raisonable de chercher à rendre notre condition meilleure par la Diminution de la Somme des Maux, que par l'Augmentation de la Somme des Biens.

Je ne m'arrêterai donc point à la Secte d'Epicure; j'examinerai seulement celle des Stoïciens, qui me paroissent ceux qui ont raisonné le plus juste.

CHAPITRE V.
DU SYSTEME DES STOICIENS.

Je ne remonterai point jusqu'à Zenon: ce que nous savons de lui est trop peu de chose pour pouvoir bien juger de ce qu'il enseignoit & de ce qu'il pensoit. Ce n'est dans l'Origine d'aucune Secte qu'on en trouve les Dogmes les plus raisonnables, ni les mieux digerés. Ce qui nous touche le plus, c'est la doctrine des Stoïciens, telle qu'elle fut, après que les tems, & les réflexions des grands Hommes qui la professérent, l'eurent conduite à sa maturité.

Le Recueil le plus ample que nous ayons des Dogmes de cette Secte, est celui que *Seneque* nous a laissé. Tous les Ouvrages de ce Philosophe, sous des titres différens & multipliés, n'en sont que l'exposition. *Epictete* les produisit avec moins d'art & plus de force. Nous avons le Système de ce grand Homme dans deux Ouvrages différens: l'un continent des Discours, negligés & diffus, tels qu' *Arrien* les recueillit sortans de sa bouche: l'autre est son *Enchiridion*,
serré

serré & methodique, dans lequel, malgré fa briéveté, on trouve le Syfteme le plus complet de Morale, & toute la Science du Bonheur. A ces Ouvrages admirables on en doit ajouter un plus admirable encore. Ce font *Les Réfléxion de l'Empereur Marc Aurele adresfées à lui-même;* mais dignes de fervir de leçons à tout l'Univers. Il n'a, ni le brillant du Precepteur de Neron, ni la fechereffe de l'Efclave d'Epaphrodite: fon Style porte partout le caractere de l'élevation de fon Ame: de la pureté de fon cœur, & de la grandeur des chofes qu'il dit. Il remercie les Dieux de lui avoir refufé les talents de la Poëfie & de l'Eloquence, & ne s'apperçoit pas qu'il les a. Il poffede toutes les connoiffances de fon tems, & ne fait cas que de celles qui enfeignent à regler le Cœur: toutes les autres, il les méprife également. Il traite de véritable fottife la recherche de la Structure & des Mouvemens de l'Univers: fa feule Etude eft celle de l'Homme. Ces divines Leçons, il les pratiqua toute fa vie: & en fe rendant heureux, il eut fur les deux autres Philofophes, l'avantage d'avoir fait le Bonheur d'un Empire qui faifoit la plus grande partie du Monde.

Un Courtifan qui a effuyé de grandes viciffitudes : qui s'eft trouvé elevé au comble des Honneurs, puis abaiffé dans les plus profondes Difgraces; un tel jouët de la Fortune, doit avoir fenti le befoin de la Philofophie Stoicienne. Un Efclave accablé du poids de fa chaîne, affujetti aux caprices d'un Maître cruel, n'avoit d'autre reffource que cette Philofophie, qui promet un Bonheur qui ne dépend que de nous.

Mais un Empereur qui n'éprouva jamais aucun revers; qui fut conftamment comblé des faveurs de la Fortune, n'eut pas les mêmes motifs. Il femble qu'il ne dût chercher qu'à étendre la Puiffance de celle qui lui prodiguoit tous les Biens qu'elle peut donner: il vit que tous ces Biens n'étoient que des illufions.

Seneque & Epictete femblent n'être parvênus à la Philofophie que par befoin & par art: la Nature forma Marc Aurele Philofophe, & eleva fon Cœur à une perfection, à laquelle fes lumieres ne pou-

pouvoient le conduire. La Philosophie Stoïcienne n'avoit point la Vertu pour but, ce n'étoit que le Bonheur présent. Et, si l'on s'y trompoit, c'est que les routes qui conduisent à l'un & à l'autre, sont jusqu'à un certain point les mêmes.

Les Préservatifs & les Remedes, que le Stoïcien recommande contre les Maux de cette vie, sont: de se rendre maitre de ses Opinions & de ses Desirs ; d'anéantir l'effet de tous les Objets extérieurs : enfin, de se donner la Mort, si l'on ne peut trouver la tranquillité qu'à ce prix.

En lisant les écrits de ces Philosophes, on seroit tenté de croire que ce qu'ils proposent est impossible. Cet empire sur les Opérations de notre Ame; cette insensibilité aux Peines du Corps; cet équilibre entre la Vie & la Mort, ne paroissent que de belles chimeres. Cependant, si nous examinons la maniere dont ils ont vêcu, nous croirons qu'ils y étoient parvenus; ou qu'ils n'en étoient pas éloignés. Et si nous refléchissons sur la nature de l'Homme, nous le croirons capable de tout, pourvû qu'on lui propose d'assez grands motifs: capable de braver la Douleur, capable de braver la Mort: & nous en trouverons de toutes parts des exemples.

Si vous allez dans le Nord de l'Amerique, vous trouverez des Peuples sauvages, qui vous feront voir que les Scevola, les Curtius, & les Socrates, n'étoient que des femmes auprès d'eux. Dans les tourmens les plus cruels vous les verrez inébranlables ; chanter & mourir. D'autres que nous ne regardons presque pas comme des Hommes; & que nous traitons, comme les Chevaux & les boeufs ; dès que l'ennuy de la Vie les prend, la sçavent terminer, un vaisseau qui revient de Guinée, est rempli de Catons qui aiment mieux mourir que de survivre à leur Liberté. Un grand Peuple, bien éloigné de la Barbarie, quoique ses mœurs soyent fort différentes des nôtres, ne fait pas plus de cas de la Vie : le moindre affront, le plus petit chagrin, est pour un Japonois une raison pour mourir. Sur les Bords du Gange, la jeune Indienne se jette au milieu des flammes , pour éviter le reproche d'avoir survêcu à son Epoux.

Voilà

Voilà des Nations entieres parvenuës à tout ce que les Stoïciens prescrivoient de plus terrible. Voilà ce que peuvent l'Opinion & la Coutume: ne doutons pas que le Raisonnement n'ait autant de force: ne distinguons pas même du Raisonnement la Coutume & l'Opinion; ce sont des Raisonnemens sans doute, seulement moins approfondis. Le Negre & le Philosophe, n'ont qu'un même Objet; *de rendre leur condition meilleure.* L'un, chargé de fers, pour se délivrer des Maux qu'il souffre, ne voit que de terminer sa Vie: l'autre, dans des palais dorés, sent qu'il est réellement sous la puissance d'une maîtresse capricieuse & cruelle, qui lui prépare mille Maux: le premier remede qu'il essaye, c'est l'Insensibilité; le dernier, c'est la Mort.

Ceux qui ont écrit sur cette matiere, prétendent qu'une telle ressource, loin d'être une action généreuse, n'est qu'une véritable lâcheté. Mais il me semble que c'est ne pas distinguer assez les différentes positions où l'homme se peut trouver.

Si l'on part d'une Religion, qui promette des récompenses éternelles à celui qui souffre patiemment, qui menace de chatimens éternels celui qui meurt pour ne pas souffrir; ce n'est plus ni un Homme courageux, ni un lâche qui se tuë, c'est un insensé: ou plûtôt, la chose est impossible. Mais nous ne considerons ici l'Homme que dans l'état naturel, sans crainte & sans esperance d'une autre Vie; uniquement occupé à rendre sa condition meilleure.

Or dans cette Position, il est évident qu'il n'y a ni gloire, ni raison, à demeurer en proye à des Maux auxquels on peut se soustraire, par une Douleur d'un moment. Dès que la Somme des Maux surpasse la Somme des Biens, le Neant est préferable à l'Etre: Et les Stoïciens raisonnent juste, lorsqu'ils regardent la Mort comme un remede utile & permis. Quelques uns ont été jusqu'à la conseiller assez legerement. Et Marc Aurele, cette ame si douce & si belle pensoit ainsi: *Sors de la Vie*, dit-il, *si elle te devient à charge; mais sors en sans plainte & sans murmure, comme d'une chambre qui fume* *.

Seneque

* *Marc Aurele L. V. §. XXX.*

Seneque parle avec bien plus de force du droit que chaque Homme a de se donner la Mort, dès qu'il trouve sa Vie malheureuse. Il s'étonne que quelques Philosophes ayent pu penser différemment. Quelle magnifique description nous fait-il de la Mort de Caton *? Quelles loüanges ne donne-t-il pas à ce jeune Lacedemonien, qui aima mieux se casser la tête que de faire le service des Esclaves **? A cet Allemand destiné au combat des bêtes, qui avala l'eponge qui servoit à nettoyer les ordures ***? Mais rien ne fait mieux connoître le peu de cas que les Stoïciens faisoient de la Vie, que l'histoire qu'il ajoute: Marcellinus, ennuyé d'une longue maladie, hésitoit à se donner la Mort, & cherchoit qui l'encourageât: *Tu fais bien des consultations pour peu de chose*, lui dit un Philosophe de cette Secte, qu'il avoit envoyé chercher: *la Vie n'est rien; tu la partages avec les Esclaves & les animaux; mais la Mort peut être belle. Et il n'est pas nécessaire pour savoir mourir d'être fort brave, ni fort malheureux; il suffit d'être ennuyé.* Marcellinus persuadé, accomplit son dessein, par une Mort que Seneque appelle *delicieuse* †.

On ne peut pas douter que cette question, du droit que l'Homme a sur sa Vie, ne dépende des Idées qu'il a d'une Divinité qui lui permet ou qui lui défend d'en disposer; de la Mortalité, ou de l'Immortalité de l'Ame. Il est donc certain que la Religion des Stoïciens les laissoit libres à cet egard.

Il nous seroit fort difficile de déterminer, quelles étoient précisément leurs Idées sur la Divinité. L'un définissoit Dieu, un Etre heureux, éternel, bienfaisant. L'autre faisoit des Dieux des différents Ordres. Zenon ne reconnut d'autre Dieu que l'Univers.

Si ces Philosophes paroissent avoir eu quelquefois des Idées plus elevées de la Divinité, ils n'en eurent guères de plus distinctes.

Croire des Dieux; & croire une Providence, n'étoit pas, chez les anciens Philosophes, une même chose. Ils ne voyoient en Dieu la nécessité, ni d'être unique, ni éternel, ni la cause libre & prévoyante de tout ce qui arrive dans l'Univers. Les Dieux, selon
plusieurs,

---

* *Senec. de Provid.* Cap. II.
** *Senec.* Epist. LXXVII.
*** *Idem* Epist. LXX.
† *Idem* Epist. LXXVII.

plusieurs, n'étoient que des Etres sans Intelligence, sans Action, inutiles pour le gouvernement du Monde. Si quelquefois les Stoïciens parlent d'une Providence, & de l'Empire des Dieux, leurs discours sont plûtôt des déclamations, que des discours dogmatiques.

Ils ne furent, ni plus d'accord, ni plus eclairés sur la nature de notre Ame. La pluspart la prirent pour une matiere subtile, ou un écoulement de la Divinité. Les uns la regardérent comme se dissipant à la Mort ; les autres comme se reünissant à la source dont elle étoit sortie. Mais y portoit-elle, y conservoit-elle le Souvenir de son état précedent? Tout ce qui nous reste de ces Philosophes, est rempli sur cette matiere, non seulement d'obscurités, mais même de contradictions.

Ce qui paroit certain, & c'est ce qui est bien etrange, c'est que les Stoïciens regardoient ces questions comme indifférentes pour la conduite des Mœurs. On voit dans plusieurs endroits des Ouvrages de ces grands Maitres de Morale qu'ils laissent ces choses dans un doute, dont il ne paroît pas qu'ils se mettent en peine de sortir.

Cependant avec aussi peu de Systeme sur les Dieux, la Providence, & l'Immortalité de l'Ame, les Stoïciens semblent être parvenus, là où nous ne parvenons que par la connoissance d'un Dieu qui punit & recompense une Ame immortelle ; par l'esperance d'un Bonheur éternel, ou par la crainte d'être éternellement malheureux.

C'est un mystere difficile à comprendre, si l'on n'a pas considéré les choses, comme nous l'avons fait. Et un illustre Auteur, à qui nous devons l'excellente Histoire Critique de la Philosophie, pour n'avoir pas fait ces reflexions, me semble avoir avec un peu de précipitation, accusé les Stoïciens d'Inconséquence, ou de mauvaise foi *.

Le seul amour du Bonheur suffisoit pour conduire le Stoicien au retranchement de tout. Persuadé que dans cette Vie, les Maux surpassent toujours les Biens, il trouvoit de l'avantage à se priver des Plaisirs, pour s'epargner les Peines ; & à détruire toute Sensibilité. Si la Nature ne permettoit pas qu'il fut heureux, l'art le rendoit impassible.

* *Histor. Crit. de la Phil.* T. II. Chap. 28.

CHAPITRE VI.

DES MOYENS QUE LE CHRISTIANISME PROPOSE POUR ETRE HEUREUX.

Voilà jufqu'où la Raifon feule put atteindre : voyons maintenant, fi la Raifon eclairée d'une nouvelle lumiere peut aller plus loin : fi elle peut nous enfeigner des moyens plus fûrs pour parvenir au Bonheur, ou du moins pour rendre notre condition meilleure.

Je n'examine ici la Religion que par rapport à cet Objet : je ne releve point ce qu'elle a de Divin, ni ne m'arrête aux difficultés que peuvent faire à notre Efprit fes Myfteres : je ne confidere que les régles de conduite qu'elle prefcrit, & les Suites néceffaires de ces régles par rapport au Bonheur de la Vie préfente. On prit le Chriftianifme naiffant pour une nouvelle Secte de Philofophie ; ne l'envifageons pas autrement : comparons la Morale de l'Evangile à celle des Stoïciens.

Quelques Auteurs, par un zele peu judicieux, ont voulu trouver dans la Morale de ces Philofophes, la Morale du Chriftianifme. On eft furpris de voir, combien le fçavant Dacier s'eft donné de peine pour cela, & qu'il n'ait pas fenti la différence extrême qui fe trouve entre ces deux Philofophies, quoique la pratique en paroiffe au premier coup d'oeil la même. Aveugle à ce point, il n'a cherché qu'à donner un Sens Chretien à tout ce qu'il a traduit. Il n'eft pas le premier qui foit tombé dans cette erreur : nous avons une vieille Paraphrafe d'Epictete, attribuée à un Moine Grec, dans laquelle on trouve Epictete & l'Evangile également défigurés.

Un Jefuite plus Homme d'Efprit *, a mieux fenti la différence des deux Philofophies ; quoiqu'il ait encore fait un Paralléle qui femble les rapprocher. Le rapport qui fe trouve entre les Moeurs exterieures du Stoïcien & du Chrétien a pû faire prendre le change à ceux qui n'ont pas confideré les chofes avec affez d'attention, ou avec la juftefle néceffaire : mais au fonds il n'y a rien qui admette fi peu de conciliation. Et la Morale d'Epicure n'eft pas plus contraire à la Morale de l'Evangile que celle de Zenon. Cela n'a pas befoin d'autre preuve que l'expofition du Syfteme Stoicien que nous venons de

* *Le P. Mourgues.*

de faire, & l'exposition du Syſteme Chrêtien. La Somme du premier ſe réduit à cecy : *Ne penſe qu'à toi ; ſacrifie tout à ton repos.* La Morale du Chrêtien ſe réduit à ces deux Preceptes: *Aimes Dieu de tout ton coeur : Aimes les autres Hommes comme toi même.*

Pour bien comprendre le ſens de ces dernieres paroles, il faut ſçavoir ce que le Syſteme Chrêtien nous enſeigne par rapport à Dieu, & par rapport à l'Homme.

Dieu eſt l'Ordre éternel, le Createur de l'Univers, l'Etre tout puiſſant, tout ſage, & tout bon. L'Homme eſt ſon Ouvrage, compoſé d'un Corps qui doit perir, & d'une Ame qui durera éternellement.

Ces deux Idées établies ſuffiſent pour faire connoître la juſtice & la neceſſité de la Morale Chrêtienne.

Aimer Dieu de tout ſon coeur ; c'eſt être entierement ſoumis à l'Ordre ; n'avoir d'autre volonté que celle de Dieu, & ne ſe regarder que par rapport à ce qu'on eſt à ſon egard.

Aimer les autres Hommes, comme ſoi même ; n'eſt que la ſuite du premier Precepte. Celui qui aime Dieu parfaitement, doit aimer l'Homme qui eſt ſon Ouvrage: celui qui n'aime rien que par rapport à Dieu, ne doit ſe donner aucune préférence.

Il n'eſt pas difficile de voir que l'accompliſſement de ces Preceptes eſt la ſource du plus grand Bonheur qu'on puiſſe trouver dans cette Vie. Ce devouement univerſel procurera non ſeulement la Tranquillité ; mais l'Amour y répandra une douceur, que le Stoïcien ne connoît point. Celui-ci toujours occupé de lui-même, ne penſe qu'à ſe mettre à l'abri des Maux : pour celui-là il n'eſt plus de Maux à craindre.

Tout ce qui peut nous arriver de fâcheux dans l'état naturel, vient ou de cauſes purement phyſiques, ou de la part des autres Hommes. Et quoiqu'on pût réduire ces deux genres d'Accidens à un ſeul Principe, le Stoïcien & le Chrêtien les ont conſiderés ſous des aſpects différens, dans la Pratique de leur Morale, & ont cherché différents motifs pour les ſupporter.

Le Stoïcien prend les Accidens phyſiques pour des arrets du Deſtin, auxquels il doit ſe ſoumettre, parce qu'il ſeroit inutile d'y reſiſter. Dans le Mal que lui font les Hommes il n'eſt frappé que du défaut de leur

leur jugement. Il les regarde comme des brutes, & ne veut pas croire que de tels Hommes puiſſent l'offenſer.

Un Deſtin infléxible: des Hommes inſenſés: voilà tout ce qu'il voit: c'eſt dans ces circonſtances qu'il doit régler ſa conduite. Mais ſon état peut-il être tranquille? Les Maux en ſont-ils moins cruels, parce qu'ils ſont ſans remede? Les coups en ſont-ils moins ſenſibles, parce qu'ils partent d'une main qu'on mépriſe.

Le Chrétien enviſage les choſes bien différemment. Le Deſtin eſt une Chimere: un Etre infiniment bon régle tout; & a tout ordonné pour ſon plus grand Bien. Quelque choſe qu'il lui arrive, il ne ſe ſoumet point, parce qu'il ſeroit inutile de réſiſter: il ſe ſoumet, parce qu'il applaudit aux decrets de la Providence; parce qu'il en connoît la Iuſtice & la Bonté. Il ne mépriſe point les Hommes pour s'empécher des les haïr: il les reſpecte comme l'ouvrage de Dieu, & les aime comme ſes fréres. Il les aime lorſqu'ils l'offenſent, parce que tout le Mal qu'ils peuvent lui faire, n'eſt rien au prix de raiſons qu'il a pour les aimer.

Autant que les Motifs du Stoïcien répandent de triſteſſe ſur ſa Vie, autant ceux du Chrétien rempliſſent la ſienne de douceur: il aime, il adore, il benit ſans ceſſe.

Jupiter & Deſtin, faites moi faire ce que vous avez ordonné: car ſi j'y voulois manquer, je deviendrois criminel; & il le faudroit bien faire pourtant. * Il ſuffit de comparer cette priere avec celle du Chrétien, pour connoître la différence qui eſt entre ces deux Philoſophies.

Quant aux Biens que le Stoïciſme & le Chriſtianiſme promettent; comment pourroit-on les comparer? L'un borne tous ſes avantages à la Vie préſente: l'autre, outre ces mêmes avantages qu'il procure bien plus ſûrement, en fait eſperer d'autres, devant leſquels ceux-ci ne ſont rien. Le Stoïcien & le Chrétien doivent être toujours prets à quitter la Vie: mais le premier la quitte pour retomber dans le Néant, ou pour ſe perdre dans l'Abîme des Etres; le ſecond, pour commencer une nouvelle Vie éternellement heureuſe. Tous les Biens que promet la Philoſophie Stoïcienne ſe réduiſſent à un peu de repos pendant une vie trés courte, mais un tel repos

* Epiſt. Man. §. L.

vaut

vaut-il ce qu'il en coute pour y parvenir? Oui, dans la fuppofition d'une deftruction totale, ou d'un avenir, tel que l'avenir des Stoïciens, celui qui d'un feul coup s'affranchit de tous les Maux de la Vie, eft plus fage que celui qui fe confume en efforts pour parvenir à ne rien fentir.

Après avoir examiné les Principes du Stoïcien, & ceux du Chrétien, en tant qu'ils fe rapportent immediatement au Bonheur de celui qui les fuit : confiderons les maintenant fous un autre afpect; par rapport au Bonheur de la Societé en général.

Si l'on n'avoit pas fenti toute la différence qui eft entre les deux Morales : fi l'on avoit pû les confondre, en les confiderant dans chaque Individu ; c'eft ici qu'elles laiffent voir la diftance immenfe qui eft entre elles.

Quand le Stoïcien feroit parvenu à être heureux, ou impaffible, on peut dire qu'il n'auroit acquis fon Bonheur, ou fon repos, qu'aux dépens des autres Hommes, ou du moins en leur refufant tous fes fecours. *Peu t'importe*, dit le grand Docteur de cette Secte, *que ton valet foit vicieux, pourvû que tu conferves ta Tranquillité.* *
Quelle différence entre cette difpofition de Coeur, & les fentimens d'Humanité & de Tendreffe que le Chrêtien a pour tous les Hommes: occupé fans ceffe du foin de leur être utile, il ne craint, ni fatigues, ni perils : il traverfe les mers ; il s'expofe aux plus cruels fupplices, pour rendre heureux des Hommes qu'il n'a jamais vûs.

Q'on fe repréfente deux Iles, l'une remplie de parfaits Stoïciens, l'autre de parfaits Chrétiens. Dans l'une, chaque Philofophe, ignorant les douceurs de la Confiance & de l'Amitié, ne penfe qu'à fe fequeftrer des autres Hommes: il a calculé ce qu'il en pouvoit attendre ; les avantages qu'ils pouvoient lui procurer & les torts qu'ils pouvoient lui faire ; & a rompu tout commerce avec eux. Nouveau Diogenes il fait confifter fa perfection à occuper un tonneau plus étroit que celui de fon voifin.

Mais quelle Harmonie vous trouverez dans l'autre Ile! Des befoins qu'une vaine Philofophie ne fauroit diffimuler, toujours fecourus par la Juftice & la Charité, ont lié tous ces Hommes les uns aux autres. Chacun heureux du Bonheur d'autrui, fe trouve heureux encore des fecours que dans fes Malheurs il lui prête.

* *Epict. Man. Ch. XI.*

CHAPITRE VII.

REFLEXIONS SUR LA RELIGION.

Nous n'avons confideré jufqu'ici le Chriftianifme que comme un Syfteme de Philofophie. Il eft certain qu'il contient les vrayes régles du Bonheur. Et s'il n'y avoit que la Morale de l'Evangile à établir, il n'y a aucun Homme raifonnable qui refufât de s'y foumettre. Il n'eft pas néceffaire de regarder le Chriftianifme comme Divin, pour le fuivre quant aux régles pratiques qu'il enfeigne; il fuffit de vouloir être heureux, & de raifonner jufte.

Mais le Chriftianifme n'eft pas feulement un Syfteme de Philofophie, c'eft une Religion, & cette Religion qui nous prefcrit des régles de conduite, dont notre Efprit découvre fi facilement l'excellence, nous propofe des dogmes de fpéculation, qu'il ne fçauroit comprendre.

C'eft fous ce nouvel afpect que nous allons confiderer le Chriftianifme. Nous venons de voir l'avantage qu'on trouve à pratiquer fes préceptes; voyons les raifons, qui peuvent nous porter à recevoir fes Dogmes.

Ces Dogmes, fi on les envifage feparés, & indépendans du Syfteme entier de la Religion, ne fauroient que révolter notre Efprit. Ce font des propofitions éloignées de toutes nos connoiffances, des Myfteres incompréhenfibles pour nous. Nous ne faurions donc les admettre, que comme revelés, & fur la foi de la Divinité même.

En les confiderant de la forte, on trouve bien des difficultés. Toutes les Religions ont leurs Dogmes: & toutes donnent ces Dogmes pour des Verités revelées.

Pour établir les preuves de la Révelation, on cite les Miracles: toutes les Religions encore citent les leurs.

Ce font là les points principaux, fur lefquels les incredules fondent leurs objections: Et ce n'eft pas une petite entreprife que de leur faire voir la différence qui fe trouve entre la Révelation des Chrêtiens, & celle des autres Peuples.

Un avantage qu'a la Religion Chrêtienne, & dont aucune autre ne peut fe vanter, c'eft d'avoir été annoncée un grand nombre de Siecles

avant

vant qu'on la vît éclorre, dans une Religion qui conserve encore ces témoignages quoiqu'elle soit devenuë sa plus cruelle ennemie.

De grands Hommes semblent avoir dit sur cette matiere tout ce qu'on pouvoit dire de plus fort. M'en rapportant sur cela à eux; je me propose seulement ici quelques considerations nouvelles.

Je respecte le zele de ceux, qui croyent pouvoir par la seule force de leurs argumens, convaincre l'incredule, & démontrer à la rigueur la Verité du Christianisme: mais je ne sai si l'entreprise est possible. Cette conviction étant le Pas décisif vers le Salut, il semble qu'il soit nécessaire que la Grace & la Volonté y ayent part.

Cependant, quoique la Lumiere de notre raison ne puisse peut-être pas nous conduire à des démonstrations rigoureuses, il ne faut pas croire qu'il n'y ait que ce genre de Preuves qui soit en droit d'assujettir nos Esprits.

Si la Religion étoit *rigoureusement démontrable* tout le Monde seroit Chrétien, & ne pourroit pas ne le pas être. On acquiesceroit aux Verités du Christianisme, comme on acquiesce aux Verités de la Géométrie; qu'on reçoit, parce qu'on les voit ou dans leur évidence, ou dans le témoignage universel des Géométres. Il n'y a personne, parmi ceux-mêmes qui ne sont pas capables de suivre les démonstrations, qui ait le moindre doute sur la Verité des Propositions d'Euclide: c'est que le consentement de tous les Hommes sur une chose qu'ils ont examinée, fait une Probabilité infinie que celui qui l'examinera, la trouvera telle qu'ils l'ont trouvée. Et une telle Probabilité est pour nous une Démonstration rigoureuse.

Je dis aussi: Que si l'incredule avoit des armes victorieuses contre les Dogmes du Christianisme; si ces Dogmes étoient tels qu'on en pût démontrer l'Impossibilité: je dis que personne ne seroit Chrétien, ni ne pourroit l'être.

Ces deux Propositions sont des suites nécessaires de l'empire de l'évidence, qui captive entierement notre Liberté.

Je n'examine point ici ce que disent quelques uns: Qu'il y a des Hommes, qui persuadés au fond du Coeur de la Verité de la Religion, la démentent par leurs actions: le cas est impossible.

Cependant en disant que l'Impie ne sauroit trouver de contradiction dans nos Dogmes; & que le Chrétien n'en sauroit démontrer

Oeuv. de Maupert. E e e rigou-

rigoureusement la Verité: à Dieu ne plaise qu'on croye que je regarde le Probléme, comme égal pour l'un & pour l'autre. Si le dernier degré d'Evidence nous manque, nous avons des preuves assez fortes pour nous persuader.

La Verité de la Religion a sans doute le degré de clarté qu'elle doit avoir pour laisser l'usage nécessaire à notre Volonté. Si la Raison la démontroit à la rigueur, nous serions invinciblement forcés à la croire, & notre Foy seroit purement passive.

Le grand argument des Esprits forts contre nous est fondé sur l'impossibilité de nos Dogmes: Et en effet, si ces Dogmes étoient impossibles, la Religion qui ordonne de les croire, seroit détruite. Quelque captieux qu'ayent été sur ce point les raisonnemens de quelques incredules, ceux qui liront les réponses qui y ont été faites par des Hommes bien supérieurs * verront combien tous ces raisonnemens sont frivoles.

Jamais on ne fera voir d'Impossibilité dans les Dogmes que la Religion Chrêtienne enseigne. Ils paroissent obscurs, & ils doivent le paroître. Si Dieu a revelé aux Hommes quelque chose des grands secrets, sur lesquels il a formé son plan, ces secrets doivent être pour nous incompréhensibles. Le degré de clarté dépend de la Proportion entre les Idées de celui qui parle, & les Idées de celui qui écoute: & quelle Disproportion, quelle Incommensurabilité ne se trouve-t-il point ici?

Je dis plus: Si quelqu'un des Ecrivains Sacrés eût été tellement inspiré, qu'au lieu de nous donner quelques Dogmes detachés, il nous eût déduit ces Dogmes, de leur dépendance avec le Plan général de la Divinité: il n'y a nulle apparence que nous y eussions pu rien comprendre. Les Principes dont il eût fallu partir, étoient trop elevés; la chaîne des Propositions étoit trop longue; on ne peut guères douter que des Idées d'Ordres tout à fait différents de celles que nous pouvons avoir, n'entrassent dans ce plan.

Pouvoit-on croire que le Systeme général que Dieu a suivi; dans lequel non seulement *le Physique, le Moral, le Metaphysique*, sont combinés; mais dans lequel sans doute entrent encore bien d'autres Ordres, pour lesquels nous n'avons ni Termes, ni Idées; pouvoit-on, dis-je, croire qu'un tel Systeme fût à la portée des Hommes? quand on voit ce qu'il leur en coute pour connoître quelque petite partie du Systeme du Monde

* *Leibnitz, Malebranche &c.*

Monde Phyſique: combien peu d'Eſprits ſont capables d'y parvenir; & combien il eſt douteux que les plus ſçavans y ſoient parvenus.

L'expoſition du Plan général auroit donc été inutile aux Hommes. Il étoit ſans doute néceſſaire qu'ils en connuſſent quelques points: mais la vûe de leur connexion avec le Tout étoit impoſſible. Et il falloit que par quelque Principe qui fût à leur portée, ils ſe ſoumiſſent à ce que leur Eſprit ne pouvoit comprendre.

Qu'on ne croye pas que nos Dogmes ayent ici le moindre deſavantage: ni que d'autres Religions, ni d'autres Sectes de Philoſophie, donnent des réponſes plus ſatisfaiſantes ſur toutes le grandes queſtions qu'on peut leur faire. Il ſuffit pour connoître leur Impuiſſance, de jetter la vûe ſur les Syſtemes que les plus grands Philoſophes de l'Antiquité, ou que ceux de nos jours qui ſe ſont piqués de s'être le plus affranchis de préjugés, ont propoſés. Une Divinité répanduë dans la Matiere, un *Univers Dieu*: un même Etre dans lequel ſe trouvent toutes les Perfections & tous les Défauts, toutes les Vertus & tous les Vices: ſuſceptible de mille Modifications oppoſées, eſt-il plus facile à concevoir que le *Dieu du Chrêtien?* Un Etre penſant, qui ſe diſſipe, ou s'anéantit à la Mort, ſe conçoit-il mieux qu'un Etre ſimple qui ſubſiſte & conſerve ſa Nature, malgré la ſéparation des parties du Corps qu'il animoit? Une ſuite ſans commencement d'Hommes & d'Animaux; ou une production d'Etres organiſés par la rencontre fortuite des Atomes, eſt-elle plus croyable que l'Hiſtoire de la Geneſe? Je ne parle point des Fables que les autres ont imaginées pour expliquer la formation de l'Univers. De tous cotés on ne trouvera qu'abſurdités. Et plus on y penſera, plus on ſera forcé d'avouër, que Dieu, la Nature & l'Homme, ſont des Objets qui paſſent toutes nos Idées & toutes les forces de notre Eſprit.

Ne pouvant admettre pour juge ſur ces matieres une Raiſon ſi peu capable de les comprendre; n'y a-t-il donc point quelque autre moyen par lequel nous puiſſions découvrir la Verité?

Si l'on refléchit attentivement ſur ce que les plus grands Philoſophes de tous les tems, & de toutes les Sectes, qui ont fait de la recherche du Bonheur, leur principale étude, ont manqué leur but: & que les vrayes régles pour y parvenir nous ont été données par des Hommes ſimples & ſans ſcience: on ne pourra ra s'empêcher d'être frappé d'étonnement; & de foupçonner du moins, qu'un plus grand Maitre que tous ces Philofophes avoit revelé ces régles à ceux de qui nous les tenons. Mais voici un argument qui me paroît plus direct & plus fort.

S'il y a un Dieu qui prenne foin des chofes d'ici bas: s'il y a des Verités que tous les Hommes doivent recevoir, & fur lefquelles la lumiere naturelle ne puiffe immediatement les inftruire: il faut qu'ils y puiffent parvenir par quelqu'autre voye.

Il eft un Principe dans la Nature, plus univerfel encore que ce qu'on appelle *la Lumiere naturelle;* plus uniforme encore pour tous les Hommes; auffi préfent au plus ftupide qu'au plus fubtil, c'eft *le Defir d'être heureux.* Sera-ce un Paradoxe de dire: que c'eft de ce Principe que nous devons tirer les régles de conduite que nous devons obferver; & que c'eft par lui que nous devons reconnoître les Verités qu'il faut croire? Voici la connexion qui eft entre ces chofes.

Si je veux m'inftruire fur la Nature de Dieu; fur ma propre Nature; fur l'Origine du Monde; fur fa Fin; ma Raifon eft confondüe: & toutes les Sectes me laiffent dans la même obfcurité. Dans cette égalité de ténebres, dans cette nuit profonde, fi je rencontre le Syfteme qui eft le feul qui puiffe remplir le Defir que j'ai d'être heureux, ne dois-je pas à cela le reconnoître pour le véritable? Ne dois-je pas croire que celui qui me conduit au Bonheur, eft celui qui ne fçauroit me tromper?

C'eft une erreur, c'eft un Fanatifme, de croire que les moyens doivent être oppofés, ou différens, pour parvenir à un même but, dans cette Vie, & dans une autre Vie qui la fuivra: que pour être éternellement heureux, il faille commencer par s'accabler de triftefle & d'amertume. C'eft une Impieté de penfer que la Divinité nous ait detournés du vrai Bonheur, en nous offrant un Bonheur qui lui étoit incompatible.

Tout ce qu'il faut faire dans cette Vie pour y trouver le plus grand Bonheur dont notre Nature foit capable, eft fans doute cela même qui doit nous conduire au Bonheur éternel.

F I N.

Imprimé à Leipfic, chez Jean Gottlob Immanuel Breitkopf,  *1752.*

www.ingramcontent.com/pod-product-compliance
Lightning Source LLC
Chambersburg PA
CBHW050913230426
43666CB00010B/2148